Beiträge zur
JAGD
&WILD
forschung · 19

Beiträge zur Jagd- und Wildforschung
Band 19

Herausgeber
Prof. Dr. Michael Stubbe
im Auftrag der Gesellschaft für Wildtier-
und Jagdforschung e. V.

Deutscher Landwirtschaftsverlag Berlin GmbH

Für die Unterstützung der Drucklegung der Beiträge zur Jagd- und Wildforschung, Band 19 danken wir dem Deutschen Jagdschutzverband e.V. (DJV), dem Landesjagdverband Brandenburg e.V., dem Landesjagdverband Mecklenburg-Vorpommern e.V., dem Landesjagdverband Sachsen-Anhalt e.V. und der Obersten Jagdbehörde des Landes Sachsen-Anhalt, dem Landesjagdverband Sachsen e.V. sowie dem DLV Deutscher Landwirtschaftsverlag Berlin GmbH und der Neue Presse Druckservice GmbH, Passau.

Gesellschaft für Wildtier- und Jagdforschung e. V.

Prof. Dr. Michael Stubbe, 1. Vorsitzender, Halle

Prof. Dr. habil. Dr. h.c. Hans-Joachim Schwark, 2. Vorsitzender und Geschäftsführer, Leipzig

© 1994, DLV Deutscher Landwirtschaftsverlag Berlin GmbH
Grabbeallee 41, 13156 Berlin
Das Werk ist einschließlich aller seiner Teile urheberrechtlich geschützt.
Jede Verwertung außerhalb der engen Grenzen des Urheberrechtsgesetzes ist ohne Zustimmung des Verlages unzulässig und strafbar.
Dies gilt insbesondere für Vervielfältigungen auf fotomechanischem Wege (Fotokopie, Mikrokopie), Übersetzung, Mikrofilmung und die Einspeicherung und Verarbeitung in elektronischen Systemen.

Printed in Germany
Satzherstellung: M+S GrafikDesign
Herstellung: Neue Presse Druckservice GmbH, 94030 Passau

ISBN 3-331-00685-8
624/00685

Beiträge zur
JAGD &WILD
forschung • 19

Inhalt

M. Stubbe
Vorwort 9

H. Ellenberg
Zur Verbißproblematik durch Wild in Wäldern 11

S. Prien
Forstliche Gutachten (Verbißgutachten) als eine Grundlage
der Abschußplanung – Übersicht der Verfahren,
Anwendungsgrenzen und Probleme 19

W. v. Bierbrauer zu Brennstein
Wildbestandsplanung als Instrument
der Deutschen Jagdrechtskultur (Sachstandsbericht) 27

S. Gärtner
Vergleichende Untersuchungen zur Repellentwirkung
der in Deutschland amtlich anerkannten Verbißschutzmittel 33

K. Missbach
Die Sicherung einer naturnahen Bestandesstruktur
in den Schalenwildpopulationen durch den
Abschuß nach Altersvorgaben 41

C. Stubbe
Erhöhung des Frischlingsanteils an der Jagdstrecke
und der kompensatorischen Sterblichkeit durch zusätzlichen
Fang von Schwarzwild 47

C. Stubbe
Altersabhängige Abnutzung der Molaren beim Schwarzwild 53

M. Ahrens
Untersuchungen zur Reproduktion beim Rotwild
Cervus elaphus (L., 1758) 57

R. Schreiber, K. W. Lockow
Statistische Untersuchungen zur Rosenstock- und
Trophäenentwicklung des Rothirsches im thüringischen
Einstandsgebiet Schleiz 65

W. Haupt, K. Hertzsch, Th. Wernstedt
Beitrag zum Helminthenbefall des Magen-Darm-Kanals
und der Lunge bei Rotwild (*Cervus elaphus* L.) aus der freien Wildbahn
Südthüringens und aus einem Wildpark bei Leipzig 75

R. Lehmann
Modellierung des Wachstumsverlaufes von Damwild *Dama dama* 83

S. Bienioschek, St. Rehbein, W. Hock
Zur Entwicklung der Körpermasse von künstlich aufgezogenen
und natürlich im Gehege aufgewachsenen Damwildkälbern
in den ersten neun Lebensmonaten 93

E. Gleich
Untersuchungen zur Bevorzugung verschiedener Topinambursorten
(*Helianthus tuberosus*) durch Damwild (*Cervus dama dama* L.) 103

St. Rehbein, S. Bienioschek, W. Hock
Zur Dynamik des Befalls von Damwildkälbern im Gehege
mit Lungenwürmern und Magen-Darm-Nematoden anhand der Untersuchung
rektal gewonnener Kotproben 107

J. Hartung; K. Schoppmeyer
Beitrag zu Hodenveränderungen beim Rehwild 117

W. Krug
Schalenerkrankungen beim Muffelwild 121

S. Dulamceren, L. Amgalan
Daten zur Reproduktion der mongolischen Saiga-Antilope
(*Saiga tatarica mongolica* Bannikov, 1946) 125

H.-J. Schwark, K. Nentwich
Beschaffenheit des Wildbretes – ein Kriterium zur Beurteilung
weidgerechter Jagdausübung 129

I. Stubbe; W. Stubbe
Weitere Ergebnisse serologischer Untersuchungen an Schalenwild
und Hasen aus dem Waldgebiet Hakel 135

W. Stubbe; I. Stubbe
Erste Ergebnisse seroepidemiologischer Untersuchungen an Fuchs und Dachs 141

H. Schlüter
Stand der Tollwutbekämpfung im Osten Deutschlands unter
besonderer Berücksichtigung der oralen Fuchsimmunisierung 145

F. ULBRICH
Ergebnisse der oralen Immunisierung gegen Tollwut
im Regierungsbezirk Dresden 153

R. RIBBECK; W. HAUPT
Vorkommen und Bedeutung des Kleinen Fuchsbandwurmes
Echinococcus multilocularis (Eine Literaturübersicht) 159

J. SUHRKE
Vorkommen von *Echinococcus multilocularis* in Südthüringen 167

Z. PIELOWSKI
Elch und Wolf in Polen und die Expansionstendenz nach Westen 175

Z. PIELOWSKI
Zur Situation des Marderhundes *Nyctereutes procyonoides* in Polen 185

M. STUBBE; H. EBERSBACH
Zum Vorkommen einiger marderartigen Säugetierarten
in den östlichen Bundesländern Deutschlands 189

H. EBERSBACH; M. STUBBE
Entwicklung der Körpermassen und Reproduktion
einiger marderartiger Säugetiere 197

E. RUTSCHKE
Zum Problem der Artreinheit bei der Stockente *Anas platyrhynchos* 213

ST. HÖVEL
Telemetrische Untersuchung an ausgewilderten Birkhühnern
Tetrao tetrix (L., 1758) im Wurzacher Ried (Süddeutschland) 219

W. TSCHIRCH
Darstellung wenig bekannter Einflußfaktoren auf Rauhfußhühner-Populationen 229

R. SAMJAA; N. DAWAA; S. AMGALANBAATAR
Die Wildtierressourcen der Mongolei und ihre Bewirtschaftung 233

H.-J. SCHWARK; M. STUBBE
Laudatio zur Verleihung der Ehrenmitgliedschaft
in der Gesellschaft für Wildtier- und Jagdforschung
an Prof. Dr. Egon Wagenknecht 237

Beiträge zur
JAGD &WILD
forschung • 19

Vorwort

Über 100 Wildbiologen, Mitglieder der Gesellschaft für Wildtier- und Jagdforschung, Gäste aus Zentralasien, bekannte Wildforscher aus ganz Deutschland, Nachwuchswissenschaftler und Praktiker habenin den zurückliegenden Jahren einen intensiven Erfahrungsaustausch gepflegt. Ein hoher Grad von Originalbeiträgen und -informationen charakterisierte die erste Vortragstagung der Gesellschaft für Wildtier- und Jagdforschung im Harzort Friedrichsbrunn. Allen aktiven Referenten Diskussionsteilnehmern und fleißigen Organisatoren während der Tagung gilt mein besonderer Dank, vor allem Prof. Dr. HANS-JOACHIM SCHWARK, Dr. ANNEGRET STUBBE und Dr. HOLGER PIEGERT. Eine große Bereicherung der Tagung war ein phantastischer Lichtbildervortrag über das Leben unter Füchsen durch Herrn GÜNTHER SCHUMANN.

Wir haben vielfältig gesehen, wie Methodenfortschritt die Wissenschaft und potentielle Ergebnisse beflügelt. Wir wünschen uns einen regen weiteren Austausch, eine kooperative Zusammenarbeit und interdisziplinäre Gemeinschaftsprogramme, um noch enger und geschlossener künftig wirksam zu werden.

Welche Probleme kommen auf uns zu?

— Strukturwandel der landwirtschaftlich genutzten Flächen und deren Besiedlung
— Zersiedlung und Zerschneidung der Landschaft, Verinselung, Isolation, Artenschwund
— langfristige Veränderungen von Flora und Fauna infolge globaler Klimadrift

Um diese zu erkennen, um eine artenreiche Wildtierfauna zu erhalten, brauchen wir stärker denn je Langzeitprogramme mit biologischem Monitoring in gesicherten Referenzgebieten, wie z.B. in Biosphärenreservaten, Nationalparken und Wildforschungsgebieten. Hierzu benötigen wir Ideen und Geschlossenheit sowie hohes ethisches Verantwortungsgefühl gegenüber Wild und Natur.

Für die großzügige finanzielle Unterstützung bzw. Förderung der Drucklegung dieses Bandes ist dem Deutschen Jagdschutz-Verband e. V., dem Landesjagdverband Brandenburg e. V., dem Landesjagdverband Sachsen-Anhalt e. V. und der Obersten Jagdbehörde des Landes Sachsen-Anhalt, dem Landesjagdverband Sachsen, dem Landesjagdverband Mecklenburg-Vorpommern e. V. und dem Deutschen Landwirtschaftsverlag sehr herzlich zu danken.

Gesellschaft für
Wildtier- und Jagdforschung e.V.

Prof. Dr. Michael Stubbe, Halle

HERMANN ELLENBERG, Hamburg

Zur Verbißproblematik durch Wild in Wäldern

Zur Heterogenität im Einzelnen

Rehe, Hirsche und anderes wiederkäuendes Schalenwild ernähren sich mehr oder weniger ausgiebig auch von Blättern, Knospen, Triebspitzen (und Rinde) der Gehölz-Arten. Dieselben Arten werden in verschiedenen Gebieten Europas in unterschiedlichem Maße durch äsendes Wild bevorzugt. Manche Arten gehören überall, wo die Verhältnisse näher untersucht wurden, zu den beliebtesten Verbiß-Pflanzen (z. B. Salweide – *Salix caprea*, Zitterpappel – *Populus tremula*, Esche – *Fraxinus excelsior*), andere Arten werden überall weitgehend gemieden (z. B. Wacholder – *Juniperus communis*, Sitkafichte – *Picea sitchensis*, Schwarzerle – *Alnus glutinosa*). Sehr viele Arten werden vom verbeißenden Wild aber in verschiedenen Gegenden in ausgesprochen unterschiedlichem Maße angenommen. *Carpinus betulus*, die Hainbuche, wird z. B. von SABLINA (1959) und BOBEK et al. (1972) in Weißrußland bzw. Südost-Polen zu den gemiedenen Arten gezählt. DZIECIOLOWSKI (1970) stuft die Hainbuche im mittleren und nordöstlichen Polen als mäßig beliebt ein, ich würde sie für viele Teile Westdeutschlands zu den bevorzugten Verbißgehölzen zählen. *Frangula alnus*, der Faulbaum, wird in BOBEK'S Untersuchungsgebiet bevorzugt gefressen, DZIECIOLOWSKI stellt die Art ins Mittelfeld der Beliebtheitsskala. Nach meiner Erfahrung eignet sich der Faulbaum in Deutschland zur Begründung von Schutzgehölzen (z. B. entlang Autobahn- und Schnellstraßen-Böschungen). Die Heister werden selbst bei extremem Verbißdruck vom Wild kaum angenommen.

Wir haben vor wenigen Jahren im Raum südlich von Lübeck (Schleswig-Holstein) im Rahmen eines Verbißgutachtens in vielen Waldstücken mit einem Zufalls-Stichprobenverfahren (Streifen von 2 m Breite und 20 bis 40 m Länge) etwa 40000 Jungbäumchen ausgezählt und gemessen (Höhe) sowie die Verbißbelastung taxiert (ELLENBERG und KÜHNAST, 1991, 1992, unpubliziert). Die Ergebnisse waren für jedes Waldstück anders: die Fläche pro Jungbäumchen betrug je nach dem betrachteten Waldstück zwischen 1 und 10 m², einmal dominierten Buchen (*Fagus silvatica*), ein andermal Bergahorn (*Acer pseudoplatanus*) oder gar Esche im Jungwuchs. Auch die Anzahl der sonstigen beteiligten Baumarten war unterschiedlich, erst recht ihr Anteil an der Gesamt-Individuenzahl. Wir sind nicht der Auffassung, daß wesentlich mehr Erhebungsaufwand (Anzahl Probeflächen) zu wesentlich homogeneren Ergebnissen geführt hätte, müssen aber darauf hinweisen, daß auch die Standortverhältnisse in der Jungmoräne kleinräumig vielfältiger sein können als in vielen anderen Landschaftstypen.

Zur Homogenität bei generalisierter Betrachtung

Trotz der angedeuteten ausgeprägten Vielfalt der Ergebnisse im Einzelnen schälen sich generelle Einsichten heraus, die sicherlich von Kennern der Materie im Prinzip ganz ähnlich beurteilt werden, auch wenn ihre Erfahrungen aus sehr verschiedenen Gegenden stammen. Bei geringer Wuchshöhe – wir taxieren „bis 20 cm", „20 - 40", „40 - 80", „80 - 160", „mehr als 160 cm Höhe" also in einer Höhe, die fürs äsende Wild unbequem niedrig ist, zählten wir in den meisten Wäldern weit über 15000 Bäumchen-Exemplare pro Hektar. Dieser unter 20 cm hohe Jungwuchs ist zusammengesetzt aus vielen verschiedenen, insgesamt 25 Gehölzarten. Höher als 160 cm waren nur 288 Individuen pro ha (im Jahr 1990) bzw. 152/ha (1991) geworden. Fast keines dieser Bäumchen war ohne starken Verbiß. Nur noch vier Arten waren übriggeblieben, davon eine in nur wenigen kümmerlichen Einzelexemplaren. Buchenjungwuchs machte nun mehr als die Hälfte aller Individuen aus (vorher weniger als ein Viertel), Bergahorn und Esche waren je zu einem knappen Viertel beteiligt. Wegen des starken Verbisses muß damit gerechnet werden, daß sie sich gegenüber der praktisch unversehrten Buche nur schwierig werden durchsetzen können. Sehr wenige Exemplare Traubenkirsche (*Prunus padus*) hatten überlebt. Einundzwanzig der 25 „angekommenen" Baumarten waren nicht mehr zu finden.

Viele Baumarten „kommen an", nur wenige „kommen durch". Ohne Verbißdruck überleben mehr Baumarten zumindest bis in Höhen von ein bis zwei Metern. Dies läßt sich immer wieder „hinter Zaun" demonstrieren. Die „natürliche" Situation wäre aber weder „völlig ohne Wild" noch kann man die Wilddichten, die heute die offensichtliche Verbißbelastung verursachen, als den natürlichen Verhältnissen entsprechend betrachten. Wo zwischen „nicht vorhanden" und „viel" eine angemessene Walddichte liegen könnte, und woran man sie orientieren sollte, ist unerschöpfliches Thema von Kontroversen.

Außer der Baumartenzahl nimmt mit zunehmender Wuchshöhe aber auch die Anzahl der Bäumchen-Individuen ab, und zwar wie eben erwähnt auf maximal wenige hundert Exemplare pro Hektar (ausgehend von vielen Tausend, die gekeimt und angewachsen waren). Erhebliche Mortalität der Jungbäume würde sicher auch ohne Verbißeinfluß durch Wild stattfinden. Im Altholz werden später maximal wenige hundert Bäume pro Hektar „gebraucht".

Wir können zeigen, daß Wildverbiß auf unseren Untersuchungsflächen zur Zeit der wichtigste Selektionsfaktor ist. Möglicherweise ist er sogar der wichtigste Mortalitätsfaktor. Die Zahl der unverbissenen Bäumchen nimmt mit zunehmender Wuchshöhe viel schneller ab als die der verbissenen, und der Anteil der verbissenen Bäumchen erreicht in den für das Wild bequemen Höhenklassen 20 - 40 cm und 40 - 80 cm teilweise auch noch über 80 cm maximale Werte. Bei Bergahorn und Esche sind nahezu 100 % der Bäumchen dieser Höhenklassen stark verbissen.

In welchem Ausmaß der nachweisliche Wildverbiß jedoch später ohnehin stattfindendes Kümmern oder/und Mortalität lediglich vorwegnimmt, wieweit man also von „kompensatorischer Mortalität" reden müßte, kann z. Z. nicht gesagt werden. Mir sind keine Analysen bekannt, die die individuellen Todesursachen einzelner Bäumchen im Laufe ihres Aufwuchslebens differenziert und quantifizierend dargestellt hätten.

Überdies fällt es schwer eine „Sollzahl" an Jungbäumen (pro Hektar) zu benennen – noch schwieriger wird es bei Mischungen aus mehreren Arten – die aus waldbaulicher Sicht nötig wäre, um ein erklärtes Ziel zu erreichen. Außerdem wird vielfach so diskutiert, als ob die betrachtete Verjüngung für den Erhalt der zukünftigen Baumschicht quasi auf einen Schlag zum Zuge kommen müßte. Das jahrzehntelange „Denken in Altersklassen" läßt sich nicht leicht überwinden. Wenn wir aber naturnahen Waldbau – als heute erklärtes Ziel der meisten deutschen Staatsforstverwaltungen – ernst nehmen, müssen wir damit rechnen dürfen, daß mehrfach, unter Umständen viele Male im Laufe von 120 bis 150 Jahren (der Lebensdauer bis zur Erntereife eines Baumes) die Verjüngung neue Anläufe unternimmt und unternehmen darf. Aus diesen Anläufen bleiben möglicherweise jeweils nur maximal wenige Hundert pro Hektar übrig. Im Laufe

der Zeit eines Baumlebens überleben aber doch wohl deutlich über 1000/ha — weit mehr als Bäume im Altholz benötigt werden. Kann man aus waldbaulicher Sicht den „auf den ersten Blick" katastrophal erscheinenden Verbiß gelassen hinnehmen, weil auf die Dauer doch noch genügend Jungbäume nachwachsen? Wo, wann und wie soll man Grenzen ziehen? wie die Effektivität eigenen Eingreifens überwachen? Viele Praktiker handeln in diesem Spannungsfeld sicherlich intuitiv und „aus Erfahrung" richtig — oder doch zumindest nicht völlig verkehrt. Aus wissenschaftlicher Sicht scheinen aber noch wesentliche Fragen ungenügend verstanden!
— Woran sterben junge Baum-Individuen, wann und unter welchen Randbedingungen? („kompensatorische Mortalität")
— Wieviele dem Verbiß entwachsene Jungbäume in welcher Artenmischung werden benötigt, um waldbauliche Ziele erreichbar zu machen? („Sollwert-Definition").

Die Beschreibung eines „Ist-Wertes" der Verbißbelastung mit verläßlichen Daten kostet auf der „Revierebene", auf der Maßnahmen umgesetzt werden sollen, ohnehin mehr Aufwand als er in den meisten z. Z. in Deutschland aktuellen „Verbißgutachten" getrieben wird. Eine verantwortliche Bewertung benötigt jedoch einen Standpunkt und eine Perspektive. Erst der Dreiklang aus Sollwert, Istwert und eine Beurteilung weiterer Mortulitätsursachen würde aus der Sicht eines Wissenschaftlers den Ansprüchen gerecht.

Steuernde Eingriffe in Waldökosysteme können jedoch auch auf der Basis von Erfahrung und Konsensus (z. B. zwischen Förster und Jäger wie in Baden-Württemberg) ins Auge gefaßt werden. Wissenschaft will ja lediglich Zusammenhänge verstehen, nicht „Rezepte" liefern oder gar gängeln.

Was kann man durch jagdliche Eingriffe in Wildpopulationen an Verbiß-Entlastung erreichen?

In Deutschland leben pro Flächeneinheit mehr Rehe als in den übrigen Ländern Europas — vielleicht mit Ausnahme von Österreich.

Auch Rotwild erreicht in den Gebieten, in denen es vorkommen darf, hohe Dichten.

Namentlich Rehwild wird bei großflächiger Betrachtung in Deutschland seit langem durch jagdliche Eingriffe nicht limitiert. Seine Populationen füllen die verfügbaren Lebensräume in der Regel bis zu deren Tragfähigkeit (ELLENBERG 1971, 1978, 1979, 1984).

In solchen Populationen führen verstärkt jagdliche Eingriffe zu relativ mehr überlebenden Jungtieren und zu intensiverer Reproduktion, weil im Gesamtbestand Lücken geschaffen wurden und damit Einzeltieren mehr Nahrung zugänglich werden kann. Bis zu einem Maximum, an das man sich unter Praxisbedingungen sinnvollerweise im Laufe von einigen Jahren herantastet, können deshalb jagdliche Abschöpfungsraten in der Regel erheblich gesteigert werden. Im Staatsforst der Oberforstdirektionen Stuttgart und Tübingen (Baden-Württemberg) werden z. B. seit Anfang der Achtziger Jahre pro 100 ha Wald jährlich 12 bis 14 Rehe erlegt. Vor 15 Jahren waren die Streckendichten hier genauso niedrig wie heute noch im benachbarten Bayern, nämlich 5 bis 8. Die „maximale nachhaltige Abschöpfungsrate" hat man aber selbst in diesen Gebieten noch nicht erreicht. Sie dürfte in günstigen Rehbiotopen auf Forstamtsebene 20 erlegte Rehe pro 100 ha Wald pro Jahr deutlich überschreiten.

Es ist wesentlich zu erkennen, daß Rehpopulationen bei gesamthafter Betrachtung minimalen Nahrungsbedarf im Winter (Februar) und maximalen im Sommer (zweite Hälfte Juli) entwickeln (ELLENBERG 1978, 1979, 1986). Die Steigerungsrate beträgt etwa 50 %, bezogen auf das Februar-Minimum. Ab spätestens Mitte August nimmt der Nahrungsbedarf der neuen Kitze — als selbständige Fresser — gewaltig zu. Gleichzeitig sinkt der Nahrungsbedarf der bis etwa zur Brunft als Milchquelle benötigten Ricken/Geißen erheblich. — Die deutlichste Verbiß-Entlastung bringt auch aus dieser Sicht ein frühzeitiger jagdlicher Eingriff in die Klasse der Kitze (Abschüsse hochträchtiger, laktie-

render oder wenige Monate alte Kitze führender Weibchen sollen auch weiterhin tabu bleiben).
Wenn das Gros des für notwendig erachteten Abschusses bis etwa Mitte Oktober erledigt werden könnte, wäre zumindest in Waldrevieren (und bei unbedeutender Rückwanderung der Tiere aus der Feldmark im Herbst und Winter) eine wesentliche und anhaltende Verbißentlastung erreichbar. Sie bringt erwiesenermaßen Erfolg bei der Tannen-Naturverjüngung ohne Zaun − wie es mir in mehreren Forstrevieren Baden-Württembergs vor Augen geführt wurde. Anders als viele andere Baumarten ist Tanne (*Abies alba*) vor allem im Winter für den Verbiß attraktiv, Sommerverbiß ist bei ihr von untergeordneter Bedeutung.
Eichen (*Quercus* ssp.), die ganzjährig „beliebt" sind, mit einer Steigerung der Verbißattraktivität im Frühjahr und Sommer, werden durch winterliche Entlastung allein aber noch nicht entscheidend gefördert. Hier helfen nur Eingriffs-Intensitäten, die auch die sommerlichen Rehwilddichten reduzieren − oder aber Zaunbau. Übrigens machen sich Förster (aus der Sicht der Verbißbelastung) ihr Leben besonders schwer, wenn sie territoriale Böcke schon im Frühjahr erlegen (lassen). Denn durch ihr intolerantes Verhalten schaffen die ihre Territorien verteidigenden Böcke unter den gegebenen Bedingungen so konkurrenzarme Nahrungsräume für „ihre" Geißen und Kitze wie möglich: Sie vertreiben andere, namentlich jüngere Böcke, und sie sorgen für eindeutige Dominanzverhältnisse, die nicht dauernd energieaufwendig in Frage gestellt werden.
Jagdliche Eingriffe können somit oft erheblich gesteigert werden, ohne daß die Sommerpopulationen (beim Reh) wesentlich abnehmen. Verbiß im Herbst, Winter und Vorfrühling kann auf diese Weise nennenswert vermindert werden. In vielen Fällen mag sich hierdurch das Wild-Wald-Problem entscheidend entschärfen. Abschuß-Steigerung allein kann aber nicht „alle Probleme" lösen.

Während der letzten Jahrzehnte verstärkte sich die Verbißbelastung „ohne Schuld" des Wildes

Im Zuge der Änderungen der Waldnutzung namentlich seit den fünfziger Jahren bleibt heute mehr Reisig und Laub im Wald, Streurechen findet kaum mehr statt. Durch diese und andere Retrophierungen reichern sich Nährstoffe in Wäldern wieder an, nachdem sie lange Zeit stark geplündert worden waren. −
Gleichzeitig erfolgen ebenfalls seit Jahrzehnten Stoffeinträge auf dem Luftwege in Wälder. Sie werden hier wegen der oberflächenreichen Pflanzenstruktur im Vergleich zu Freilandniederschlägen sogar noch erheblich konzentrierter abgelagert (Faktor 2 bis 8). Vom „Sauren Regen" wurde vor zehn Jahren gesprochen. Die Nährstoffkomponente (NO_x, NH_y) hat sich als mindestens ebenso wichtig erwiesen für die Erklärung der beobachteten Veränderungen in Waldökosystemen. Ihre Bedeutung nimmt neuerdings zu, weil zwar die SO^2-Emissionen gedrosselt werden konnten, die Stickstoff-Emissionen aber gleichblieben und regional sogar anstiegen. Ein nennenswerter Teil der Stoffeinträge, namentlich an Stickstoffverbindungen, läßt sich im Niederschlag der „Kronentraufe" gar nicht messen. Bäume können nämlich − wie andere Pflanzen auch − Stickstoff- und weitere Verbindungen in erheblichen Mengen über ihre Spaltöffnungen direkt aus der Luft aufnehmen. Damit werden die Stoffeintragsraten in die Waldökosysteme oft deutlich unterschätzt.
Diese Eutrophierung aus der Luft erreicht auch entlegene Gegenden. Die meisten Gebiete im westlichen Mitteleuropa erhalten auf diesem Wege nachweislich mehr pflanzenverfügbare Stickstoffverbindungen als die Ökosysteme verkraften, ohne sich mittelfristig (wenige Jahrzehnte) zu verändern „Critical loads" (NILSSON und GRENNFELT 1988)[1] werden an nicht wenigen Stellen al-

---

[1] „Critical loads" (= kritische Stoffeintragsraten, Menge pro Flächen- und Zeiteinheit, bezogen auf Ökosysteme) wurden definiert als „quantitative

lein schon durch eine der beiden N-Verbindungsklassen (NH_y, NO_x) überschritten. Mit Änderungen in der Artenzusammensetzung und der Struktur von Wäldern ist also zu rechnen, weil sich die Konkurrenzverhältnisse für die beteiligten Arten durch Nährstoffanreicherung verschieben.

Mit Hilfe von neuerlichen floristischen oder vegetationskundlichen Untersuchungen der Krautschicht von Wäldern an Orten, deren Pflanzendecke vor einigen Jahrzehnten schon einmal beschrieben wurde, läßt sich ein solcher durch Stoffeinträge auf dem Luftwege bedingter Eutrophierungsschub belegen. Dies ist inzwischen verschiedenen Vegetationskundlern in Südschweden, Nord- und Westdeutschland, Südwestdeutschland und der Schweiz gelungen.

Wir haben in Wäldern des nördlichen Schleswig-Holstein an 35 Stellen im Sommer 1985 Erhebungen durchgeführt und mit den dortigen Befunden aus 1958 verglichen. Auch hier war der erwartete Eutrophierungsschub deutlich: Pflanzenarten mit hohen Zeigerwerten für Stickstoff („N-Wert", ELLENBERG sen., 1979) wachsen „heute" an wesentlich mehr Stellen als „früher". – Gleichzeitig nahm der Deckungsgrad der Krautschicht insgesamt deutlich ab, weil mäßige Eutrophierung zumindest vorübergehend zu dichterem Kronenschluß und damit weniger Licht am Waldboden führt. Wenn weitere Stoffeinträge jedoch durch Nadel- oder Blattverluste Auflichtungen im Kronenraum verursachen, nimmt der Deckungsgrad der Krautschicht in der Regel deutlich zu. Die eben erwähnte Abnahme im Deckungsgrad der Krautschicht auf unseren Probeflächen in Schleswig-Holstein war besonders auffällig – unerwartet – bei mittleren N-Zeigerwerten. Diese Uneinheitlichkeit in der Abnahme war zunächst nicht zu erklären.

Es läßt sich aber ein Zusammenhang zum Wildverbiß herstellen: Rehe und anderes Schalenwild bevorzugen „nährstoffreiche", namentlich eiweißreiche Pflanzen und Pflanzenteile – sofern diese nicht „aktiv" gegen Verbiß geschützt sind, z. B. Brennesseln (*Urtica dioica*) durch die Brennhaare, Aronstabblätter (*Arum maculatum*) mit ihren Oxalatkristall-Einschlüssen. Es gibt klare Korrelationen zwischen dem Beliebtheitsgrad einer Pflanze als Reh-Äsung (KLÖTZLI 1965) und dem N-Zeigewert (ELLENBERG 1988).

Wir haben deshalb versuchsweise den Beliebtheitsgrad (N-Wert) zum ordnenden Kriterium erklärt und erhielten deutliche Ergebnisse (ELLENBERG 1988): bei den holzigen Pflanzen nahm im Vergleich zu 1958 die Zahl der Pflanzenvorkommen (Frequenz, Anzahl Probeflächen) zu, je höher der Beliebtheitsgrad als Rehäsung – der ja mit dem Stickstoffzeigerwert korreliert ist. Der Eutrophierungsschub bewirkte somit, daß beliebte Äsungspflanzen zumindest als Einzelexemplare heute auf mehr Flächen vorkommen als früher. Auch die übrigen vorkommenden Pflanzen sind wohl – wegen der Eutrophierung (sprich „Düngung") heute günstigere Wildäsung als früher. Die Lebensbedingungen für Rehe scheinen sich insofern allgemein verbessert zu haben. Wir können deshalb auch mit mehr Rehwild pro Flächeneinheit rechnen. Tatsächlich spricht viel dafür, daß die Wilddichten in den letzten Jahrzehnten angestiegen sind.

Diese höheren Rehwilddichten drücken nun verstärkt auf die Pflanzendecke. Man darf wohl unterstellen, daß weiterhin „beliebte" Pflanzenarten bei der Äsungsaufnahme den weniger beliebten gegenüber bevorzugt werden. Aus dieser Sicht erklärt sich die starke Abnahme des Deckungsgrades (als Maß für die Häufigkeit innerhalb der Fläche) mit zu-

---

Schätzwert für die Exposition (des Ökosystems) gegenüber einem oder mehreren (Schad-)Stoffen (pollutants), bei dessen Unterschreitung signifikante schädigende Einflüsse auf empfindliche Umweltelemente nach derzeitigem Wissen nicht auftreten". Die „critical loads" für Waldökosysteme sind 10 bis 15 kg N/ha pro Jahr für fichtenreiche Wälder und 10 bis 20 kg N/ha pro Jahr für Laubwälder in Mitteleuropa. Etwa dieser Betrag an Stickstoff wird im jährlich zuwachsenden Holz produktiver Wälder gebunden. Bei wenig genutzten – oder Urwäldern mit ihren im wesentlichen ausgeglichenen Bilanzen für Produktivität und Substanzabbau gehen die „critical loads" gegen Null. Bei ihnen ist deshalb mit besonders auffälligen Veränderungen schon bei mäßigen Immissionslagen zu rechnen.

nehmendem B-Wert im Vergleich zu den Verhältnissen vor 30 Jahren.

Tabelle 1   Deckungsgrad – Relative Veränderungen (Deckungsgrad für die Summe der Arten in der Äsungs-Beliebtheitsgruppe „1 = zuweilen schwach verbissen" wurde gleich 100 % gesetzt).

B-Wert/Jahr	0	1	2	3	4
1958	15	100	69	31	32
1985	18	100	62	19	21

B-Wert: 0 = selten oder nie verbissen; 1 = zuweilen schwach verbissen; 2 = oft mäßig verbissen; 3 = periodisch stark verbissen; 4 = regelmäßig stark verbissen.

Rehe haben durch Äsungsaufnahme/Verbiß schon seit langer Zeit („1958" und auch schon früher) dafür gesorgt, daß Pflanzenarten um so seltener vorkamen je „beliebter" sie waren (die „nie" verbissenen Arten spielen für diese Betrachtung definitionsgemäß keine Rolle). Die Unterdrückung der beliebten Arten durch Verbiß hat sich in den letzten Jahrzehnten noch verstärkt („1985" und wohl auch weiterhin) (Tabelle 1). – Unglücklicherweise gehören fast alle Gehölzarten zu den „beliebten" Pflanzenarten, und es gibt nur sehr wenige „unbeliebte" (z. B. Wacholder).
Vergleichsweise wenig als Äsung beliebt sind unter den Nadelhölzern die Fichte (*Picea abies*) und unter den Laubhölzern die Buche. Mit diesen beiden Baumarten ließ sich erfahrungsgemäß „ganz gut" Waldbau betreiben. Störende Verbißschäden traten und treten nur unter extremen Verhältnissen auf. Sie ließen und lassen sich wohl auch weiterhin durch vergleichsweise mäßige Eingriffe in die Wildpopulationen lindern.
Wenn wir heute erklärtermaßen „naturnäheren" Waldbau betreiben wollen als bisher – mit Beteiligung mehrerer Holzarten und in vielfältiger Durchmischung der Altersklassen – definieren wir uns den Wald „verbißempfindlicher". Dies geschieht unter ohnehin schwierigeren Bedingungen (Eutrophierung, Versauerung), ohne daß zunächst an den Wildpopulationen etwas geändert wird. Aus dieser Sicht werden Antworten auf die oben formulierten Fragen (kompensatorische Mortalität, Festlegung von „Sollwerten", belastbare Beschreibung von „Istwerten") noch drängender als sie es bisher schon waren. Interessierte Wissenschaftler würden sich über entsprechenden Rückenwind freuen.

Literatur

BOBEK, B.; WEINER, J.; ZIELINSKI, J. (1972): Food supply and it's consumption by deer in a deciduous forest of Southern Poland. Acta Theriologica **17**: 187-202.

DZIECIOLOWSKI, Z. (1971): Food resources for herbivores in various forest habitats of Poland. – International Union of Game Biologists (IUGB), Actes du Xe Congrés, Paris: 265-268.

ELLENBERG, Heinz (1979): Zeigerwerte der Gefäßpflanzen Mitteleuropas. – Scripta Geobotanica **9**, 122 S.
Verlag Goltze, Göttingen, 2. Auflage. – Unveröff. Ergänzungen 1983.

ELLENBERG, Hermann (1971): Zur Biologie des Rehwildes in Schleswig-Holstein. – Staatsexamensarbeit in Biologie. Universität Kiel, Institut für Haustierkunde. Selbstverlag, ca. 120 S.

ELLENBERG, H. (1978): Zur Populationsökologie des Rehes (Capreolus capreolus L.) in Mitteleuropa. – SPIXIANA, Zeitschrift für Zoologie, Suppl. **2**: 1-211.

ELLENBERG, H. (1979): Frühjahrs- und Sommernahrung bestimmen die Dynmaik von Rehpopulationen. – Verhandlungen Ges. f. Ökol., Münster 1978: 439-452.

ELLENBERG, H. (1984): Rehwild und Umwelt. – In: Rehwild, Biologie, Hege. Broschüre: Bayer. Staatsministerium f. Ernährung, Landwirtschaft und Forsten: 3-28.

ELLENBERG, H. (1986): Immissionen – Produktivität der Krautschicht – Populationsdynamik des Rehwildes: ein Versuch zum Verständnis ökologischer Zusammenhänge. – Zeitschr. Jagdwiss.; Hamburg **32**: 171-183; und: Natur und Landschaft, Bonn, **61**: 335-340.

ELLENBERG, H. (1988): Eutrophierung – Veränderungen der Waldvegetation. Folgen für den Rehwildverbiß und dessen Rückwirkungen auf die Vegetation. – Schweizerische Zeitschrift für Forstwesen **139**: 261-282.

ELLENBERG, H.; KÜHNAST, O. (1991+1992): Gutachten zum Wildverbiß 1989/90 und 1990/91 in der Naturverjüngung der Forstreviere Behlendorf und Ritzerau/Forstamt der Hansestadt Lübeck – im Auftrage des Forstamtes. Hamburg, März 1991 bzw. April 1992. Zwei Bände, je ca. 20 Seiten zuzüglich vieler Tabellen und Abbildungen. Unpubliziert.

KLÖTZLI, F. (1965): Qualität und Quantität der Rehäsung in Wald- und Grünlandgesellschaften des Schweizer Mittellandes. Veröff. Geobotan. Inst. ETH, Stiftung Rübel, Zürich, **38**: 128 S. Verlag, H. Huber, Bern.

NILSSON, J.; GRENNFELT, P. (Eds.), (1988): Critical loads for Sulphur and Nitrogen. Report from a Workshop held at Skokloster, Sweden, 19-24 March, 1988: Organized by the United Nations Economic Commission for Europe and the Nordic Council of Ministers. – NORD Miljörapport, 1988, **15**: 1-488. Copenhagen and Solna. Sweden (Statens Naturvardsverk).

SABLINA, (1959): Zitiert nach BOBEK et al. 1972.

Zusammenfassung

Das Thema „Waldverjüngungen und Verbiß durch Schalenwild" wird seit Jahrzehnten beschrieben und diskutiert, ohne daß ein überzeugendes Resultat erkennbar wäre. Mit der überwiegend im letzten Jahrzehnt erfolgten Festlegung der forstlichen Ziele auf mehr Naturnähe haben die Forstverwaltungen der Länder ihr Zuständigkeitsobjekt anscheinend „verbißempfindlicher" definiert: mehrere Baumarten auf gleicher Fläche sind bei gleichem (starkem) Verbißdruck schwieriger zu erhalten als die waldbauliche Konzentration auf die Verjüngung der relativ wenig verbißempfindlichen Fichten bzw. Buchen. Dies geschieht in einer Situation, in der Wälder ohnehin für Verbiß attraktiver geworden sind: durch die flächendeckende Eutrophierung. Gleichzeitig scheint vielfältige Mischung im heutigen Jungwuchs die einzige verbleibende Strategie angesichts der durch die angekündigte globale Erwärmung zu erwartenden Umstrukturierung unserer Wälder.

Damit stellen sich Fragen nach der methodisch belastbaren Beschreibung der Verbißsituation deutlicher als früher. Ebenso wird eine Definition von standortbezogenen „Soll-Zuständen" aus forstlicher Sicht dringend, damit „Schäden" durch Verbiß als solche dargestellt werden können. Hier existiert Forschungsbedarf auf Seiten der Forstwirtschaft, in Zusammenarbeit mit der Wildbiologie. Derzeit kann man als Gutachter auf der Grundlage derselben Daten über Verbißprozente diametral entgegengesetzt argumentieren: die Verbißbelastung ist katastrophal, es kommen kaum noch unverbissene Individuen durch. Für Altersklassenwälder würde dies gelten. Aber auch: wir können uns gelassen zurücklehnen, weil im Lauf eines Baumalters in immer neuen Versuchen im nach Alter kleinräumig gemischten Wald letztlich doch ausreichend Jungwuchs nachkommt... Wurden die Wälder mit der Zielbestimmung „Naturnähe" also doch nicht verbißempfindlicher?

Der Aufsatz versteht sich als Aufruf zu mehr Forschung in einem von Vielen als trivial empfundenen aber zu wenig verstandenen Themenfeld.

Anschrift des Verfassers:
Dr. habil. HERMANN ELLENBERG
Institut für Weltforstwirtschaft
Bundesforschungsanstalt für Forst- und Holzwirtschaft
Leuschnerstr. 91
21031 Hamburg

Beiträge für Forstwirtschaft und Landschaftsökologie

Herausgeber: Forstliche Forschungsanstalt Eberswalde; Fachhochschule Eberswalde und DLV Deutscher Landwirtschaftsverlag Berlin GmbH

Bezugspreis: Jahresabonnement 88,00 DM
Einzelheft 22,00 DM

Bezug: DLV Deutscher Landwirtschaftsverlag Berlin GmbH,
Grabbeallee 41, 13156 Berlin, Tel. 030/48 32 03-29.

Siegfried Prien, Tharandt

Forstliche Gutachten (Verbißgutachten) als eine Grundlage der Abschußplanung – Übersicht der Verfahren, Anwendungsgrenzen und Probleme

Einleitung

Das Wildschadenproblem ist in zahlreichen europäischen Ländern immer noch nicht in einem waldbaulich und ökologisch erforderlichen Maße entschärft. Auch in Deutschland liegen in nahezu allen Bundesländern bei den meisten Schalenwildarten die Bestände gegenwärtig noch über dem wirtschaftlich Vertretbaren. Die natürliche Verjüngung wird lokal und z. T. regional auch durch den Faktor Schalenwild außerordentlich erschwert. Die Artenvielfalt geht nicht nur bei Baum- und Straucharten, sondern ebenso in der Krautschicht zurück. Das Wild verschlechtert und zerstört mancherorts zunehmend seine eigenen Ernährungsgrundlagen. Um die Waldverjüngung, insbesondere über den künstlichen Weg der Aufforstung, mit bestimmten Baumarten zu gewährleisten und anspruchsvollere waldbauliche Betriebsziele durchzusetzen, werden erhebliche, betriebswirtschaftlich in dieser Höhe kaum verantwortbare Aufwendungen für technische Forstschutzmaßnahmen, darunter den Zaunschutz, getätigt.
Im Mittelpunkt des viel diskutierten und immer wieder neu beschriebenen Konfliktes Wald–Wild, der in Wirklichkeit ein Konflikt Waldbau–Jagdwirtschaft bzw. Förster–Jäger ist, stehen Abschußplanung und Wildbestandsregulierung. Nachdem Wildbestandschätzungen und Trendberechnungen aus m. E. fast ausschließlich subjektiv bedingten Gründen keinen ausreichenden Fortschritt bei der Abschußplanung und der Regulierung der Wildbestände brachten, wird in den Landesforstverwaltungen mehrerer Bundesländer im sogenannten Verbißgutachten (forstlichen oder waldbaulichen Gutachten) eine besonders geeignete Entscheidungshilfe für die Aufstellung und Umsetzung realistischer Abschußpläne gesehen.
Im Jahre 1983 zuerst in Baden-Württemberg als formgebundenes Verfahren verbindlich als „Forstliches Gutachten" eingeführt, folgte die Landesforstverwaltung Bayern 1986 mit dem flächendeckenden „Verbißgutachten". Mittlerweile sind Gutachten ähnlichen Inhalts auch in Rheinland-Pfalz, Hessen und Niedersachsen üblich. Für Thüringen und Sachsen wurden derartige Gutachten in den Landes-Waldgesetzen festgeschrieben. Ihre Einführung wird vorbereitet.

Ziele und Aufgaben

Die Ziele und Aufgaben, die mit der Einführung forstlicher Gutachten erreicht werden sollen, werden nicht selten einseitig in der Beeinflussung des Abschußplanes gesehen. Darüber hinausgehende ökologische, forstschutztechnische und jagdwirtschaftliche Anliegen bleiben hingegen vor allem in der öffentlichen Diskussion häufig unberücksichtigt.

Ziele forstlicher Gutachten

Die Grundanliegen und Ziele der forstlichen

Gutachten lassen sich wie folgt zusammenfassen:
- Schrittweise Herbeiführung einer waldbaulich-ökologisch vertretbaren Synthese von Wald und Schalenwild („Denk- und Streithilfe");
- quantifizierte (objektivierte), repräsentative Darstellung der aktuellen Wildschadenproblematik („Verhandlungshilfe");
- bessere Fundierung der Abschußplanung in quantitativer Hinsicht („Entscheidungshilfe").

Die Beachtung dieser relativ komplexen Zielsetzung seitens der Forstwirtschaft und der Jagdwirtschaft hat in den genannten Bundesländern und auch in der Fachpresse zur weiteren Versachlichung der Diskussion Wald–Wild beigetragen.

Aufgaben forstlicher Gutachten

Abgeleitet aus dem dargelegten Grundanliegen haben forstliche Gutachten folgende Aufgaben bzw. Funktionen als „Vermittler" zwischen Waldbau und Jagdwirtschaft zu erfüllen:
- Aktuelle Reflexion der Verbiß- und Schälschäden an den wirtschaftlich relevanten Baumarten (Haupt- und Nebenbaumarten);
- Nachweis lokaler und regionaler Schwerpunkte der Wildschadenverhütung (einschließlich Ableitung von „Bejagungsschwerpunkten");
- Gewinnung von Informationen über Umfang und Art der technischen Forstschutzmaßnahmen sowie weiterer notwendiger wildschadenverhütender Maßnahmen;
- Wesentliche Entscheidungshilfe für die Abschußplanung bzw. Abschußvorgabe;
- Ermittlung des Abnutzungsgrades der Äsungspflanzen („Weiserpflanzen") im besonderen.

In den Gutachten, die in den einzelnen Bundesländern üblich sind, haben diese Aufgaben einen sehr unterschiedlichen Stellenwert.

Inhalt der Gutachten

Bevor auf den Inhalt der Gutachten und die gegenwärtig gebräuchlichen Verfahren zur Ermittlung der Beschädigungen an Waldbäumen eingegangen wird, erscheint es zweckmäßig, kurz auf die theoretischen Grundlagen dieser Bewertungen einzugehen sowie eine Aussage zu treffen, was unter wirtschaftlich tolerierbaren Schädigungen verstanden werden soll.

Theoretische Grundlagen der Gutachten

Die theoretischen Grundlagen für ein fundiertes, ausgewogenes forstliches Gutachten sind im erreichten Erkenntnisstand der Forstlichen Vegetationskunde, der Waldökologie, der Wildökologie (insbesondere den Erkenntnissen zur Ernährung und zum Verhalten des Schalenwildes), dem Forstschutz (technische Wildschadenverhütung) und der Forstlichen Biometrie bzw. Informatik (Stichprobenverfahren) gegeben.

Folgende Beziehungen und Sachverhalte sind für die Ausarbeitung fundierter forstlicher Gutachten relevant:
- Zwischen Habitatkapazität, Habitatstruktur, Schalenwilddichte, Wildartenstruktur und Nutzung der natürlichen Äsung besteht ein relativ enger Zusammenhang;
- die einzelnen Wildarten haben ein unterschiedliches Äsungswahlverhalten (Äsungstypen: Konzentratselektierer, Intermediärtyp, Grasäser) und bevorzugen ± ausgeprägt bestimmte Pflanzenarten bzw. Artengruppen;
- junge Triebe, Blätter und Nadeln sowie unverborkte Rinde müssen als integraler Bestandteil der natürlichen Nahrung des wiederkauenden Schalenwildes sowie des Hasen und Wildkaninchen angesehen werden;
- der Bevorzugungsgrad („Beliebtheitsgrad") der Baumarten bezüglich Verbiß und Schäle ist sehr verschieden; zahlreiche Wirtschaftsbaumarten werden bei Vorhandensein und Verfügbarkeit (Winter!) von ausreichend attraktiver Äsung aus dem Bereich der Strauch- und Halbstraucharten, der Kraut- und Grasarten nur gering verbissen bzw. geschält;
- einförmiges (artenarmes) natürliches Äsungsangebot, temporäre Unzugänglichkeit der Äsungspflanzen (Schneelage,

Zäunung) und vor allem chronische Überbeanspruchung des Spektrums der bevorzugten Pflanzenarten als Folge langzeitig überhöhter Wilddichten begünstigen das Zustandekommen von Verbiß- und Schälschäden;
- in einem Revier relativ selten vorkommende Baumarten werden unabhängig von ihrer andernorts bekannten Intensität der Inanspruchnahme ausgeprägt bevorzugt verbissen, geschält und vor allem gefegt bzw. geschlagen (z. B. Lärchen- und Tannenarten);
- zwischen Flächengröße und Verbiß-, Schäl- und Fegeintensität bestehen Zusammenhänge: Kleinst- und Kleinflächen werden häufig extrem stark geschädigt.
- Beunruhigung im Revier stört erheblich den Äsungsrhythmus des Wildes und begünstigt daher das Zustandekommen wirtschaftlich nicht tolerierbarer Verbiß- und Schälschäden.

Die meisten Verfahren zur Ausarbeitung forstlicher Gutachten berücksichtigen diese wissenschaftlich weitgehend abgeklärten und durch praktische Erfahrungen bestätigten Zusammenhänge.

Wirtschaftlich tolerierbare Verbiß- und Schälschäden

Verbiß-, Schäl- und Fegeschäden sind im Wirtschaftswald unvermeidbar. Ausmaß und Intensität derselben sind jedoch sehr wohl beeinflußbar und vor allem wesentlich von der Wilddichte abhängig. Deshalb ist die Frage nach den Grenzen der wirtschaftlich tolerierbaren Schädigung das eigentliche Kernproblem der Wald/Wild-Problematik.

Aus ökologischer, waldbaulicher, betriebswirtschaftlicher und forstpolitischer Sicht wird allgemein gefordert, daß ein solcher Wildbestand als „wirtschaftlich bzw. waldbaulich tragbar" anzusehen ist, der die natürliche oder künstliche Verjüngung der im jeweiligen Revier vorkommenden Hauptbaumarten ohne technische Schutzmaßnahmen ermöglicht.

Zunächst bedarf es einer Präzisierung des Terminus Hauptbaumart und einer flächenmäßigen Abgrenzung. Im Zusammenhang mit unserem Anliegen, dem forstlichen Gutachten, sollten alle mit einem Flächenanteil >10 % vertretenen Baumarten als aktuelle Hauptbaumarten gelten (in Baden-Württemberg ist die Begrenzung bei nur 5 %!). Aber bei den meisten Hauptbaumarten ist auch bei relativ niedriger Wilddichte eine gewisse Schädigung durch Verbiß und Schäle nicht auszuschließen und wirtschaftlich (waldbaulich) durchaus tolerierbar. Um hier zu einem Interessenausgleich zwischen Waldbau und Jagdwirtschaft zu gelangen und zu stark subjektive Auslegungen zu vermeiden, sollte regional (z. B. für Fostdirektionen) oder lokal (z. B. für Forstämter oder Reviere) eine Abgrenzung der wirtschaftlich tolerierbaren Verbiß- und Schälschäden vorgenommen werden.

Gestützt auf zahlreiche studentische Beleg- und Diplomarbeiten in den verschiedensten Revieren der ostdeutschen Bundesländer sowie umfangreiche eigene Praxiserfahrungen werden in Tabelle 1 Werte waldbaulich tolerierbarer Verbiß- und Schälprozente für künstlich begründete Nadel- und Laubbaumkulturen bzw. -jungbestände zusammengestellt. Diese Werte sind selbstverständlich nur als Anregung und Beitrag zur weiteren Versachlichung der nicht selten emotional geführten Diskussion zu betrachten. Dabei ist zu beachten, daß die in Spalte 2 aufgeführten Von-bis-Spannen für Verbißprozente den „Diskussionsrahmen" abstecken. Für ein konkretes Forstamt bzw. einen Direktionsbereich wäre dann der obere bzw. untere oder der Mittelwert als vorläufig, z. B. für 3 Jahre, verbindliche Orientierung festzulegen. Bei der Bemessung der oberen Toleranzgrenze wurden die gegenwärtig in den ostdeutschen Bundesländern noch übliche relativ hohen Pflanzenzahlen pro Hektar berücksichtigt. Werden diese weiter reduziert, wie das gegenwärtig bereits mancherorts unter dem Druck betriebswirtschaftlicher Notwendigkeiten geschieht, dann kann nur der niedrige Wert als „tolerierbar" angesetzt werden.

Analog ist bei Anwendung der in Spalte 4 für Schälschäden angegebenen Toleranzbereiche zu verfahren. Dabei werden die in den Ertragstafeln ausgewiesenen Stammzahlen

Tabelle 1   Abgrenzung der wirtschaftlich tolerierbaren Verbiß- und Schälschäden in künstlich begründeten Waldbeständen

Baumart	Verbißschäden		Schälschäden		
	in % der Pflanzenzahl	Kontrollzeitraum (a)	in % der Stammzahl (n. Ertragstafel)	Kontrollzeitraum	
				Alter (a)	Baumhöhe (m)
Nadelbäume					
Wald-Kiefer (Pinus silvestris)	15-25	4...5	25-35	8...12	7...12
Gemeine Fichte (Pices abies)	20-30	4...6	15-25	25...35 (40...50)*	7...12
Lärchen-Arten (Larix spec.)	5-15	4...5	10-20	10...15	7...12
Tannen-Arten (Abies spec.)	10-20	4...6	20-30	30...40	10...15
Douglasie (Pseudotsuga menziesii)	10-20	4...5	25-35	10...15	10...15
Laubbäume					
Rot-Buche (Fagus silvatica)	10-20	4...6	10-20	20...30 (30...40)*	7...12
Eichen-Arten (Quercus spec.)	15-25	4...6	15-25	20...30	7...12
Gemeine Esche (Fraxinus excelsior)	10-20	4...5	10-20	15...25	7...12
Ahorn-Arten (Acer spec.)	10-20	4...5	10-20	15...25	7...12
Pappel-Arten (Populus spec.)	5-10	3...5	5-15	10...20 (20...30)*	7...12 12...15

* eine zweite Kontrolle ist zweckmäßig

des verbleibenden Bestandes als Bezugsbasis angesehen. Ist der Bestand ungepflegt bzw. lange Zeit nicht durchforstet worden, dann wäre bei Kiefer und Fichte die Summe der Bäume der sozialen Baumklassen 1, 2 und 3 nach Kraft die Bezugsbasis. Bei der Rot-Buche und anderen Schattbaumarten sollte wegen der unbedingt anzustrebenden vertikalen Bestandsgliederung das Schälprozent auf alle lebensfähigen Bäume bezogen werden.

Wie aus dieser Übersicht erkennbar, werden je nach Baumart bzw. Baumartengruppe ein Leittriebverbiß von minimal 10... 20 bei Gemeiner Esche und den Ahornarten und max. 20...30 % bei Gemeiner Fichte und den meisten Tannen-Arten als waldbaulich bzw. wirtschaftlich tolerierbar angesehen.

Bei den Schälschäden ist vor allem wegen der baumartenspezifischen Eigenschaft, entstandene Wunden gesund zu überwallen und der recht unterschiedlichen Disposition der Baumarten für Wundfäule eine ähnlich starke Differenzierung des wirtschaftlich tolerierbaren Schälprozentes zweckmäßig.

Bei aller ökologischen, ertragskundlichen und waldbaulichen Problematik, die mit der numerischen Abgrenzung wirtschaftlich tolerierbarer Verbiß- und Schälschäden gegenwärtig noch verbunden sein mag – sie ist unbedingt wünschenswert und auch machbar, wenn Forstleute und Jäger zueinander beim Austausch ihrer Argumente selbst tolerant bleiben und gegenseitig eine „Fluchtdistanz" wahren.

Gegenstand forstlicher Gutachten

Unter Berücksichtigung des gegenwärtigen Erkenntnisstandes zum Komplex Habitatkapazität/Habitatnutzung durch verschiedene Wildarten, Wilddichte/Intensität der Verbiß- und Schälschäden und den seitens des Waldbaus erhobenen Forderungen könnte das forstliche Gutachten mittelfristig den bestehenden Interessenkonflikt auf diesem Gebiet entschärfen und den dringend notwendigen Konsens fördern. Dabei sollten folgende Sachverhalte Gegenstand dieser Gutachten sein:
– Die Verbiß- und Schälschäden (Fege- und Schlagschäden könnten bei einigen Baumarten aus rein pragmatischen Erwägungen den Verbißschäden zugeordnet werden, z. B. bei Lärche und Douglasie);
– eine Wertung ausgewählter, wildschaden-

Tabelle 2   Verfahren zur Ausarbeitung forstlicher Gutachten („Verbißgutachten")

Land	Charakter. Merkmale	Vorzüge	Nachteile
Baden-Württemberg	– subj. Beurteilung des Leittriebverbisses – konkrete Erfassung der Schutzmaßnahmen – wahlweise Beurteilung des Nutzungsgrades typischer Äsungspflanzen	– unkompliziert, weniger aufwendig – relativ komplexe Beurteilung der Verbißsituation – Trendbetrachtungen stehen im Vordergrund	– keine Berücksichtigung der Schälschäden – Durch Verzicht auf Stichproben größere Möglichkeit subjektiver Fehleinschätzung
Bayern	– math.- stat. Verfahren zur Erfassung v. Leit- und Seitentriebverbiß sowie Fegeschaden – mind. 30 Probeflächen pro Hegegemeinschaft u. 50 Einzelpflanzen pro Fläche	– hoher Grad der Objektivität – Aussagen auch zu Pflanzen < 20 cm Höhe (Naturverjüngung!) – Berücksichtigung der Fegeschäden (Lärche!) – Erfassung der Flächen aller Besitzarten	– rel. aufwendig (Dienstleistung!) – keine Erfassung der Schälschäden – keine Erfassung und Bewertung der FS-Maßnahmen
Rheinld.-Pfalz	– 2 stufiges math.- stat. Verfahren (3 jähr. Turnus) – Erfassung des Leittriebverbisses bis 30.4. d. J. (Winterverbiß) – Schälschadenermittlung bis 30.8. d. J. (Sommer- und Winterschäle)	– komplexe waldbaulich-forstschutztechnische Ausrichtung – differenzierte Beurteilung des waldbaulichen Betriebszieles („gesichert", „gefährdet", „erheblich gefährdet") – Trendbeurteilung des Schadens – Ableitung differenzierter Folgerungen für die Abschußhöhe nach Wildarten für 3 Jahre	– relativ hoher Arbeitsaufwand für die Forstrevierleiter – zweimaliges Aufsuchen des Revieres zur Schadenserhebung

Hessen	– 2 Teile:
	  A –Lebensraumgutachten (aller 10 Jahre)
	  B –Forstliches Gutachten
	– math.- stat. Erhebung nach Traktverfahren
		– komplexe, ökol. Orientierung des Verfahrens
		– hoher Grad d. Objektivität
		– Praxistauglichkeit in 2 Pilotprojekten überprüft
			– einseitig auf Verbißbelastung durch Rehwild ausgerichtet
			– keine Erfassung der Schälschäden

relevanter jagdwirtschaftlicher Maßnahmen, z. B. Unterhaltung von Daueräsungsflächen, Winterbeifütterung in Mittelgebirgsrevieren;
- Umfang und Niveau der technischen Forstschutzmaßnahmen, z. B. die Relation von Einzelschutz und Flächenschutz durch Zäunung;
- Empfehlungen für die Abschußplanung, unter besonderer Berücksichtigung von Bejagungsschwerpunkten (eine Abschußerhöhung nach dem „Gießkannenprinzip" sollte tunlichst vermieden werden).

Es bestehen Tendenzen, die Punkte 2 und 3 in manchen Bundesländern bei den forstlichen Gutachten auszusparen und einseitig die Schadensproblematik in den Vordergrund zu rücken. Die Landesjagdverbände sind gut beraten, im Interesse ihrer Jägerschaft und zur Förderung des Konsens in diesem Spannungsfeld auf einer komplexen Beurteilung zu bestehen.

Langfristig gesehen erscheint das Hessische Modell, das ein Lebensraumgutachten (alle 10 Jahre zu erstellen) und ein forstliches Gutachten (alle 3 Jahre anzufertigen) kombiniert, zweckmäßig. Es berücksichtigt ökologische, waldbauliche und forstschutztechnische Anforderungen am besten.

Die Jagdwissenschaft und auch unsere Gesellschaft sollten diese Entwicklung durch weitere Forschungsarbeiten begleiten und in Pilotprojekten mitarbeiten.

Gegenwärtig gebräuchliche Verfahren

Unterzieht man die gegenwärtig gebräuchlichen verfahren zur Erstellung von forstlichen Gutachten einer kritischen Wertung (Tab. 2), so ergeben sich bei nahezu allen Verfahren durchaus beachtenswerte Vor- und Nachteile. Das wichtigste ist jedoch: sie funktionieren bei subjektivem Wollen alle und sind in den betreffenden Bundesländern bereits eine wesentliche Entscheidungshilfe für die Abschußplanung.

Für die ostdeutschen Bundesländer sind diese forstlichen Gutachten in einfacher, weniger kostenaufwendigen Form bereits möglich, wenn die im laufenden Forstschutzmeldewesen enthaltenen Angaben zur Verbiß- und Schälschadensituation durch die Forstamtsleiter entsprechend genutzt werden. Als Beispiel sei auf die Wildschadenerfassung

Tabelle 3   Wildschadenerfassung im Forstschutzkontrollbuch des Landes Sachsen

April   199...

Wildschäden			Fläche	
Schäl-schäden	Rotwild			
	Muffelwild			

			merklich	stark
Verbiß-schäden	Rotwild		ha	ha
	Rehwild		ha	ha
	Hase/Kanin		ha	ha
	Muffelwild		ha	ha

Schälschäden: Summe der Teilflächen, auf denen 20% und mehr der Bäume im Winterhalbjahr (Okt. bis März) neu oder erneut geschält wurden
Verbißschäden: Summe der Teilflächen, auf denen im Winterhalbjahr merklicher (20-30%) und starker (> 30%) Verbiß am Terminaltrieb auftrat.

im Forstschutzkontrollbuch des Landes Sachsen verwiesen (Tab. 3). Diese Erhebung erfolgt per 30. 04. d. J. für Winter- und per 30. 09. d. J. für Sommerschäden für jedes Revier und kann dem Forstamtsleiter sehr wohl für ein subjektives forstliches Gutachten, etwa nach dem Muster Baden-Württembergs, dienen. Außerdem existieren in den meisten Revieren gezäunte Flächen oder speziell angelegte Kontrollflächen, die eine Beurteilung der Habitatausnutzung und Habitatbelastung gestatten. Auf die doch recht teuren Erhebungen auf mathematisch-statistischer Grundlage könnte so vorläufig verzichtet werden.

Zusammenfassung und Folgerungen für die Praxis

Die Anwendung waldbaulicher bzw. forstlicher Gutachten hat sich in einigen Ländern offenbar bewährt. Derartige Gutachten gestatten Schlüsse in folgenden Richtungen:
– Empfehlungen für die Abschußplanung
– Konsequenzen für gezielte Hege- und Bewirtschaftungsmaßnahmen
– objekt- bzw. forstortsbezogene Vorschläge für Waldbau- und Forstschutzmaßnahmen
– evtl. Empfehlungen zur Strategie der Bejagung, insbesondere hinsichtlich
  - lokalen und temporären Schwerpunkten
  - Änderung der Jagdmethoden.

Die subjektive Einschätzung oder statistische Erhebung der Verbiß- und Schälschäden an den Einzelflächen des jeweiligen Revieres sollten stets gemeinsam durch den zuständigen Revierleiter und den Jagdpächter bzw. Begehungsscheininhaber vorgenommen werden. Dadurch wird Unstimmigkeiten bereits „prophylaktisch" begegnet, und erforderliche kurzfristige forst- und jagdwirtschaftliche Aktivitäten können umgehend veranlaßt werden.

Literaturverzeichnis

Bayer. Staatsminist. E. L. F. (1988): Auswertung der Verbißgutachten aus dem Jahre 1988. – München.

Conrad, P. (1990): Waldbauliches Gutachten als Grundlage für die Abschußplanung in Rheinland-Pfalz. – AFZ **45**: 92-93.

Duderstaed, H.-J. (1992): Ein Verbißgutachten ohne Biß? – Deutsche Jagdzeitung, Nr. 7: 26-30.

Eiberle, K. (1978): Folgewirkungen eines simulierten Wildverbisses auf die Entwicklung junger Waldbäume. – Schweiz. Z. Forstwes. **129**: 757-768.

Eiberle, K.; Nigg, H. (1984): Zur Ermittlung und Beurteilung der Verbißbelastung – Forstw. Cbl. **103**: 97-110.

Grüneklee. W. (1990): Erfahrungen mit dem Lebensraumgutachten in Hessen. – AFZ **45**: 88-90.

Gussone, K. (1993): Rheinland-Pfalz: Waldbauliches Gutachten zur Abschußfestsetzung. – Forst und Holz **48**: 48.

Guthörl, V. (1990): Rehwildverbiß in Buchenwaldökosystemen. Diss., Philosophische Fakultät der Univ. des Saarlandes, Saarbrücken.

Guthörl, V. (1991): Rehwildverbiß und Waldvegetation. – AFZ **46**: 175-177.

Hespeler, B. (1987): Forst und Jagd ziehen an einem Strang – Erfahrungen mit den forstlichen Gutachten in Baden-Württemberg. – Wild und Hund **90**: 4-10.

Kraus, P. (1987): Vegetationsbeeinflussung als Indikator der relativen Rotwilddichte. – Z. Jagdwiss. **33**: 42-65.

MELF/JD (1993): Noch Handlungsbedarf – Forstliches Verbißgutachten Baden-Württemberg 1992. – Pirsch **44**: 8-9.

Missbach, K. (1986): Die Eignung von Baumarten des Waldes als Äsungspflanzen für Wildwiederkäuer – Beitr. Jagd- u. Wildforsch. **14**: 173-175.

Petrak, M. (1990): Perspektiven für forstliche Gutachten aus der Sicht der Wissenschaft. – AFZ **45**: 94.

Pommer, A. (1992): Praxisrelevantes Verfahren zur Ermittlung der Verbißbelastung durch Schalenwild im Revier Eibenstock. Forstschutz-Beleg, Abt. Forstwirtsch. Tharandt (unveröff.).

Prien, S. (1989): Die Realisierung von Wald- und Wildbewirtschaftung im Tharandt-Grillenburger Wald unter besonderer Berücksichtigung der Wildschadenproblematik (Jubiläumsveranst. „Wald-Wild", 18.-23. 6. 89, Sopron/Ungarn), i. Druck.

Sieben, P.-F. (1989): Gutachten zur Abschußplanung: Vielfalt oder Durcheinander? Wild und Hund **92**: 4-5.

Weidenbach, P. (1990): Erfahrungen mit den forstlichen Gutachten in Baden-Württemberg. – AFZ **45**: 86-87.

Zusammenfassung

Die Anwendung waldbaulicher bzw. forstlicher Gutachten hat sich bewährt. Sie gestatten Folgerungen in verschiedenster Hinsicht: Eine realistische Abschußplanung und die konsequente Wildbestandsregulierung sind eine wichtige Maßnahme zur Lösung des Konfliktes Wald–Wild. Forstliche Gutachten

(Verbißgutachten, waldbauliche Gutachten) können zur objektiven Beurteilung der Wildschadensituation beitragen und damit eine wesentliche Grundlage für eine fundierte Abschußplanung bilden.

Ziele, Aufgaben und theoretische Grundlagen forstlicher Gutachten werden dargestellt. Als Gegenstand forstlicher Gutachten werden betrachtet: Die Verbiß- und Schälschäden; eine Wertung wildschadensrelevanter jagdwirtschaftlicher Maßnahmen; die technischen Forstschutzmaßnahmen und Empfehlungen für die Abschußplanung. In einer tabellarischen Übersicht werden die forstlichen Gutachten der Bundesländer Baden-Württemberg, Bayern, Rheinland-Pfalz und Hessen mit ihren Vor- und Nachteilen gegenübergestellt. Eine weitere Tabelle enthält quantifizierte Angaben zur Abgrenzung wirtschaftlich tolerierbarer Verbiß- und Schälschäden.

Summary

Title of the paper: Forest expert opinions (assessment of browsing) as a basis for planning game killing - synopsis of methods, applicational limits and problems.

The practice of giving silvicultural and forest expert opinions has stood the test of time. They allow to make diverse inferences: A realistic planning of game killing and consistent regulation of gme stock are an important measure in the process of solving the forest-game-conflict. Forest expert opinions (assessment of browsing, silvicultural appraisals) may contribute to objectively valuating the game damage situation, thus forming an essential basis for substantiated planning of game killing.

Objectives, tasks and theoretical foundations of forest expert opinions are outlined. The following themes are considered as subject matter of forest expert opinions: browsing and debarking damage; evaluation of hunting measures revelant to damage by game; engineering measures of forest protection and recommendations for the planning of game killing. A tabular survey facilitates a comparison of forest expert opinions of the states of Baden-Württemberg, Bavaria, Rhineland-Palatinate, and Hesse, showing their advantages and drawcaks. Another table contains quantified data for the delimitation of those areas in which economically tolerable browsing and debarking damage occurs.

Anschrift des Verfassers:
Technische Universität Dresden
Abteilung Forstwirtschaft Tharandt
Institut für Waldbau und Forstschutz
Prof. Dr. S. PRIEN
Piennerstr. 8
01737 Tharandt

Winfried von Bierbrauer zu Brennstein, Vögelsen

Wildbestandsplanung als Instrument der Deutschen Jagdrechtskultur (Sachstandsbericht)

Reden wir über *Kultur*, meinen wir meistens Kultivierung und tauschen dabei entweder mit- oder gegeneinander eigene Motive aus. Ich möchte jedoch thematisch von dem Kulturverständnis ausgehen, das darin besteht: Jede menschliche Gesellschaft hat bei den Bestrebungen ihre Grundbedürfnisse nach Nahrung, Kleidung, Obdach, Schutz, Fürsorge und Zusammenhalt in der natürlichen Umwelt zu befriedigen und untereinander auszugleichen sich verschiedener Hilfsmittel (Techniken und Erkenntnisse) bedient. Die deutsche Kultur bedient sich gegenwärtig vielfältiger Planung, um einen Ausgleich zwischen Mensch und Umwelt zu finden.

Dabei spielt der Umweltschutz eine allseits bekannte programmatische Rolle, und so ist es wohl niemandem mehr verborgen, daß die vielfältigen Vorstellungen über kulturelle Nutzwerte den sogenannten Umweltschutz mit Verfassungsrang befrachten wollen (z. B. BRANDENBURG 1992). Hinzu kommt, daß die heutige Umweltsituation sich der sektoral arbeitsteiligen deutschen Verwaltungsstruktur und deshalb einer überfachlichen Ordnung und Planung bedienen muß. Bekannt ist die Raumordnung und Landesplanung. Beide sind mit dem Umweltschutz in ihren Problemen eng verzahnt. Das gilt für alle Naturnutzungen durch die menschliche Gemeinschaft, wie z. B. die urbanen Flächenansprüche und den Kiesabbau ebenso wie die Nutzung der Tiere.

Die bekannte Tatsache, daß eine Regelung weitere nach sich zieht und in der staatlichen Ordnung mit dem Bedeutungsgewinn eines Bedürfnisses zwangsläufig eine – teilweise beklagte, teilweise begrüßte – Tendenz zur „Verrechtlichung" einhergeht, ist auch in diesem Jahrhundert nachzuvollziehen. Der Blick richtet sich folgend auf das Instrument einer Wildbestandsplanung.

Das Ausgleichsproblem zwischen menschlichen Gemeinschaftsbedürfnissen und der natürlichen Umwelt wächst an dem sich ständig entwickelnden Verständnis über den kulturellen Wert menschlicher Bedürfnisse und einer natürlichen Umwelt. So verwundert es auch nicht, daß ein Schutzbewußtsein für das eine oder andere oder aller Bedürfnisse besteht, wo die Probleme einer Nutzung der sogenannten natürlichen Umwelt zu bewältigen sind.

Es war zunächst der brandenburgisch-preußische Gesetzgeber, der im JAGDRECHT dem wirtschaftlichen Ziel einer Nachhaltigkeit der Nutzung sog. wilder Tiere und damit einer Arterhaltung Rechnung getragen hat. In § 42 des JAGDGESETZES (1934 I.) wird erstmals bestimmt, daß der Abschuß von Schalenwild nur aufgrund und im Rahmen eines genehmigten Abschußplanes stattfinden darf und die vorgeschriebenen Abschußziffern tunlichst erfüllt werden müssen, jedoch ohne Genehmigung des Kreisjägermeisters nicht überschritten werden dürfen. Die damit verbundene entscheidende Frage, welches Ziel dieses Instrument für die Gestaltung der Schalenwildbestände (außer

Schwarzwild) haben soll, zeigt der gesetzliche Wortlaut (§ 42):
„Der Abschuß ist so zu regeln, daß die berechtigten Ansprüche der Land- und Forstwirtschaft auf Schutz gegen Wildschäden gewahrt bleiben. Innerhalb der hierdurch gebotenen Grenzen soll ein in seinen einzelnen Stücken gesunder Wildbestand aller bei uns heimischen Arten auch für die kommenden Geschlechter erhalten bleiben."
Daß damals bei der Nutzung der jagdbaren Tiere zwischen der Hege des Wildes und der Erhaltung des Wildes unterschieden wurde, zeigt die Präambel des Gesetzes, in der es heißt, daß die Hege ihre Grenze an den Bedürfnissen der Landeskultur, insbesondere der Land- und der Forstwirtschaft findet. Die Erhaltung des Wildes war auf einen artenreichen, in seinen einzelnen Stücken kräftigen und gesunden Wildstand auszurichten. MITZSCHKE (1942) macht bereits darauf aufmerksam, daß die Abschußregelung auch geeignet ist, einen erhöhten Abschuß zu erzwingen, wo ein übermäßiger, nicht erträglicher Wildbestand vorhanden ist.
Damals, im Jahre 1934, bestand Konsens darin, daß zur Befriedung der menschlichen Bedürfnisse in der Umwelt eine schlicht abwehrende Regulierung entsprechend einer polizeilichen Erlaubnis ausreicht. Jagd- und Naturschutz hatten noch einen grundlegenden Konsens den die beiden zeitgleich entstandenen Gesetzeswerke über Naturschutzrecht und Jagdrecht kennzeichnen. Man kann sogar feststellen, daß mit der Jagdregelung Naturschutz betrieben wurde und es keinen besseren Naturschützer als den Jagd-, den Land- und den Forstwirt gab. Es genügte in beiden Rechtskreisen die bewahrende Regelung. Dieser diente das Reichs-NATURSCHUTZGESETZ (1935) durch Schutz und Pflege der heimatlichen Natur in allen ihren Erscheinungen. Zum Schutz zählte man die Abwehr nachteiliger Eingriffe des Menschen oder natürlicher Entwicklungsvorgänge, die eine Naturerscheinung in unerwünschter Weise verändern würden. Diesem konservierenden Verständnis steht seit dem BundesNATURSCHUTZGESETZ (1976) ein neues Verständnis gegenüber, das neben Schutz und Pflege die Entwicklung der Natur verlangt, also Natur beeinflussen oder in naturgemäßen Sinne ausgestalten will.

Wir erinnern uns im jagdlichen Bereich, daß die preußische Jagdregelung Grundlage der Reichsregelung wurde. Der Planzweck wurde 1934 (II.) in der Präambel des Reichsgesetzes nunmehr wie folgt umschrieben:
„Pflicht eines rechten Jägers ist es, das Wild ... auch zu hegen und zu pflegen, damit ein artenreicher, kräftiger und gesunder Wildstand entstehe und erhalten bleibe. Die Grenze der Hege muß freilich sein die Rücksicht auf die Bedürfnisse der Landeskultur, vor allem der Landwirtschaft und Forstwirtschaft."
Der Gesetzeswortlaut für die Abschußregelung bleibt mit dem Preußischen Jagdgesetz nahezu wortgleich und wurde durch das BundesJAGDGESETZ (1952) – BJagdG – übernommen. Allerdings geriet die Abschußplan-Erweiterung für die Jagd auf andere Wildarten in Vergessenheit. Die Abschußregelung ist im übrigen als eine abschließende Bundesregelung zu verstehen.
In dieser Begriffswelt jagdlicher Planung griff der Gesetzgeber dann mit der Novellierung des Bundesjagdgesetzes im Jahre 1976 ein, als 1975 durch das BundesWALDGESETZ und die Novellierung des Bundes-NATURSCHUTZGESETZes – BNatSchuG – andere Gedanken (Kulturmotive) verbindlichen Charakter für das Jagdrecht erhielten. Nun sprach man im Jagdrecht von zu berücksichtigenden „Belangen" bei der Abschußregelung, in deren Grenzen ein gesunder Wildstand „erhalten bleibt", d. h. zu erhalten ist!
Einen formell anderen Weg jagdlicher Kultur ging die Deutsche Demokratische Republik mit dem JAGDGESETZ (1953). Auch sie band den Abschuß von jagdbaren Tieren an einen Abschußplan durch § 13 des Jagdgesetzes. Entsprechend dem Staatsverständnis erfuhr der Abschußplan durch eine Wildhegevorschrift (§ 17 des Gesetzes) und Bewirtschaftungsrichtlinien seine nähere Ausgestaltung. Wieviel Sachverstand und Arbeit materiell in den Verfügungen, z. B. über die Bonitierung der Jagdgebiete vom 2. 7. 1979 und vom 10. 4. 1980 über den Bestands-

rahmen des Schalenwildes deutlich wird, kann jeder selbst aus der Lektüre dieser Regelungen ablesen. Hier wird erkennbar, daß Wildtier- und Jagdforschung einen entscheidenden Anteil an der Regulation der Wildbestände durch den Abschußplan hatten. An dieser Rechtslage änderte sich auch nichts im Jahre 1984 durch das Gesetz über das Jagdwesen der Deutschen Demokratischen Republik. Die Bindung des Abschusses an den Abschußplan sah § 22 des JAGDGESETZES (1984) vor. Die Ermächtigung zur Regelung der Wildbewirtschaftung fand sich in § 4 Abs. 4 des Jagdgesetzes. Der Sachverstand war sogar in der Gesetzespräambel notiert.

Diese Regelungen sind nach dem EINIGUNGSVERTRAG (1990) für den politisch-gesellschaftlichen Alltag heute nicht mehr bindend. Tatsächlich aber wirken sie noch heute in den 5 Bundesländern. Die faktischen Verhältnisse des Wildstandes wirken über einen längeren Zeitraum hinweg als es die Vorschriften beschreiben. So ist bei jeder kommenden Planung die Teilhabe weniger am Abschuß aus einem langjährigen Gemeinschaftswerk eingeschlossen. Der Aufbau eines naturverträglichen Bestandes an herausragenden Trophäenträgern ist Teil unserer Jagdkultur.

Seit dem Einigungsvertrag gelten für den Wildbestand einheitlich die Regelungen des Bundesrechtes. Mit dem Instrument der Abschußplanung aus § 21 BJagdG gestalten wir, jeder an seinem Platz, unsere deutsche Jagdkultur. Auch hier ist der Aufeinanderprall heutiger Zivilisations- und Nutzvorstellungen mit dem Natürlichen zu kultivieren. Wie geschieht das?

Wurde 1934 das Artenschutzinstrument eines Abschußplanes geschaffen, weil die Naturnutzung des Wildbestandes nicht mehr dem Einzelnen überlassen werden sollte, war damit der Wildbestand zu einer öffentlichen Angelegenheit geworden. Es war auch geltende Meinung, daß der Abschußplan vornehmlich der Güte, weniger der zahlenmäßigen Anhebung des Wildbestandes dienen sollte. Eine auf DARWIN'schen Theorien beruhende Züchtungsvorstellung herrschte vor. Die Geschichte der vielen Bestrebungen und Ideen einer „Veredelung" der Wildbestände in diesen Jahren – und bis heute? – durch den Abschußplan nachzuzeichnen, versage ich mir, denn für die Bestandsanalyse des derzeitigen Meinungsstandes über eine Wildbestandsplanung bedarf es dieses Wissens nicht.

Der Gesetzeswortlaut „AbschußPLAN" enthält den Begriff Planung. Die Planung selbst ist begrifflich nun aber nicht regelmäßig eine Einzelfallentscheidung und schon gar nicht eine Rechtsnorm. Sie spielt in der Praxis eine erhebliche Rolle und wird daher in der Staats- und Verwaltungswissenschaft nicht nur jagdrechtlich diskutiert. Noch ist es nicht gelungen, Plan und Planung rechtsdogmatisch einheitlich zu beschreiben. Das zeigt uns hier der den Wildbestand steuernde Rechtsbegriff des Abschußplanes. Er ist, wie seine Geschichte zeigt, kein Phänomen der heutigen Zeit. Er ist in seiner Notwendigkeit heute aber im Prinzip unbestritten BRIEDERMANN (1990), STUBBE (1990), TÜRCKE (1982), UECKERMANN (1983), REULICKE (1988), WAGENKNECHT (1990). Als Planung kann er als vorausschauendes Setzen von Zielen und gedankliches Vorwegnehmen der erforderlichen Verhaltensweisen (BACHOFF 1974) verstanden werden, als eine Vorsorge für komplexe Wirkungszusammenhänge.

Mit der Einführung der Planung für den Wildbestand im Jahre 1934 durch den Abschußplan zeigte sich, daß bald die Jagdbehörde die Wildhege steuerte und gleichzeitig den gütemäßigen Bestand des Wildes in bezug auf das Revier entschieden hat. Die Jagdbehörde hat unter eigener Verantwortung nach pflichtgemäßem Ermessen den Abschuß festgesetzt. Über die in eine solche Entscheidung einfließenden komplexen Wirkungszusammenhänge gab es damals wenig fachliches Wissen. Über diese über viele Jahre ausgeübte „Ermessensentscheidung" ist viel gedacht und geschrieben worden z.B. VORREYER (1944). Zunehmend abgesicherte wissenschaftliche Erkenntnisse und biologische Fakten bedrängten das in der Ermessensentscheidung der Jagdbehörde durch den Kreisjägermeister eingeflossene schlichte Erfahrungsverständnis der Jäger. Hinzu

trat in der Rechtsentwicklung das Rechtsverständnis über den verfassungsrechtlich garantierten Rechtsschutz in den Vordergrund, so daß die Planung zunehmend in Streitigkeiten ausartete. Das veranlaßte jedenfalls positiv ein Nachdenken. Eine lange Reihe der verwaltungsgerichtlichen Entscheidungen kennzeichnet den Weg der Wildbestandsplanung von der damals vermeintlichen Ermessensentscheidung zur heutigen mehrstufigen Entscheidung der Jagdbehörde.
SAH'BEHR/OTT/NÖTH (1935) den Abschußplan zwar mit der heute h. M. (vgl. für viele KOBLENZ 1978) als eine Einzelfallentscheidung an, so hielt er sie doch für eine Ermessensentscheidung (ebenso SCHLESWIG 1973). Mit dem Wachsen der Erfahrungen aus der Anwendung dieses jagdlichen Steuerungsinstrumentes für die Populationen setzte jedoch ein Nachdenken über die Kontrolle dieser Entscheidung ein. Denn Ermessen der Jagdbehörde ließ sich rechtlich nur darauf überprüfen, ob die Ermessensgrenzen nicht erkannt oder ob sie überschritten wurden oder ob von dem Ermessen in den ihm eigenen Zweck nicht Gebrauch gemacht wurde. Deshalb meinte MÜNSTER (1960), daß der Abschußplan eine Sachentscheidung unter Anwendung unbestimmter Rechtsbegriffe sei (z. B. Wahrung der Landeskultur, Erhaltung eines angemessenen artenreichen Wildbestandes) und die Beschwerdebehörde zur Nachprüfung der Rechts- und Zweckmäßigkeit und damit auch zur Änderung des Abschußplanes berechtigt ist. Dieser Auffassung folgten KOBLENZ (1978) und LÜNEBURG (1988). LÜNEBURG (1989) meinte dann sogar, daß der Verwaltung bei der Abschußplanung unter Anwendung unbestimmter Rechtsbegriffe ein „weiter Beurteilungsspielraum" zusteht, was wohl auch noch MÜNCHEN (1990) mit der „planerischen Gestaltungsfreiheit" beschreibt.
Eine zeitlang wird beim Verständnis der Abschußplanung darum gerungen, welche unbestimmten Gesetzesbegriffe Vorrang besitzen. KOBLENZ (1982) sprach den berechtigten Ansprüchen der Land- und Forstwirtschaft den Vorrang vor dem Gebot einer unangemessenen Wildhege zu, so daß zum Zwecke der Wildbestandsverminderung ggfs. auch doppelseitige Kronenhirsche aus der Klasse IIa zum Abschuß frei zu geben sind, ebenso KARLSRUHE (1984). Dagegen verneint MÜNCHEN (1990) einen solchen Vorrang. Übereinstimmung scheint jedoch zu herrschen, daß die Ausrottung in einem Revier, d. h. die Schaffung wildartfreier Gebiete, dem Jagdrecht (KASSEL 1980) und dem Tierartenschutz (WUNDERLICH 1979) nicht entspricht.
Demgegenüber differenzierte KOBLENZ schon 1957 bei der Abschußplanung zwischen Teilabschußplänen der Jagdbezirke und dem Gesamtabschußplan des Kreises. Ihm folgte 1972 dann BRAUNSCHWEIG deutlich mit der Betrachtung des Abschußplanes als einer Planung. Es meint, „der Abschußplan sei nicht nur unter Berücksichtigung der Verhältnisse eines einzelnen Jagdbezirkes, sondern eines gesamten Lebensraumes für Rotwild" aufzustellen. Diese Auffassung bestätigte BRAUNSCHWEIG (1973 und 1974) zuletzt mit dem Leitsatz: „Der nach § 21 Abs. 2 S. 1 BJagdG für bestimmte Wildarten erforderliche Abschußplan erschöpft sich nicht in dem privaten oder/und behördlichen Ausfüllen eines Vordruckes. Er hat das öffentliche Interesse an der Erhaltung dieser genannten Wildarten, die gesetzlichen Drittansprüche (Abs. 1 aaO.) sowie die angemessene Wilddichte, Wildqualität und Wildgemeinschaft in dem Lebensraum der betreffenden Wildart (Ergänzung zu BRAUNSCHWEIG 1973) sowohl gegeneinander als auch untereinander angemessen auszuweisen."
Den vorläufigen Rechtsschutz auf ungeplante Freigabe des Abschusses versagte KOBLENZ (1978) aus eben den planerischen Gründen. Schließlich machte STADE (1985) deutlich, daß der gesetzlich geforderte Abschußplan durch seine Planung und die Abschußfestsetzung eine mehrstufige Verwaltungsentscheidung sei. Der Plan habe Doppelwirkung. Er begründe Rechtsbeziehungen nicht nur für eine raumrelevante Umweltnutzung im Lebensraum des Planwildes, sondern auch für die daraus begründeten Revierabschußpläne der Jagdbezirke eines

Hegegemeinschaft. Demzufolge hat z. B. die Planung einer Wilddichte nach den Lebensräumen des Wildes und nicht nach den Gegebenheiten des einzelnen Revieres sich auszurichten (STADE 1989). Folgerichtig sagt dann STADE (1991)
„Ein Abschußplan stellt zum einen eine Planungsentscheidung als Ergebnis der Abwägung der verschiedenen gesetzlichen Belange nach § 21 Abs. 1 BJagdG dar, mit der die Erhaltung eines natürlichen Gleichgewichts im beplanten Rotwildgebiet (= Region) erreicht werden soll, zum anderen ist er eine Entscheidung über die Verteilung des zu erlegenden Wildes auf die einzelnen Reviere."
Diese Entwicklung findet durch BERLIN (1992) z. Z. ihren Teil-Abschluß. Danach sind die materiell-rechtlichen Vorgaben für die Festsetzungsentscheidung der Jagdbehörde in § 21 Abs. 1 BJagdG enthalten. Bei der Entscheidung über den Abschußplan sind die hierin aufgeführten unterschiedlichen öffentlich-rechtlichen und privat-rechtlichen „Belange" in die Entscheidung einzustellen. Es ist ein Interessenausgleich zwischen den volkswirtschaftlichen und den landeskulturellen Belangen einerseits und den jagdlichen Intentionen andererseits vorzunehmen. Insoweit ist die Behörde zu einer Abwägung verpflichtet. Aus dem Wortlaut des Gesetzes und seiner Entstehungsgeschichte folgt, daß das „ob" und „wie" der behördlichen Entscheidung nicht von einer Ermessensausübung abhängig ist (GEHRMANN 1992). Die Behörde ist in jedem Falle verpflichtet, in die Abwägung die gesetzlich formulierten Belange einzustellen und darüber im Rahmen der gesetzlich bestimmten Grenzen zu entscheiden.
Die Zukunft wird zeigen, ob wenigstens die Planungsgrenzen durch Abwägung der Belange eingehalten nicht aber im Wege der Abwägung „überwunden" werden. Ein verständiger ambitionierter Mensch vermag heute festzustellen, daß der Wildbestand durch „vergessene" Belange und insbesondere nicht aussagefähige Konzepte (Hegerichtlinien etc.) allerdings deutlichen Veränderungen unterzogen wird. Übersehen wird dabei nicht, daß auch Hegerichtlinien oder andere interne Verwaltungsvorstellungen Planungen beinhalten und mindestens mit dem Abschußplan Außenwirkung erhalten. Den Sachverstand für jeden planenden Umgang mit dem Wildtier erarbeitet die Wildtierforschung.

Literatur

JE = Jagdrechtliche Entscheidungen der ordentlichen Gerichte, der Arbeitsgerichte der allgemeinen Verwaltungsgerichte, der Finanz- und Sozialgerichte sowie des Europäischen Gerichtshofes, herausgegeben vom Deutschen Jagdschutzverband e.V., zitiert nach Band, Abschnitt und Entscheidungsnummer

BACHOFF (1974): Verwaltungsrecht I, 9. Aufl., § 47 IX a.
BEHR/OTT/NÖTH (1935): Die deutsche Reichsjagdgesetzgebung, 1935: 265 ff.
BERLIN (1990): Bundesverwaltungsgericht, Urteil v. 27. 09. 1990 – 4 C 44.87 –, in Buchholz, 406.401 BNatSchG § 8 Nr. 9.
– (1992): Urteil v. 19. 03. 1992 – 3 C 62.89, JE 8 VI 37 = Buchholz 451.16 § 21 Nr.1 = NuR 1992, 471 = BayVBl 1992, 568.
BRANDENBURG (1992): Verfassung des Landes Brandenburg vom 22. 04. 1992, Art. 39 und 40.
BRAUNSCHWEIG (1972): Verwaltungsgericht Braunschweig, Urt. v. 08. 02. 1972 – III A 7/71.
– (1973): Urt. v. 09. 08. 1973 – IV A 84/73, Nds Rechtspflege 1974, 29 = JE 2 VI 7.
– (1974): Urt. v. 09. 12. 1974 – IV A 201/74, JE 1 VI 1 und 2.
BRIEDERMANN, L. (1990): Schwarzwild, 2. Aufl., 392/404.
EINIGUNGSVERTRAG (1990): Vertrag der Bundesrepublik Deutschland und der Deutschen Demokratischen Republik über die Herstellung der Einheit Deutschlands vom 31. 08. 1990, BGBl II, 889.
GEHRMANN, L. (1992) NuR 472.
JAGDGESETZ (1934 I.): Preußisches Jagdgesetz vom 18. 01. 1934, Preußische Gesetzessammlung, 13.
– (1934 II.): Das Reichsjagdgesetz vom 03. 07. 1934, Reichsgesetzblatt I., 549.
– (1952): Das Bundesjagdgesetz v. 29. 11. 1952, BGBl I, 780, 843.
– (1953): Gesetz zur Regelung des Jagdwesens v. 25. 11. 1953, Gesetzblatt DDR, 1175.
– (1984): Gesetz über das Jagdwesen der Deutschen Demokratischen Republik v. 15. 06. 1984, Gesetzblatt DDR, 217.
KARLSRUHE (1984): Bundesgerichtshof, Urt. v. 22. 05. 1984 – III ZR 18/83, BGHZ 91, 243 = JE 5I33 = NJW 1984, 2216.
KASSEL (1980): Verwaltungsgericht Kassel, Urt. v. 22. 02. 1980 – IV E 228/79, JE 2 VI 10.
KOBLENZ (1957): Verwaltungsgericht Koblenz, Urt.

v. 10. 04. 1957 – 3 K 5/57, Entscheidungen in Jagdsachen Band I S. 67 Nr. 2.
- (1978): Oberverwaltungsgericht Koblenz, Beschl. v. 22. 09. 1978 – 8 B 21/78, JE 2 VI 6 = RdL 1979, 83.
- (1982): Oberverwaltungsgericht Koblenz, Urt. v. 29. 01. 1982 – 8 A 20/82, JE 3 VI 16 = AgrarR 1982, 252.
LÜNEBURG (1988): Oberverwaltungsgericht f. d. Länder Niedersachsen und Schleswig-Holstein, Urt. v. 02. 12. 1988 – 14 OVG A 168/65, JE 7 VI 30.
- (1989) Oberverwaltungsgericht f. d. Länder pp., Urt. v. 10. 08. 1989 – 3 L 21/89 –, JE 7 VI 33 = NuR 1990, 280.
MITZSCHKE/SCHÄFER (1942): Kommentar zum Reichsjagdgesetz, 3. Aufl. 37 Anm. 2.
MÜNCHEN (1990): Verwaltungsgericht München, Urt. v. 10. 12. 1990, M 1 K 89.4914, JE 8 VI 34.
MÜNSTER (1960): Oberverwaltungsgericht Münster, Beschl. v. 16. 07. 1960 – 4 B 391/60, Entscheidungen in Jagdsachen Band I S. 68 Nr. 4.
NATURSCHUTZGESETZ (1935): das Reichsnaturschutzgesetz v. 26. 06. 1935 – Reichsgesetzblatt I, 821.
- (1976): Gesetz über Naturschutz und Landschaftspflege – Bundesnaturschutzgesetz/BNatSchG – v. 20. 12. 1976, Bundesgesetzblatt I, 3574.
REULECKE, K. (1988): Das Rotwild, 9. Aufl., 264.
SCHLESWIG (1973): Urt. v. 15. 10. 1973 – 1 A 92/71, Entscheidungen in Jagdsachen Band IV, S. 97, Nr. 1.
STADE (1985): Verwaltungsgericht Stade, Beschl. v. 29. 08. 1985 – 2 VG D 53/85, JE 5 VI 21 = DÖV 1985, 1027.
- (1989): Beschl. v. 22. 08. 1989 – 2 VG A 270/88, JE 7 VI, 32.
- (1991): Gerichtsbescheid v. 25. 06. 1991 – 5 A 32/91, JE 8 VI 35 = NuR 1992, 38.
STUBBE, C. (1990): Rehwild, 3. Aufl., 291, 319/320.
TÜRCKE, F. TOMICZEK (1982): Das Muffelwild, 2. Aufl., 138.
UECKERMANN, E., HANSEN, P. (1983): Das Damwild, 2. Aufl., 203.
VORREYER, F. (1944): Zehn Jahre Reichsjagdgesetz – Zehn Jahre Abschußplan, Wild und Hund, 4/1944, 26.
WAGENKNECHT, E. (1990): Rotwild, 4. Aufl., 300.
WALDGESETZ (1975): Gesetz zur Erhaltung des Waldes und zur Förderung der Forstwirtschaft – Bundeswaldgesetz v. 02. 05. 1975, Bundesgesetzblatt I, 1037.
WUNDERLICH, W. (1979): Tierartenschutz im Jagdrecht durch Planung, DJV – Nachrichten 2/1980, 8.

Zusammenfassung

Wildbestandsplanung ist für den deutschen Jäger seit 1934 vorgeschrieben. Dadurch sollen Wildarten erhalten werden. Ein Schalenwildabschuß ist nur erlaubt, wenn dies der Abschußplan zuläßt – Verbot mit Erlaubnisvorbehalt –. „Erhalten" i. S. des § 21 Abs. 1 S. 2 BJagdG bedeutet, daß die Ziele einer gesellschaftsbedingten Raumnutzung und einer Jagdwild-Bestandsplanung nach dem Grad ihrer Aussageschärfe verwirklichungsfähig sind und nicht durch Abwägen (vgl. § 1 Abs. 2 BNatSchuG) überwunden werden können (sogen. „echte" Abwägung: BERLIN 1990).

Summary

Title of the paper: Game population planning as an instrument of the culture of German hunting law.

Game population planning has been a necessity for German hunters since 1934. Its purpose is to control populations. Thus, hoofed game may only be hunted if the game killing plan allows this. „To preserve" within the meaning of Article 21 Section 1 Clause 2 of the Federal German Hunting Law implies that the aims of land use for the purposes of human civilisation and those of game population planning must be defined with sufficient clarity as to be capable of realisation and obviate the possibility of being sacrificed through the weighing of interests (cf. Article 1 Section 2 of the Federal Nature Conservation Law; so-called „real" weighing: BERLIN 1990).

Anschrift des Verfassers:
WINFRIED VON BIERBRAUER ZU BRENNSTEIN,
Am Deichfeld 17,
21360 Vögelsen

SIGMUND GÄRTNER, Grillenburg

Vergleichende Untersuchungen zur Repellentwirkung der in Deutschland amtlich anerkannten Verbißschutzmittel

Einleitung

Seit drei Jahrzehnten werden im Wildgatter Grillenburg Prüfungen zur Repellentwirkung wildschadenverhütender Mittel mit Hilfe einer speziellen Methode durchgeführt. Nach diesem Verfahren erfolgte die Zulassung von Repellentien in der ehemaligen DDR. Das bundesdeutsche Prüfverfahren, Richtlinie Nr. 18 – 4 der Biologischen Bundesanstalt für Land- und Forstwirtschaft, basiert ausschließlich auf Revierversuchen. Nach der deutschen Vereinigung ergab sich die Möglichkeit, in Zusammenarbeit mit den Herstellern, Vertriebsfirmen und der BBA Braunschweig fast alle amtlich anerkannten Wildverbißschutzmittel Deutschlands vergleichend auf ihre Repellenz zu prüfen. Getestet wurde in den Wintern 1990/91 und 1991/92, Prüfglieder mit anderen Präparaten (Schäl- und Fegeschutzmittel, ausländische Produkte) werden an dieser Stelle nicht berücksichtigt.

Material und Methode

Die Versuchsanstellung erfolgte als Repellenttest an hochattraktivem Futtermittel unter praxisnahen Bedingungen im natürlichen Rudelverband. Dazu wurden die Versuchsmuster mit gesiebtem Körnermais gemischt und angetrocknet. Sowohl geruchlich, geschmacklich, farblich oder mechanisch repellente Inhaltsstoffe bleiben damit wirksam. Zur vollständigen Benetzung des Körnermaises ist bei den geprüften streichfähi-

Abb. 1 Die Versuchsmuster zur Repellenzprüfung. Zur vollständigen Benetzung des Körnermaises ist ein Masseverhältnis von 10:1 bei streichfähigen und 20:1 bei spritzfähigen Präparaten erforderlich.

Abb. 2 Die Versuchsfutterkästen im Teilgatter Muffelwild für Repellentversuche mit wildschadenverhütenden Mitteln

gen Verbißschutzmitteln ein Masseverhältnis von 10 : 1 und bei den spritzfähigen Verbißschutzmitteln von 20 : 1 (Mais : Präparat) erforderlich (Abb. 1). Der mit den Versuchsmustern behandelte Mais einschließlich unbehandelter Kontrollvariante wurde in 16 separaten Futterkästen (Abb. 2) den Wildarten zur Annahme angeboten.

Die Varianten wurden getrennt täglich eingewogen und am nächsten Tag zurückgewogen.
Innerhalb des Versuchsblockes erfolgte die Einwaage täglich im jeweils nächsten Kasten, so daß nach 16tägigem Versuch jede Prüfungsvariante in jedem Futterkasten vorgelegen hat.

Tabelle 1 Versuchsanstellung

Versuchszeitraum	29.01. - 13.02.91	26.02. - 13.03.91	28.01. - 28.02.92	03.03. - 03.04.92
Anzahl der Prüfglieder (Verbißschutzmittel)	8	3	8	4
Anzahl der Wiederholungen	1	1	1	1
Tägliche Einwaage je Kasten				
– Rotwild	3,0 kg	2,0 kg	2,5 kg	2,0 kg
– Muffelwild	1,8 kg	1,2 kg	1,4 kg	1,2 kg
– Rehwild	0,3 kg	0,2 kg	0,4 kg	0,3 kg
Anzahl der Versuchstiere				
– Rotwild	6	6	5	5
– Muffekwild	9	9	7	7
– Rehwild	3	3	3	3
Vorlage/Tag/Tier/Variante				
– Rotwild	1,0 kg	0,667 kg	1,000 kg	0,800 kg
– Muffelwild	0,4 kg	0,267 kg	0,400 kg	0,343 kg
– Rehwild	0,2 kg	0,133 kg	0,267 kg	0,200 kg
Versuchsdauer	16 Tage	16 Tage	32 Tage	32 Tage
Anzahl der Vorlagen je Variante	32	32	64	64

In der Tabelle 1 sind die wichtigsten Versuchsdaten zusammengefaßt.
Um eine zusätzliche, wesentliche Äsungsaufnahme auszuschließen, wurden die Versuche nur im Winterhalbjahr (Januar – Anfang April) durchgeführt. Die Wilddichte der Teilgatter entspricht bei Rotwild 60 Stück/ 100 ha, bei Muffelwild 200 Stück/100 ha und bei Rehwild 100 Stück/100 ha.
In der jeweils ersten Versuchsserie der beiden Jahre (Febr.) wurde über die tägliche Einwaage der unbehandelten Kontrollvariante bei durchschnittlich geringer Schneehöhe 50 % des Tagesnormalbedarfs der Wildarten von jeder Variante angeboten. In der jeweils zweiten Versuchsserie beider Jahre (März) wurde aufgrund fehlender Schneedecke und geringem zusätzlichen Äsungsangebot die Einwaage der Varianten auf 30 bis 40 % des Tagesnormalbedarfs verringert. Damit wurde für alle Wildarten ein hoher, den herrschenden Witterungsbedingungen angepaßter Annahmezwang gesichert.
Die vier Versuchsserien sind in der Annahme bedingt vergleichbar, da sowohl Angebotsmenge (vgl. Tab. 1) als auch Witterung und die jeweiligen Vergleichspräparate variierten. Bei den beiden Serien von 1991 erfolgte die Zusammenstellung der Varianten wahllos, die Serien des Jahres 1992 wurden systematisch zusammengestellt. Erstere enthält nur streichfähige Winterverbißschutzmittel, die zweite Serie die spritzfähigen Sommer- und Winterverbißschutzmittel.

Ergebnisse der Repellenzprüfungen

Auswerteeinheit ist die aufgenommene Futtermenge aller Testvarianten in Gramm bzw. prozentual zum Angebot.
Nach den 30jährigen Erfahrungen mit diesen Fütterungsversuchen und im Vergleich zu Revierversuchen ist die Repellentwirkung in der praktischen Anwendung bei einer Aufnahme im Fütterungsversuch von weniger als 20 bis 30 % unter einem 50 %igen Annahmezwang sicher. Die Einzelwerte der täglichen Aufnahmen innerhalb der Varianten läßt sich keinem bestimmten Verteilungstyp zuordnen. Deshalb wurde neben dem arithmetischen Mittel und den daraus abgeleiteten Prozentsätzen der parameterfreie Chi-Quadrat-Homogenitätstest zur Prüfung der Aufnahmeverteilungen herangezogen.
Nach einer systematischen Klassenbildung der Futteraufnahmen erfolgte anhand der Häufigkeitsverteilungen die Signifikanzprüfung zwischen allen angebotenen Varianten.
Es ergaben sich nach Wildarten getrennt folgende Ergebnisse:

Rotwild

In den zwei- bzw. vierwöchigen Winterversuchen wurden vom Rotwild 1991 und 1992 durchschnittlich 1,6 kg je Tag und Tier der Futtermenge aufgenommen, das entspricht ca. 80 % des Winternormalbedarfs. 60 Prozent entfallen davon auf den unbehandelten Mais, der damit zu 95 % aufgenommen wurde. Der Äsungsdruck auf die Testvarianten war dadurch relativ hoch. In der Tabelle 2 ist die prozentuale Aufnahme aller Varianten durch das Rotwild zusammengestellt.
Die Einstufung der geprüften Verbißschutzmittel innerhalb eines Versuches nach Rängen erfolgte entsprechend den Ergebnissen des Signifikanztestes. Bei Präparaten gleichen Ranges bestehen keine gesicherten Unterschied in der Annahme, wohl aber zwischen den Präparaten verschiedener Ränge.
Bei wahlloser Zusammenstellung der Mittel 1991 weisen alle Präparate eine wirksame Repellenz gegenüber Rotwild auf.
1992 erfolgte der direkte Vergleich zwischen den streichfähigen Präparaten. Durch neu hinzugekommene Mittel konnten Flügels Verbißschutzpaste und Flügels Verbißschutzpulver nicht gleichzeitig in den 1992iger Test einbezogen werden.
Trotz einiger Unterschiede in der Repellentwirkung sind bei Beachtung der Versuchskriterien Wilddichte, Annahmezwang und Trägermittelwahl mit Ausnahme von HaTeF alle Produkte in der Praxis einsetzbar. Das Sommverbißschutzmittel HaTeF ist mit einer Aufnahme von mehr als 50 % der angebotenen Futtermenge ungenügend repellent und kann zum Verbißschutz gegen Rotwild nicht empfohlen werden.

Muffelwild

Das Muffelwild hat mit einer durchschnittlichen Gesamtaufnahme von 0,4 kg je Tag und Tier seinen Winternormalbedarf zu etwa 70 % gedeckt. Davon entfallen 40 % auf die unbehandelte Maisvariante, das heißt, lediglich 44 % der Gesamtvorlage des unbehandelten Futters wurden aufgenommen.

Aus der Tabelle 3 wird deutlich, daß mehrere anerkannte Präparate gegenüber Muffelwild keine ausreichende Repellenz aufweisen. Hierzu zählen Flügels Verbißschutzpaste, Flügels Verbißschutzpulver, Flügolla 62, Weißteer TS 300 und Cervacol extra. Einige Mittel wurde sogar stärker angenommen als die unbehandelte Maisvariante.

Aus den langjährigen Versuchserfahrungen ist bekannt, daß Muffelwild bei bestimmten Präparaten mit hochrepellenter Wirksamkeit gegenüber anderen Wildarten oft nicht reagiert.
Es sollten gerade bei dieser Wildart nur Mittel verwandt werden, die einen wirklich sicheren Schutz bieten. Und dafür sind nach den Untersuchungen eine ganze Reihe Präparate in der Lage, so z. B. Arcotal S, FCH 60 I, Runol Top Dendrocol 17 und HaTeF.

Rehwild

Vom Rehwild wurden mit durchschnittlich 0,4 kg Mais je Tag und Tier in beiden Versuchsperioden exakt der Winternormal-

Tabelle 2 Reppellentwirkung von Verbißschutzmitteln im Fütterungsversuch an Rotwild

Versuchszeitraum	Verbißschutzmittel	Aufnahme in %	Rang
29.01. - 13.02.1991	Arcotal S	0,0	
	FCH 909	0,7	1
	Weißteer TS 300	4,7	
	Flügolla 62	13,0	
	FCH 60 I	13,2	2
	Flügels Verbißschutzpaste	16,8	
	Arbinol WS	20,5	
	unbehandelt	98,7	–
26.02. - 13.03.1991	Runol	0,0	1
	Flügels Verbißschutzpulver	29,5	2
	unbehandelt	93,6	–
28.01. - 28.02.1992	Arcotal S	0,0	
	HaTeA	0,1	1
	Runol	1,1	
	FCH 60 I	8,4	2
	Cervacol extra	9,0	
	Weißteer TS 300	24,1	3
	Flügolla 62	36,9	
	unbehandelt	39,9	–
03.03. - 03.04.1992	Top Dendrocol 17	0,1	1
	Arbinol WS	13,2	2
	HaTeF	52,3	3
	unbehandelt	96,6	–

bedarf aufgenommen. 43 % entfallen davon auf den unbehandelten Mais, das waren 83 % der unbehandelten Vorlage. Auch bei dieser Wildart war damit ein hoher Äsungsdruck auf die Testvarianten gewährleistet. Tabelle 4 zeigt die prozentuale Aufnahme aller Varianten.

Der größte Teil der geprüften Mittel weist eine hohe repellente Wirksamkeit bei Rehwild auf. Flügels Verbißschutzpulver, Weißteer TS 300, Flügolla 62 und Arbinol WS haben dagegen keine ausreichende Wirkung, zumindest beim direkten Vergleich mit anderen Mitteln.

In der 1. Versuchsserie 1992 wird die geringe repellente Wirkung dieser Mittel besonders dadurch unterstrichen, daß laufend unbehandelter Mais zur freien Aufnahme zur Verfügung stand, nur 66 % wurden vom letzteren aufgenommen.

Schlußfolgerungen

In der Vergangenheit wurden bereits mehrfach vergleichende Untersuchungen zur Repellentwirkung bzw. zur Effektivität von anerkannten Verbißschutzmitteln in Forstkulturen durchgeführt, u. a. von KÖNIG 1976, NIEMEYER 1982 und OTTO 1992.

Es zeigt sich, daß bei relativ geringem Verbißdruck (Terminaltriebverbiß der Kontrolle <20 bis 30 %) kaum effektive Schadensminderungen durch die jeweiligen Präparate zu erreichen waren. Unterschiede zwischen den einzelnen Mitteln sind dabei in der Regel nicht nachzuweisen. Erst bei starkem Ver-

Tabelle 3   Repellentwirkung von Verbißschutzmitteln im Fütterungsversuch an Muffelwild

Versuchszeitraum	Verbißschutzmittel	Aufnahme in %	Rang
29. 01. - 13. 02. 1991	Arcotal S	0,0	
	FCH 909	0,0	1
	FCH 60 I	0,4	
	Arbinol WS	0,7	
	Weißteer TS 300	14,4	2
	Flügolla 62	20,1	
	unbehandelt	33,0	3
	Flügels Verbißschutzpaste	16,8	4
26. 01. - 13. 03. 1991	Runol	0,8	1
	Flügels Verbißschutzpulver	40,4	2
	unbehandelt	54,4	
28. 01. - 28. 02. 1992	Arcotal S	0,0	
	HaTeA	0,2	1
	FCH 60 I	0,8	
	Runol	2,8	
	unbehandelt	20,7	2
	Cervacol extra	22,8	
	Flügolla 62	41,2	3
	Weißteer TS 300	43,4	
03. 03. - 03. 04. 1992	Top Dendrocol 17	0,0	
	HaTeF	0,0	1
	Arbinol WS	11,4	
	unbehandelt	75,4	—

bißdruck wird die Schadensminderung bedeutsam und die Ausbringung der Mittel effektiv (OTTO 1992). Allerdings reicht bei hohem Verbißdruck die Repellentwirkung einiger anerkannter Präparate nicht mehr aus. Mit der im Gatter Grillenburg entwickelten Methode zur Repellentwirkung über Futtermitteltests kann durch den Annahmezwang hoher Verbißdruck simuliert werden (vergl. auch GÄRTNER 1992). Nur die Verbißschutzmittel, die bei einem hohen Annahmezwang sichere Repellenzeigenschaften aufweisen, sind in der Praxis auch effektiv einzusetzen. Die Richtlinie für die Prüfung von Mitteln zur Verhütung von Wildschäden im Forst Nr. 18-4 der Biologischen Bundesanstalt für Landwirtschaft und Forsten Braunschweig fordert für die amtliche Zulassung von Repellentien eine Schadensreduktion von 80 % bei einem Mindestverbiß von 6 % der unbehandelten Kontrollpflanzen. Nach den heutigen Erkenntnissen ist die Schadensreduktion zu akzeptieren, der Mindestverbiß dagegen nicht. Bei einem Verbiß der Terminaltriebe unter 20 bis 30 Prozent kann die Ausbringung von Repellentien aus Gründen der Schadensminderung und der Effektivität nicht empfohlen werden. Nötig sind Präparate, die den sicheren Schutz der Forstpflanzen bei hohem Verbißdruck gewährleisten. Nach Kenntnis der Forschungsberichte, die der hier vorgestellten Arbeit zugrunde liegen, hat die Biologische Bundesanstalt Bereitschaft zu einer Änderung der amtlichen Richtlinie signalisiert.

Tabelle 4   Repellentwirkung von Verbißschutzmitteln im Fütterungsversuch an Rehwild

Versuchszeitraum	Verbißschutzmittel	Aufnahme in %	Rang
29.01. - 13.02.1991	Arcotal S	0,0	
	FCH 909	1,0	1
	FCH 60 I	5,2	
	Arbinol WS	10,4	
	Weißteer TS 300	20,8	2
	Flügolla 62	27,1	
	Flügels Verbißschutzpaste	31,3	
	unbehandelt	83,3	–
26.02. - 13.03.1991	Runol	0,0	1
	Flügels Verbißschutzpulver	36,1	2
	unbehandelt	80,0	–
28.01. - 28.02.1992	Arcotal S	0,4	
	Cervacol extra	2,4	
	Runol	4,6	1
	FCH 60 I	4,7	
	HaTeA	7,0	
	Weißteer TS 300	50,7	2
	Flügolla 62	54,8	3
	unbehandelt	65,6	
03.03. - 03.04.1992	HaTeF	1,5	1
	Top Dendrocol 17	15,1	
	Arbinol WS	74,0	2
	unbehandelt	100,0	–

Literatur

GÄRTNER, S. (1992): Die Repellentwirkung anerkannter Schälschutzmittel. Allg. Forstz. München **15**: 794 – 795.

KÖNIG, E. (1976): Wildschadenprobleme bei der Waldverjüngung. Schweiz. Z. Forstwes. **127**: 40 – 57.

NIEMEYER, H. (1982): Zur Effektivität zugelassener Wildverbißschutzmittel an Fichte. Z. Jagdwiss. **28**: 242 – 252.

OTTO, L.-F. (1992): Vergleich verschiedener Verbißschutzmittel Teil 2: Ergebnisse zur Wirkung der getesteten Präparate. Jahresber. d. Sächs. Landesanst. f. Forsten Graupa: 112 – 113

Zusammenfassung

In den Wintermonaten 1990/91 und 1991/92 erfolgten im Wildgatter Grillenburg Versuche zur Repellentwirkung von Verbißschutzmitteln. Die Produkte wurden den Wildarten Rotwild, Muffelwild und Rehwild über hochattraktive Futtermittel zur Aufnahme angeboten. Eine objektive, statische Bearbeitung der Daten war durch die Versuchsanstellung gewährleistet. Der Test zeigt, daß die Wirksamkeit der gehandelten Verbißschutzmittel eine große Spreizung aufweist. Neben Produkten mit hohen Repellenzeigenschaften finden sich Produkte mit sehr geringer repellenter Wirkung. Bei einigen Mitteln reagieren die Wildarten unterschiedlich. Ausgehend von den vorgestellten Ergebnissen wird die Überarbeitung der gegenwärtigen Zulassungsbedingungen empfohlen.

Summary

Title of the paper: Comparative investigations into the effects of game repellents officially recognized in Germany

In the winter seasons of 1990/91 und 1991/92 experiments on the effects of game repellents were conducted in the enclosure of Grillenburg.

The game species red deer, moufflon an roe deer were offered the products via highly attractive food for uptake.

An objective, statistical data handling was guaranteed by the trial establishment. As was shown by the test the efficiency of the game repellents on the market appears to have a large spreading. Besides those poducts distingushed by great effects products are encountered being only sightly effective. As to some of the repellents the game species react differently. Based upon the presented results a review of the present terms of admission is recommended.

Anschrift des Verfassers:
Dr. S. GÄRTNER
Frauensteinerstr. 2
01737 Grillenburg

Karl Missbach, Tharandt

Die Sicherung einer naturnahen Bestandesstruktur in den Schalenwildpopulationen durch den Abschuß nach Altersklassenvorgaben

Einleitung

Über Jahrhunderte wurden die Wildbestände zur Ernährung der Menschen genutzt. Ab 1900 setzte sich, besonders propagiert durch die jagdlichen Klassiker, die Idee der Verbesserung der Erbsubstanz der Schalenwildbestände durch die Erlegung der schwachen Stücke und der unerwünscht erscheinenden Geweihträger immer stärker durch. Die Forderung nach einer möglichst naturgemäßen Bestandesstruktur wurde zwar aufgestellt, aber weniger beachtet. Ein wissenschaftlich fundierter Erfolgsnachweis für das Bewirtschaftungsprinzip des Ausleseabschusses konnte nicht erbracht werden. 1936 veröffentlichte Vogt seine Versuche zur Erhöhung der Körpermasse und der Trophäenqualität der Hirscharten durch ein optimales Nahrungsangebot. Die Ergebnisse waren überzeugend. Die Schlußfolgerungen daraus zog erstmals Rieck 1961 für das Rehwild. Inzwischen sind die Erkenntnisse durch eine ganze Reihe weiterer wissenschaftlicher Versuche und Anwendungsbeispiele in der Praxis bestätigt.

Ein Erfolg in der Bewirtschaftung der Wildbestände zur Verbesserung der Konstitution nach Körpermasse und Trophäenqualität ist danach in erster Linie durch eine Anpassung der Wilddichte an die Äsungsverhältnisse im Einstandsgebiet und die Regulierung der Altersklassen auf möglichst naturgemäße Bestandesstrukturen zu erwarten. 1980 wurde in der Rahmenrichtlinie für die Bewirtschaftung der Schalenwildarten in der DDR versucht, dem Prinzip des Abschusses nach Altersklassen vor dem Abschuß nach Güteklassen den Vorrang zu geben. Die danach in dem konkreten Fall der Bewirtschaftung des Tharandter Muffelwildbestandes erreichten Ergebnisse (Missbach, 1990) und die Erarbeitung von Vorschlägen für die Hegerichtlinien im Freistaat Sachsen waren für den Verfasser die Veranlassung, sich intensiver mit den Problemen der Abschußplanung nach Altersklassen bei den Schalenwildarten zu befassen. Die gewonnenen Erkenntnisse sollen hier zur Diskussion gestellt werden.

Grundlagen

Grundlage für die Bearbeitung der Abschußanteile in den Altersklassen war die graphische Darstellung der angestrebten Bestandesstruktur in Form der bekannten Alterspyramiden, wie sie erstmals Hoffmann (1928) verwendete. Diese Darstellung wurde bereits in der Vergangenheit in zahlreichen Veröffentlichungen von den verschiedensten Autoren genutzt. Nicht immer wurde berücksichtigt, daß diese Methode theoretischen Charakter hat und zur Darstellung eines Idealplanes dienen soll.

Nur unter Beachtung ganz bestimmter Voraussetzungen können die graphischen Darstellungen zur Ableitung der Prozentsätze für die Altersklassen verwendet werden. Folgende Grundsätze sind zu bedenken und

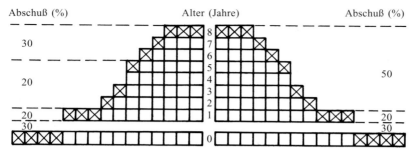

Abb. 1: Bewirtschaftung eines Muffelwildbestandes

100 St. Frühjahrsbestand, Geschlechterverhältnis 1 : 1, Zuwachs 60 % vom weiblichen Wild = 30 St., Zielalter 6 bis 8 Jahre;
Bestand gleichbleibend = 30 St. Abschuß im Geschlechterverhältnis 1 : 1

sollen anhand eines Muffelwildbestandes erläutert werden (Abb. 1):
1. Die Pyramide dient zur Darstellung der langjährigen, nachhaltigen jagdlichen Nutzung einer nach der Zahl gleichbleibenden Schalenwildpopulation. Abgänge in einem Jahrgang sind nur möglich, wenn entsprechende Exemplare zum Ausgleich in allen jüngeren Jahrgängen vorhanden sind. Nur das an der Spitze einer jeden Säule stehende Stück kann genutzt werden.
Der Hauptteil der Pyramide stellt den idealisierten Bestand am 1. April, also den Frühjahrsbestand, dar. Er wird in 100 St. angegeben, um einfacher auf jeden tatsächlichen Bestand umrechnen zu können.
2. Der für die jeweilige Wildart bekannte Zuwachs wird am Fuß der Pyramide angeführt. Kälber-, Kitz- oder Lämmerverluste bis zu Beginn der Jagdzeiten dieser Altersklasse werden nicht berücksichtigt. Der Zuwachs bestimmt die Breite der Pyramide und die Gesamthöhe der nachhaltig zu realisierenden Nutzung.
3. Die Höhe der Pyramide natürlicher, vom Menschen unbeeinflußter Populationen ergibt sich aus dem genetisch festgelegten Höchstalter der Wildart. Es entsteht die bekannte altersabhängige Überlebenskurve natürlicher Populationen. Einer hohen Mortalitätsrate bei den Jungtieren folgen geringe Verluste im mittleren Alter und schließlich erneut hohe Verluste bei überalterten, senilen Individuen bis zum Verschwinden des Jahrganges (Abb. 2).

In bewirtschafteten Populationen sollen die der natürlichen Sterblichkeit unterliegenden Individuen jagdlich genutzt werden. Die Höhe der Pyramide ergibt sich damit aus dem jagdlichen Zielalter, das mit dem Beginn der Senilität der jeweiligen Tierart, bei den Cerviden mit dem Zurücksetzen, bei den Boviden mit dem fast völlig stagnierenden Jahreszuwachs an den Schläuchen, zusammenfällt. Die Zahlen sind bekannt. Bei Rotwild sind es 10 bis 12, bei Damwild 8 bis 10, bei Reh-

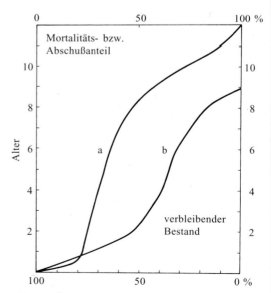

Abb. 2 Überlebenskurve einer unbejagten Dallschafpopulation (nach Murie, 1944, bei Gärtner, 1993) (a) und eines bewirtschafteten Muffelwildbestandes (b)

wild 4 bis 6 und bei Muffelwild 6 bis 8 Jahre.
Die Eingriffe in die Jugendklasse werden aus jagdwirtschaftlichen Gründen auf die ersten beiden Lebensjahre verteilt. Die Überlebenskurve bewirtschafteter Wildpopulationen wird dadurch flacher. Sie garantiert aber in den mittleren Altersklassen eine naturnahe Bestandsstruktur.

4. Werden die genannten Gesetzmäßigkeiten, das Gleichbleiben des Frühjahrsbestandes, die Verwendung des gleichen Zuwachses und gleichen Geschlechterverhältnisses, die Beachtung nur geringer, dem Zufall unterliegender Abgänge im mittleren Alter und das Gleichbleiben des Zielalters beachtet, ist der Spielraum für Variationen gering.
Die Ergebnisse, also die Nutzungsprozente der Altersklassen, sind klar und leicht überschaubar. Überspitzte Genauigkeit, z. B. ein sich im Ablauf der Lebenszeit verschiebendes Geschlechterverhältnis, Unterschiede in den Bewirtschaftungsgrundsätzen des männlichen und weiblichen Wildes, komplizieren das theoretische Schema.

5. Das Einarbeiten besonderer, von den natürlichen Überlebenskurven abweichender jagdlicher Bewirtschaftungsvorstellungen durch einfache, rechnerische Veränderungen der Prozentanteile ist nicht möglich. Die lange Zeit propagierte Verschiebung des Hauptanteils des Abschusses in der Jugendklasse vom Kälber- und Jährlingsjahrgang in den Jahrgang der zweijährigen Hirsche beim Damwild ist ein typisches Beispiel. In der Praxis angewandt, führt es zu einer starken Erhöhung des Gesamtwildbestandes, weil die in der Kälber- und Jährlingsklasse nicht entnommenen Stücke zusätzlich verbleiben. Die Forderung nach gleichbleibendem Frühjahrsbestand wird nicht erfüllt.

Ergebnisse

Nach diesen theoretischen Erwägungen sind für die einheimischen wiederkäuenden Schalenwildarten nachstehende Bestandespyramiden (Abb. 3 bis 5) und die sich daraus ergebenden Prozentsätze des jährlichen Abschusses zweckmäßig (Tab. 1). An dem bereits 1990 veröffentlichten Beispiel der Bewirtschaftung des Tharandter Muffelwildbestandes konnten die Erfolge nachgewiesen werden (Tab. 2).

Literatur

GÄRTNER, S. (1993): Langjährige Hegebemühungen beim Muffelwild zahlen sich aus. Unsere Jagd **43**: 8 - 10.
HOFFMANN, H. (1928): Über die Zusammensetzung der Rotwildbestände und deren graphische Darstellung. Wild u. Hund **31**: 16, 17. 18.
MISSBACH, K. (1990): Hinweise zur Verbesserung der Bewirtschaftungsrichtlinien des Muffelwildes. Beitr. Jagd- u. Wildforsch. **17**: 167 - 273.

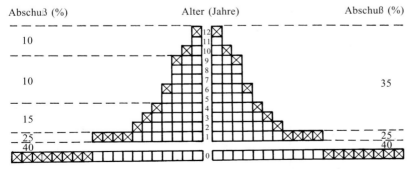

Abb. 3 Bewirtschaftung eines Rotwildbestandes

100 St. Frühjahrsbestand, Geschlechterverhältnis 1 : 1, Zuwachs 75 % vom weiblichen Wild = 38 St., Zielalter 10 bis 12 Jahre;
Bestand gleichbleibend = 38 St. Abschuß im Geschlechterverhältnis 1 : 1

Tabelle 1   Abschuß nach Altersklassen

Altersklasse (männlich)		% am Abschuß	Altersklasse (weiblich)	% am Abschuß
Rotwild				
0	Hirschkälber	40	Wildkälber	40
1	Jährlinge	25	Schmaltiere	25
2	2- bis 4jähr. Hirsche	15		
3	5- bis 9jähr. Hirsche	10	Tiere	35
4	10jähr. und ältere Hirsche	10		
Damwild				
0	Hirschkälber	30	Wildkälber	30
1	Jährlinge	20	Schmaltiere	20
2	2jähr. Hirsche	15		
3	3- bis 7jähr. Hirsche	15	Tiere	50
4	8jähr. und ältere Hirsche	20		
Muffelwild				
0	Widderlämmer	30	Schaflämmer	30
1	Jährlinge	20	Schmalschafe	20
2	2- bis 5jähr. Widder	20	Schafe	50
3	6jähr. und ältere Widder	30		
Rehwild				
0	Bockkitze	30	Rickenkitze	30
1	Jährlinge	25	Schmalrehe	25
2	2jähr. und ältere Böcke	45	Ricken	45

Tabelle 2   Ergebnisse der Muffelwildbewirtschaftung im Tharandter Wald

Zeitraum	Zählbestand	Strecke insgesamt		Alterklassenanteil männlich in %				Medaillentrophäen	
Jahr	St.	♂ St.	♀ St.	0	1	2 - 5	>6	St.	%
1963 - 1970	30 - 55	29	29	–	–	–	–	0	0
1971 - 1975	60 - 105	42	33	–	–	–	–	3	7
1976 - 1983	120 - 138	176	208	18	16	47	19	3	2
1984 - 1988	155 - 75	72	62	22	14	33	31	13	18

RIECK, W. (1961): Grundsätzliches zur Hege des Rehwildes. Wild u. Hund **63**: 21.

VOGT, F. (1936): Neue Wege der Hege. Neudamm

Zusammenfassung

Eine nachhaltige, ökosystemgerechte und optimale Bewirtschaftung von Schalenwildbeständen ist nur durch Anpassung der Wilddichte an die Äsungsverhältnisse im Einstandsgebiet und die Einhaltung einer möglichst naturgemäßen Bestandesstruktur innerhalb der Populationen möglich.
Mit Hilfe von Bestandespyramiden können die Struktur der Population und die Nutzungsprozente in den Altersklassen dargestellt werden.
Die dabei zu beachtenden Grundsätze wer-

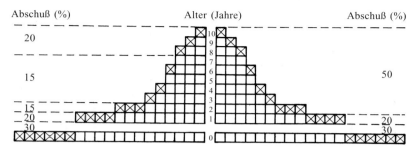

Abb. 4 Bewirtschaftung eines Damwildbestandes

100 St. Frühjahrsbestand, Geschlechterverhältnis 1 : 1, Zuwachs 75 % vom weiblichen Wild = 38 St., Zielalter 8 bis 10 Jahre; Bestand gleichbleibend = 38 St. Abschuß im Geschlechterverhältnis 1 : 1

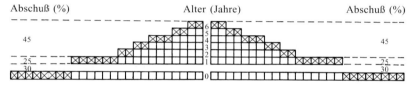

Abb. 5 Bewirtschaftung eines Rehwildbestandes

100 St. Frühjahrsbestand, Geschlechterverhältnis 1 : 1, Zuwachs 100 % vom weiblichen Wild = 50 St., Zielalter bis 6 Jahre; Bestand gleichbleibend = 50 St. Abschuß im Geschlechterverhältnis 1 : 1

den erläutert und die sich ergebenden Nutzungsprozente nach Wildarten und Altersklassen dargestellt.

Summary

Title of the paper: Securing close-to-natural population structures of hoofed game through bagging by age category.

Management of hoofed game populations can only maintain the ecosystem in an optimal balance if population densities are adapted to the browsing conditions prevailing in the home range and if age structure within the populations is kept as close to natural as possible. Population pyramids serve to depict population structures and percentages of utilization by age category. The article discusses the principles to be observed with this approach and presents percentages of utilization broken down by game species and age category.

Anschrift des Verfassers:
Dr. habil. KARL MISSBACH
Lindenhofstr. 24
01737 Kurort Hartha

Christoph Stubbe, Eberswalde

Erhöhung des Frischlinganteils an der Jagdstrecke und der kompensatorischen Sterblichkeit durch zusätzlichen Fang von Schwarzwild

Zur Bewirtschaftung des Schwarzwildes wird nachdrücklich die richtige Forderung nach hohem Jugendklasseabschuß erhoben (BRIEDERMANN 1990, HENNIG 1981, WAGENKNECHT 1971). Über die Höhe eines starken Eingriffes in die Jugendklasse gibt es allerdings unterschiedliche Auffassungen. Von oben genannten Autoren werden 75 % (HENNIG je nach Zuwachs 50 bis 80 %) Frischlinganteil an der Gesamtstrecke gefordert. Untersuchungen an markierten Teilpopulationen haben ergeben, daß bei einem Bezug auf den realen Bestand durch Abschuß auch bei hohem Zuwachs nicht mehr als 50 % Frischlinge zu erreichen sind (STUBBE et al. 1989). Dies entspricht etwa auch dem langjährigen Durchschnitt am Anteil der Schwarzwildstrecke in den ostdeutschen Ländern. Die Ursachen dafür sind unter anderem in der relativ kurzen und teils ungünstigen Bejagungszeit von September bis März und im vorsichtigen Führen der Rotten durch die erfahrenen Bachen zu suchen. Dies gilt für die derzeit hohen Schwarzwildbestände. Möglicherweise sind die Verhältnisse bei geringeren Beständen anders. Dies wäre jedoch erst noch zu beweisen.
In Gebieten, in denen zur Zeit ein deutlich über 50 % liegender Frischlinganteil erreicht wird, sind Überbestände vorhanden. Es ist eine bekannte Tatsache, daß unter den Bedingungen großflächiger Wildbewirtschaftung die Schwarzwildbestände fast immer in ihrer Höhe unterschätzt werden. Die auf dem angenommenen Wildbestand erstellten Abschußpläne sind damit zu gering. Dies fällt zunächst noch nicht auf, da die neben dem Abschuß vorhandene Mortalität hoch ist. Langfristig erhöhen sich aber systematisch und kontinuierlich die Bestände. Dies läßt sich an der Jagdstatistik der ostdeutschen Länder deutlich ablesen.
In Kenntnis dieser Zusammenhänge muß eine Erhöhung des Frischlinganteils angestrebt werden, zusätzlich zum Plan, um in Form der kompensatorischen Sterblichkeit einen Teil der abgängigen Frischlinge zu nutzen und einer weiteren Bestandesvermehrung vorzubeugen. Bei anspruchsvollen Abschußplänen, die mit den vorhandenen Jägern nur mit größten Anstrengungen zu erfüllen sind, bietet der Fang von Frischlingen die einzige Möglichkeit, den Frischlinganteil und damit die gesamte Schwarzwildstrecke nennenswert zu erhöhen. Er wird verständlicherweise von vielen Jägern abgelehnt, da sie das Wild lieber während der normalen Jagdausübung erlegen und befürchten, daß ihnen durch den Fang Jagdmöglichkeiten genommen werden.
Der Fang muß weidgerecht erfolgen, ohne daß Mensch und Tier seelische und körperliche Qualen erleiden. Darüber wurde wiederholt berichtet (STUBBE et al. 1984, 1988, 1989).
Bei einer Beteiligung der Jäger an den Wildschäden wird man sich sehr schnell an die Möglichkeit des Fanges zur Verringerung des Schwarzwildbestandes erinnern. Dabei sollte die in § 19, Abs. 1, Punkt 7, des Bun-

desjagdgesetzes festgelegte Genehmigungspflicht der zuständigen Behörde beachtet werden.
Bisher sind keine genauen Untersuchungen bekannt, in welchem Umfang der Frischlinganteil durch Fang erhöht werden kann und wie hoch die kompensatorische Sterblichkeit sein wird. Unter letzterer wird die jagdliche Nutzung von Sauen verstanden, die sonst durch andere Ursachen als durch Jagd sterben.
Zu diesem Zweck werden im folgenden die Ergebnisse des intensiven Schwarzwildfanges von 1976 - 1986 zur Markierung in den Wildforschungsgebieten Wriezen, Nedlitz, Hakel und Alexisbad ausgewertet.
Dabei wird davon ausgegangen, daß die gefangenen, markierten und in die Freiheit entlassenen Sauen auch im Fang getötet werden könnten. Die im Jahr des Fanges und der Markierung rückgemeldeten erlegten Sauen sind in der Strecke enthalten. Sie werden vom Fangergebnis abgesetzt. Grundsätzlich gab es in keinem der Gebiete eine Beschränkung zur Erlegung markierter Sauen. Die Markierungen waren auch so angebracht, daß sie an den lebenden Tieren nachts, in der Dämmerung und auf größere Entfernung vom Jäger nicht wahrgenommen werden konnten.
Die gefangenen und freigelassenen Sauen, die später nicht erlegt werden, bilden bei einer Tötung im Fang die kompensatorische Sterblichkeit und ergeben damit eine zusätzliche jagdliche Nutzung.
Die Ergebnisse sind von Jahr zu Jahr und von Gebiet zu Gebiet unterschiedlich. Sie weisen auf die möglichen Werte bei verschiedener Fangintensität und Wilddichte hin. Am intensivsten wurde der Fang im Wildforschungsgebiet Wriezen betrieben. Die übrigen drei Gebiete unterschieden sich in der Fangintensität kaum.
Die Ergebnisse differieren in Abhängigkeit von der Wilddichte.

Frischlinganteil an der Strecke

Tabelle 1 verdeutlicht die Ergebnisse so, wie sie in der Abschußmeldung ausgewiesen sind. Von den Abschußwerten wurden die in den Wildforschungsgebieten Wriezen und Nedlitz in den letzten Jahren gefangen und getöteten Frischlinge abgezogen, um die

Tabelle 1   Frischlinganteil an der Strecke

Jahr	Wriezen		Nedlitz		Hakel		Alexisbad	
	Strecke	Anteil Frischl.	Strecke	Anteil Frischl.	Strecke	Anteil Frischl.	Strecke	Anteil Frischl.
	Stück	%	Stück	%	Stück	%	Stück	%
1976	211	39	–	–	–	–	123	62
1977	207	37	354	40	50	32	128	60
1978	197	41	370	51	54	57	129	56
1979	104	28	319	55	47	43	73	48
1980	180	50	288	52	35	54	100	52
1981	304	36	374	47	31	55	106	73
1982	167	44	290	44	35	40	114	60
1983	168	51	284	46	41	56	128	72
1984	185	41	301	59	23	48	161	63
1985	215	61	441	58	32	53	–	–
1986	233	51	337	56	–	–	–	–
1987	251	55	279	57	–	–	–	–
1988	258	62	225	58	–	–	–	–
1989	261	59	225	60	53	47	–	–
Insg.	2872	48	4087	52	401	48	1062	61

Vergleichbarkeit der Ergebnisse zu gewährleisten.
In den Gebieten Wriezen, Nedlitz und Hakel schwanken die Frischlingsanteile am Abschuß zwischen 40 und 60 %. Im Durchschnitt betrugen sie ca. 50 %. Beachtenswert ist das Ergebnis nach dem strengen Winter 1978/79 im Gebiet Wriezen, in dessen Folge hohe Verluste beim Schwarzwild beobachtet wurden. Die Strecke sank stark ab. Damit ging auch der Frischlingsanteil auf 28 % zurück. Im Gebiet Alexisbad wurde bei einem sehr hohen Schwarzwildbestand ein Frischlingsanteil an der Strecke zwischen 52 und 73 % erreicht. Er lag deutlich über den Werten der 3 übrigen Gebiete und charakterisiert die Bestandeshöhe.

Mögliche Gesamtstrecke durch Fang

Im Durchschnitt der Jahre, in denen gefangen und markiert wurde, hätte sich die Strecke in den Gebieten Wriezen um 42 %, Nedlitz um 15 %, Hakel um 51 % und Alexisbad um 24 % steigern lassen, wenn die gefangenen Sauen getötet worden wären.

Der Anteil des Fanges an der Gesamtstrecke hätte dann in Wriezen 29 %, in Nedlitz 13 %, im Hakel 34 % und in Alexisbad 19 % betragen. Daraus kann geschlußfolgert werden, daß die Strecke bei intensiven Bemühungen durch Fang um 25 bis 30 % gesteigert werden kann.
Der Erfolg schwankt von Gebiet zu Gebiet und von Jahr zu Jahr in Abhängigkeit von Störungen beim Fang, vom Einstand des Wildes und von der Zahl älterer erfahrener Bachen, die die Fänge mit ihrem Nachwuchs meiden.
Der Anteil der Altersklasse 0 am Gesamtabschuß ließ sich im Durchschnitt aller Untersuchungsjahre in Wriezen um 13 auf 61 %, in Nedlitz um 5 auf 57 %, im Hakel um 23 auf 71 % und in Alexisbad um 8 auf 69 % steigern. Die geforderten Anteile von 75 % Frischlingen am Abschuß wären trotz des Fanges im Durchschnitt in keinem Gebiet erreicht worden. Einmal wären in Wriezen 75 %, einmal in Nedlitz 73 %, je einmal im Hakel 74 und 77 % und je einmal in Alexisbad 71, 77 und 80 % erreicht worden.

Tabelle 2   Mögliche Gesamtstrecke durch Fang

Jahr	Wriezen				Nedlitz				Hakel				Alexisbad			
	Fang	Mögl. Gesamtstrecke	AKO		Fang	Mögl. Gesamtstrecke	AKO		Fang	Mögl. Gesamtstrecke	AKO		Fang	Mögl. Gesamtstrecke	AKO	
	Stück	Stück	%	%	Stück	Stück	%	%	Stück	Stück	%	%	Stück	Stück	%	%
1976	63	274	23	49	–	–	–	–	–	–	–	–	27	150	18	69
1977	112	319	35	53	29	383	8	43	24	74	32	50	34	162	21	68
1978	102	299	34	57	67	437	15	57	14	68	21	63	30	159	19	64
1979	79	183	43	52	40	359	11	59	–	47	–	43	23	96	24	60
1980	90	263	34	63	33	321	10	57	7	42	17	57	18	118	15	59
1981	153	395	39	58	47	421	11	53	–	31	–	55	38	144	26	80
1982	103	270	38	65	43	333	13	50	22	57	39	61	19	133	14	65
1983	38	206	18	56	64	348	18	55	41	82	50	77	31	159	19	77
1984	73	258	28	49	43	344	13	60	22	45	49	71	37	198	19	71
1985	86	301	29	67	6	447	1	58	26	58	45	74	–	–	–	–
1986	28	261	11	54	13	350	4	57	–	–	–	–	–	–	–	–
1987	44	295	15	61	30	309	10	61	–	–	–	–	–	–	–	–
1988	149	407	37	75	63	288	22	66	–	–	–	–	–	–	–	–
1989	73	334	22	68	127	352	36	73	10	63	16	56	–	–	–	–
Insg.	1193	4065	29	61	605	4692	13	57	166	489	34	71	257	1319	19	69

Tabelle 3   Kompensatorische Sterblichkeit

Jahr	Wriezen			Nedlitz			Hakel			Alexisbad		
	kompens. Sterblichkeit Stück	% der gefang. freigel. Sauen	% der mögl. Strecke	kompens. Sterblichkeit Stück	% der gefang. freigel. Sauen	% der mögl. Strecke	kompens. Sterblichkeit Stück	% der gefang. freigel. Sauen	% der mögl. Strecke	kompens. Sterblichkeit Stück	% der gefang. freigel. Sauen	% der mögl. Strecke
1976	31	49	11	–	–	–	–			12	44	8
1977	69	62	22	18	62	5	13	54	18	18	53	11
1978	74	73	25	48	72	11	5	36	7	22	73	14
1979	48	61	26	29	73	8	–	–	–	11	48	11
1980	45	54	17	16	48	5	7	100	17	8	44	7
1981	72	79	18	21	45	5	–	–	–	17	45	12
1982	68	66	25	30	70	9	14	58	25	12	63	9
1983	22	58	11	43	67	12	20	49	24	15	48	9
1984	40	55	16	30	70	9	9	40	20	28	76	14
1985	57	66	19	–	–	–	11	42	19	–	–	–
1986	14	64	5	–	–	–	–	–	–	–	–	–
1987	1	50	–	–	–	–	–	–	–	–	–	–
1988	28	90	7	–	–	–	–	–	–	–	–	–
1989	26	100	8	–	–	–	–	–	–	–	–	–
Insg.	595	65	15	235	64	8	86	52	18	143	56	11

Kompensatorische Sterblichkeit

Der Anteil der freigelassenen Sauen, die nicht erlegt wurden, hätte bei einer Tötung im Fang die kompensatorische Sterblichkeit ausgemacht. Sie ist in allen 4 Gebieten hoch. Im Durchschnitt schwankt sie von Gebiet zu Gebiet zwischen 52 und 65 % der gefangenen freigelassenen und nicht im Jahr des Fanges erlegten Sauen. Innerhalb der Gebiete schwankt sie von Jahr zu Jahr zwischen 44 und 100 %. Dies kennzeichnet die jährlich unterschiedliche Intensität einzelner Mortalitätsfaktoren. Bezogen auf die mögliche Gesamtstrecke schwankt die kompensatorische Sterblichkeit zwischen 8 und 18 %. In einzelnen Jahren kann sie ein Viertel der Jahresstrecke betragen.

Schlußfolgerung

In Gebieten mit hoher Schwarzwilddichte kann eine Bestandesreduzierung in kurzer Zeit durch Abschuß nicht erreicht werden. Der zur Bewirtschaftung des Schwarzwildes geforderte hohe Jugendklasseabschuß kann durch Frischlingsfang in den Monaten Mai/Juni wesentlich unterstützt werden. Der Anteil an Frischlingen an der Strecke kann deutlich erhöht werden. Durch intensiven Fang kann ein Teil des Schwarzwildes in Form der kompensatorischen Sterblichkeit einer menschlichen Nutzung zugeführt werden. Dies sollten alle Gegner des Fanges berücksichtigen.
Es gab Jagdgebiete mit hoher Schwarzwilddichte, in denen viele Jahre ca. 30 % der Strecke durch Fang erfüllt wurden, ohne daß die Schwarzwildbestände wesentlich abgenommen haben. Die zum Fang notwendigen Futtermittel werden durch eingesparte Mittel zum Wildschadensausgleich mehrfach aufgewogen.

Literatur

BRIEDERMANN, L. (1990): Schwarzwild. 2. Auflage, Deutscher Landwirtschaftsverlag Berlin.
HENNIG, R. (1981): Schwarzwild. Bayrischer Landwirtschaftsverlag München.
STUBBE, C.; MEHLITZ, S.; PAUSTIAN, K.-H.; PEUKERT, R.; ZÖRNER, H. (1984): Erfahrungen zum Lebend-

fang von Schwarzwild in den Wildforschungsgebieten. Beitr. Jagd- und Wildforsch. **13**: 203 - 216.

STUBBE, C.; SPARING, H. (1988): Reduzierung der Schwarzwildbestände durch Fang, Bauanleitung für Frischlingsfang. – Unsere Jagd **38**: 98 - 100.

STUBBE, C.; MEHLITZ, S.; PEUKERT, R.; GORETZKI, J.; STUBBE, W.; MEYNHARDT, H. (1989): Lebensraumnutzung und Populationsumsatz des Schwarzwildes in der DDR. Beitr. Jagd- und Wildforsch. **16**: 212 - 230.

WAGENKNECHT, E. (1971): Schalenwildbewirtschaftung. 4. Auflage Deutscher Landwirtschaftsverlag Berlin.

Zusammenfassung

Am Beispiel von 4 Wildforschungsgebieten wird aufgezeigt, wie durch intensiven Schwarzwildfang die Strecke sowie der Anteil der Frischlinge an der Strecke wesentlich erhöht werden können. Damit können sowohl die Bestände reduziert werden als auch zusätzlich Wildbret in Form der kompensatorischen Sterblichkeit genutzt werden.

Summary

Title of the paper: Elevation of the proportion of young wild boar in the bag and of compensatory mortality by additional trapping of wild boar.

Taking the example of 4 game research areas it is demonstrated how the bag and the proportion of young wild boars in the bag can be considerably increased through an intensive wild boar kill. This makes it possible to reduce the population and to produce additional venison as a result of compensatory mortality.

Anschrift des Verfassers:
Prof. Dr. habil. C. STUBBE
Bundesforschungsanstalt für Forst- und Holzwirtschaft
Institut für Forstökologie und Walderfassung
Fachgebiet Wildtierökologie und Jagd
Alfred-Möller-Straße
16225 Eberswalde

Christoph Stubbe, Eberswalde

Altersabhängige Abnutzung der Molaren beim Schwarzwild

Während beim Rot-, Dam- und Rehwild die Abnutzung der Backenzähne zur Altersschätzung herangezogen wird, findet diese Methode beim Schwarzwild selten Anwendung, obwohl sie auch bei dieser Wildart möglich ist. Der Grund dafür dürfte im bisherigen Fehlen nach dem Alter bekannter Schwarzwildschädel sein. Briedermann (1990) kommt infolge der Ergebnisse von Koslo (1967, 1973, 1975), Möller (1982) und Hell (1976) zu dem Schluß, daß die Backenzahnabnutzung gegenwärtig das sicherste Merkmal für die Altersbestimmung von Schwarzwild ist und in der Praxis verstärkt Eingang finden sollte.

Die Zahnabnutzung bei den übrigen Schalenwildarten wird nach der Ausformung von Schmelzschlingen, Dentinbändern, Kunden, Kauranddentin und Dentinfarbe bewertet. In der durch den Jäger individuell unterschiedlichen Einschätzung dieser einzelnen Faktoren liegt die Schwierigkeit einer einheitlichen Altersbestimmung. Zur Vereinfachung dieser Methode merkt man sich, in welchem Alter die 1. Säule des 1. Backenzahns (M 1) eine flächige Abnutzung zeigt. Beim Rehwild ist dies etwa im Alter von 5, beim Rotwild in einem solchen von 10-11 und beim Damwild mit 8 bis 9 Jahren der Fall. Die Schwankungen und Ausnahmen sind jedoch erheblich.

Auch beim Schwarzwild läßt sich das Verschwinden der Zahnhöcker und Schmelzschlingen auf den Backenzähnen und das Auftreten breiter Kauflächen am einfachsten erkennen (Abb. 1). Nach den von Briedermann zusammengefaßten Ergebnissen der Untersuchungen von Koslo und

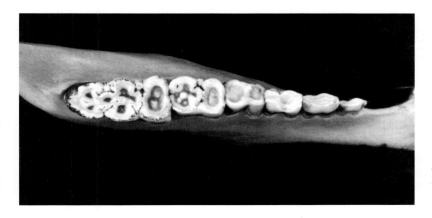

Abb. 1 Breite Kauflächen auf den einzelnen Zähnen ermöglichen eine Altersschätzung

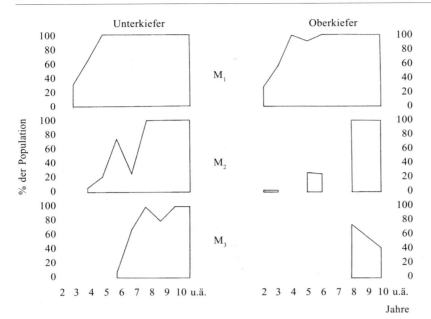

Abb. 2 Flächige Abnutzung mindestens einer Säule der Molaren beim Schwarzwild

MÖLLER an Unterkieferzahnreihen ist dies am M 1 mit 4, beim M 2 mit 5 und beim M 3 mit 6 bis 7 Jahren der Fall.

In Fortführung der Arbeiten von MÖLLER konnte ein Material von 512 Schwarzwildschädeln bekannten Alters gesammelt und diesbezüglich ausgewertet werden (120 2jährige und ältere Stücken). Die Abbildung 2 zeigt, in welchem Alter eine flächige Zahnabnutzung auf mindestens einer Säule bei den 3 Molaren im Unter- und Oberkiefer erreicht wird. Dabei wird angegeben, bei wieviel Prozent des Gesamtmaterials der Population dieser Zustand eintritt. Zwischen der Zahnabnutzung im Unter- und Oberkiefer bestehen deutlichen Unterschiede. Besonders die 2. und 3. Molaren des Oberkiefers werden etwas langsamer abgenutzt.

Flächige Abnutzung der Molaren im Unterkiefer

M_1: Die ersten Zähne mit flächiger Zahnabnutzung wurde im Alter von 2 Jahren registriert. Mit 4 Jahren hatten alle Tiere der Population auf diesem Zahn eine flächige Abnutzung. Tiere, bei denen der M_1 im Unterkiefer noch keine flächige Abnutzung zeigt, sind jünger als 4 Jahre.

M_2: Flächige Abnutzung tritt zum ersten Mal im Alter von 3 Jahren auf. Mit 7 Jahren ist der M_2 bei allen Tieren abgenutzt. Sauen, bei denen dieser Zahn noch nicht flächig abgenutzt ist, sind auf jeden Fall jünger als 7 Jahre.

M_3: Die ersten Zähne mit flächiger Abnutzung wurden im Alter von 5 Jahren beobachtet. Im Alter von 9 Jahren war er bei allen Stücken flächig abgenutzt. Tiere, bei denen dieser Zahn noch nicht flächig abgenutzt ist, sind jünger als 9 Jahre.

Flächige Abnutzung der Molaren im Oberkiefer

M_1: Die ersten Zähne mit flächiger Abnutzung werden im Alter von 2 Jahren beobachtet. Mit 6 Jahren hatten alle Tiere der Population auf diesem Zahn eine flächige Abnutzung. Tiere, die auf diesem Zahn keine flächige Abnutzung haben, sind jünger als 6 Jahre.

M_2: Flächige Zahnabnutzung tritt zum ersten Mal im Alter von 5 Jahren auf. Eine Ausnahme wurde im Alter von 2 Jahren beobachtet. Mit 8 Jahren haben alle Stücken auf diesem Zahn eine flächige Abnutzung. Tiere ohne flächige Abnutzung des M_2 sind jünger als 8 Jahre. Die Lücke zwischen den Säulen auf Abb. 2 sind durch fehlendes Material bedingt.

M_3: Die ersten Zähne mit flächiger Abnutzung findet man im Alter von 8 Jahren. Dieser Zahn war selbst bei den im Material mit 11 Jahren ältesten Tieren nicht in jedem Fall flächig abgenutzt.

Literatur

BRIEDERMANN, L. (1990): Schwarzwild. – DLV Berlin. 2. Auflage

Zusammenfassung

An einem Material von 120 nach dem Alter bekannten 2jährigen und älteren Schwarzwildschädeln wird aufgezeigt, wie die flächige Abnutzung der Molaren in der Population erfolgt. Anhand der zeitlichen Differenz zwischen dem ersten Auftreten flächiger Abnutzung auf mindestens einer Säule des betreffenden Molaren und dem Erreichen dieses Zustandes bei allen Tieren der Population läßt sich eine Altersschätzung gut vornehmen.

Summary

Title of the paper: Age-dependent attrition of molars in wild boar.

By means of 120 wild boar skulls dated 2 years and older it is shown how attrition of the molars occurs in the population. The time difference between the first occurence of attrition on a least one of the molars considered and the reaching of this stage of attrition by all animals of the population serves to estimate the age of the animal.

Anschrift des Verfassers:
Prof. Dr. habil. CHRISTOPH STUBBE
Bundesforschungsanstalt für Forst- und Holzwirtschaft
Institut für Forstökologie und Walderfassung
Fachgebiet Wildtierökologie und Jagd
Alfred-Möller-Straße
16225 Eberswalde

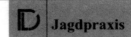

Ch. Stubbe / K.-W. Lockow

ALTERS- UND QUALITÄTSBESTIMMUNG
DES ERLEGTEN SCHALENWILDES
auf schädelanalytischer und biometrischer Grundlage

Deutscher Landwirtschaftsverlag Berlin

Bezug: DLV Deutscher Landwirtschaftsverlag Berlin GmbH,
Grabbeallee 41, 13156 Berlin,

ISBN 3-331-00681-5

Preis 24,80 DM

Manfred Ahrens, Eberswalde

Untersuchungen zur Reproduktion beim Rotwild *Cervus elaphus* (L., 1758)

Einleitung

Die derzeitige Höhe der Bestände erfordert in vielen Vorkommensgebieten als wichtigste Bewirtschaftungsmaßnahme die Reduzierung der Rotwilddichte.
Wesentliche Voraussetzungen für die erfolgreiche Bewirtschaftung von Wildarten stellen gesicherte Erkenntnisse über alle biologischen Abläufe dar. Das Ziel der vorliegenden Arbeit ist es, neben der Überprüfung des Reproduktionsgeschehens unter den gegenwärtigen Bedingungen neue Erkenntnisse zu dieser Problematik darzulegen.

Material und Methoden

Die Untersuchungen wurden an insgesamt 242 Genitaltrakten weiblichen Rotwildes durchgeführt. Davon entfielen

34 auf die Altersklasse 1 (1 Jahr alt)	Schmaltiere	
88 auf die Altersklasse 2 (2 bis 4 Jahre alt) 91 auf die Altersklasse 3 (5 bis 9 Jahre alt) 29 auf die Altersklasse 4 (10 Jahre und älter)	Alttiere	

Die Materialsammlung erfolgte in den Jahren 1987 bis 1991 jeweils von Mitte Oktober bis Ende Februar in den damaligen Wildforschungsgebieten Rothemühl, Hohenbukko, Wriezen, Eibenstock sowie einigen weiteren Revieren (Abb. 1). Die Mengen des auswertbaren Untersuchungsmaterials der

Tabelle 1 Bereitgestelltes Untersuchungsmaterial in unterschiedlichen Altersklassen aus verschiedenen Gebieten

Gebiet	Untersuchungsmaterial in den Altersklassen				Insgesamt
	1	2	3	4	
Rothemühl	20	31	37	12	100
Hohenbucko	8	25	24	14	71
Wriezen	2	4	7	0	13
Schorfheide	2	2	1	0	5
Eibenstock	1	14	9	1	25
Oberwiesenthal	0	8	8	2	18
Dreiherrnstein	1	4	5	0	10
Zusammen	34	88	91	29	242

verschiedenen Gebiete gehen aus Tabelle 1 hervor.
Allen beteiligten Jägern sei für ihre langjährige Mitarbeit auch von dieser Stelle aus nochmals herzlich gedankt.
In die Untersuchungen waren die Uteri, die Ovarien und die Embryonen bzw. Feten einbezogen. Alle Organe und die Früchte wurden makroskopisch beurteilt, vermessen und gewogen.
Die statistische Verrechnung der Ergebnisse erfolgte mit Hilfe des t-Testes, weiterhin wurde als Streuungsmaß die Standardabweichung berechnet (Rasch, 1983).

Abb. 1 Lage der Untersuchungsgebiete

Ergebnisse der Untersuchungen

Uterus- und Ovarentwicklung

Der Uterus besteht beim Rotwild, wie bei allen Wildwiederkäuern, aus dem Gebärmutterhals, einem kurzen Gebärmutterkörper und den paarig angelegten Gebärmutterhörnern. Nach dem Abtrennen des Gebärmutterhalses wurden als wichtige Merkmale das Uterusgewicht und die Länge der Hörner ermittelt. Aus der Tabelle 2 gehen die entsprechenden Werte für nichtträchtiges Rotwild hervor.

Es zeigt sich, daß deutliche Unterschiede sowohl hinsichtlich des Uterusgewichtes als auch der Uterushornlängen zwischen Schmal- und Alttieren bestehen. Die Differenzen sind hoch signifikant.

In der Tabelle 3 sind die Ovargewichte und -größen für nichtträchtiges Rotwild enthalten. Auch hier werden Unterschiede zwischen Schmal- und Alttieren sichtbar, die Differenzen ließen sich jedoch statistisch nicht sichern.

THOME (1980) sowie HELL et al. (1987) fan-

Tabelle 2 Uterusgewichte und Uterushornlänge bei nichtträchtigem Rotwild

	Schmaltiere	Alttiere
Uterusgewicht (g)		
n	11,0	21,0
$\bar{x}$	41,8	87,7
s	31,7	29,3
Länge Uterushorn rechts (cm)		
n	11,0	21,0
$\bar{x}$	15,5	21,5
s	4,7	3,0
Länge Uterushorn links (cm)		
n	11,0	21,0
$\bar{x}$	15,2	20,8
s	4,7	3,1

Tabelle 3 Ovargewichte und Ovargrößen bei nichtträchtigem Rotwild

		Schmaltiere	Alttiere
Ovargewicht rechts (g)			
n		10	14
$\bar{x}$		1,06	1,27
s		0,53	0,45
Ovargewicht links (g)			
n		10	14
$\bar{x}$		1,25	1,43
s		0,61	0,51
Ovargröße rechts (cm)			
n		10	16
Länge	$\bar{x}$	1,88	2,00
	s	0,50	0,29
Breite	$\bar{x}$	1,11	1,49
	s	0,33	0,28
Höhe	$\bar{x}$	0,58	0,69
	s	0,26	0,21
Ovargröße links (cm)			
n		10	16
Länge	$\bar{x}$	1,93	2,08
	s	0,40	0,31
Breite	$\bar{x}$	1,25	1,48
	s	0,47	0,28
Höhe	$\bar{x}$	0,69	0,78
	s	0,30	0,25

den bei ihren Untersuchungen nahezu gleichlautende Ergebnisse.
Die Befunde ergaben bei keinem der nichttragenden Schmal- oder Alttiere Anzeichen für Anöstrie. An allen untersuchten Ovarien konnten Follikel bzw. Gelbkörper nachgewiesen werden.
Die Uterusgewichte der trächtigen Tiere wurden nach der Abtrennung des Zervikalkanals und Entfernung der Früchte sowie der Fruchthüllen ermittelt und sind in der Tabelle 4 dargestellt. Ovargewichte und -größen zeigt die Tabelle 5.
Am untersuchten Material konnten keine gesicherten Unterschiede zwischen beschlagenen Schmal- und Alttieren hinsichtlich der Uterusgewichte sowie der Ovargewichte und -größen festgestellt werden.

Tabelle 4   Entwicklung der Uterusgewichte bei trächtigem Rotwild

Trächtigkeitsdauer (Wochen)	Uterusgewicht (g)			
	Schmaltiere		Alttiere	
	n	$\bar{x}$	n	$\bar{x}$
7	-	-	2	81
8	1	57	19	117
9	-	-	14	143
10	2	169	8	177
11	1	155	12	228
12	1	185	7	285
13	1	445	4	499
14	1	465	5	516
15	-	-	5	541
16	-	-	4	664
17	2	863	6	735
18	1	723	9	860
19	2	975	7	917
20	-	-	2	973

Tabelle 5   Ovargewichte und Ovargrößen bei trächtigem Rotwild

	Schmaltiere	Alttiere
Ovargewicht rechts (g)		
n	11	119
$\bar{x}$	1,35	1,56
s	0,45	0,61
Ovargewicht links (g)		
n	12	128
$\bar{x}$	1,64	1,64
s	0,77	0,65
Ovargröße rechts (cm)		
n	11	117
Länge $\bar{x}$	2,14	2,18
s	0,27	0,43
Breite $\bar{x}$	1,40	1,52
s	0,52	0,30
Höhe $\bar{x}$	0,78	0,73
s	0,40	0,25
Ovargröße links (cm)		
n	12	125
Länge $\bar{x}$	2,18	2,22
s	0,37	0,38
Breite $\bar{x}$	1,53	1,56
s	0,33	0,34
Höhe $\bar{x}$	0,66	0,76
s	0,21	0,29

Entwicklung der Embryonen bzw. Feten, Geschlechterverhältnis

Bei allen untersuchten Genitaltrakten wurde der Uterus eröffnet, um anhand der Embryonen bzw. Feten die Trächtigkeit nachzuweisen. Die makroskopisch feststellbaren Früchte wurden von den Eihüllen befreit, vermessen und gewogen. Weiterhin wurde, soweit dies möglich war, das Geschlecht bestimmt. Zur Einordnung der Früchte erfolgte unter Berücksichtigung der Angaben von VALENTINCIC (1958), THOME (1980), HELL et al. (1987) sowie KOMAREK et al. (1989) nach der Formel von HUGGET u. WIDDAS (1951)

$W^{1/3} = a (t - t_o)$
W = Fetusgewicht
a = tierartspezifische Konstante für die Wachstumsgeschwindigkeit (0,113)
t = Alter des Fetus in Tagen
t_o = Trächtigkeitsdauer x 0,2

eine Altersschätzung nach dem Gewicht (Tab. 6).
Die intrauterine Entwicklung konnte mit

Tabelle 6 Entwicklung von Rotwildembryonen bzw. -feten

Alter (Wochen)	n	x̄-Gewicht (g)	x̄-Kopf-Rumpf-Länge (mm)	x̄-Scheitel-Steiß-Länge (mm)
7	3	0,1	-	-
8	26	1,2	-	26
9	19	6,0	80	50
10	15	17,7	113	78
11	14	39,9	150	103
12	11	66,7	160	122
13	7	114,8	208	155
14	12	188,4	237	178
15	9	293,0	278	203
16	4	420,0	308	228
17	17	528,0	339	241
18	18	703,2	363	268
19	16	912,8	391	281
20	4	1072,5	428	304
21	6	1457,5	462	331
22	2	1812,5	495	348
23	4	2083,8	541	387
24	1	2625,0	575	380
30	1	6485,0	740	530

Hilfe des Gewichtes sowie der Kopf-Rumpf-Länge und der Scheitel-Steiß-Länge an insgesamt 189 Früchten bis zur 30. Woche verfolgt werden.
Die Embryonen bzw. Feten entwickeln sich nicht gleichmäßig. Während des ersten Trächtigkeitsdrittels waren geringfügige Gewichts- und Körpergrößenzunahmen zu verzeichnen. Nach 10 Wochen Trächtigkeitsdauer betrug das mittlere Gewicht eines Fetus 17,7 g, seine Kopf-Rumpf-Länge 113 mm und seine Scheitel-Steiß-Länge 78 mm. Weitere 10 Wochen später, also nach 20wöchiger intrauteriner Entwicklung, wiesen die Feten ein Durchschnittsgewicht von 1072,5 g und eine Kopf-Rumpf-Länge bzw. Scheitel-Steiß-Länge von 428 bzw. 304 mm auf. Für den letzten Abschnitt der Trächtigkeit konnten nur wenige Daten gewonnen werden. Ein 30 Wochen alter Fetus wog 6485 g, die Kopf-Rumpf-Länge bzw. Scheitel-Steiß-Länge betrug 740 bzw. 530 mm.
Eine sichere Geschlechtsbestimmung der Feten mit makroskopischen Methoden ist erst ab der 10. Woche der Trächtigkeit möglich. VALENTINCIC (1958) und HOFMANN (1982) geben ebenfalls den Zeitraum von 9 bis 10 Wochen nach der Befruchtung an, wenn eine verläßliche Geschlechtsbestimmung durchgeführt werden soll.
Bei insgesamt 138 Feten konnte die Feststellung des Geschlechtes durchgeführt werden. Am untersuchten Material wurden 73 als männlich und 65 als weiblich bestimmt, so daß sich ein Geschlechterverhältnis von 1 : 0,89 ergibt.
Nach WAGENKNECHT (1988) beträgt das natürliche Geschlechterverhältnis im großen Durchschnitt 1 : 1, THOME (1980) ermittelte an 62 Feten ein solches von 1 : 1,2, HELL et al. (1987) stellten an 220 Früchten ein Verhältnis von 1 : 1,04 fest.
Aus dem Untersuchungsmaterial ging weiterhin hervor, daß sich bei 55,3 % der Tiere der Fetus im rechten Uterushorn befand, während er bei 44,7 % im linken Horn gefunden wurde.
THOME (1980) sowie HELL et al. (1987) stellten mit 54,4 % bzw. 54,6 % Rechtsträchtigkeit nahezu identische Werte fest. Die Bevorzugung des rechten Uterushorns ist nach HOFMANN (1982) als eine Anpassung an die Raumverteilung in der Bauchhöhle zu sehen, in der der Pansen mindestens die linke Hälfte beansprucht.
Beim Vergleich des Vorkommens von Gelbkörper und Embryo bzw. Fetus wurde ermittelt, daß sich in 81,7 % der Fälle Frucht und Gelbkörper auf der gleichen Seite befanden. Demzufolge wanderten bei 19,3 % der Tiere die Embryonen zum gegenüberliegenden Uterushorn.
Zwillingsträchtigkeit war nur einmal nachweisbar. Ein am 18. 11. 1989 im damaligen Wildforschungsgebiet Wriezen erlegtes Tier der Altersklasse 3 hatte im linken Uterushorn einen 8,4 g wiegenden Fetus mit einer Kopf-Rumpf-Länge von 82 mm und einer Scheitel-Steiß-Länge von 58 mm inne, im rechten Horn betrugen die entsprechenden Maße 8,3 g, 78 und 59 mm.

Tabelle 7   Anteil männlicher und weiblicher Feten sowie Durchschnittsgewichte von Tieren in verschiedenen Altersklassen

AK	Tiere mit geschlechts- bestimmten Feten n	Feten männlich n	%	x̄-Gewicht der Tiere mit männlichen Feten kg	Feten weiblich n	%	x̄-Gewicht der Tiere mit weiblichen Feten kg
1	12	8	66,7	62,3	4	33,3	56,6
2	44	20	45,5	67,0	24	54,5	67,5
3	34	17	50,0	72,7	17	50,0	74,9
4	9	5	55,6	75,6	4	44,4	71,8
1 bis 4	99	50	50,5	69,0	49	49,5	69,5

Geschlechterverteilung der Feten und Kondition der Tiere

Bei einer Anzahl von Stücken wurde neben anderen Daten als wichtiges Merkmal der Kondition auch das Gewicht der Tiere in aufgebrochenem Zustand erfaßt. In der Tabelle 7 sind die Anteile männlicher und weiblicher Feten sowie die Durchschnittsgewichte der Tiere in den verschiedenen Altersklassen gegenübergestellt.

Von insgesamt 99 Tieren mit bekanntem Gewicht konnte eine Geschlechtsbestimmung der Feten vorgenommen werden. Dabei ergab sich mit 50 männlichen und 49 weiblichen Feten ein annähernd ausgeglichenes Geschlechtsverhältnis.

SCHRÖDER u. WOTSCHIKOWSKY (1987) sowie WOTSCHIKOWSKY (1988) erheben die Frage, ob das Geschlechterverhältnis bei neugeborenen Kälbern stets bei 1 : 1 liegt. Sie stellten an einer allerdings sehr kleinen Stichprobe (28 Embryonen) fest, daß bei den ein- bis dreijährigen Tieren ein deutlich höherer Anteil weiblicher Nachkommen im Vergleich zu den über dreijährigen Tieren auftrat. Die zur Brunftzeit ein, zwei und drei Jahre alten Tiere wiesen bei ihrem Nachwuchs ein Geschlechterverhältnis von 1 : 11, die vier und mehr Jahre alten Tiere ein Verhältnis von 14 : 2 auf. Als Ursache dafür wird in Anlehnung an nordamerikanische Untersuchungen an Weißwedelhirschen die körperliche Verfassung angesehen. Danach setzen Stücke mit guter Verfassung bevorzugt weibliche Kälber, schlecht konditionierte häufiger männliche Nachkommen.

Tabelle 8   Anteil trächtiger und nichtträchtiger Stücken Rotwild

AK	n	Trächtig n	%	Nichtträchtig n	%
1	31	21	67,7	10	32,3
2	72	61	84,7	11	15,3
3	81	75	92,6	6	7,4
4	28	22	78,6	6	21,4
1 bis 4	212	179	84,4	33	15,6

Am untersuchten Material konnte ein derartiges Phänomen nicht nachgewiesen werden. Das Gewicht aller Tiere, bei denen männliche Feten festgestellt wurden, betrug im Mittel 69,0 kg, das derjenigen mit weiblichen Feten 69,5 kg. Auch in den Altersklassen 1 und 2 wiesen die Gewichte der jungen Tiere mit männlichen bzw. weiblichen Feten nur geringfügige Differenzen auf, die statistisch nicht zu sichern waren.

Anteile trächtiger Stücken

Eine wichtige Voraussetzung für die Vermehrungsrate eines Tierbestandes stellt der Anteil trächtiger Stücken am Gesamtbestand des weiblichen Wildes dar. In der Tabelle 8 sind die Anteile trächtiger und nichtträchtiger Stücke Rotwild enthalten.

In diese Auswertung konnten insgesamt 212 Tiere einbezogen werden. Davon wurden mit makroskopischen Methoden 179, das sind 84,4 %, als tragend erkannt. Zwischen den einzelnen Altersklassen traten jedoch erhebliche Differenzen auf. Die Schmaltiere erreichten mit 67,7 % den niedrigsten Trächtigkeitsprozentsatz. Höhere Werte konnten für die Tiere der Altersklassen 2 und 3 mit 84,7 und 92,6 % festgestellt werden. Bei den Tieren der Altersklasse 4, also denjenigen, die älter als 10 Jahre sind, war wieder ein geringer Abfall nachzuweisen. In dieser Altersklasse waren nur 78,6 % trächtig.

WAGENKNECHT (1988) geht für das Gebiet der damaligen DDR mit mittleren Trächtigkeitsprozentsätzen von 50 bzw. 85 bei Schmal- bzw. Alttieren von annähernd gleichen wie den gefundenen Werten aus. HELL et al. (1987) ermittelten dagegen bei ihren Untersuchungen in der Slowakei mit über 95 % tragender Tiere deutlich höhere Zahlen.

Literatur

HELL, P; FARKAS, J.; KOMAREK, V.; PATAKY, T. (1987): Fertilita a prenatalny vyvoj jelenej zveri v prirodnych podmienkach Slovenska. FOLIA VENATORIA 17: 17 - 41.

HOFMANN, R.R. (1982): Struktur und Funktion der Geschlechtsorgane weiblicher Wildwiederkäuer - ein Schlüssel zur Vermehrungsrate und Wildbestandskontrolle. Wildbiologische Information für den Jäger I: 49 - 57.

HUGGET, A.S.G.; WIDDAS, W.F. (1951): The Relationship Between Mammalian Foetal Weight And Conception Age.-J. Physiol. 114: 306 - 317.

KOMAREK, V.; LAZAR, P.; HELL, P.; FARKAS, J. (1989): Urceni stari a vzhled zarodku a plodu jelena evropskeho. FOLIA VENATORIA 19: 59 - 76.

RASCH, D. (1983): Biometrie. Berlin.

THOME, H. (1980): Vergleichend-anatomische Untersuchungen der prae- und postnatalen Entwicklung und der funktionellen Veränderungen des Uterus von Rotwild *(Cervus elaphus* LINNÉ 1758) sowie Altersberechnung an Feten dieser Art.-Ferdinand Enke Verlag Stuttgart, Heft 6.

SCHRÖDER, J.; WOTSCHIKOWSKY, U. (1987): Gibt es mehr Wildkälber als Hirschkälber? Mitteilungen aus der Wildforschung, 82.

VALENTINCIC, S.I. (1958): Beitrag zur Kenntnis der Reproduktionserscheinungen beim Rotwild. - Z. Jagdwiss. 4, 3, 105 - 130

WAGENKNECHT, E. (1988): Rotwild. Berlin

WOTSCHIKOWSKY, U. (1988): Gibt es mehr Wildkälber als Hirschkälber? Die Pirsch 40, 3: 14-15.

Zusammenfassung

Die Reproduktionsuntersuchungen wurden an insgesamt 242 Genitaltrakten weiblichen Rotwildes durchgeführt.

Uterus- und Ovarentwicklung konnten an nichtträchtigen und trächtigen Stücken verfolgt werden. Bei nichtträchtigen Stücken ergaben sich deutliche Unterschiede zwischen Schmal- und Alttieren.

Die Untersuchung der intrauterinen Entwicklung der Embryonen bzw. Feten ergab nach 10 Wochen Trächtigkeitsdauer ein mittleres Fetusgewicht von 17,7 g und durchschnittliche Kopf-Rumpf- bzw. Scheitel-Steiß-Längen von 113 bzw. 78 mm. Nach 20wöchiger Fetalentwicklung konnten entsprechende Werte von 1072,5 g und 428 bzw. 304 mm festgestellt werden. Das Geschlechterverhältnis der Feten betrug 1 : 0,89. Die Embryonen bzw. Feten waren zu 55,3 % im rechten und zu 44,7 % im linken Uterushorn nachzuweisen. Zwillinge konnten nur bei einem Tier festgestellt werden.

Die Kondition der Tiere hatte keinen Einfluß auf die Geschlechtsverteilung der Feten.

Am untersuchten Material erwiesen sich 84,4 % der Tiere als tragend.

Summary

Title of the paper: Studies on the reproduction of red deer *Cervus elaphus* (L., 1758)

In a study on the reproduction of red deer 242 genital tracks were examined. Uterus and ovary development were followed in-pregnant and non-pregnant animals. Significant differences could be observed between hinds and does. Intrauterine development of embryos and fetuses was examined. After 10 weeks of pregnancy average fetus weight was 17,7 g, and average head-and-trunk length was 133 mm. The length from top of head to rump amoun-ted to 78 mm. After a fetal development of 20 weeks these measurements read 1072,5 g, 428 and 304 mm, respectively. The sex ratio of the fetuses was 1 : 0,89. The embryos and fetuses were distributed in such a way that 55,3 % were on the right lateral half of the uterus and 44,7 % on the left lateral half. Twins were found only in one case. The state of health of the animals had no influence on the sex ratio of the fetuses. 84,4 % of the animals examined were pregnant.

Anschrift des Verfassers:
Dr. M. AHRENS
Forstliche Forschungsanstalt Eberswalde e.V.
Alfred-Möller-Straße 1, 16225 Eberswalde

Rudolf Schreiber, Schleiz
Karl-Willi Lockow, Eberswalde

Statistische Untersuchungen zur Rosenstock- und Trophäenentwicklung des Rothirsches im thüringischen Einstandsgebiet Schleiz

Zielstellung

Der Kopfschmuck des Rothirsches ist immer wieder Gegenstand gebietstypischer Untersuchungen. Insbesondere hinsichtlich des Kulminationszeitpunktes der Trophäenmasse gibt es kaum Analysen, die sich auf eine exakte Altersangabe stützen.
Im Folgenden soll für das im thüringischen Einstandgebiet „Schleiz" (alle Landkreise des ehemaligen Bezirkes Gera mit Rotwildvorkommen) versucht werden, den stochastischen Zusammenhang zwischen Rosenstockdurchmesser, Rosenstocklänge, Trophäenmasse und Alter zu quantifizieren und weitere Grundlagen für die Hege der Rotwildbestände zu schaffen.

Material und Methode

Die Rotwildpopulation im Gebiet Schleiz-Saalburg des o. g. Einstandsgebietes war in den letzten Jahren Gegenstand mehrerer Untersuchungen (Schreiber 1984, 1986, 1988, 1989, Schreiber/Lockow 1989).
Von 1988 bis 1990 wurden anläßlich der jährlichen Trophäenschauen alle Rotwildtrophäen vermessen und gewogen sowie die Primärdaten Rosenstockdurchmesser (D_R), Rosenstocklänge (L_R), Trophäenmasse (M_T), Rosenumfang, Stangenlänge, unterer und oberer Stangenumfang, Endenzahl, Eissprosse und Auslage erfaßt.
Der Rosenstockdurchmesser wurde einmal von vorne beiderseitig gemessen, die Rosenstocklänge ist nur an den äußeren Seiten „abgegriffen" worden. Die Altersangaben basieren auf dem Abnutzungsbild der Kauflächen. 1990 wurde das Alter zusätzlich nach der Zahnschliffmethode beurteilt. Die Ermittlung des Alters nach der Zahnschliffmethode erfolgte durch die Forschungsanstalt für Forst und Holzwirtschaft Eberswalde, wofür Herrn Prof. Dr. habil C. Stubbe gedankt sei.
Die überaus hohe Rotwilddichte im damaligen Bezirk Gera (Schreiber 1986, Schreiber/Lockow 1989) war Anlaß, 1988 alle Hirsche bis zum 4. Kopf zum Abschuß freizugeben.
1990 erfolgte bislang der stärkste Eingriff in die Population. Laut Festlegung des damaligen Regierungsbeauftragten für den genannten Bezirk konnte der Abschuß aller Hirsche (außer Hirsche mit 16 und mehr Enden in den Altersstufen 6 bis 9 Jahre) erfolgen. Kahlwild war generell zum Abschuß freigegeben.
Von dem Reduktionsabschuß wurde sehr rege Gebrauch gemacht, so daß der Abschuß fast einem Totalabschuß gleichkam. Allein im Landkreis Schleiz wurden 1990 800 Stück Rotwild (1989 625 St., 1988 692 St.) gestreckt. Das entspricht 4,9 St./100 ha Gesamtholzbodenfläche im Jahre 1990 und 3,9 St. bzw. 4,3 St. 1988 bzw. 1989. Der Abschuß 1990 betrug im Haupteinstandsgebiet des Landkreises Schleiz (Saalburg und Oberböhmsdorf) 7,6 St./100 ha Holzbodenfläche. Es lag nahe, be-

sonders das Datenmaterial des Jahrganges 1990 sorgfältig und in der Gesamtheit zu erfassen und auszuwerten.
Das Beobachtungsmaterial des Abschußjahres 1988 enthält in den Altersstufen 1 - 4 Jahre (1. bis 4. Kopf) gute und schlechte Individuen. 1989 wurden äußerst wenig Fehlabschüsse getätigt, und 1990 kamen die Stücke regellos zur Strecke. Damit lagen repräsendative Stichproben des derzeitigen Populationszustandes vor. Der Anteil der IIa-Hirsche vom Gesamtabschuß (außer Basthirsche) betrug 1988 21,9 %, 1989 6,7 % und 1990 29,6 %.
Zu beachten ist, daß 80 % aller Schmalspiesser im Bast erlegt wurden. Sie wurden nur z. T. erfaßt. Über die Entwicklung der Hirsche vom 1. Kopf wurde mehrfach berichtet (SCHREIBER 1984, 1986; SCHREIBER/LOCKOW 1989).
Die durchschnittliche Abhängigkeit des Rosenstockdurchmessers, der Rosenstocklänge und der Trophäenmasse vom Alter wurde regressionsanalytisch beschrieben. Als die für den Ausgleich der Beobachtungswerte geeignetsten Funktionstypen haben sich das Polynom 2. Grades $y = a + bx + cx^2$, die Exponentialfunktion $y = a \cdot e^{-bx}$ sowie die kombinierte Potenz- und Exponentialfunktion $y = a \cdot x^b \cdot e^{-cx}$ erwiesen. Die danach berechneten Approximationsfunktionen $D_R = f(A)$, $L_R = f(A)$ und $M_T = f(A)$ sind in den jeweiligen graphischen Darstellungen wiedergegeben (A entspricht der unabhängigen Variablen Alter = X in Jahren). Rosenstockdurchmesser und Rosenstocklänge sind in mm, die Trophäenmasse ist in kg angegeben.

Ergebnisse der Untersuchungen

Entwicklung der Rosenstöcke

Nach WAGENKNECHT (1981) ist die Stärke der Rosenstöcke das entscheidende Kennzeichen der Veranlagung zu starker und geringer Geweihbildung. Ihre gebietstypische Entwicklung soll nachfolgend in Abhängigkeit vom Alter analysiert werden.

Rosenstockdurchmesser

In Abbildung 1 sind die arithmetischen Rosenstockdurchmesser – Mittelwerte über den Alter graphisch dargestellt. Ein relativ enger Zusammenhang zwischen dem Rosenstockdurchmesser und dem Alter wird sichtbar, den auch DRECHSLER (1991) nachweist.
Es fällt der degressive Anstieg der Ausgleichskurve auf. Ab Alter 12 ist der Zuwachs des Rosenstockdurchmessers nur noch minimal.
Interessant ist die große Variationsbreite der Rosenstockdurchmesser innerhalb der Al-

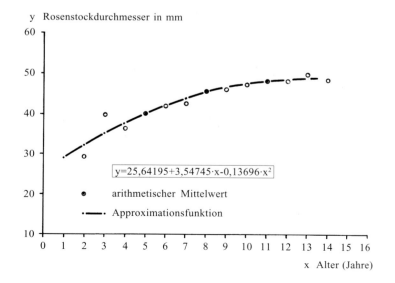

Abb. 1 Durchschnittliche Abhängigkeit des Rosenstockdurchmessers (mm) vom Alter (Jahre)

Tabelle 1 Mittelwerte der D_R und Variationsbreite nach Altersstufen und Abschußjahren

Altersstufe	N	x̄ 1988 - 90 mm	N	Abschußjahr 90 Min. mm	Max.	N	Abschußjahr 89 Min. mm	Max.	N	Abschußjahr 88 Min. mm	Max.
1	47	23,7	24	17,0	30,5	10	20,0	26,0	13	19,0	29,0
2	139	29,2	63	25,0	43,0	25	21,5	36,0	51	22,5	34,5
3	92	33,8	38	28,5	47,5	12	29,0	36,0	42	28,0	40,5
4	62	36,4	18	23,5	44,0	9	34,0	42,0	35	30,5	40,5
5	59	40,3	23	31,5	46,0	3	39,5	41,5	33	35,0	45,0
6	40	41,8	14	32,5	48,5	5	36,5	43,0	21	37,0	47,0
7	34	42,5	10	33,5	50,5	3	40,0	46,0	21	36,0	47,0
8	19	45,7	8	43,0	50,1	2	42,0	50,0	9	40,5	52,0
9	28	45,7	12	37,5	54,5	2	47,0		14	37,0	49,5
10	19	47,2	10	39,5	52,5	4	46,0	50,5	5	43,5	50,5
11	16	47,9	10	41,0	58,5	3	46,0	55,5	3	45,0	48,0
12	7	48,0	5	38,0	52,0	1	44,0		1	52,0	
13	9	49,6	4	46,0	54,0	1	47,5		4	44,0	55,0
14	3	48,3	3	45,0	54,5						
15	5	56,2	1	54,0					4	55,0	60,3
16	2	48,3	2	44,5	52,0						
Summe	581		245			80			256		

tersstufen, was in Tabelle 1 zum Ausdruck kommt.
Den stärksten Rosenstockdurchmesser erreichte ein am 24. 09. 1988 erlegter Silbermedaillenhirsch mit 60,3 mm. Die Rosenstocklänge betrug 34,5 mm und die Trophäenmasse 6,3 kg (das Wildbretgewicht ohne Haupt lag bei 130 kg).
Der 1988 im Landkreis Pößneck gestreckte Goldmedaillenhirsch wies einen Rosenstockdurchmesser von 55,5 mm und eine Rosenstocklänge von 37,5 mm auf. Die Trophäenmasse betrug 8,1 kg. Eine weitere aus dem Jahre 1990 stammende Rotwildtrophäe (Goldmedaille) hatte einen Rosenstockdurchmesser von 54,4 und eine Rosenstocklänge von 37 mm. Die Trophäenmasse betrug 8,15 kg. Der Hirsch war 14 Jahre alt.
Die bisher stärksten im Untersuchungsgebiet erlegten Hirsche vom 1. Kopf werden durch folgende Werte (Tab. 2) gekennzeichnet:

Tabelle 2 Hirsche vom 1. Kopf mit äußerst starken D_R

Erlegungstag	Geweihaufbau	D_R mm	L_R mm	mittlere Stangenlänge cm	M_T kg	Wildbretmasse ohne Haupt kg
31. 12. 1984	Augsprossengabler	30,5	68,0	43,5	0,835	68,5
18. 09. 1990	Spießer	30,5	58,5	44,1	1,000	92,0
18. 08. 1990	Spießer (weite Auslage)	28,5	62,0	53,0	1,000	79,0
10. 1991	Spießer (enge Auslage)	33,0	63,0	53,0	1,050	
16. 01. 1993	Gabler	38,0	58,0	53,2	1,600	

Tabelle 3 Minusvarianten mit extrem niedrigen D_R- und M_T-Werten

Erlegungstag	Alter Kopf	Geweihaufbau	D_R mm	L_R mm	mittl. Stangenl. cm	M_T kg	Wildbretmasse ohne Haupt kg
17. 09. 1990	1	Spießer	17,0	63,0	7,0	0,3	64,0
27. 10. 1990	4	Sechser	23,5	52,0	37,2	0,7	92,0
16. 08. 1990	9	Zwölfer	37,5	54,0	75,5	2,9	120,0

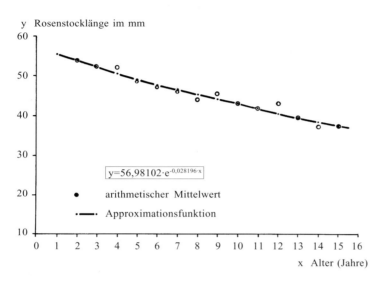

Abbildung 2 Durchschnittliche Abhängigkeit der Rosenstocklänge (mm) vom Alter (Jahre)

Damit wird die von SCHREIBER und LOCKOW (1989) getroffene Feststellung, daß sich die stärksten Hirsche der Altersklasse 1 (also vom 1. Kopf) im Untersuchungsgebiet gut in die Trophäenspitzenklasse der neuen Bundesländer einordnen, unterstrichen.

Die Obergrenze der Stangenlänge liegt aber bei 53 cm und übersteigt den bisher angenommenen Wert um 3 cm.

Hirsche mit geringerer Trophäenmasse werden dagegen durch geringe Rosenstockdurchmesser charakterisiert. Hierzu sollen 3 Hirsche vom 1., 4. und 9. Kopf, die 1990 die Minimalwerte des Rosenstockdurchmessers und der Trophäenmasse aufweisen, angeführt werden (Tab. 3).

Rosenstocklänge

Über das Längenwachstum der Rosenstöcke bei Hirsche vom 1. Kopf in den Monaten Mai und Juni liegen wenig Daten vor. Darauf hinzuweisen ist, daß die Meßpunkte für

Tabelle 4 L_R ausgewählter Spießer (Baststadium)

Erlegungstag	L_R cm	Mittlere Stangenlänge cm	Wildbretmasse mit Haupt kg
23. 05. 1990	2	–	54,0
24. 05. 1990	6	11	64,0
26. 05. 1990	5	–	53,0
30. 05. 1990	4	–	57,0
30. 05. 1990	2	–	53,0
02. 06. 1990	6	6	57,0
02. 06. 1990	6	5	49,0
03. 06. 1990	6	16	70,0
07. 06. 1990	6	3	75,0
07. 06. 1990	5	–	60,0
11. 06. 1990	2	–	52,0
23. 06. 1990	4	–	37,0
23. 06. 1990	6	10	82,0
26. 06. 1990	5	–	63,0

Tabelle 5   Mittelwerte der L_R und Variationsbreite nach Altersstufen und Abschußjahren

Altersstufe	N	x̄ 1988-90 mm	Abschußjahr 90			Abschußjahr 89			Abschußjahr 88		
			N	Min. mm	Max.	N	Min. mm	Max.	N	Min. mm	Max.
1	47	61,4	24	52,0	76,5	10	50,0	59,0	13	51,0	74,5
2	139	54,2	63	42,0	69,0	25	38,5	67,0	51	38,5	71,0
3	92	52,3	38	40,0	61,0	12	47,0	61,5	42	42,5	69,0
4	62	51,9	18	45,0	65,5	9	45,5	57,0	35	40,0	68,0
5	59	48,8	23	36,5	32,5	3	42,5	52,5	33	39,0	61,0
6	40	47,9	14	36,0	61,0	5	44,5	52,0	21	38,0	60,5
7	34	46,3	10	43,0	61,0	3	31,0	52,0	21	36,5	60,5
8	19	43,8	8	36,0	55,0	2	35,5		9	36,0	50,0
9	28	45,4	12	33,0	58,0	2	46,5		14	28,0	58,0
10	17	42,4	9	37,0	58,0	3	28,0	41,5	5	36,0	42,5
11	16	41,3	10	37,0	50,0	3	31,0	42,0	3	39,5	49,5
12	7	43,2	5	37,5	54,0	1	39,0		1	42,5	
13	9	39,5	4	30,0	47,5	1	29,0		4	32,5	40,5
14	3	37,3	3	33,5	41,5						
15	5	37,5	1	33,0					4	34,0	42,5
16	2	40,0	2	38,5	41,5						
Summe	579		224			79			256		

die äußere Rosenstockhöhe nicht immer eindeutig zu bestimmen sind.
Bei Schmalspießern konnten die in Tabelle 4 gezeigten Werte ermittelt werden.
Diese relativ große Variationsbreite in der Entwicklung des Rosenstockes wurde auch 1991 festgestellt.
Am 19. 03. 1989 wurde im Gebiet von Schleiz ein Hirschkalb gestreckt, das bereits 4,5 cm lange, spitzauslaufende Spieße aufwies. Der Rosenstockdurchmesser betrug 2,2 cm, die Länge des Rosenstockes 5,8 cm. Der M2 war gerade im Durchbruch (SCHREIBER 1989).
Das Beispiel bestätigt, daß das „Schieben" des Bastgeweihes bereits im 10. Lebensmonat beginnen kann.
Wie aus der Abbildung 2 hervorgeht, nimmt die Rosenstocklänge mit steigendem Alter degressiv ab.
Die Variationsbreite in den einzelnen Altersstufen geht aus Tabelle 5 hervor.

Entwicklung der Trophäenmasse

Für das Untersuchungsgebiet liegt eine Vielzahl von Beobachtungswerten für Trophäen ab 160 Internationalen Punkten aus den Jahren 1980 bis 1989 vor, die sich auf die Altersbestimmungsmethode „Abnutzungsbild der Kauflächen" stützt.
Diese waren Grundlage für die Herleitung von Kriterien für die Abschußrichtlinie (Obergrenze der Trophäenmasse für Hirsche der Klasse IIb bzw. IIc 5,0 kg bzw. 2,5 kg). Von 1988 bis 1990 wurde von allen vorgelegten Trophäen (außer Spießer mit Bast) die Masse ermittelt.
Die Mittelwerte und Variationsbreiten sind nach Altersstufen in Tabelle 6 dargestellt.
Von 1975 bis 1991 erreichten im Landkreis Schleiz zwei Hirsche eine Goldmedaille (8,9 kg M_T mit 220,27 IPt., 8,2 kg M_T mit 212,50 IPt.), ein Hirsch aus dem Landkreis Pößneck (8,1 kg M_T mit 219,18 IPt.) und ein weiterer aus dem Landkreis Greiz (8,0 kg M_T mit 216,01 IPt.).
Die von SCHREIBER Anfang der Siebziger Jahre getroffene Feststellung, daß bei entsprechender Bewirtschaftung auch im Bezirk Gera Goldmedaillen-Hirsche gestreckt werden können, hat sich bestätigt. Zu beachten ist hierbei, daß die Äsungsbedingungen in den Wäldern des Landkreises Schleiz kei-

Tabelle 6   Mittelwerte und Variationsbreiten der M_T nach Altersstufen und Abschußjahren, die stärksten Medallientrophäen 1990

Altersstufe	N	$\bar{x}$ 1988-90	Abschußjahr 90				Abschußjahr 89			Abschußjahr 88		
			N	Min.	Max.	stärkste Trophäe	N	Min.	Max.	N	Min.	Max.
		kg		kg		IPt		kg			kg	
1	29	0,59	17	0,3	1,1		6	0,3	0,6	6	0,3	0,8
2	137	1,45	61	0,4	2,9		24	0,7	1,8	52	1,0	2,2
3	92	2,20	38	1,0	4,4		12	1,5	2,6	42	1,3	3,8
4	64	2,93	18	0,7	5,5	180,73	9	1,8	3,4	37	1,7	4,1
5	60	3,83	23	1,6	5,5	181,40	3	3,5	4,5	34	2,7	6,0
6	40	4,14	14	2,3	6,1	181,17	5	2,0	3,9	21	2,8	5,3
7	35	4,32	10	2,5	7,1	191,89	3	3,5	4,8	22	3,1	5,8
8	21	5,60	8	4,5	6,0	189,21	2	5,2		11	4,7	7,1
9	28	5,22	12	2,9	6,6	198,65	2	4,7		14	3,9	6,3
10	21	5,28	10	3,7	7,1	192,26	4	5,0	7,2	7	4,4	7,0
11	17	5,72	10	4,1	7,4	186,97	3	4,2	6,7	4	4,1	6,2
12	7	5,88	5	3,8	6,2	183,87	1	7,0		1	7,0	
13	10	5,81	4	5,7	7,8	207,02	2	4,5	5,0	4	3,2	8,1
14	3	5,05	3	1,9	8,2	212,50						
15	5	5,70	1		5,7	182,75				4	0,3	8,1
16	2	5,50	2	5,2	5,8	183,55						
Summe	571		236				76			259		

nesfalls als sehr gut einzuschätzen sind (SCHREIBER 1986).
Interessant ist, daß bereits gut veranlagte Hirsche mit dem 4. Kopf „Bronzemedaillentrophäen" tragen. Dieses Ergebnis wurde bislang nicht vermutet.
Die höchste ermittelte Trophäenmasse in dieser Altersstufe liegt bei 5,5 kg. Der am 20. 09. 1991 gesteckte ungerade 16-Ender mit diesem Alter und dieser Trophäenmasse erreichte 180,73 IPt. (Stangenlänge 85,3 cm, Länge der Aug- bzw. Mittelsprossen 33 cm bzw. 31,6 cm, Rosenumfang 22,2 cm, Umfang Stangen unten 15,2 und oben 14,1 cm – alles Mittelwerte). Die Wildbretmasse ohne Haupt betrug 123 kg.
Im Alter 7 wird durch die Tabelle 6 die Möglichkeit der Erreichung einer Silbermedaille angezeigt. Der am 10. 08. 1991 erlegte Hirsch mit einem Rosenstockdurchmesser von 50,5 mm, einer Rosenstocklänge von 44,0 mm wies 13 Enden auf und erzielte mit 7,1 kg Trophäenmasse eine Spitzenleistung (191,89 IPt).
Der Hirsch wog 156 kg (ohne Haupt).

Diese Abschüsse der besten Plusvarianten, potentielle Goldmedaillenhirsche, haben äußerst negative Auswirkungen in der Population hervorgerufen.
Die Zunahme der Trophäenmasse, die durch Abbildung 3 gekennzeichnet wird, ist ab Altersstufe 1 bis 6 relativ groß. Die Ausgleichsfunktion erreicht im Alter 12 ihr Maximum.
Damit wird für das Schleizer Rotwildeinstandsgebiet das Erntealter der über dem Durchschnitt liegenden Hirsche bestimmt und die von LOCKOW (1983, 1991) getroffene Aussage zur Kulminationszeit der Trophäenmasse gestützt.
Bis 1989 wurde in den Mittelgebirgsvorlagen als Abschußalter 10 Jahre akzeptiert.

Die Beziehung Rosenstockdurchmesser, Rosenstocklänge, Trophäenmasse und Alter

Abbildung 4 bringt die Approximationsfunktionen in einer Grafik zum Ausdruck, während die Wertedarstellung in Abbildung 5 das beobachtete Beziehungsgefüge

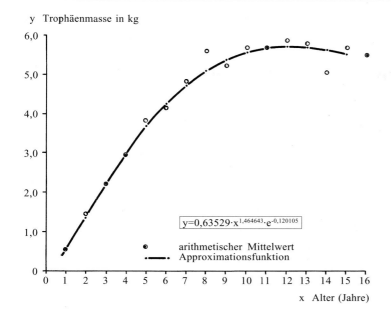

Abb. 3 Durchschnittliche Abhängigkeit der Trophäenmasse (kg) vom Alter (Jahre)

$y = 0{,}63529 \cdot x^{1{,}464643} \cdot e^{-0{,}120105}$

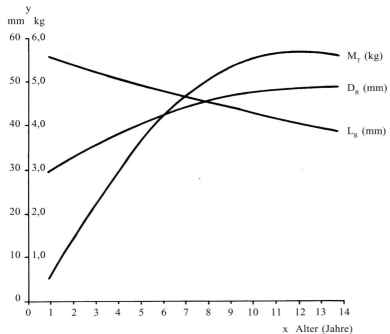

Abb. 4 Abhängigkeit des Rosenstockdurchmessers, der Rosenstockhöhe und der Trophäenmasse vom Alter

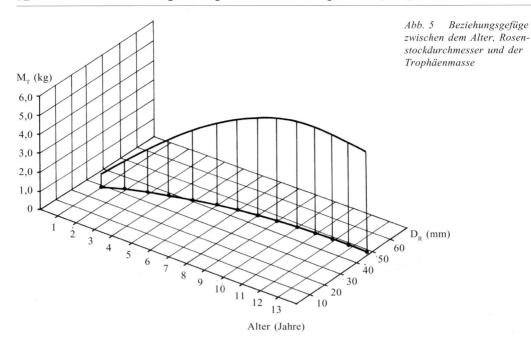

Abb. 5 Beziehungsgefüge zwischen dem Alter, Rosenstockdurchmesser und der Trophäenmasse

zwischen dem Alter, dem Rosenstockdurchmesser und der Trophäenmasse widerspiegelt.
Folgendes ist hierbei festzustellen:
Mit der Zunahme des Rosenstockdurchmessers verringert sich die Länge des Rosenstockes. In der Altersstufe 8 überschneiden sich die Merkmalsentwicklungen. Die Mittelwerte des Rosenstockdurchmessers und der Länge des Rosenstockes liegen ab 5. bis 12. Kopf deutlich im Bereich von 40,0 bis 50,0 mm.
Im Alter 5 beträgt z. B. der Mittelwert für den Rosenstockdurchmesser 40,0 mm, der für die Rosenstocklänge 49,0 mm. Gegenüber den Angaben von HARKE (aus WAGENKNECHT 1981), der das Alter nach dem Rosenstockdurchmesser und der Rosenstocklänge bestimmt, weichen die Werte für das Untersuchungsgebiet bedeutend ab. So liegt z. B. nach HARKE die Überschneidung der Merkmalsentwicklungen erst im Alter 10. Die entsprechenden Trophäen sollen dann im Alter von 12 Jahren einen Rosenstockdurchmesser von 39,0 mm und eine Rosenstocklänge von 37,0 mm aufweisen.

Schlußfolgerungen für die jagdliche Praxis

Aus dem umfangreichen Datenmaterial lassen sich folgende Schlußfolgerungen ableiten:
- Die Kulmination der Trophäenmasse des Erntehirsches bei etwa 12 Jahren erfordert künftig die positiven Individuen älter werden zu lassen als 10 Jahre. Im Zweifelsfall sollte bei normalem Trophäenaufbau der Erntehirsch lieber ein Jahr später gestreckt werden, weil der Zuwachs der Trophäenmasse ab Alter 10 Jahre bei sehr gut veranlagten Hirschen noch über 1,0 kg betragen kann.
- Es muß besonders aufmerksam gemacht werden, gut veranlagte Hirsche in jeder Altersstufe bis zu 12 Jahren zu schonen.
- Es können im Mittelgebirgsvorland Hirsche bereits ab 4. Kopf den Punktebereich für eine Bronzemedaille und ab 7. Kopf den einer Silbermedaillentrophäe erreichen und das bei äußerst hohen Wilddichten in Höhenlagen von 400 - 600 m ü. NN und unterdurchschnittlichen Äsungsverhältnissen.

- Die Ergebnisse sollten in den Rotwild-Hegegemeinschaften bei der Herleitung von Kriterien für den Abschuß Berücksichtigung finden.
- Die Beachtung der entsprechenden Werte für die Rosenstockdurchmesser und Rosenstocklängen bei der Beurteilung des Trophäenalters ist vorteilhaft. Die relativ großen Variationsbreiten lassen jedoch keine exakte Einstufung der Trophäen nach dem Alter zu.
- Die vorliegenden Mittelwerte geben wertvolle Hinweise für die Zusammenfassung von Altersstufen zur besseren Einordnung in die Kategorie „junger", „mittelalter" und „alter" Hirsch. Sie müssen durch weiteres Material präzisiert werden.

Literatur

DRECHSLER, H. (1991): Das Alter der Hirsche. – Wild und Hund 18, 20.

LOCKOW, K.-W. (1983): Biomatematische Untersuchungen an Abwurfstangenserien des Rothirsches (*Cervus elaphus* LINNÉ 1758) im Wildforschungsgebiet Rothemühl und Schlußfolgerungen für die jagdliche Praxis. – Promotionsarbeit B im Institut für Forstwissenschaften Eberswalde.

LOCKOW, K.-W. (1991): Vorhersage der Geweihentwicklung des Rothirsches. Entscheidungshilfe für Wahlabschuß und Hege. – Z. Jagdwiss. 37: 24 - 34.

LOCKOW, K.-W.; SCHREIBER, R. (1989): Zur Entwicklung des Schmalspießers in einem Rotwildeinstandsgebiet des Mittelgebirgsvorlandes. – Unsere Jagd 39: 42 - 44.

SCHREIBER, R. (1984): Zur Entwicklung des Schmalspießers. – Betr. Jagd- u. Wildforsch. 13: 157 - 167.

SCHREIBER, R. (1986): Der Einfluß von Rotwilddichte auf die Körperstärke des Rotwildes, insbesondere der Schmalspießer, in einem Einstandsgebiet des Mittelgebirgsvorlandes. – Beitr. Jagd- u. Wildforsch. 14: 192 - 200.

SCHREIBER, R. (1988): Zum Schälverhalten des Rotwildes. – Unsere Jagd 38 (7): 206 - 207.

SCHREIBER, R. (1989): Ein Rotwildkalb mit Spießen. – Unsere Jagd 39 (8).

SCHREIBER, R. (1990): Verminderung der Schälschäden durch Rotwild. Liegendschäle was bringt das? – Wild und Hund 93 (18): 16 - 17

SCHREIBER, R.; LOCKOW, K.-W. (1989): Die Entwicklung des Schmalspießers im Mittelgebirgsvorland. – Beitr. Jagd- u. Wildforsch. 16: 169 - 180.

WAGENKNECHT, E. (1981): Rotwild. – Berlin. 1. Auflage.

Zusammenfassung

Die Auswertung von Datenmaterial über Rosenstockdurchmesser, -länge und Trophäenmasse von 580 Rotwildtrophäen nach Altersstufen (Kopf) bestätigt für das Rotwildeinstandsgebiet Schleiz die Möglichkeit der Erreichung von Silber- und Goldmedaillentrophäen bei entsprechender Hege. Die Kulminationszeit der Trophäenmasse von gut veranlagten Hirschen liegt im Mittelgebirgsvorland bei 12 Jahren.

Summary

Title of the paper: Statistical studies on frontal process and trophy development in red deer in the Thuringian area Schleiz.

Evaluation by age category (head) of data on frontal process diameter and length and trophy mass of 580 trophies of red deer shows that the red deer habitat Schleiz holds the potential for silver and gold trophies if populations are appropriately preserved. In well-disposed deer in the regions at the foot of the highlands trophy mass culminates around 12 years.

Anschrift der Verfassers:
RUDOLF SCHREIBER
07907 Schleiz, OT.: Heinrichsruh
Prof. Dr. sc. KARL-WILLI LOCKOW
Forstliche Forschungsanstalt Eberswalde e. V.
Alfred-Möller-Str. 1, 16225 Eberswalde

Werner Haupt, Leipzig
Kathrin Hertzsch, Leipzig
Thomas Wernstedt, Leipzig

Beitrag zum Helminthenbefall des Magen-Darm-Kanals und der Lunge bei Rotwild (*Cervus elaphus* L.) aus der freien Wildbahn Südthüringens und aus einem Wildpark bei Leipzig

Einleitung

Die Endoparasitenfauna des Reh- und Damwildes ist in den letzten Jahrzehnten sehr eingehend untersucht worden, dagegen sind wesentlich weniger Berichte, die eine Gesamtübersicht über die Endoparasiten des Rotwildes geben, im Schrifttum zu finden. In Europa sind solche Untersuchungen hauptsächlich auf den Alpenraum, als traditionelles Rotwildgebiet, begrenzt. So liegen Untersuchungsergebnisse, die parasitologische Teilsektionen bzw. koproskopische Untersuchungen beinhalten, von Boch (1955), Deckelmann (1968), Schultze-Rhonhof (1972), Barth (1972), Prosl (1973), Volkholz (1974) und Schweisgut (1975) vor. Drózdz (1966) gab eine eingehende morphologische Beschreibung aller bei Zerviden in Polen vorkommenden Helminthen. Es existieren vom Rotwild viele Berichte über Einzelparasiten. Besonderes Interesse fand der im intermuskulären Bindegewebe der Brust-, Schulter- und Rückenmuskulatur sowie im Schädel parasitierende Nematode *Elaphostrongylus cervi* (Cameron, 1931; Kutzer u. Prosl, 1975; Prosl u. Kutzer, 1980; Demiaszkiewicz, 1987; Eriksen u. Mitarb., 1990).
Seit 1989 beschäftigte sich ein Doktorand an unserem Institut mit der Untersuchung von Rotwildaufbrüchen aus der Umgebung von Suhl. Leider mußten diese Untersuchungen abgebrochen werden, nachdem der Doktorand 1991 von einer Nordeuropareise, wahrscheinlich in Folge eines Unglücksfalles, nicht zurückgekehrt ist. Wir haben das gesammelte Material ausgewertet und durch eine z. Z. noch geringe Anzahl von erlegten Rotwildstücken aus einem Wildpark in der Nähe von Leipzig ergänzt.
Die Auswertung des Untersuchungsmaterials erfolgte mit der Fragestellung:
– Welche Helminthenarten kommen bei Rotwild aus der freien Wildbahn und bei gegattertem Rotwild, das mit anderen Schalenwildarten vergesellschaftet gehalten wird, vor?
– Bestehen Unterschiede in der Befallsstärke bei den einzelnen Parasiten zwischen Tieren aus der freien Wildbahn und der Gatterhaltung?
– Lassen sich aus dem Nachweis von Helmintheneiern bzw. -larven in den Losungsproben Rückschlüsse auf die Stärke des Helminthenbefalls ziehen?

Material und Methodik

Unsere Untersuchungen umfaßten 33 Stücke Rotwild. Davon kamen 26 Rotwildaufbrüche aus dem Suhler Raum, einem typischen Mittelgebirgsgebiet mit ausgedehnten Fichtenwäldern. Die Tiere wurden im Zeitraum von September 1989 bis November 1990 während der jeweiligen Jagdsaison erlegt. Die Aufbrüche stammten von 6 Kälbern, 2 Schmaltieren und 18 Rottieren bzw. Hirschen im Alter von über 2 bis ca. 10 Jahren. Der in unsere Untersuchungen einbezogene

Wildpark befindet sich im Leipziger Auewald. In einem ca. 10 ha großen Gatter werden außer 30 Stücken Rotwild zusätzlich Dam- und Muffelwild gehalten. Eine medikamentelle Behandlung der Tiere im Gatter erfolgt i. d. R. jährlich einmal Ende Februar/Anfang März mit einem Breitspektrumantihelminthikum. Aus dem Rotwildrudel wurden zwischen Dezember 1992 und Februar 1993 7 Stücke (4 Kälber, ein Spießer, ein 3jähriger und ein 3-4jähriger Hirsch) erlegt. Die Aufbrüche kamen innerhalb von 24 bis 48 Stunden nach dem Abschuß der Tiere zur Untersuchung. Labmagen, Dünndarm und Dickdarm wurden jeweils gesondert ausgewertet. Den Befallsgrad in Labmagen und Dünndarm bestimmten wir mittels des Verdünnungsverfahrens, die Dickdarmhelminthen wurden stets direkt ausgezählt. Alle Magen-Darm-Nematoden waren mit 2%igem Formalin fixiert worden. Die Artbestimmung der gefundenen Bandwürmer erfolgte nach Färbung mit Milchsäurekarmin. Die aus den Lungen isolierten Helminthen wurden in Barbagallo-Lösung fixiert und anschließend ausgezählt. Die Artbestimmung der Helminthen führten wir nach SKRJABIN, ŠICHOBALOVA u. ŠUL´C (1954a) und DRÓZDZ (1965) durch. Zusätzlich wurde der Enddarmkot von jedem Rotwildstück mit der kombinierten Sedimentations- und Flotationsmethode unter Verwendung einer Zinksulfatlösung mit einer Dichte von 1,3 kg/l als Flotationsmittel auf vorhandene Helmintheneier sowie mit dem Auswanderverfahren nach BAERMANN-WETZEL zum Nachweis von Lungenwurm- und *Elaphostrongylus*-Larven untersucht.

Ergebnisse und Diskussion

Befallsextensität

Bei der parasitologischen Teilsektion der insgesamt 33 Rotwildaufbrüche konnten 19

Tabelle 1   Helminthenfauna und Befallsextensität von 33 untersuchten Rotwildaufbrüchen

Organ	Arten	Befallsextensität freie Wildbahn	Wildpark Leipzig
		n=26 Aufbrüche	n=7 Aufbrüche
Labmagen	*Spiculopteragia böhmi*	24	0
	Spiculopteragia asymmetrica	0	5
	Ostertagia leptospicularis	10	0
	Ostertagia drózdzi	0	1
	Ostertagia circumcincta	0	1
	Ostertagia trifurcata	0	1
	Skrjabinagia kolchida	8	0
	Rinadia mathevossiani	4	0
	Trichostrongylus axei	0	4
Dünndarm	*Moniezia expansa*	1	3
	Capillaria bovis	4	7
	Nematodirus roscidus	1	1
	Cooperia pectinata	2	0
Dickdarm	*Oesophagostomum venulosum*	19	4
	Oesophagostomum sikae	14	6
	Trichuris globulosa	4	2
Lunge	*Dictyocaulus* sp. (*Dictyocaulus eckerti*)	23	7
Seröse Häute der Bauch- u. Brusthöhle	*Setaria cervi*	1	0
	Cysticercus tenuicollis	0	1

verschiedene Helminthenarten nachgewiesen werden (Tab.1). Die aus dem Suhler Gebiet stammenden Rotwildstücke beherbergten im Labmagen 4 verschiedene Nematoden-Arten aus der Unterfamilie Ostertagiinae, und zwar *Spiculopteragia böhmi* als dominierende Art bei 24 Stücken, *Ostertagia leptospicularis* bei 10 Tieren, *Skrjabinagia kolchida* bei 8 und *Rinadia mathevossiani* bei 4 Tieren. Diese Arten werden auch in der internationalen Literatur als typische Labmagenparasiten des Rotwildes beschrieben (JANSEN, 1960; DRÓZDZ, 1966; DECKELMANN, 1968; BARTH, 1972; SCHULTZE-RHONHOF, 1972; SCHWEISGUT, 1975). In den Labmägen der Rotwildstücke aus dem Wildpark bei Leipzig fanden wir 5 verschiedene Nematoden-Arten, die der Familie Trichostrongylidae angehörten. So die Vertreter der Unterfamilie Ostertagiinae *Spiculopteragia asymmetrica, Ostertagia drozdzi, Ostertagia circumcincta, Ostertagia trifurcata* und den Haarmagenwurm, *Trichostongylus axei. Spiculopteragia asymmetrica* und *Ostertagia drozdzi* sind typische Labmagenparasiten des Damwildes, während *Ostertagia circumcincta* und *Ostertagia trifurcata* zu den häufigsten Labmagenschmarotzern des Muffelwildes gehören. Über das Vorkommen dieser letzteren zwei Parasiten beim Rotwild berichteten auch PÁV u. ZAJIČEK (1968) sowie CHROUST (1989) aus der ehemaligen ČSSR. *Trichostrongylus axei* gilt als ein wenig wirtsspezifischer Labmagenparasit, der sowohl beim Rehwild als auch bei unseren Hauswiederkäuern verbreitet ist. Über Infektionen mit diesem Schmarotzer bei Rotwild berichteten DECKELMANN (1968), BARTH (1972) , PROSL (1973) und SCHWEISGUT (1975).

Im Dünndarm der 33 untersuchten Rotwildstücke konnten wir 4 verschiedene Helminthenarten feststellen. Bandwürmer der Art *Moniezia expansa* wurden bei einem Kalb aus dem Suhler Gebiet und bei 3 von 4 Kälbern aus dem Wildpark bei Leipzig festgestellt. Dagegen wiesen SCHULTZE-RHONHOF (1972) und SCHWEISGUT (1975) die Art *Moniezia benedeni* bei Rotwild in Süddeutschland nach. Der Haarwurm, *Capillaria bovis*, kam bei 4 Tieren aus dem Suhler Raum und bei allen 7 untersuchten Rotwildstücken aus dem Leipziger Gatter vor. *Nematodirus roscidus* und *Cooperia pectinata* waren in unserem Untersuchungsmaterial nur bei wenigen Stücken vorhanden, beide Nematoden werden aber als häufige Parasiten des Rotwildes im Schrifttum angegeben.

Die Dickdarmwürmer *Oesophagostomum venulosum* und *Oesophagostomum sikae* konnten wir in den Rotwildgescheiden aus dem Suhler Gebiet und dem Leipziger Wildpark in gleich hoher Befallsextensität nachweisen. Die Peitschenwurmart *Trichuris globulosa* fanden wir überwiegend bei Kälbern. Diesbezüglich stimmen unsere Ergebnisse mit den Angaben von SCHULTZE-RHONHOF (1972) und SCHWEISGUT (1975) überein.

In den Lungen der untersuchten Rotwildstücke fanden wir bei 23 von 26 Tieren aus Südthüringen und in allen 7 Stücken aus dem Wildpark bei Leipzig einen *Dictyocaulus*-Befall. Das Vorkommen von *Dictyocaulus viviparus* bei unseren einheimischen Zerviden wird gegenwärtig immer mehr in Frage gestellt. Während CORRIGALL u. Mitarb. (1988) unterschiedliche Stämme von *Dictyocaulus viviparus* in den verschiedenen Wirtstieren annehmen, halten DURETTE-DESSET u. Mitarb. (1988) und JANSEN u. BORGSTEEDE (1990) die *Dictyocaulus*-Art in den Zerviden für eine selbständige Spezies, die mit der 1931 von SKRJABIN beim Ren beschriebenen Art *Dictyocaulus eckerti* identisch sein soll (SKRJABIN, ŠICHOBALOVA u. ŠUL'C, 1954b). Hinweise, daß *Dictyocaulus filaria*, der große Lungenwurm von Schaf und Ziege, bei Rotwild vorkommen kann, beruhen in erster Linie auf dem Nachweis von Larven I in Losungsproben (SCHULTZE-RHONHOF, 1972, SCHWEISGUT, 1975).

Je einmal konnten wir bei einem Hirsch aus dem Suhler Gebiet zwischen den serösen Häuten der Bauchorgane eine Filarie der Art *Setaria cervi* und bei einem gegatterten Tier im Leipziger Auewald einige Exemplare der Dünnhalsigen Finne, *Cysticercus tenuicollis*, dem Entwicklungsstadium des Fleischfresserbandwurmes *Taenia hydatigena*, nachweisen.

Die bei Rotwild beschriebene kleine Lungenwurmart, *Varestrongylus sagittatus*, stellten wir in den Lungen nicht fest. Jedoch gelang uns bei 10 von 26 Tieren aus dem Suhler Gebiet der Nachweis von *Varestrongylus*- bzw. *Elaphostrongylus*-Larven im Enddarmkot. Die Brutknoten von *Varestrongylus sagittatus* befinden sich nicht an der Lungenoberfläche, sondern in der Tiefe des Lungengewebes, so daß sie i. d. R. weder sichtbar noch tastbar sind und nur in Serienschnitten gefunden werden können. Auf die Problematik des Nachweises eines *Varestrongylus*-Befalles beim Rotwild weisen auch PROSL (1973) sowie PROSL u. KUTZER (1980) hin.

Befallsintensität

Labmagen

Die Befallsintensität mit Vertretern der Unterfamilie Ostertagiinae schwankte bei den Rotwildstücken aus dem Suhler Gebiet von 20 bis 2690 (im Durchschnitt 577) Würmern, wobei die niedrigsten Befallszahlen von 20 bis 120 Ostertagiinae bei den Rotwildkälbern festzustellen waren. Bei den gegatterten Tieren aus dem Wildpark bei Leipzig variierte der Befall mit Nematoden der Unterfamilie Ostertagiinae zwischen 5 und 550 (im Durchschnitt 195) Exemplaren. Der *Trichostrongylus axei*-Befall schwankte zwischen 300 und 6600 (im Durchschnitt 3192) Parasiten (Tab. 2).

Dünndarm

Bei einem Kalb aus Südthüringen lag ein Befall mit einem Bandwurm der Art *Moniezia expansa* vor. Dagegen waren von 4 Kälbern aus dem Wildgatter bei Leipzig 3 Tiere mit 1, 2 bzw. 6 Bandwürmern der Art *Moniezia expansa* befallen. Inwieweit das Muffelwild im Gatter für die hohe Ansteckungsrate des Rotwildes verantwortlich ist, muß in weiteren Untersuchungen geklärt werden. *Capillaria bovis* kam bei 4 Tieren aus dem Suhler Raum in einer Befallsstärke von 30 bis 650 (im Durchschnitt 220) Exemplaren vor. Von den 7 untersuchten Rotwildgescheiden aus dem Gatter bei Leipzig wiesen alle Dünndärme einen Befall mit 210 bis 3740 (im Durchschnitt 1515) *Capillaria*-Würmern auf. *Nematodirus roscidus* und *Cooperia pectinata* spielten in unserem Untersuchungsmaterial nur eine untergeordnete Rolle.

Tabelle 2   Befallsintensität mit Magen-Darm-Helminthen bei Rotwild aus der freien Wildbahn und aus der Gatterhaltung

Organ	Arten	26 Tiere aus Südthüringen Befallsintensität		7 Tiere aus Wildpark Leipzig Befallsintensität	
		Anzahl der infizierten Stücke	MD-Würmer/ infiz. Stück	Anzahl der infizierten Stücke	MD-Würmer/ infiz. Stück
			V $\bar{x}$		V $\bar{x}$
Labmagen	Ostertagiinae	24	20-2690 577,5	5	5-550 195,0
	Trichostr. axei	0	0 0	4	300-6600 3192,5
Dünndarm	*Moniezia expansa*	1	1 1	3	1-6 3
	Capillaria bovis	4	30-650 220	7	210-3740 1515,7
	Nematodirus roscidus	1	180 180	1	70 70
	Cooperia pectinata	2	20/40 30	0	0 0
Dickdarm	*Oesophag. sikae*	14	1-38 10,1	6	2-157 56,2
	Oesophag. venulosum	19	1-33 11,9	4	5-267 91,0
	Trichuris globulosa	4	1-11 6,2	2	14/54 34,0

Dickdarm

Bei den Dickdarmparasiten waren deutliche Unterschiede in der Befallsstärke zwischen den untersuchten Rotwildstücken aus dem Suhler Gebiet und den Gattertieren aus dem Wildpark bei Leipzig festzustellen. Während die beiden Knötchenwurmarten *Oesophagostomum* (*Oes.*) *venulosum* und *Oes. sikae* bei Stücken aus dem Suhler Raum in einer Befallsstärke von 1 bis 33 (im Durchschnitt 11,9) bzw. 1 bis 38 (im Durchschnitt 10,1) Würmern vorkamen, lag im Dickdarm der gegatterten Tiere ein Befall mit 2 bis 157 (im Durchschnitt 56,2) Exemplaren von *Oes. sikae* und bei *Oes. venulosum* ein Befall mit 5 bis 269 (im Durchschnitt 91) Würmern vor. Bei einem Rotwildkalb, das 269 *Oes. venulosum*- und 157 *Oes. sikae*-Würmer beherbergte, wies der Enddarmkot eine dickbreiige Konsistenz auf. Peitschenwurmbefall trat bei 4 Tieren aus dem Thüringer Gebiet mit einer Befallsstärke von 1 bis 11 (im Durchschnitt 6,5) Würmern auf, während 2 gegatterte Stücke mit 14 bzw. 54 Parasiten befallen waren.

Lunge

Ein unterschiedlich starker *Dictyocaulus*-Befall war zwischen den Rotwildstücken aus dem Suhler Raum und dem Gatter bei Leipzig festzustellen (Tabelle 3). Von den untersuchten Kälbern aus dem Südthüringer Gebiet beherbergten alle 6 Tiere nur einen schwachen Befall mit 1 bis 6 *Dictyocaulus*-Würmern, während alle 4 untersuchten Kälber aus dem Gatter des Leipziger Auewaldes mit 167 bis 542 *Dictyocaulus*-Exemplaren befallen waren und somit einen weitaus stärkeren Befall zeigten. Beim Aufschneiden der größeren und mittleren Bronchen konnten ganze Bündel von Würmern nachgewiesen werden. Bei älteren Stücken waren im Suhler Gebiet von 20 untersuchten Lungen 17 mit 1 bis 90 *Dictyocaulus*-Würmern befallen, bei den gegatterten Rotwildstücken wiesen die 3 untersuchten Tiere einen Befall mit 2, 3 und 83 Würmern auf. Im Gegensatz zum Reh- und Damwild, bei dem nur Jungtiere bis zu einem Jahr häufig mit *Dictyocaulus* sp. befallen sind, kommt diese Lungenwurmart beim Rotwild bei allen Altersgruppen vor. DECKELMANN (1968) konnte bei 38 von 50 untersuchten Stücken Rotwild aus dem Fichtelgebirge 1 bis 260 *Dictyocaulus*-Würmer feststellen, wobei ältere Tiere i. d. R. etwas stärker befallen waren als jüngere. VOLKHOLZ (1974), der 45 Rotwildlungen untersuchte, fand bei jungen Stücken stets gut entwickelte *Dictyocaulus*-Exemplare in den Bronchen, bei älteren Tieren waren dagegen sehr kleine Wurmexemplare vorhanden. Der Autor deutete dieses Phänomen als Auswirkung von Immunreaktionen. Gleiche Beobachtungen liegen auch von uns vor. Mit Hilfe des Auswanderverfahrens unter Verwendung von 10 g frischen Enddarmkotes war es möglich, *Dictyocaulus*-Larven auch bei Vorliegen eines schwachen patenten *Dictyocaulus*-Befalles festzustellen.

Tabelle 3 Befallsextensität und -intensität mit Dictyocaulus sp. bei Rotwild aus der freien Wildbahn (W) und Gatterhaltung (G)

Alter der Tiere	Form der Haltung	Anzahl der untersuchten Stücke	Anzahl der infizierten Stücke	Befallsintensität Lungenwurm/infiziertes Stück	
				V	x̄
Kälber	W	6	6	1 bis 6	3,2
	G	4	4	167 bis 542	345,0
Ältere Tiere	W	20	17	1 bis 90	14,0
	G	3	3	2 bis 83	29,3

Schlußfolgerungen

Auf Gund unserer Untersuchungen können folgende Schlußfolgerungen gezogen werden:
- Die bei Rotwild aus einem Mittelgebirgsgebiet bei Suhl nachgewiesenen Helminthen entsprechen den in anderen Gebieten Europas beschriebenen Arten. Die Befallsstärke kann als geringgradig eingeschätzt werden.
- Bei dem gegatterten Rotwild trat ein stärkerer Befall mit *Trichostrongylus axei*, *Capillaria bovis*, *Oesophagostomum* spp. und *Dictyocaulus* sp. auf. Eine Ansteckung des Rotwildes mit Helminthen von Dam- und Muffelwild ist wahrscheinlich.
- Eine veterinärmedizinische Überwachung der Zerviden in Wildparks und nutztierartigen Rotwildgattern ist notwendig, um den Parasitenstatus einschätzen und gegebenenfalls Bekämpfungsmaßnahmen einleiten zu können.
- Koproskopische Untersuchungen sind bei Vorliegen eines schwachen Magen-Darm-Helminthen-Befalles wenig aussagekräftig; in der Praxis sollte daher anstelle der Einsendung von Losungsproben stets den parasitologischen Teilsektionen der Vorrang gegeben werden.

Literatur

BARTH, D. (1972): Vorkommen, Diagnose und Therapie des Magen-Darm-Nematodenbefalls bei Reh- und Rotwild. – Dtsch. tierärztl. Wsch. **79**: 493-514 u. 559-561.

BOCH, J. (1955): Der Wurmbefall des Reh- und Rotwildes in den bayerischen Bergen. – Tierärztl. Umschau **10**: 249-252.

CAMERON, T. V. M. (1931): On two new species of nematodes from Scottish red deer. – J. Helminthol. **9**: 213-216.

CHROUST; K. (1989): Epizootiologie und Bekämpfung der Helminthosen des Wildes in der CSR und Beziehungen zu den Parasitosen des Rindes. – Angew. Parasitol. **30**: 11-14.

CORRIGALL, W.; COUTTS, A. G. P.; WATT, C. F.; HUNTER, A. R.; MUNRO, R. (1988): Comparison by experimental infections in cattle of a Dictyocaulus species occurring naturally in red deer and a dictyocaulus of bovine origin. – Vet. Rec. **122**: 302-304.

DECKELMANN, W. (1968): Der Endoparasitenbefall des Rotwildes unter besonderer Berücksichtigung des Alters der Stücke und der Wurmei- und Wurmlarvenausscheidung. – Vet. med. Diss. München.

DEMIASZKIEWICZ, A. W. (1987): *Elaphostrongylus cervi* (CAMERON, 1931) in European red deer (Cervus elaphus) in Poland. – Acta parasitol. Pol. **32**: 171-178.

DRÓZDZ, J. (1965): Studies on helminths and helminthiases in Cervidae I. Revision of the subfamily Ostertagiinae SAWAR; 1965 and an attempt to explain the phylogenesis of its representatives. – Acta parasitol. Pol. **13**: 445-489.

DRÓZDZ, J. (1966): Studies on helminths and helminthiases in Cervidae II. The helminth fauna in Cervidae in Poland. – Acta parasitol. Pol. **14**: 1-13.

DURETTE-DESSET, M. C.; HUGONNET, L.; CHABAUD, A. G. (1988): Redescription de *Dictyocaulus noeneri* RAILLIET et HENRY, 1907, parasite du *Capreolus capreolus* en Europe. Comparaison avec *D. viviparus* (BLOCH, 1782), parasite du betail. – Ann. Parasitol. Hum. Comp. **63**: 285-295.

ERIKSEN, A. L.; MONRAD, J.; STEEN, M. (1989): Påvisning af bindevævsmoren *Elaphostrongylus cervi* hos fritstaende dansk kronvildt. – Dansk. Vet. Tidsskr. **72**: 732-736.

JANSEN, J. Jr. (1960): Trichostrongylids in the fourth stomach of roe deer and red deer in the Netherlands. – Transact. IV. Congress Int. Un. Game Biolog.: 91-95.

JANSEN, J.; BORGSTEEDE, F. H. M. (1990): De *Dictyocaulus*-soorten, longwormen van rund en hertachtigen in Nederland. – Tijdschr. Diergeneeskd. **115**: 155-158.

KUTZER, E.; PROSL, H. (1975): Zur Kenntnis von *Elaphostrongylus cervi* CAMERON, 1931) I. Morphologie und Diagnose. – Wien. tierärztl. Mschr. **62**: 258-266.

PÁV, J.; ZAJIČEK, D. (1968): Helmintofauna jeleni zvěře a dynamika jejiho vyskytu v oboře. Lesnicky casopis Rocnik **14** (XLI) Ustav vedecko-technickych informaci, Praha 1968. Ref. Z. Jagdwiss. **15** (1969): 174.

PROSL, H. (1973): Beiträge zur Parasitenfauna der wildlebenden Wiederkäuer Österreichs. – Vet. med. Diss. Wien.

PROSL, H.; KUTZER, E. (1980): Zur Pathologie des *Elaphostrongylus*befalles beim Rothirsch (*Cervus Elaphus Hippelaphus*). – Mh. Vet. Med. **35**: 151-153.

SCHULTZE-RHONHOF, W. (1972): Untersuchungen über den Helminthenbefall des Rotwildes in den Bayerischen Alpen. – Vet. med. Diss. München.

SCHWEISGUT, I. (1975): Untersuchungen über den Endoparasitenbefall des Rotwildes im Nationalpark Bayerischer Wald in den Jagdjahren 1973/74 und 1974/75. – Vet. med. Diss. München.

SKRJABIN, K. I.; ŠICHOBALOVA, H. P.; ŠUL'C, R. S. (1954a): Trichostrongylidae. Osnovy nematodologii, III. Izdatel'stvo akademii nauk SSSR, Moskva.

SKRJABIN, K. I.; ŠICHOBALOVA, H. P.; ŠUL'C, R. S. (1954b): Dictyocaulidae, Heligmosomatidae i Ollulanidae. Osnovy nematodologii, IV. Izdatel'stvo akademii nauk SSSR, Moskva.

VOLKHOLZ, W. (1974): Untersuchungen über den Lungenwurmbefall des Reh-, Rot- und Gamswild, – Vet. med. Diss. München.

Zusammenfassung

Die Magen-Darm-Kanäle und Lungen von 33 Rotwildstücken (26 stammten aus dem Thüringer Wald bei Suhl und 7 Tiere aus einem Wildpark bei Leipzig) wurden auf Helminthenbefall untersucht. Dabei konnten 19 verschiedene Helminthenarten festgestellt werden. Die Ergebnisse sind in den Tabellen 1, 2 und 3 dargestellt. Die Tiere aus der freien Wildbahn wiesen in Labmagen, Dünndarm, Dickdarm und Lunge einen ausschließlich schwachen Helminthenbefall auf. Bei den gegatterten Stücken trat ein stärkerer *Dictyocaulus* sp. –, *Oesophagostomum* spp. –, *Capillaria bovis*- und *Trichostrongylus axei*-Befall auf. *Moniezia expansa*-, *Nematodirus roscidus*-, *Cooperia pectinata*- und *Trichuris globulosa*-Befall konnte nur bei Kälbern festgestellt werden, dagegen wiesen Tiere aller Altersgruppen einen *Dictyocaulus*-Befall auf. Es bestand keine Beziehung zwischen den Ergebnissen der Kotuntersuchung und einem schwachen Befall mit Magen-Darm-Nematoden.

Summary

Title of the paper: Contribution to the helminth infestation of the gastro-intestinal tract and the lung of red deer *(Cervus elaphus* L.) from a hunting ground in Thuringia and from an enclosure.

The gastro-intestinal tracts and the lungs of 33 red deer (26 from Thuringia near Suhl and 7 from an enclosure in Leipzig) were examined to determine the helminth fauna. A total of 19 different species of helminths were identified. The results are summarized in the Tables 1, 2 and 3. All wild red deer showed only a low worm burden in the gastro-intestinal and pulmonary tracts. The animals from the enclosure harboured higher worm counts of *Dictyocaulus* sp., *Oesophagostomum* spp., *Capillaria bovis* and *Trichostrongylus axei*. Specimen of *Moniezia expansa*, *Nematodirus roscidus*, *Cooperia pectinata* and *Trichuris* globulosa were found only in calves, but lungworms (*Dictyocaulus* sp.) harboured deer of all age groups. There was not a relationship between the results of coprological examination and burden of gastro-intestinal nematodes in deer with low worm counts.

Anschrift der Verfasser:
Dr. WERNER HAUPT, DVM KATHRIN HERTZSCH, THOMAS WERNSTEDT
Institut für Parasitologie der Universität Leipzig,
Margarete-Blank-Str. 04, 04103 Leipzig

REINHARD LEHMANN, Göllin

Modellierung des Wachstumsverlaufs von Damwild *Dama dama*

Grundlagen der Modellierung

Die Modellierung des Wachstumsverlaufs von Tieren gewinnt immer mehr an Bedeutung. Repräsentative Modelle bieten die Möglichkeit, den Wachstumsverlauf durch Variation der Wachstumsfaktoren zu modellieren und auch nach biologisch bedingten Erscheinungen oder sogar Gesetzmäßigkeiten zu suchen. Diese können dann zielgerichtet durch Messungen in der Praxis überprüft bzw. verifiziert werden. Dabei ist der Wechsel zwischen induktiver und deduktiver Methode auch in der Wildtierforschung vorteilhaft.

Aus der Literatur sind mehr als fünfzig Wachstumsfunktionen bekannt, die mehr oder weniger erfolgreich zur Meßwertanpassung angewandt werden. Es sind jedoch nur wenige als Grundlage für ein Wachstumsmodell geeignet. Ein Wachstumsmodell muß die objektive Realität, d. h. die biologischen Sachverhalte richtig und mathematisch widerspruchsfrei widerspiegeln.

Fast alle angewandten Wachstumsfunktionen basieren auf dem Zusammenhang zwischen der Lebendmasse und dem Alter (Zeit) der Tiere. Die mathematischen Lösungen zum Aufbau eines Wachstumsmodells in Abhängigkeit von der Zeit sind jedoch in der Regel sehr kompliziert und meistens biologisch kaum noch interpretierbar.

Eine Möglichkeit, dieses Problem zu umgehen, besteht darin, die Beziehung zwischen der Wachstumsrate (w) und der Lebendmasse (x) als Grundlage für ein Wachstumsmodell zunehmen:

$$w = a - k \ln x \qquad (1)$$

Die Wachstumsrate ist auch eine Funktion der Zeit (t):

$$w = e^{k(t-c)} \qquad (2)$$

Dadurch ist der Wachstumsverlauf auch in Abhängigkeit von der Zeit als Wachstumsprozeß darstellbar. Die Faktoren a und k sind Wachstumsparameter, c ist eine Integrationskonstante.

Auf der Grundlage der Wachstumsrate in Abhängigkeit von der Lebendmasse wurde auf induktivem Weg folgende Gleichung ermittelt (LEHMANN 1975):

$$x = e^{\frac{a}{k} - \frac{1}{k} k(t-c)} \qquad (3)$$

Für die tägliche Zunahme (z), d. h. die Wachstumsgeschwindigkeit gilt dann die Funktion

$$z = x' \qquad (4)$$

und für die Wachstumsbeschleunigung (b) die Funktion

$$b = x'' \qquad (5)$$

Die mathematische Herleitung der Gleichungen ist in einem früheren Beitrag am Beispiel des Mufflons beschrieben (LEHMANN u. BRIEDERMANN 1990).

Die Gleichung 3 ist die dritte bekannt gewordene Lösung der Differentialgleichung

$$\frac{y}{y'} - \frac{y'}{y''} = k \qquad (6)$$

Die erste Lösung wurde von GOMPERTZ (1825) mit rein mathematischem Ziel gefunden. Die zweite Lösung haben LAIRD et al. (1965) aus Meßwerten von Meerschweinchen entwickelt.

Die dritte Lösung (Gleichung 3) hat den Vorteil, daß weder die Anfangs- noch die Endmasse bekannt sein muß. Aus den Werten von Lebendmasse und Wachstumsrate werden die Faktoren a und k und danach c geschätzt. Daraus läßt sich dann die Anfangsmasse berechnen, indem in Gleichung 3 t = 0 gesetzt wird. Die mögliche Endmasse (x_E), d. h. die Asymptote der Gleichung 3, kann berechnet werden nach der Gleichung

$$x_E = e^{\frac{a}{k}} \qquad (7)$$

Auf der Grundlage der Wachstumsrate in Abhängigkeit von der Lebendmasse war es auch möglich, den Futteraufwand in das Modell mit einzubeziehen (LEHMANN 1980). Denn der Futteraufwand ist weniger vom Alter des Tieres, sondern vielmehr von dessen Lebendmasse abhängig. Der Futteraufwand hat beispielsweise auch für wirtschaftliche Nutzung des Damwildgatters eine nicht geringe Bedeutung.

Das entwickelte Wachstumsmodell wurde bei verschiedenen landwirtschaftlichen Nutztierarten angewandt und auch beim Rehwild (LEHMANN 1988) sowie beim Mufflon (LEHMANN u. BRIEDERMANN 1990) erfolgreich überprüft. Der Vergleich zwischen Nutztier- und Wildtierarten brachte bereits interessante biologische Erkenntnisse.

Ergebnisse

Für die Modellierung des Wachstumsverlaufs von Damwild wurden vor allem die Meßergebnisse von BRÜGGEMANN (1988) verwendet. Aus der Abbildung 1 ist zu ersehen, daß die Lebendmasse der männlichen Tiere durchweg höher liegt als die der weiblichen Tiere.

Dagegen erreichen die weiblichen Tiere das Maximum der täglichen Lebendmassezunahme (Wachstumsgeschwindigkeit) früher als die männlichen Tiere, und auch der Maximalwert liegt höher (Abb. 2). Dafür

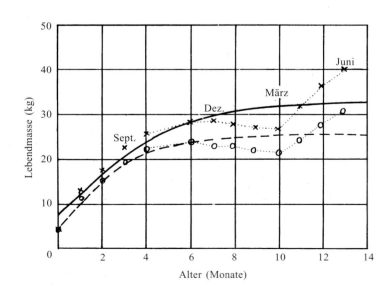

Abb. 1 Beziehungen zwischen der Lebendmasse und dem Alter von Damwild in Gatterhaltung, Hauptsetzperiode (Meßwerte von Brüggemann 1988) —x männliche Tiere --- o weibliche Tiere

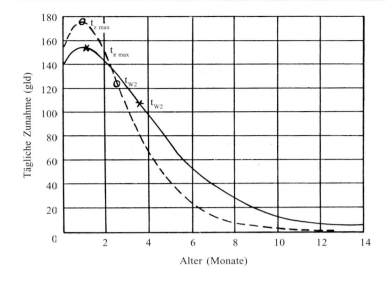

Abb. 2 Beziehungen zwischen der täglichen Zunahme (Lebendmasse) und dem Alter von Damwild in Gatterhaltung, Hauptsetzperiode (Meßwerte von Brüggemann 1988)
—— männliche Tiere --- weibliche Tiere

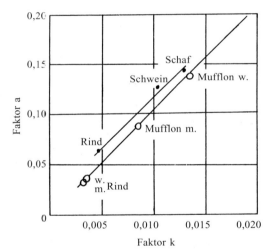

Abb. 3 Beziehungen zwischen dem Faktor a und dem Faktor k bei verschiedenen Tierarten

fällt die Kurve der täglichen Lebendmassezunahme schneller ab als die der männlichen Tiere. Die Folge davon ist, daß die mögliche Endmasse (x_E) bei weiblichen Tieren niedriger liegt als bei männlichen Tieren.
In der Abbildung 3 sind die Beziehungen zwischen dem Faktor a und dem Faktor k (Wachstumsintensität) bei verschiedenen Tierarten grafisch dargestellt. Die analytischen Ausdrücke der Regressionen lauten:

Nutztierarten: a = 0,0181 + 9,959 k
r = 0,99 (8)

Wildtierarten: a = 0,0060 + 9,642 k
r = 0,99 (9)

Die Marker des Rehwilds sind in der Abbildung 3 nicht eingetragen, weil sie weit ausserhalb der Koordinateneinteilung liegen.
Die Tabelle 1 enthält die Werte der Faktoren a und k sowie x_E. Die Differenzen zwischen den ermittelten und den aus den Gleichungen errechneten Werten sind relativ gering.
Die Kurve für die Nutztierarten liegt über der von den Wildtierarten. Das bedeutet beispielsweise, daß bei gleichem Faktor k die Nutztiere einen größeren Faktor a als die Wildtiere haben und damit eine höhere Endmasse erreichen. Anders ausgedrückt: Die gleiche Endmasse erreichen die Nutztiere zu einem früheren Zeitpunkt durch eine höhere Wachstumsintensität. Es ist anzunehmen, daß diese Erscheinung ihre Ursache in der langjährigen zielgerichteten Züchtung der Nutztiere hat.
Aus dem Vergleich der Werte des Faktors k und der Endmasse x_E in der Tabelle 1 läßt sich die Schlußfolgerung ziehen, daß Kleintierarten eine höhere Wachstumsintensität (ausgedrückt durch den Faktor k) als Groß-

Tabelle 1 Werte der Faktoren a, k sowie x_E verschiedener Tierarten

Tierart	k	a ermittelt	a berechnet	Diff. in %	x_E kg
Rind	0,00480	0,06421	0,06590	+2,63	645
Schwein	0,01045	0,12770	0,12217	–4,51	203
Schaf	0,01294	0,14313	0,14997	+2,68	64
Damwild					
männlich	0,00331	0,03760	0,03792	+0,81	86
weiblich	0,00351	0,03805	0,03984	+4,71	51
Mufflon					
männlich	0,00855	0,08915	0,08844	–0,79	34
weiblich	0,01354	0,13585	0,13655	+0,52	23
Rehwild					
männlich	0,14250	1,38976	1,38000	–0,70	17

tierarten haben. Kleintierarten wachsen sehr schnell, fallen aber ebenso schnell wieder in der Wachstumsgeschwindigkeit ab. Bei Großtierarten ist die umgekehrte Tendenz vorhanden.

Die gleiche Tendenz wurde, wie bereits dargelegt, auch zwischen männlichem und weiblichem Damwild nachgewiesen. Aber es bestehen auch zwischen den Tierarten noch Unterschiede, wie aus der Abbildung 3 zu ersehen ist. Während die Marker der männlichen und weiblichen Tiere des Damwilds eng beieinander liegen, sind sie beim Muffelwild deutlich weiter entfernt.

Der Zusammenhang zwischen Wachstumsintensität (Faktor k) und Endmasse x_E wird mathematisch durch die Gleichung 5 widergespiegelt: Wenn sich k verringert und a erhöht, steigt die Endmasse x_E an, und umgekehrt fällt sie ab. Diese Erscheinung ist mit großer Wahrscheinlichkeit generell eine Tendenz bei Warmblütern. Sie scheint auch unabhängig von der Tierart zu sein, wie die Unterschiede zwischen weiblichen und männlichen Tieren zeigen.

Aus der Abbildung 1 geht weiterhin hervor, daß das Damwild eine ausgeprägte Wachstumsrhythmik hat. Sie scheint hauptsächlich endogen bedingt zu sein. Ein Zusammenhang mit der Jahreszeit ist ebenfalls erkennbar. Diese Erscheinung darf jedoch nicht verabsolutiert zu werden, wie aus der Abbildung 4 zu ersehen ist. In der Meßreihe von REINKEN (1980) haben die Tiere bis zum

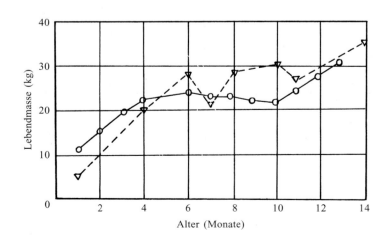

Abb. 4 Beziehungen zwischen der Lebendmasse und dem Alter von weiblichem Damwild in Gatterhaltung, Hauptsetzperiode Meßwerte von BRÜGGEMANN (1988) — o REINKEN (1980) --- ▽

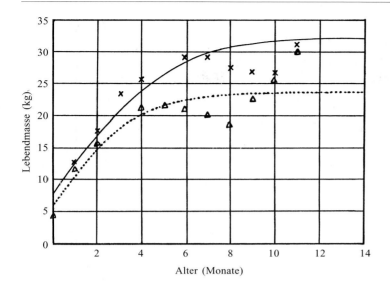

Abb. 5 Beziehungen zwischen der Lebendmasse und dem Alter von männlichem Damwild in Gatterhaltung (Meßwerte von BRÜGGEMANN 1988) — × Hauptsetzperiode ·····▽ Nachsetzperiode

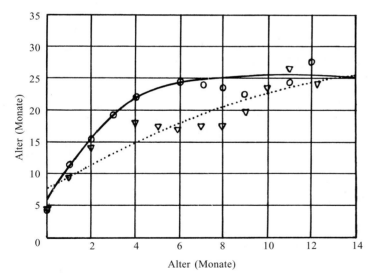

Abb. 6 Beziehungen zwischen der Lebendmasse und dem Alter von weiblichem Damwild in Gatterhaltung (Meßwerte von BRÜGGEMANN 1988) — ○ Hauptsetzperiode ·····▽ Nachsetzperiode

5. Lebensmonat eine geringere Lebendmasse als die von BRÜGGEMANN (1988) gewogenen Tiere. Sie steigen dann aber höher an und fallen danach durch einen nicht bekannten Einfluß wieder auf die gleiche Höhe ab. Nun ist aus der Nutztierhaltung hinreichend bekannt, daß endogen bedingte Wachstumsrhythmen durch exogene Einflüsse (z. B. Futtermangel) gestört werden können. Das könnte auch hier der Fall sein.

Aus den in der Abbildung 1 dargestellten Meßergebnissen und weiteren hier nicht aufgeführten Meßreihen läßt sich generell ableiten, daß das Damwild die Fähigkeit zu einem ausgeprägten kompensatorischen Wachstum hat. Das zeigen auch die Abbildungen 5 und 6. Die männlichen Tiere aus der Nachsetzperiode holen die geringere Lebendmasseentwicklung gegenüber denen aus der Hauptsetzperiode bezogen auf das glei-

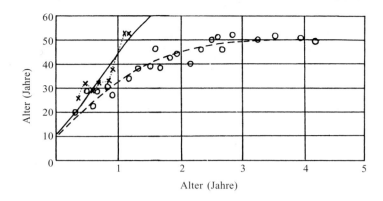

Abb. 7 Beziehungen zwischen der Lebendmasse und dem Alter von Damwild in Gatterhaltung (Meßwerte von REINKEN 1980) —× Hauptsetzperiode ······ ○ Nachsetzperiode

che Alter auf. Die weiblichen Tiere sind nach dem 10. Lebensmonat sogar schwerer. In der Abbildung 7 sind die Meßwerte von REINKEN (1980) eingetragen. Die 7 Meßwerte der männlichen Tiere zeigen die typische jahreszeitliche Wachstumsrhythmik des Damwilds. Bei der größeren Anzahl der Meßwerte von verschiedenen weiblichen Tieren ist diese Rhythmik kaum noch zu erkennen. Diese Erscheinung ist auch aus der Nutztierhaltung beim Vergleich von Meßreihen aus exakten Versuchen mit kleiner Tierzahl im Vergleich zu Meßwerten aus großen Tierpopulationen bekannt.
Die Ursache liegt hauptsächlich darin, daß in einer großen Tierpopulation zahlreiche kaum kontrollierbare exogene Einflüsse wirken, die außerdem noch in Wechselwirkung zu den endogen bedingten Faktoren stehen. Außerdem verlaufen die Wachstumsrhythmen der einzelnen Tiere nicht immer zeitsynchron. In diesem Fall streuen die Meßwerte mehr oder weniger regelmäßig um die Wachstumskurve. Je besser das Haltungsbzw. Umweltregime beherrschbar ist, umso mehr kommen endogene Faktoren zur Wirkung, die dann zielgerichtet ausgenutzt werden können.

Wachstumsverlauf und Nutzungszeitpunkt

Für die Nutzung des Damwilds als Wildbretlieferant ist das Jagdgewicht (aufgebrochenes Stück) von Interesse.
Aus der Abbildung 8 ist zu ersehen, daß

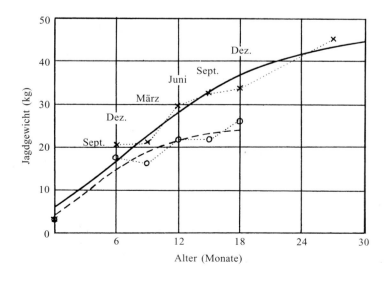

Abb. 8 Beziehungen zwischen dem Jagdgewicht und dem Alter von männlichem Damwild in Gatterhaltung (Meßwerte von BRÜGGEMANN 1988) —× männliche Tiere ······○ weibliche Tiere

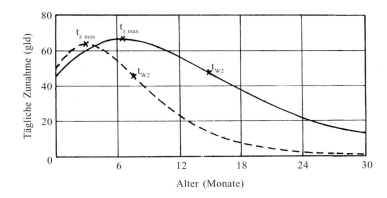

Abb. 9 Beziehung zwischen der täglichen Zunahme (Jagdgewicht) und dem alter von Damwild in Gatterhaltung (Meßwerte von BRÜGGEMANN 1988) — männliche Tiere --- weibliche Tiere

auch das Jagdgewicht der Wachstumsrhythmik unterliegt, jedoch nicht so stark wie die Lebendmasse. Die Abbildung 9 zeigt wieder deutlich den Unterschied in der täglichen Zunahme zwischen männlichen und weiblichen Tieren. Die Abbildung 10 ist insofern interessant, als sich die von zwei verschiedenen Autoren ermittelten Werte relativ gut der gemeinsamen Kurve anpassen.
In der Tabelle 2 sind die charakteristischen Werte zu den Abbildungen 8, 9 und 10 enthalten. Zum Vergleich sind zusätzlich neben den Spalten 3 und 5 die von BRÜGGEMANN (1988) von Tieren aus freier Wildbahn gewonnenen Werte eingetragen. Es ist zu ersehen, daß sich die Werte aus der Gatterhaltung nur wenig von denen aus der freien Wildbahn unterscheiden.
Aus biologischer Sicht ist interessant, daß der erste Wendepunkt der Kurve für de tägliche Zunahme (t_{W1}), d. h. die Wachstumsgeschwindigkeit fast zwei Monate vor der Geburt liegt. Zu diesem Zeitpunkt hat der Fötus die höchste Wachstumsbeschleunigung. Diese Erscheinung wurde auch beim Mufflon und beim Hausschaf festgestellt.

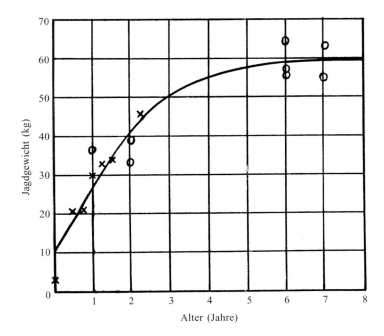

Abb. 10 Beziehungen zwischen dem Jagdgewicht und dem Alter von männlichem Damwild in Gatterhaltung (Werte von BRÜGGEMANN 1988 × und UECKERMANN/HANSEN 1983 ○)

Tabelle 2 Charakteristische Werte und Merkmale des Wachstumsverlaufs (Jagdgewicht) von Damwild zu den Abbildungen 8, 9 und 10

Faktor, Merkmal		Maß-einheit	zu Abbildungen 8, 9				zu Abbildung 10
			männlich		weiblich		männlich
			Gatter	Wildbahn	Gatter	Wildbahn	
1		2	3	4	5	6	7
k		–	0,00379	0,00367	0,00683	0,00623	0,00212
a		–	0,04085	0,03956	0,06926	0,06461	0,02332
c		1/d	–1273	–1325	–639	–709	–2540
x_E		kg	47,9	48,2	25,3	28,4	59,4
Alter	t_{W1}	d	–56	–58	–50	–57	–197
	$t_{z\,max}$	d	198	205	91	95	256
	t_{W2}	d	452	467	232	248	709
Masse	t_{W1}	kg	3,5	3,5	1,8	2,1	4,3
	$t_{z\,max}$	kg	17,6	17,7	9,3	10,5	21,8
	t_{W2}	g	32,7	32,9	17,3	19,4	40,5
Zunahme	t_{W1}	g/d	35	34	33	34	24
	$t_{z\,max}$	g/d	67	65	64	66	46
	t_{W2}	g/d	47	46	45	47	33

Beim Rind und Schwein liegt dagegen die maximale Wachstumsbeschleunigung nach der Geburt.

Die maximale Zunahme ($t_{z\,max}$) erreichen die männlichen Tiere im Alter von 6 bis 7 Monaten, die weiblichen nach 3 Monaten. Die männlichen Tiere haben dann eine Masse (Jagdgewicht) von 17 kg, die weiblichen Tiere von 10 kg. Danach fallen die Zunahmen progressiv ab.

Am zweiten Wendepunkt (t_{W2}) erreicht die Wachstumsbeschleunigung ihr Minimum. Die männlichen Tiere sind dann etwa 15 Monate alt und die weiblichen Tiere 8 Monate, und sie haben ein Jagdgewicht von 33 kg bzw. 17 kg.

In bezug auf den Wachstumsverlauf ist die Nutzung bzw. die Erlegung nach Erreichen der maximalen täglichen Zunahme günstig. Das wäre bei männlichen Tieren nach dem 6. Lebensmonat und bei weiblichen Tieren nach dem 3. Lebensmonat. Im Hinblick auf den danach steigenden Futteraufwand liegt nach Erfahrungen aus der Nutztierhaltung der späteste Nutzungszeitpunkt zwischen dem Maximum und dem zweiten Wendepunkt der Kurve für die tägliche Zunahme. Innerhalb dieses Zeitraums sollten die Tiere dann erlegt werden, wenn sie in ihrer Wachstumsrhythmik ein Maximum erreicht haben. Das wäre beispielsweise bei Tieren aus der Hauptsetzperiode spätestens im Dezember und dann erst wieder im Juni. Die weiblichen Tiere hätten aber im Juni den zweiten Wendepunkt bereits lange überschritten, die männlichen dagegen noch nicht.

Der optimale Nutzungszeitpunkt läßt sich nicht allein vom Wachstumsverlauf her festlegen. Zunächst ist zu entscheiden, ob die Tiere als Kälber oder als Schmaltiere bzw. Schmalspießer erlegt werden sollen. Diese Entscheidung hängt wiederum vom zweckmäßigen Aufbau des Wildbestands ab. Weiterhin sind die Marktlage und die Wildbretqualität von entscheidender Bedeutung.

Um die Wildbretqualität in die Modellierung einbeziehen zu können, müssen die Kurven für das Protein- und Fettwachstum bekannt sein. Danach können dann umfassende Modellrechnungen zum optimalen Nutzungszeitpunkt unter Berücksichtigung weiterer Faktoren (z. B. Zufütterung) durchgeführt werden.

Allgemeine Bemerkungen zur Modellierung

Beim Vergleich der charakteristischen Werte der männlichen Tiere in Tabelle 2, Spalte 3 mit Spalte 7, fällt auf, daß die Endmasse x_E in Spalte 7 um 11 kg höher liegt als in Spalte 3. Auch die Masse ist zum Zeitpunkt der maximalen Zunahme um 4 kg höher, wobei der Zeitpunkt 2 Monate später erreicht wird. Dieser Unterschied ist hauptsächlich durch die unterschiedlich langen Maßzeiträume (2,5 und 8 Jahre) und die Wachstumsrhythmik bzw. das kompensatorische Wachstum bedingt.

Aus der Abbildung 8 ist zu ersehen, daß die Messungen beendet wurden, als die Tiere gerade ein Maximum in der Masse erreicht hatten. Da eine Parameterschätzung rein mathematisch ohne Berücksichtigung der biologischen Besonderheiten erfolgt, wird in diesem Fall mathematisch bedingt unterstellt, daß das Wachstum weiter in diesem Aufwärtstrend erfolgt. Dadurch wird eine höhere Wachstumsintensität (Faktor k) geschätzt, die eine niedrigere Endmasse x_E bedingt.

Aus der Erfahrung mit landwirtschaftlichen Nutztieren ist bekannt, daß mindestens 5, besser 7 deutliche Maxima und Minima (Wachstumsrhythmen) im Wachstumsverlauf erfaßt werden sollten, wenn eine ausgeprägte Wachstumsrhythmik zu erwarten ist. In der Abbildung 8 sind aber nur 3 Maxima und 2 Minima vorhanden.

Die Werte in der Abbildung 10 zeigen keine deutliche Wachstumsrhythmik. Die Meßwerte streuen relativ gleichmäßig um die Kurve. Außerdem liegen Meßwerte bis zu dem Alter vor (7 Jahre), in dem das „Durchschnittstier" 98 % der möglichen Endmasse erreicht hat.

Der Kurvenverlauf der Abbildung 10 charakterisiert damit wesentlich besser den Wachstumsverlauf der „Population männliches Damwild", und auch die mögliche Endmasse läßt sich genauer schätzen. Der Kurvenverlauf der Abbildungen 8 und 9 ist dagegen hinreichend geeignet, um beispielsweise Aussagen zum Nutzungszeitpunkt zu treffen. Die Anzahl der Messungen und der Meßzeitraum können also nach dem Ziel, das erreicht werden soll, festgelegt werden. Der Aufwand kann dadurch für begrenzte Fragestellungen verringert werden. Das ist gerade in der Wildtierforschung vorteilhaft. Es muß dann aber vielfach auf allgemeingültige Aussagen verzichtet werden.

An dieser Stelle sei noch eine Bemerkung erlaubt. Oftmals wird das Ergebnis biostatistischer Verrechnungen verabsolutiert und verselbständigt. Selbst ein statistisch hoch gesichertes Ergebnis sagt nur aus, daß die Zahlenwerte statistisch gesichert sind, aber nicht, ob das Ergebnis den biologisch bedingten Hintergrund richtig widerspiegelt. Deshalb wird gerade an Wachstumsmodelle grundsätzlich die Forderung gestellt, daß der mathematische Sachverhalt biologisch interpretierbar ist und daß er die biologischen Vorgänge richtig widerspiegelt. Diese Forderung muß gerade in der Wildtierforschung gestellt werden.

Literatur

BRÜGGEMANN, J. (1988): Untersuchungen zur Entwicklung von Lebendmasse, Schlachtkörperzusammensetzung und Wildbretqualität des Damwildes (*Dama dama* L.) in Abhängigkeit von Geschlecht und Art der Bewirtschaftung. – Leipzig, Univ., Diss.

LAIRD, A. K; TYLER, S. A.; BARTON, A. D. (1965): Dynamics of normal Growth. Growth **29**: 233 - 248.

LEHMANN, R. (1975): Mathematische Grundlagen zur Analyse des Wachstums von landwirtschaftlichen Nutztieren. – Berlin, Arch. Tierzucht, 18, 163 - 174

LEHMANN, R. (1980): Anwendung des Wachstumsmodells in der Tierernährung. – Arch. Tierernährung **30**: 1.-4. Mitt., H. 5, 6, 7/8

LEHMANN, R. (1988): Der Biotop als Grundlage für die Rehwildbewirtschaftung. – Leipzig, V. Wiss. Koll. Wildbiol. u. Wildbewirtsch. (Vorträge). 494 - 502.

LEHMANN, R.; BRIEDERMANN, L. (1990): Anwendung eines Wachstumsmodells in der Wildforschung am Beispiel des Mufflons. – Beitr. Jagd- u. Wildforsch. **17**: 249 - 258.

REINKEN, G. (1980): Damtierhaltung auf Grün- und Brachland. – Stuttgart.

UECKERMANN, E.; HANSEN, P. (1983): Das Damwild. – Hamburg/Berlin, 2. Aufl.

Zusammenfassung

Für die Modellierung des Wachstums von Damwild wurde mit Erfolg ein spezielles mathematisches Modell angewandt. Die Grundlage ist die Beziehung zwischen der Wachstumsrate (w) und der Lebendmasse (x):
$w = a - k \ln x$.

Das Damwild hat eine ausgeprägte Wachstumsrhythmik und die Fähigkeit zum kompensatorischen Wachstum, das vor allem endogen bedingt ist, aber auch von exogenen Faktoren beeinflußt wird. Die höchste Wachstumsbeschleunigung hat der Fötus vor der Geburt. Weibliche Tiere haben eine höhere Wachstumsgeschwindigkeit als männliche Tiere und erreichen das Maximum früher. Die hohe Wachstumsintensität verringert sich aber schneller, so daß die weiblichen Tiere eine geringere Endmasse erreichen als die männlichen Tiere. Die gleiche Tendenz ist auch zwischen Kleintierarten und Großtierarten vorhanden. Für die zwei wichtigsten Parameter a und k der Wachstumsfunktion konnte eine hoch gesicherte Korrelation bei den Wildtierarten nachgewiesen werden. Sie besteht auch bei den Nutztierarten, unterscheidet sich aber in den Absolutwerten. Aus den charakteristischen Werten für die Wachstumsgeschwindigkeit lassen sich Schlußfolgerungen für den Nutzungszeitpunkt des Damwilds ziehen.

Summary

Title of the paper: Modelling of growth pattern on fallow deer *Dama dama*

A specific mathematical function was efficiently used for modelling the growth pattern of fallow deer. It is based on the relation of growth rate (w) to live weight (x):
$w = a - k \ln x$.

Fallow deer have a distinct growth rhythm. Noteworthy is their capacity for compensatory growth, wich is largely caused endogenously, though exogenous factors also be effective. The fetus its highest growth acceleration in the final stages of development. Female fallow deer attain a higher daily weight gain than males. Consequently, they reach their maximum weight at a comparatively earlier stage. However, their remarkable growth intensity eventually decreases more rapidly. Thus, compared with the males, the females yield a lower final weight. There ist an analogous tendency for differences between species of small animals and those of livestock. As to game, the two most important parameters of the growth function, a and k, are significantly correlated. The same ist true of domestic animals. However, the relation differs in absolute values. From the typical data achieved in this investigation it is concluded that one can deduce the point for optimum yield of venison.

Anschrift des Verfassers:
Prof. Dr. REINHARD LEHMANN
Dorfstr. 3
18246 Göllin

SVEN BIENIOSCHEK, (Leipzig);
STEFFEN REHBEIN, (Leipzig);
WALBURG HOCK, (Liebertwolkwitz)

Zur Entwicklung der Körpermasse von künstlich aufgezogenen und natürlich im Gehege aufgewachsenen Damwildkälbern in den ersten neun Lebensmonaten

Einleitung

Im Rahmen eines Forschungsvorhabens über parasitäre Wechselinfektionen zwischen Haus- und Wildwiederkäuern wurden Damwildkälber benötigt, die helminthenfrei aufgewachsen sind. Dazu mußten die Kälber künstlich aufgezogen werden.
Die künstliche Aufzucht bot die Möglichkeit, über einen längeren Zeitraum Daten über das Wachstum der auf diese Weise aufgezogenen Tiere zu erfassen.
Angaben und Untersuchungen in der Literatur beziehen sich hauptsächlich auf die Geburtsmasse von Damwildkälbern, in geringerem Umfang auf Abschußgewichte bzw. Wildbretgewichte von Kälbern und Jungtieren verschiedenen Alters.
Untersuchungen über die Geburtsmassen von Damwildkälbern liegen von HEMMER (1985) aus der BRD, von BRAZA u. a. (1988) aus Spanien sowie von BRÜGGEMANN (1988) aus der ehemaligen DDR vor. Die dabei ermittelten Geburtsmassen lagen zwischen 4,25 kg und 5,7 kg für männliche Kälber bzw. 3,96 kg und 4,9 kg für weibliche Kälber. CHAPMAN u. CHAPMAN (1975) ermittelten bei 93 Damwildkälbern im Richmond Park in Großbritannien durchschnittliche Geburtsmassen der männlichen Tiere mit 4,6 kg und der weiblichen Tiere mit 4,4 kg. GAEDE (1989), FREERICKS (1990) sowie ROSIGKEIT (1990) geben die über mehrere Jahre hinweg erfaßten Geburtsmassen der Damwildkälber in den Gehegen der Lehr- und Versuchsanstalten Neumühle und Haus Riswick bzw. in der Lehr- und Versuchsstation Liebertwolkwitz bei den männlichen Tieren mit 4,5 bis 4,9 kg und bei den weiblichen mit 4,2 bis 4,6 kg an. Von australischen Autoren (MULLEY, 1984; ENGLISH, 1985) wurden bei in Gehegen geborenen Damwildkälbern Geburtsmassen von 3,3 bis 4,5 kg ermittelt. Nach ASHER (1992a) schwanken die Geburtsmassen der Damwildkälber bei der Gehegehaltung in Neuseeland zwischen 3,6 und 4,2 kg. Eine Körpermasse von etwa 3 kg wird von ASHER (1992a) sowie von ENGLISH u. MULLEY (1992) als untere Grenze für die Geburtsmasse angesehen, bei der ein Überleben der Kälber noch möglich ist.
Das Geburtsgewicht ist vom Alter und der Körpermasse der Elterntiere sowie von der Anzahl der Geburten der Mutter und von deren Ernährung während der Trächtigkeit abhängig. Kälber erstgebärender Tiere sind leichter als die solcher, die bereits Kälber geboren haben (ENGLISH, 1985; GAEDE, 1985, 1989; LANDFRIED, 1991; REINKEN u. FREERICKS, 1992). Das Wachstum der Kälber wird vom Geburtsdatum und vom Geschlecht der Kälber, vom Alter und von der Ernährung der Mutter während der Laktation, vom Absetzdatum, von der Besatzdichte im Gehege und von der Photoperiode im Jahresgang bestimmt (VIGH-LARSEN, 1991; ASHER, 1992b).
Die Körpermasseentwicklung stagniert auch bei der Gehegehaltung von Damwild im

Winter (MÖHLENBRUCH, 1976; BRÜGGEMANN, 1988; ASHER, 1992b).
Nach Untersuchungen an 65 Tieren waren männliche Kälber im Alter von 2,5 Monaten durchschnittlich 19,9 kg und weibliche Kälber 18,2 kg schwer (GAEDE, 1985). BRÜGGEMANN (1988) ermittelte bei 31 drei Monate alten Kälbern mittlere Körpermassen von 22,5 kg bzw. 19,1 kg, und LANDFRIED (1991) gibt die durchschnittliche Körpermasse von etwa 3 Monate alten weiblichen und männlichen Kälbern mit 18,4 kg und 20,5 kg an. VIGH-LARSEN (1991) stellte bei Wägungen von 6 männlichen und 140 weiblichen Kälbern im Alter von 4 Monaten Lebendmassen von 21,6 kg bei den Hirschkälbern und von 18,6 kg bis 22,5 kg bei den Wildkälbern fest. Sechs Monate alte Kälber wogen nach BRÜGGEMANN (1988) 28,2 kg (10 Tiere) bzw. 24,1 kg (18 Tiere), ŠTERBA u. KLUSÁK (1984) stellten bei zwei etwa 6 Monate alten Hirschkälbern eine Körpermasse von 18 kg fest. Weitere Angaben zur Lebendmasse im Alter von 6 Monaten umfassen 18 kg bis 32,2 kg für Hirschkälber und 17,1 kg bis 28,1 kg für Wildkälber (REINKEN, 1980; BRÜGGEMANN, 1988; VIGH-LARSEN, 1991).
Hirschkälber im Alter von 8 Monaten wogen nach VIGH-LARSEN (1991) 28 kg bis 35 kg (15 Tiere), Wildkälber gleichen Alters waren 22 kg bis 30 kg schwer (18 Tiere). Im Alter von 9 Monaten lag die Körpermasse bei den von BRÜGGEMANN (1988) untersuchten Kälbern bei 27,1 kg bzw. bei 22,9 kg.
Erfahrungen mit der künstlichen Aufzucht von Damwildkälbern werden von ULMENSTEIN (1985) und FREERICKS (1986, 1990) mitgeteilt. KRZYWIŃSKI u. a. (1984), die 11 Damwildkälber (4 männliche und 7 weibliche Tiere) künstlich aufzogen, haben die Entwicklung der Körpermasse und die Veränderungen verschiedener Körpermaße erfaßt. Die Körpermasse der Tiere betrug zu Aufzuchtbeginn (Alter der Kälber ½ bis 5 Tage) 5,3 kg bei den männlichen und 4,7 kg bei den weiblichen Kälbern. Im Alter von 3 Monaten wogen die Hirschkälber 22,1 kg und die weiblichen Tiere 17,3 kg; mit 5 Monaten, am Ende der Untersuchungen, 31,8 kg bzw. 24,8 kg. FREERICKS (1990) zog 2 männliche Kälber für vergleichende Verdauungsversuche auf und ermittelte bei diesen Tieren im Alter von 3 Monaten eine durchschnittliche Körpermasse von 21,3 kg und mit einem halben Jahr eine Körpermasse von 30,2 kg.
Die Ergebnisse der Erfassung der Entwicklung der Körpermasse künstlich aufgezogener und unter natürlichen Verhältnissen im Gehege aufgewachsener Damwildkälber sollen in dieser Arbeit vorgestellt werden.

Eigene Untersuchungen

Material und Methoden

Vor dem Beginn der Setzzeit 1992 wurde das Rudel des Damwildgeheges der Lehr- und Versuchsanstalt Liebertwolkwitz der Universität Leipzig geteilt. 21 Damtiere wurden in ein separates Gatter verbracht. Die restlichen Tiere des Bestandes befanden sich gemeinsam in drei anderen Teilgattern. Ab dem 9. Juni 1992 wurden durch Abschreiten des Geheges frisch gesetzte Kälber aufgesucht. Am 13. Juni 1992 begann die Setzzeit. Die aufgefundenen Kälber wurden mittels Ohrmarken markiert. Im Anschluß sind das Geschlecht erfaßt sowie die Körpermasse mit einer Pendelwaage bestimmt worden. Die von den Tieren im separaten Gatter gesetzten Kälber wurden bei den Müttern belassen. Sechs männliche und 6 weibliche Kälber wurden zu einer Untersuchungsgruppe zusammengefaßt, die unter natürlichen Bedingungen im Gehege aufwuchsen. Die ersten der in den anderen Gattern geborenen Kälber wurden zur künstlichen Aufzucht in das Institut für Parasitologie verbracht. Auch hier sind 12 Kälber (6,6) als Untersuchungsgruppe während des Heranwachsens beobachtet worden.
Die künstlich aufgezogenen Kälber wurden im Zeitraum vom 14. bis zum 18. Juni 1992 geboren. Die bei ihren Müttern im Gehege verbliebenen Kälber sind zwischen dem 14. und dem 22. Juni 1992 geboren worden. Die zweite Wägung der Kälber erfolgte am 29. Juni im Institut bzw. am 30. Juni im Gehege. Alle weiteren Wägungen der Tiere erfolgten im Abstand von jeweils 28 Tagen am Montag (künstlich aufgezogene Kälber) bzw. Dienstag (natürlich aufgewachsene

Kälber). Am 22. 10. 1992 verendete ein männliches Kalb der Untersuchungsgruppe im Gehege, so daß ab November nur noch 11 Kälber gewogen worden sind.

Die künstlich aufgezogenen Kälber wurden in einen Stall in Holzbauweise verbracht und in zwei Abteilungen in Gruppen gehalten. Der Raum wurde durch aufgestellte Strohbündel geteilt, um den Kälbern einen gewissen Sichtschutz zu bieten.

Mit der ersten Tränke bekam jedes Kalb 1 ml Coli-Immunserum vom Rind und 1 ml Rinder-γ-Globulin oral verabreicht. Als Tränke wurde ein Schafmilchaustauscher verwendet. 200 g Milchaustauscherpulver wurden in 800 ml Wasser suspendiert und bei einer Temperatur von 35 bis 38°C verträmkt. Die Verabreichung erfolgte mittels handelsüblicher Säuglingstrinkflaschen. Zu Beginn der Tränkperiode wurden die Kälber durch Massage von Rücken und Kehlkopf zum Trinken animiert. Der Kotabsatz wurde durch Massage der Analgegend stimuliert.

Anfänglich wurden 4 Mahlzeiten verabreicht, von der dritten Lebenswoche an wurde dreimal täglich getränkt. Im Alter von 4 Wochen sind die Kälber an das Trinken aus einem mit fünf Saugern bestückten Eimer gewöhnt worden. Zusätzlich wurden Kälber, die nur wenig Milch aus dem Eimer zu sich nahmen, einmal am Tag mit der Flasche getränkt. Wasser wurde ab der 5. Woche angeboten.

Von Anfang an erhielten die Kälber die Möglichkeit, torfhaltige Erde aus einem Trog aufzunehmen. Daneben standen Heu und Stroh in einer Raufe zur Aufnahme zur Verfügung. Ab der 6. Lebenswoche wurden ein Gemisch aus Lämmermastpellets, Luzernepellets und Quetschgerste angeboten und der Trockensubstanzgehalt der Milch auf auf 15% gesenkt. Mitte November wurde die Milch abgesetzt. Die von diesem Zeitpunkt an verabreichte Futterration bestand aus Heu, Stroh und Wasser ad libitum sowie anfangs 500 g, später ansteigend bis 3 kg der oben genannten Mischung zweimal am Tag für alle Tiere.

Im Gehege wurde während der Trockenheit im Sommer Grünmais zugefüttert, im Spätherbst und im Winter sind Heu sowie Möhren, Kastanien, Eicheln und Zuckerrüben angeboten worden.

Die Damwildkälber im Gehege wurden Mitte Dezember von ihren Müttern getrennt und bildeten mit weiteren Kälbern sowie einigen älteren Damtieren und einem Hirsch ein eigenes Rudel.

Die statistische Auswertung der gesammelten Daten erfolgte mit einer zweifaktoriellen Varianzanalyse zum Einfluß von Aufzuchtform und Geschlecht auf die Entwicklung der Körpermasse sowie mittels Regressionsanalyse zum Zusammenhang von Lebensalter und Körpermasse.

Ergebnisse

Die mittleren Körpermassen der Damwildkälber differenziert nach Geschlecht und

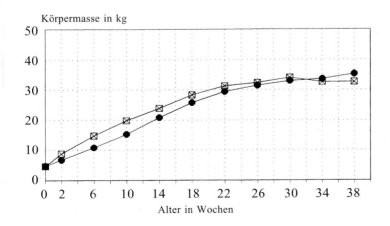

Abb. 1 Durchschnittliche Körpermasseentwicklung *künstlich aufgezogener und natürlich aufgewachsener Damwildkälber*

● künstlich aufgezogene Damwildkälber
⊠ im Gehege aufgewachsene Damwildkälber

Tabelle 1   Körpermasseentwicklung bei künstlich aufgezogenen und natürlich im Gehege aufgewachsenen Damwildkälbern

Alter in Wochen	0	2	6	10	14	18	22	26	30	34	38
Künstlich aufgezogene Hirschkälber											
Mittelwert, Körpermasse in kg	4,92	7,22	11,40	16,73	22,98	29,10	33,23	35,85	37,85	39,38	42,42
Standardabweichung	0,35	0,90	1,52	2,25	2,49	3,06	2,88	2,76	3,99	3,10	2,91
Künstlich aufgezogene Wildkälber											
Mittelwert, Körpermasse in kg	4,67	6,50	10,63	14,50	19,42	23,65	26,75	28,17	29,50	29,32	29,87
Standardabweichung	0,37	0,63	1,34	1,25	1,42	1,56	1,29	1,23	2,65	2,04	1,32
Künstlich aufgezogene Kälber, gesamt											
Mittelwert, Körpermasse in kg	4,79	6,86	11,02	15,62	21,20	26,38	29,99	32,01	33,68	34,35	36,14
Standardabweichung	0,37	0,83	1,43	2,09	2,68	3,67	4,00	4,50	5,43	5,82	6,84
Im Gehege aufgewachsene Hirschkälber											
Mittelwert, Körpermasse in kg	5,00	9,30	16,08	21,75	26,42	30,83	34,50	35,20	37,50	35,90	36,10
Standardabweichung	0,37	0,99	1,36	1,29	1,77	1,37	1,94	1,44	1,77	1,85	1,78
Im Gehege aufgewachsene Wildkälber											
Mittelwert, Körpermasse in kg	4,37	8,20	13,52	18,08	21,58	25,83	28,67	30,00	31,17	29,75	29,75
Standardabweichung	0,78	1,89	2,27	2,31	2,29	2,38	2,80	2,74	2,46	2,72	2,38
Im Gehege aufgewachsene Kälber, gesamt											
Mittelwert, Körpermasse in kg	4,68	8,75	14,80	19,92	24,00	28,33	31,32	32,36	34,05	32,55	32,64
Standardabweichung	0,67	1,55	2,23	2,62	3,19	3,20	3,84	3,46	3,90	3,92	3,89

Aufzuchtform sind in Tabelle 1 enthalten. Die graphische Darstellung der Entwicklung der durchschnittlichen Körpermasse bei künstlich aufgezogenen und bei natürlich im Gehege aufgewachsenen Damwildkälbern zeigen die Abbildungen 1 und 2.

Die Geburtsmasse der Kälber, die künstlich aufgezogen wurden, betrug durchschnittlich 4,79 kg, die der im Gehege verbliebenen Tiere 4,68 kg. Hirschkälber waren signifikant schwerer als Wildkälber ($p \leq 0,05$).

Während sich bei der zweiten Wägung der Kälber im Alter von etwa 2 Wochen der Unterschied in der Körpermasse zwischen Hirsch- und Wildkälbern, unabhängig von der Aufzuchtform, nicht sichern ließ, sind bei allen weiteren Terminen signifikante Unterschiede ($p \leq 0,05$ bzw. ab der 10. Lebenswoche $p \leq 0,001$) zwischen den Geschlechtern festgestellt worden. Im Alter von 10 Wochen hatten die im Gehege aufgewachsenen Kälber ihre Geburtsmasse vervierfacht, bei den künstlich aufgezogenen Kälbern lag der Faktor bei 3,3.

Im Dezember, als die Kälber 6 Monate alt waren, betrug die Körpermasse der künstlich aufgezogenen Kälber 32,01 kg (6,7 fache Geburtsmasse), die der natürlich aufge-

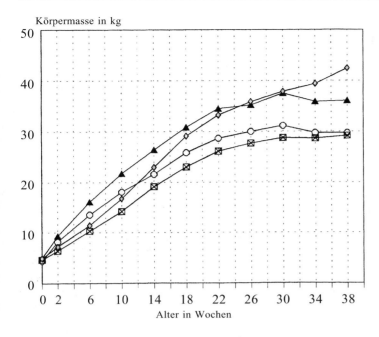

Abb. 2 Körpermasseentwicklung bei künstlich aufgezogenen und natürlich aufgewachsenen Hirsch- und Wildkälbern

◊ künstlich aufgezogene Hirschkälber
▲ im Gehege aufgewachsene Hirschkälber
⊠ künstlich aufgezogene Wildkälber
○ im Gehege aufgewachsene Wildkälber

wachsenen 32,36 kg (6,9fache Geburtsmasse).
Bei der Wägung am 8. Februar 1993 waren die künstlich aufgezogenen Kälber im Durchschnitt erstmals schwerer als die natürlich aufgewachsenen Kälber (1,8 kg). Die künstlich aufgezogenen Kälber hatten ihre Geburtsmasse um den Faktor 7,2 vervielfacht, die natürlich im Gehege aufgewachsenen Tiere um den Faktor 6,95.
Nach neun Lebensmonaten, im März 1993, betrug der Unterschied 3,5 kg, das entprach einem Faktor von 7,5 für die künstlich aufgezogenen Kälber bzw. einem solchen von 7 für die im Gehege aufgewachsenen Kälber.
In den ersten 10 Lebenswochen waren die Körpermassen der im Gehege aufgewachsenen Kälber bedeutend höher ($p \leq 0,001$) als die der im Stall aufgezogenen Tiere. Ab der 14. Lebenswoche nahm das Signifikanzniveau ab ($p \leq 0,01$ bzw. $p \leq 0,05$), bei den Wägungen von der 22. bis zur 34. Lebenswoche waren keine signifikanten Unterschiede feststellbar. In der 38. Lebenswoche bestand wieder ein signifikanter Unterschied ($p \leq 0,05$), wobei sich jetzt die künstlich aufgezogenen Tiere als schwerer erwiesen.
Die künstlich aufgezogenen Hirschkälber, die eine höhere Geburtsmasse als die weiblichen Kälber aufwiesen, hatten erst ab der 14. Lebenswoche wieder eine größere Körpermasse als die Wildkälber im Gehege. Die weitere Entwicklung der Körpermasse war durch einen wachsenden Unterschied zwischen Hirsch- und Wildkälbern, sowohl im Gehege als auch im Stall, gekennzeichnet (Abb. 2).
Die Körpermasseentwicklung der Wildkälber verlief weiter annähernd parallel: der seit den ersten Wochen bestehende Unterschied wird ausgangs des Winters kleiner. Die Wildkälber im Gehege waren den künstlich aufgezogenen weiblichen Tieren in der Körpermasse bis zum Februar 1993 überlegen. Bei der Wägung Anfang März unterschieden sich die Körpermassen der weiblichen Kälber aufgrund des Körpermasseverlustes der im Gehege aufgewachsenen Tiere nicht mehr voneinander. Die Körpermasse der Hirschkälber entwickelte sich während des Untersuchungszeitraumes mit ähnlicher Tendenz wie die der Wildkälber. Im Dezember 1992 konnte bei den Hirschkälbern im Gehege eine deutliche Verlangsamung des Wachstums und im Februar 1993 eine Abnahme der Körpermasse fest-

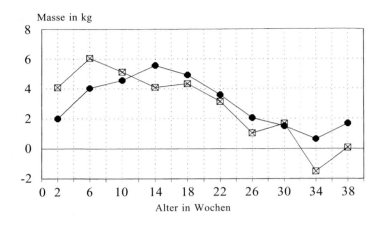

Abb. 3 Durchschnittliche Körpermasseveränderungen zwischen den Wägungen bei künstlich aufgezogenen und natürlich aufgewachsenen Damwildkälbern

● künstlich aufgezogene Damwildkälber
⊠ im Gehege aufgewachsene Damwildkälber

gestellt werden. Die bisher erreichte maximale Körpermasse (festgestellt im Januar) wurde im März, trotz leichter Körpermassezunahme, von diesen Kälbern noch nicht wieder erreicht. Das Wachstum der im Institut gehaltenen Hirschkälber war hingegen von einer kontinuierlichen Körpermassezunahme gekennzeichnet, so daß nach 9 Monaten im März 1993 der Unterschied zu den im Gehege aufgewachsenen Hirschkälbern im Durchschnitt 6,3 kg betrug.

Die durchschnittlichen Körpermasseveränderungen in den Zeiträumen zwischen den Wägungen zeigt Abbildung 3.
In den ersten zwei Wochen nahmen die künstlich aufgezogenen Kälber im Durchschnitt 2,07 kg zu, die Kälber im Gehege 4,07 kg. Höhere Zunahmen erzielten die Kälber im Gehege bis zur 10. Lebenswoche. Bei der Wägung der Tiere im Alter von 14 Wochen konnte festgestellt werden, daß die künstlich aufgezogenen Kälber erstmals mit

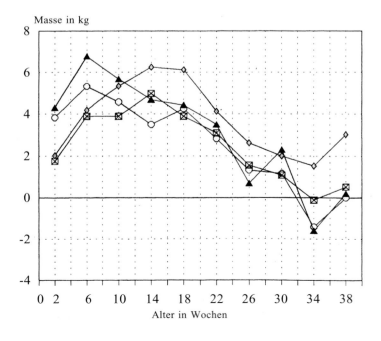

Abb. 4 Körpermasseveränderungen zwischen den Wägungen bei künstlich aufgezogenen und natürlich aufgewachsenen Hirsch- und Wildkälbern

◊ künstlich aufgezogene Hirschkälber
▲ im Gehege aufgewachsene Hirschkälber
⊠ künstlich aufgezogene Wildkälber
○ im Gehege aufgewachsene Wildkälber

5,58 kg eine höhere Lebendmassezunahme erreichten als die natürlich im Gehege aufgewachsenen Kälber (4,08 kg).
Ab der 6. (Kälber im Gehege) bzw. der 14. Lebenswoche (Kälber im Institut) wurden die Zunahmen bis zur 34. Lebenswoche geringer. Im Zeitraum zwischen den Wägungen im Januar und im Februar 1993 erreichten die künstlich aufgezogenen Kälber mit 0,67 kg die geringsten Zunahmen, während die Kälber im Gehege zeitgleich sogar durchschnittlich 1,5 kg Körpermasse verloren. Nach diesen Minima wurden die Zunahmen der im Stall aufgezogenen Kälber wieder größer, die Kälber im Gehege konnten die Körpermasse fast konstant halten (Zunahme im Durchschnitt 0,09 kg).
Abbildung 4 zeigt die Körpermasseveränderungen zwischen den Wägungen für beide Geschlechter im Stall als auch im Gehege.
Die größten Zunahmen sind bei Hirschkälbern im Gehege im Zeitraum zwischen der 2. und der 6. Lebenswoche festgestellt worden (6,78 kg). Bei den im Stall aufgezogenen Hirschkälbern lag der Zeitraum der größten Zunahmen zwischen der 10. und der 14. Lebenswoche. Danach gingen die Zunahmen bis Februar zurück.
Bei den Wildkälbern waren ähnliche Veränderungen in der Körpermasseentwicklung festzustellen, d. h., Maxima und Minima lagen innerhalb der gleichen Zeiträume wie bei den Hirschkälbern.
Nur bei den Hirschkälbern im Stall konnten Zunahmen über den gesamten Untersuchungszeitraum beobachtet werden, bei allen anderen Kollektiven kam es im Zeitraum zwischen den Wägungen nach 30 und 34 Lebenswochen zu Körpermasseverlusten.
Die Abbildungen 5 bis 8 enthalten die graphischen Darstellungen der Regressionsfunktionen für die Abhängigkeit der Körpermasse der unterschiedlich aufgezogenen Damwildkälber vom Lebensalter. Während sich in den ersten 9 Lebensmonaten bei den künstlich aufgezogenen Kälbern etwa 86%

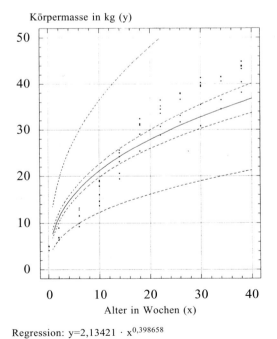

Regression: $y = 2{,}13421 \cdot x^{0,398658}$

Abb. 5 Abhängigkeit der Körpermasse vom Alter in Wochen bei künstlich aufgezogenen Hirschkälbern

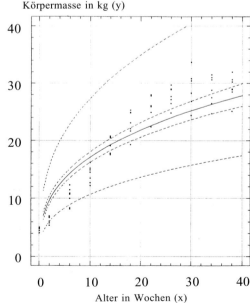

Regression: $y = 2{,}02704 \cdot x^{0,35278}$

Abb. 6 Abhängigkeit der Körpermasse vom Alter in Wochen bei künstlich aufgezogenen Wildkälbern

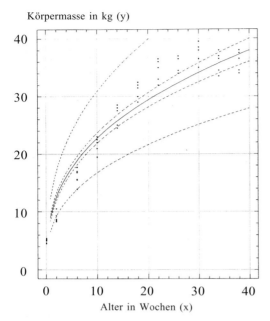
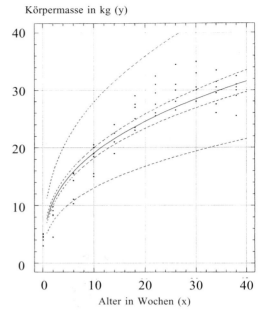

Regression: $y = 2{,}27564 \cdot x^{0{,}368914}$

Regression: $y = 2{,}11375 \cdot x^{0{,}36273}$

Abb. 7 Abhängigkeit der Körpermasse vom Alter in Wochen bei natürlich aufgewachsenen Hirschkälbern

Abb. 8 Abhängigkeit der Körpermasse vom Alter in Wochen bei natürlich aufgewachsenen Wildkälbern

des Körpermassezuwachses durch die Zunahme im Lebensalter erklären lassen, sind es bei den natürlich aufgezogenen Tieren 91% (weibliche Kälber) bzw. 95% (Hirschkälber).

Diskussion

Die gesammelten Daten zur Entwicklung der Körpermassen von unterschiedlich aufgezogenen Kälbern in den ersten 9 Lebensmonaten gestatten einen Vergleich des Wachs-tumsverlaufes der im Gehege aufgewachsenen Damwildkälber mit den künstlich aufgezogenen Tieren.
Die mittleren Geburtsmassen der Kälber lagen im Bereich der in der Literatur angegebenen Werte. Hirschkälber waren signifikant (p≤0,05) schwerer als Wildkälber (CHAPMAN u. CHAPMAN, 1975; HEMMER, 1985; GAEDE, 1989; FREERICKS, 1990). Im Vergleich zu den von BRÜGGEMANN (1988) sowie ROSIGKEIT (1990) mitgeteilten Geburtsmassen, die im gleichen Gehege in vergangenen Jahren ermittelt worden sind, konnten sowohl bei den Hirschkälbern als auch bei den Wildkälbern höhere Körpermassen zum Zeitpunkt der Geburt ermittelt werden.
Die künstlich aufgezogenen Kälber hatten bis zur 10. Lebenswoche einen hoch signifikanten Rückstand im Wachstum gegenüber den bei ihren Müttern verbliebenen Kälbern (p≤0,001).
Im Gegensatz zu KRZYWIŃSKI u. a. (1984), die bei der künstlichen Aufzucht von Damwildkälbern in den ersten 10 Tagen keine Körpermassezunahme feststellen konnten, nahmen die von uns aufgezogenen Kälber in den ersten 14 Lebenstagen durchschnittlich 2,07 kg zu. Eine Ursache hierfür könnte in der Verwendung unterschiedlicher Ersatzmilch bestehen: während KRZYWIŃSKI u. a. (1984) in den ersten 20 Lebenstagen Kuhmilch verabreichten, kam in den eigenen Untersuchungen ein Lämmermilchaustauscher mit einem Trockensubstanzgehalt von

20% zum Einsatz. Auch FREERICKS (1986) sowie DRESCHER-KADEN (1991) empfehlen Milchaustauscher für Schaflämmer zur mutterlosen Aufzucht von Dam- und Rotwildkälbern.

Im Alter von 2,5 bis 3 Monaten wurden bei Damwildkälbern von GAEDE (1985, 1989), BRÜGGEMANN (1988) und LANDFRIED (1991) Körpermassen bei männlichen Tieren von 19,9 kg bis 22,5 kg und bei Wildkälbern von 18,2 kg bis 19,1 kg festgestellt. Die in den eigenen Untersuchungen im Gehege aufgewachsenen Kälbern wiesen im gleichen Alter eine etwas höhere Körpermasse auf, während die Körpermassen der mutterlos aufgezogenen Tiere zu diesem Zeitpunkt geringgradig unterhalb der angegebenen Schwankungsbreiten lagen. Die von VIGH-LARSEN (1991) in Dänemark im Alter von 4 Monaten festgestellten Körpermassen bei männlichen Kälbern mit 21,6 kg und bei weiblichen Tieren mit durchschnittlich 19,2 kg wurden sowohl von den natürlich als auch von den künstlich aufgezogenen Tieren in den eigenen Untersuchungen in diesem Lebensalter erreicht. Im weiteren Verlauf konnte festgestellt werden, daß die Kälber im Gehege deutlich höhere Körpermassen aufwiesen, als in der Literatur angegeben (MÖHLENBRUCH, 1976; REINKEN, 1980; ŠTERBA u. KLUSÁK, 1984; BRÜGGEMANN, 1988; VIGH-LARSEN, 1991).

Im Alter von 3 Monaten wiesen die von KRZYWINSKI u. a. (1984) künstlich aufgezogenen Damwildkälber durchschnittliche Körpermassen von 22,1 kg (Hirschkälber) bzw. 17,3 kg (Wildkälber) auf. FREERICKS (1990) ermittelte bei den von ihr aufgezogenen 2 männlichen Kälbern zu diesem Zeitpunkt eine Körpermasse von 21,3 kg. Die von uns mutterlos aufgezogenen Damwildkälber hatten im Alter von ¼ Jahr bei den männlichen Tieren eine durchschnittliche Körpermasse von 22,9 kg und bei den weiblichen eine solche von 19,4 kg erreicht. Die von KRZYWIŃSKI u. a. (1984) bei den Kälbern im Alter von 5 Monaten bzw. von FREERICKS (1990) im Alter von 6 Monaten festgestellten Körpermassen wurden in den eigenen Untersuchungen ebenfalls erreicht und überboten.

Durch steigende Aufnahme von Grobfutter und Konzentraten konnten die mutterlos aufgezogenen Kälber den Wachstumsrückstand gegenübern den natürlich aufgewachsenen Tieren aufholen. Von der 22. Lebenswoche an war kein signifikanter Unterschied mehr zwischen den unterschiedlich aufgezogenen Damwildkälbern in der Körpermasse feststellbar. Seit diesem Zeitpunkt waren auch bei den künstlich aufgezogenen Kälbern höhere Körpermassen, als in der Literatur angegeben, zu verzeichnen.

Mit der kürzer werdenden Tageslänge im Herbst ging die Wachstumsintensität bei allen Untersuchungskollektiven zurück. Einen Körpermasseverlust bei Damwild in Gehegen in den Wintermonaten beobachteten auch MÖHLENBRUCH (1976), BRÜGGEMANN (1988) sowie ASHER (1992b), obwohl ausreichend Nahrung zur Verfügung stand.

Die vorliegenden Untersuchungen zeigen, daß der anfänglich deutlich ausgeprägte Rückstand in der Entwicklung der Körpermasse künstlich aufgezogener Damwildkälber im Vergleich zu natürlich aufgewachsenen Tieren im Laufe des Wachstums ausgeglichen werden kann.

Literatur

ASHER, G. W. (1992a): Reproduction of fallow deer. - S. 29-58. - In: ASHER, G. W.; LANGRIDGE, M. (1992)

ASHER, G. W. (1992b): Growth and nutrition of fallow deer. - S. 59-67. - In: ASHER, G. W.; LANGRIDGE, M. (1992)

ASHER, G. W.; LANGRIDGE, M. (1992): Progressive fallow deer farming, 2. Aufl., Hamilton, New Zealand.

BOGNER, H. (1991): Damwild und Rotwild in landwirtschaftlichen Gehegen. Hamburg und Berlin.

BRAZA, F.; SAN JOSE, C.; BLOM, A. (1988): Birth measurements, parturition dates, and progency sex ratio of *Dama dama* in Doñana, Spain. - J. Mammal. **69** : 607-610.

BRÜGGEMANN, J. (1988): Untersuchungen zur Entwicklung von Lebendmasse, Schlachtkörperzusammensetzung und Wildbretqualität des Damwildes (*Dama dama L.*) in Abhängigkeit von Geschlecht und Art der Bewirtschaftung. - Diss., Univ. Leipzig.

CHAPMAN, D.; CHAPMAN, N. (1975): Fallow Deer. - Lavenham, Suffolk.

DRESCHER-KADEN, U. (1991): Ernährungsphysiologie und Fütterungspraxis. - S. 68-102. - In: BOGNER, H. (1991)

ENGLISH, A. W. (1985): Diseases of fallow deer in New South Wales, Australia. - Bull. Roy. Soc. New Zealand **22**: 93-96.

ENGLISH, A. W.; MULLEY, R. C. (1992): Causes of perinatal mortality in farmed fallow deer (*Dama dama*). - Australian Vet. J. **69**: 191-193.

FREERICKS, A. (1986): Notlösung. - Agrar-Praxis No.2: 68-69.

FREERICKS, A. (1990): Respirations- und Feldversuche zur Frage der Fütterung landwirtschaftlich genutzter Damtiere. - Diss., Univ. Bonn.

GAEDE, E. A. (1985): S. 95-112. - In: HEMMER, H. (1985)

GAEDE, E. A. (1989): 10 Jahre Damtierhaltung in Neumühle. Erfahrungen und Fakten (I). - Landwirt. Wildhalt./Wildtiere in Gehegen **6**: 44-46.

HEMMER, H. (1985): Nutztier Damhirsch. - Bonn.

KRZYWIŃSKI, A.; NIEDBALSKA, A.; TWARDOWSKI, L. (1984): Growth and development of hand reared fallow deer fawns. - Acta Theriol. **2**: 349-356.

Landfried, K.-E. (1991): Damwild - die Alternative auf extensiven Standorten (I). - Wildhaltung **8**: 51-53.

MÖHLENBRUCH, G. (1976): Stoffwechsel- und Feldversuche zur Frage der Nutzung von Damtierkälbern (*Cervus dama dama*). - Diss., Univ. Bonn.

MULLEY, R. C. (1984): The reproductive performance of fallow deer in New South Wales. Proc. Deer Refresher Course., Univ. Sydney, Postgrad. Comm. Vet. Sci. **72**: 461-475.

REINKEN, G. (1980): Landschaftspflege mit Damtieren. - Hannoversche Land- und Forstwirt. Z. **133**: 26-30.

REINKEN, G.; FREERICKS, A. (1992): Nährstoffverdaulichkeit und Herbstfütterung bei Damtieren. - Wildhaltung **9**: 46-48.

ROSIGKEIT, H. (1990): Zur nutztierartigen Damwildhaltung in der DDR. - Landwirt. Wildhalt./Wildtiere in Gehegen **7**: 84-86.

ŠTERBA, O.; KLUSÁK, K. (1984): Reproductive biology of fallow deer, *Dama dama*. - Acta Sci. Natur. Brno **18**: 1-46.

ULMENSTEIN, R. Frhr. von (1985): Beiträge zur Aufzucht, Jugendentwicklung und Elternbindung handaufgezogener Damwildkälber (*Dama dama*). - Z. Jagdwiss. **31**: 65-72.

VIGH-LARSEN, F. (1991): Hjorteproduction. Biologi, styring og økonomi. - 694 Beretning fra Statens Husdyrbrugsforsog, Foulum.

Zusammenfassung

Die Entwicklung von 11 (5,6) natürlich in einem Gehege aufgewachsenen sowie von 12 (6,6) künstlich aufgezogenen Damwildkälbern in den ersten neun Lebensmonaten wurde durch Wägung in vierwöchigen Intervallen erfaßt (Tab. 1). Die künstlich aufgezogenen Kälber wiesen bis zum November (Alter der Tiere 5 Monate) einen Rückstand im Wachstum gegenüber den Kälbern im Gehege auf. Im März waren die künstlich aufgezogenen Kälber erstmals signifikant schwerer als die Kälber im Gehege, deren Körpermasse im Januar und Februar zurückgegangen war (Abb.1 und 2). Die Untersuchungen zeigen, daß der anfängliche deutliche Rückstand in der Entwicklung der Körpermasse künstlich aufgezogener Damwildkälber im Vergleich zu natürlich aufgezogenen Tieren im Laufe des Wachstums ausgeglichen wird.

Summary

Title of the paper: The development of the body weights of artificially reared and naturally raised fallow deer fawns during their first 9 months of age.

The growth of 11 (5,6) in an enclosure naturally raised and of 12 (6,6) artificially reared fallow deer fawns was examined by weighing the fawns in intervals of 4 weeks from birth to an age of 9 month (Tab.1). The artificially reared fawns, in comparison to those fawns in the enclosure, had a remain in body weight until November, when they were 5 month old. For the first time in March artificially reared fawns reached heigher body weights than the naturally raised fawns. The fawns in the enclosure had a loss of body weight in January and February (Fig. 1 and 2). The investigations show, that artificially reared fawns, which had a remain in body weight in their first weeks of age, reached the same body weight as naturally raised fawns at the beginning of winter.

Anschrift der Verfasser:
S. BIENIOSCHEK, ST. REHBEIN
Institut für Parasitologie der Veterinärmedizinischen Fakultät der Universität Leipzig
Margarete-Blank-Str. 4, 04103 Leipzig
W. HOCK
Lehr- und Versuchsstation Liebertwolkwitz der Universität Leipzig
Leipziger Str. 2, 04445 Liebertwolkwitz

Egbert Gleich, Eberswalde

Untersuchungen zur Bevorzugung verschiedener Topinambursorten (*Helianthus tuberosus*) durch Damwild (*Cervus dama dama* L.)

Topinambur (*Helianthus tuberosus* L.),jener nach dem brasilianischen Indianerstamm der Tupinamba benannte Korbblütler mit den eßbaren Wurzelknollen, wird seit vielen Jahren in Europa als Wildäsungspflanze angebaut.

Jagdpraktiker die mit Topinamburwildäckern langjährige Erfahrungen nachweisen konnten, waren über den Erfolg geteilter Meinung. Bei den einen wurden Knollen als auch Blätter und Sproßachsen gleichermaßen gut beäst. Andere wiederum berichteten, das die Blätter und Sproßachsen kaum oder gar nicht, die Knollen dagegen sehr stark vom Damwild frequentiert wurden. Da es ca. 30 verschiedene Topinambursorten gibt, lag es nahe einige Sorten in einem kontrollierbaren Gatterversuch an der Wildart Damwild auf deren selektive Beäsung zu testen.

Die Forstliche Forschungsanstalt Eberswalde e.V. verfügt über ein 10 ha großes Damwildforschungsgatter, welches zur Versuchsdurchführung genutzt wurde.

Insgesamt wurde der Zeitraum von 1988 bis 1992 für die Erkenntnisgewinnung herangezogen.*

Versuchsdurchführung

Da über die selektive Beäsung verschiedener Topinambursorten bis zum gegenwärtigen Zeitpunkt keine veröffentlichten Ergebnisse vorliegen wurde ein Einschätzungsmodus erarbeitet.

Zur praktischen Versuchsanordnung wurden die Arbeiten von Goretzki (1990) zur selektiven Beäsung verschiedener Grasarten herangezogen.

Folgende Topinambursorten wurden auf den Versuchsflächen angebaut: S1, S5, S6, S16, fr-r, gG, st, Sp-r, Chalanger und Columbia. Die ersten 8 Sorten sind deutsche Züchtungen die zwei letzten Sorten stammen aus Kanada.

Die Versuchsflächen hatten eine Größe von je 100 m². Sie waren auf einem Feld nebeneinander so angelegt, daß gleiche Bedingungen für das Anwechseln des Wildes vorlagen. Zwischen die Topinburanbauten wurde eine Hafer,- Süßlupineneinsaat eingedrillt um die Sorten voneinander zu trennen. Diese Trennstreifen waren ebenfalls 100 m² groß. Auf der Abb. 1 ist die Versuchsanordnung zu erkennen.

Der Boden auf dem die Versuche durchgeführt wurden ist als anlehmiger Sand (D3S1) in eine Ackerwertzahl zwischen 34-38 eingestuft, auf Düngung wurde verzichtet.

Der Jahresdurchschnittsbestand an Damwild betrug 14 Stücken, was einem 100 ha- Bestand von 140 Stücken entspricht. Aus diesem Grunde wurden alle Versuchsanbauten

---

* An dieser Stelle sei Herrn Jürgen Reckin von der Ökozucht Buckow GmbH für die Bereitstellung des Pflanzgutes und die fachliche Beratung und Frau Sabine Schulz für die umfangreiche Hilfe bei der Anlage und Pflege der Versuchsbauten gedankt.

Abb. 1   Die Anordnung der Versuchsflächen (Juli)

bis zu ihrer Freigabe im August eines jeden Jahres durch Zäune geschützt.
Dem Damwild standen als Einstand und Äsungsfläche 5,8 ha Waldfläche (Mischbestand) und 2,9 ha Ackerfläche mit Hafer,- Süßlupine-, Buchweizen-, Malveneinsaaten und Dauergrünland zur Verfügung.
Im August wurden die Versuchsflächen freigegeben und aufgenommen, danach wurden diese wieder gezäunt um den Frühjahrsaufwuchs des kommenden Jahres zu sichern.
Die prozentuale Beäsung wurde geschätzt und wie folgt eingestuft:
– sehr gut beäste Sorten nach 16 Tagen zu mindestens 50% beäst,
– gut beäste Sorten nach 16 Tagen zu mindestens 30% beäst,
– schlecht beäste Sorten nach 16 Tagen unter 30% beäst.
Da Topinambur unter der Erde sehr schmackhafte Knollen verbirgt, wurden in einem Auswahlversuch diese ebenfalls getestet. Dafür wurden 10 Behältnisse mit jeweils 10 kg Knollen jeder Sorte an 10 Tagen aufgestellt. Dabei routierten die Sorten auf jedem Behälterplatz im Laufe der 10 Tage. Selbst wenn sich das Wild auf einen bestimmten Behälter fixiert hätte, fand es immer eine andere Sorte darin vor. Täglich wurden die Ausgangsmengen von 10 kg durch Nachfül-

Tab. 1   Beäsung der Blätter und Sproßachsen verschiedener Topinambursorten (in %)

Topinambursorte	1	2	3	4	5	6	7	8	10	12	14	16	18	20	22	24	26	28	30
fr-r	2	5	5	8	12	13	15	20	21	25	30	**37**	39	42	55	70	85	95	100
S 6	0	1	6	7	8	11	15	18	22	27	35	**52**	75	100	100	100	100	100	100
gG	0	1	3	4	5	7	10	11	11	12	15	**17**	20	25	40	65	70	72	95
St	1	5	7	8	10	12	13	15	20	28	28	**32**	40	60	80	90	100	100	100
S 16	0	0	0	0	1	1	1	2	2	3	5	**5**	6	10	15	20	27	32	35
Sp-r	1	4	7	8	10	13	15	21	27	29	33	**37**	45	70	95	100	100	100	100
S 5	5	7	8	10	15	18	25	50	75	100	100	**100**	100	100	100	100	100	100	100
S 1	2	10	12	20	50	60	65	70	100	100	100	**100**	100	100	100	100	100	100	100
Chalanger	0	2	2	3	5	6	7	12	19	21	24	**42**	53	53	82	100	100	100	100
Columbia	0	5	7	12	15	18	22	25	37	45	80	**85**	90	100	100	100	100	100	100

Tab. 2   Beäsung von Topinamburknollen verschiedener Sorten (in g)

Topinambursorte	Versuchstage										Gesamtbe-äsung / Sorte
	1	2	3	4	5	6	7	8	9	10	
fr-r	1950	2500	2150	2050	1750	2350	2600	2850	2350	2500	23050
S 6	2150	2100	2600	2350	2650	1800	1950	2350	2550	2450	22950
gG	2450	2300	2750	1850	2700	2350	2200	2150	1950	2450	23150
St	1700	2600	2350	2100	1950	2650	2400	2300	2650	2400	23100
S 16	2550	2300	1700	2600	2750	2350	2200	2300	2150	2350	23250
Sp-r	2400	2350	2150	2000	2100	2450	2650	1800	2700	2400	23000
S 5	1750	2250	2450	3000	2350	2400	2150	2600	2300	1800	23050
S 1	2700	2450	2100	2650	2300	2000	1850	2400	2700	2100	23250
Chalanger	2450	2350	1850	2100	1900	2750	2600	2350	2400	2300	23050
Columbia	2700	2500	1950	2350	2400	2850	2700	1800	2300	1600	23150
Gesamtäsungsmenge / Tag	22800	23700	22050	23050	22850	23850	23300	22900	24050	22350	

len der Behälter bei allen Sorten wieder hergestellt.

Ergebnisse und Diskussion

Im gesamten Versuchszeitraum wurden die in Tabelle 1 aufgeführten Beäsungprozente an Blättern und Sproßachsen ermittelt.
Nach der erarbeiteten Einstufung sind die Sorten S6, S5, S1 und Columbia als sehr gut beäste Sorten einzuordnen. Gut beäst sind die Sorten Chalanger fr-r, St, Sp-r einzustufen. Die Sorten gG und S 16 dagegen sind schlecht beäst. S 16 ist eine Sorte die am 30. Tag nicht einmal zur Hälfte abgeäst war.
Es wurde nachgewiesen, daß das Damwild eine selektive Auswahl unter den verschiedenen Sorten Topinambur vornimmt. Welche Ursachen dieses Wahlverhalten hat soll anhand chemischer Analysen der Inhaltsstoffe ergründet werden. Hierfür liegen derzeit noch keine schlüssigen Ergebnisse vor, so daß jegliche Schlußfolgerungen der bisherigen Erkenntnisse spekulativen Charakter haben.
Bei den Knollenbeäsungsversuchen wurden dagegen nur geringe Unterschiede festgestellt.
In Tabelle 2 sind die ermittelten Mengen ersichtlich. Für die Versuchsdauer wurde ein mittlerer Verbrauch von 23100 g je Sorte ermittelt. Die größte Abweichung von diesem Wert betrug bei der Sorte S 5 360 g was eine Tagesdifferenz von nur 36 g darstellt. Eine Wurzelknolle wiegt etwa zwischen 60 - 80 g Originalsubstanz. In Anbetracht dessen kann nicht von einer selektiven Auswahl zwischen den einzelnen Knollen der unterschiedlichen Sorten gesprochen werden, was sich auch in einer mathematisch - statistischen Überprüfung ergab.
Die mittlere geäste Tagesration aller angebotenen Topinambursorten lag bei 23,1 kg dabei wurde am 3. Tag mit 22,05 kg der geringste und am 9. Tag mit 24,05 kg der höchste Tageswert erreicht. Das entspricht einem mittleren Verbrauch von 1,65 kg Wurzelknollen je Tag und Stück.
Zur Bewirtschaftung der Topinamburwildäcker seien an dieser Stelle einige praktische Erfahrungen angeführt. Bei hohen Wildbeständen und bei kleinen Flächen ist der Topinamburanbau zu zäunen und in der Zeit August bis September dem Wild zugänglich zu machen. Im Herbst und Winter sollte darauf geachtet werden, daß nicht zu große Mengen Knollen durch die wiederkäuenden Schalenwildarten ausgeschlagen bzw. durch das Schwarzwild gebrochen werden. Etwa 1/3 aller gewachsenen Knollen sollten gleichmäßig über die gesamte Fläche im Wildacker verbleiben, um den gesicherten Frühjahrsaufwuchs zu realisieren. Im Aus-

saatjahr ist es ratsam, durch eine Haferuntersaat den Wildkräutern Konkurrenz zu bieten und somit einen pflegearmen Aufwuchs zu gewährleisten.

In Gebieten in denen Topinambur zum ersten Mal angebaut wird, erfüllt diese Maßnahme noch den Zweck, daß das Wild über die bekannte Getreideart Hafer an die neue Wildäsungspflanze herangeführt wird. Für die weitergehenden Untersuchungen werden in den nächsten Jahren die im Handel erhältlichen Topinambursorten gegen die am besten eingestuften bereits getesteten Sorten auf ihre Beäsung untersucht. Somit soll den Jagdpraktikern ein großes Spektrum stark frequentierter Topinambursorten erarbeitet werden.

Literatur

GORETZKI, J. (1990) : Zur selektiven Beäsung verschiedener Grasarten. Beitr. Jagd- u. Wildforsch. **17**: 290- 292

Zusammenfassung

Es wird in einem Gatterversuch an der Wildart Damwild (*Cervus dama dama* L.) nachgewiesen, daß die verschiedenen Topinambursorten (*Helianthus tuberosus*) an den oberirdisch wachsenden Pflanzenteilen differenziert angenommen werden.

Eine differenzierte Annahme der Wurzelknollen konnte nicht festgestellt werden.

Über die Ursachen der unterschiedlichen Annahme der Blätter und Sproßachsen laufen gegenwärtig Untersuchungen, deren Ergebnisse zu einem späteren Zeitpunkt veröffentlicht werden.

Summary

Title of the paper: Investigation on the perferential intake of different Jerusalem artichoke species (Helianthus tuberosus) by fallow deer (*Cervus dama dama* L.)

Based on the study of the game species fallow deer (*Cervus dama dama* L.) in an experimental enclosure it is demonstrated that the intake of the aboveground part of the wild food plant species Jerusalem artichoke (*Helianthus tuberosus* L.) is differentiated.

A differentiated intake of the tubers could not be demonstrated.

Studies on the causes for a different intake of leaves and branches are still being pursued and the conclusions will be published at a later date.

Anschrift des Verfassers
EGBERT GLEICH
Forstliche Forschungsanstalt Eberswalde e.V.
Abteilung Landeskultur
Alfred- Möller-Str.
16225 Eberswalde

STEFFEN REHBEIN, Leipzig
SVEN BIENIOSCHEK, Leipzig
WALBURG HOCK, Liebertwolkwitz

Zur Dynamik des Befalles von Damwildkälbern im Gehege mit Lungenwürmern und Magen-Darm-Nematoden anhand der Untersuchung rektal gewonnener Kotproben

Einleitung

Unter den für mitteleuropäische Verhältnisse in Frage kommenden Zerviden eignet sich das Damwild auf Grund seines sozialen Verhaltens (RAMMELSBERG, 1985) sowie seiner relativ guten Widerstandsfähigkeit gegen Parasiten und andere Infektionserreger besonders für eine Haltung in Gehegen (BOGNER, 1991; MATZKE, 1991).
Obwohl infolge der hohen Bestandsdichte bei der Haltung von Damwild zur Wildbretproduktion ein größerer Infektionsdruck u.a. durch Endoparasiten zu erwarten ist, liegen in der Literatur nur wenige Berichte über klinisch manifeste Erkrankungen bei Damwild durch einen Befall mit parasitisch lebenden Helminthen vor. Lediglich JORGENSEN u. VIGH-LARSEN (1988) sowie MYLREA u. a. (1991) berichten über das Auftreten von Krankheitsfällen infolge parasitärer Gastroenteritis bei Jungtieren in Dänemark bzw. in Australien. ANESTEN u. PERSSON (1989) kennzeichnen den Befall mit großen Lungenwürmern als bedeutsamste Infektionskrankheit des in Gehegen gehaltenen Damwildes in Schweden.
Den Labmagen-Trichostrongyliden aus der Unterfamilie Ostertagiinae wird die größte pathogene Bedeutung unter den im Magen-Darm-Kanal und in der Lunge beim Damwild parasitierenden Rundwürmern beigemessen (PRESIDENTE, 1984; DUNN, 1986; JORGENSEN u. VIGH-LARSEN, 1988; MYLREA u. a., 1991). Der Befall des Damwildes mit Trematoden und Bandwürmern bzw. Finnen von Bandwürmern besitzt nur eine untergeordnete Bedeutung.
Die Untersuchung von Losungsproben zur Ermittlung des parasitologischen Status von Wildwiederkäuern hat sich auf Grund des nur sehr bedingt möglichen Rückschlusses auf die Wurmbürde und die mangelnde Kenntnis über Probenherkunft und -alter nicht bewährt, so daß der parasitologischen Teilsektion von Magen-Darm-Kanal und Lunge zur Ermittlung der Indikation und Wirksamkeit des Einsatzes von Anthelminthika der Vorzug gegeben werden sollte (PRESIDENTE, 1984; DÜWEL, 1985; HAUPT u. EULENBERGER, 1988; MYLREA u. a., 1991).
Über die Saisondynamik des Befalles von Damwild in Gehegen mit Endoparasiten liegen bisher ausschließlich Erkenntnisse aus den Ergebnissen von Sektionen von Damwild unterschiedlichen Alters vor (DÜWEL, 1985; HAUPT u. EULENBERGER, 1988; RIBBECK u. HAUPT, 1989; REHBEIN u. a., 1993), wobei die Tiere meist in Altersgruppen zusammengefaßt wurden. Ergebnisse von Untersuchungen über die Aufbauentwicklung der Parasitenfauna bei Damwildkälbern wurden bislang nicht publiziert. Das war für uns Anlaß, eine bestimmte Anzahl der Damwildkälber eines Jahrganges in einem Gehege in regelmäßigen Abständen koprologisch zu untersuchen und die mit dem Kot ausgeschiedenen Entwicklungsstadien tierischer Parasiten qualitativ und quantitativ zu erfassen.

Eigene Untersuchungen

Material und Methoden

Die Untersuchungen erfolgten im Damwildversuchsgehege Liebertwolkwitz der Universität Leipzig, das eine Gesamtfläche von 11,7 ha aufweist (80% Grünland, 20% Obstbaumfläche) und in 5 Einzelgatter aufgeteilt ist. Als Nahrungsgrundlage für die Tiere (ca. 200 Stücke Damwild) stehen vorrangig die Grünäsungsflächen zur Verfügung (ROSIGKEIT, 1990). In der Periode der Sommertrockenheit wurde Grünmais zugefüttert, im Spätherbst und im Winter gelangten Heu sowie Kartoffeln, Möhren und Zuckerrüben zur Verfütterung. Die Untersuchungen begannen Ende Juli 1992, als die Kälber etwa 6 Wochen alt waren, und endeten im März 1993 (Alter der Tiere ca. 9 Monate). In die Untersuchungen wurden 12 Kälber (6,6) einbezogen; ab November 1992 standen nur noch 11 Tiere (5,6) zur Verfügung, da ein Kalb nach einem operativen Eingriff infolge eines Unfalls verendet war. Die Kälber wurden gemeinsam mit ihren Müttern und einigen anderen Tieren von Beginn der Setzzeit an separat in einem Teilgatter gehalten. Im Dezember 1992 wurden die Kälber von ihren Müttern abgesetzt und bildeten zusammen mit einem Hirsch und wenigen älteren Tieren ein eigenes Rudel.

Im Abstand von jeweils 4 Wochen wurden die Tiere gefangen, und es sind rektal Kotproben entnommen worden. Zur Gewinnung einer ausreichend großen Menge Kotes sind die Kälber für etwa 5 Stunden in Transportkisten verbracht worden, so daß nochmals eine Kotprobe vor dem Freilassen der Tiere gewonnen werden konnte.

Die Untersuchung des Kotes erfolgte mit der nach WETZEL (1951) modifizierten McMASTER-Technik (Nachweisgrenze 44 Eier bzw. Oozysten pro Gramm Kot) auf den Gehalt an Nematoden-Eiern und Kokzidien-Oozysten. Als Flotationsmittel diente eine wäßrige Zinksulfat-Lösung mit einer Dichte von 1,3 kg/l. Zur Feststellung eines Befalles mit Lungenwürmern wurden jeweils 10 Gramm Kot mit dem Auswanderverfahren nach BAERMANN-WETZEL untersucht.

Ergebnisse

Die Ergebnisse der Untersuchungen sind in der Tabelle 1 sowie in den Abbildungen 1 bis 6 dargestellt. Während die erste koprologische Untersuchung der Kälber im Alter von 6 Wochen noch bei allen Tieren negativ verlief, ließen sich ab der 10. Lebenswoche bei jeweils allen Kälbern Entwicklungsstadien tierischer Parasiten im Kot nachweisen.

Die Eier von Trichostrongyliden (außer *Nematodirus roscidus*) waren zu allen

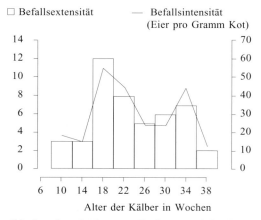

Abb. 1 *Ausscheidung von Trichostrongyliden-Eiern mit dem Kot*

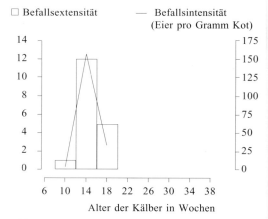

Abb. 2 *Ausscheidung von Nematodirus roscidus-Eiern mit dem Kot*

Tabelle 1   Befunde der koprologischen Untersuchungen

Untersuchungsdatum	Alter der Kälber in Wochen	Anzahl untersuchter Proben	Ausscheidung von Eiern von Magen-Darm-Nematoden (EpG)										Ausscheidung von Dictyocaulus-Larven (LpG)		Ausscheidung von Kokzidien-Oozysten (Eimeria spp.) (OpG)	
			Trichostrongylidae		Nematodirus roscidus		Capillaria bovis		Strongylidae		Trichuris spp.					
			BE abs.	BI x	BE abs.	BI x	BE abs.	BI x	BE abs.	BI x	BE abs.	BI x	BE abs.	BI x	BE abs.	BI x
27.07.1992	6	12	0		0		0		0		0		0		0	
25.08.1992	10	12	3	73 (44-133)	1	44	0		3	73 (44-133)	12	363 (44-755)	0		0	
22.09.1992	14	12	3	59 (44-89)	12	159 (44-444)	4	67 (44-89)	4	44	9	173 (44-533)	1	2,3	0	
20.10.1992	18	12	12	55 (44-89)	5	80 (44-133)	5	62 (44-89)	0		1	704	11	8,5 (1,5-27,9)	0	
16.11.1992	22	11	8	61 (44-89)	0		9	103 (44-266)	1	44	1	572	11	16,4 (1,4-44,2)	0	
15.12.1992	26	11	5	53 (44-89)	0		11	121 (44-178)	1	44	1	133	7	7,4 (0,3-18,4)	0	
12.01.1993	30	11	6	44	0		11	436 (222-799)	0		0		4	9,7	1	89
09.02.1993	34	11	7	70 (44-133)	0		11	492 (89-1110)	2	44	0		2	7,5 (2,2-12,9)	0	
09.03.1993	38	11	2	66 (44-89)	0		1	355 (44-622)	1	44	0		2	0,4 (0,3-0,5)	2	44

EpG   Eier pro Gramm Kot
LpG   Larven pro Gramm Kot
OpG   Oozysten pro Gramm Kot
BE abs.   Befallsextensität absolut
BI x   Befallsintensität (Mittelwert, Schwankungsbreite)

Untersuchungsterminen nachweisbar, wobei sie sich bei der Untersuchung der Kälber im Alter von 18 Wochen bei allen Tieren, sonst nur bei einem Teil finden ließen (Abb. 1). Die Eiausscheidung blieb stets gering und schwankte zwischen 44 und 133 Eiern pro Gramm Kot. Das Maximum der Ausscheidung von Trichostrongyliden-Eiern wurde Ende Oktober gesehen und das Minimum im März.

Die Eier von *Nematodirus roscidus* ließen sich erstmalig bei einem Tier Ende August nachweisen. Bei der Untersuchung im September schieden alle 12 Kälber die Eier von *Nematodirus roscidus* aus, im Oktober nur noch 5 Tiere. Danach konnten die Eier von *Nematodirus roscidus* bei keinem Tier mehr nachgewiesen werden, so daß eine charakteristische eingipflige Saisondynamik resultierte (Abb. 2).

Capillaria bovis-Eier wurden zum ersten Mal bei der Untersuchung des Kotes der 14 Wochen alten Damwildkälber gefunden. Von diesem Zeitpunkt an ließen sie sich in steigender Anzahl pro Gramm Kot nachweisen und ab Dezember 1992 stets bei allen Tieren (Abb. 3). Ein Maximum der Ausscheidung der Haarwurm-Eier wurde im Fe-

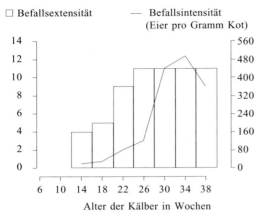

Abb. 3　Ausscheidung von Capillaria bovis-Eiern mit dem Kot

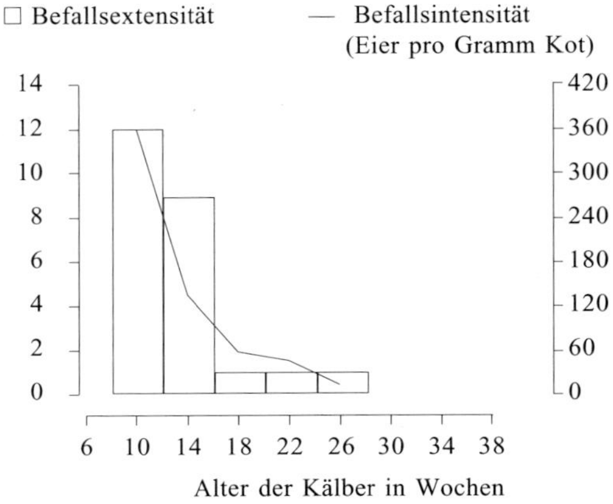

Abb. 4　Ausscheidung von Trichuris-Eiern mit dem Kot

bruar 1993 mit durchschnittlich 492 Eiern pro Gramm Kot ermittelt, im März war ein leichter Rückgang zu verzeichnen.

Die maximale Ausscheidung von *Trichuris*-Eiern wurde zeitgleich mit ihrem ersten Auftreten im Kot bei den 10 Wochen alten Kälbern gefunden. Danach war ein steter Rückgang der Befallsintensität und -extensität zu beobachten. Bei den Untersuchungen des Kotes der Kälber im Alter von 18, 22 und 26 Wochen schied jeweils nur noch das Tier mit der Nr. 22 Eier von Peitschenwürmern aus (Abb. 4).

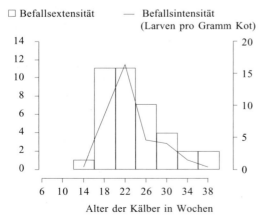

Abb. 5　Ausscheidung von Dictyocaulus-Larven mit dem Kot

Die Eier der im Dickdarm schmarotzenden Strongyliden wurden an 6 der 9 Untersuchungsterminen lediglich in insgesamt 12 Kotproben mit jeweils sehr geringer Ausscheidungsintensität gefunden. Eine Beurteilung des Verlaufes der Ausscheidung ist daher nicht möglich.

Die I. Larven des großen Lungenwurmes, *Dictyocaulus* sp., konnten erstmals im Kot eines 14 Wochen alten Kalbes nachgewiesen werden. Im Alter von 18 Wochen schieden bis auf 1 Tier alle Damwildkälber Lungenwurm-Larven aus. Die 22 Wochen alten Kälber waren alle nachweislich infiziert, wobei mit der zu diesem Termin größten Befallsextensität auch die höchste Ausscheidung von *Dictyocaulus*-Larven pro Gramm Kot registriert wurde. Danach gingen sowohl der Anteil Larven-ausscheidender Tiere als auch die Befallsintensität zurück. Zu den beiden letzten Untersuchungsterminen ließen sich nur noch bei jeweils 2 Tieren vereinzelte Lungenwurm-Larven im Kot nachweisen (Abb. 5). Im Kot der 2 bei der letzten Untersuchung *Dictyocaulus*-Larven ausscheidenden Tiere waren 4 Wochen zuvor keine Lungenwurm-Larven nachgewiesen worden.

Bei den koprologischen Untersuchungen im Januar und im März 1993 wurden bei insgesamt 3 Tieren vereinzelte Kokzidien-Oozysten gefunden.

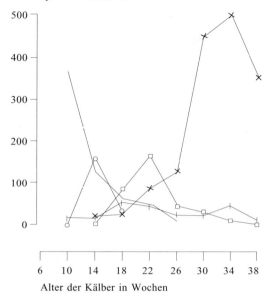

Abb. 6   Verlauf der Ausscheidung parasitärer Entwicklungsstadien mit dem Kot

Hinsichtlich der Saisondynamik der Ausscheidung parasitärer Entwicklungsstadien durch die Damwildkälber in den ersten 9 Lebensmonaten ergibt sich somit eine charakteristische Aufeinanderfolge des Auftretens der Maxima von Peitschenwurm-Eiern im August, der Eier von *Nematodirus roscidus* im September, der Larven von *Dictyocaulus* sp. im November und der Haarwurm-Eier im Februar (Abb. 6).

Die parasitologische Untersuchung des im Oktober verendeten Kalbes (Kotuntersuchung und parasitologische Teilsektion einschließlich Verdauung der Labmagenschleimhaut) ergab folgenden Befund:

Kotuntersuchung:

44 Trichostrongyliden-Eier pro Gramm Kot

44 *Nematodirus roscidus*-Eier pro Gramm Kot
7,8 *Dictyocaulus*-Larven pro Gramm Kot

Parasitologische Teilsektion:

Lunge
8 *Dictyocaulus* sp.

Labmagen
390 Ostertagiinae (davon 20 Immature)

Dünndarm
620 *Nematodirus roscidus* (Präadulte und Adulte)
600 *Nematodirus roscidus*-Larven IV
90 *Capillaria bovis*

Dickdarm
3 *Oesophagostomum venulosum* (immatur)
2 *Trichuris ovis* (adult)

Diskussion

Ab der 10. Lebenswoche konnte bei allen Damwildkälbern regelmäßig die Ausscheidung parasitärer Entwicklungsstadien mit dem Kot festgestellt werden.
Bereits bei der Untersuchung der Kälber im Alter von 2 1/2 Monaten wurden im Kot aller Tiere die Eier von Peitschenwürmern nachgewiesen, wobei mit durchschnittlich 363 *Trichuris*-Eiern pro Gramm Kot gleichzeitig das Maximum der Eiausscheidung dieser Parasiten registriert wurde. Danach konnte ein schneller Rückgang der Ausscheidung an *Trichuris*-Eiern beobachtet werden. Da eine Ansteckung mit Peitschenwürmern durch die Aufnahme der die Infektionslarven enthaltenden Eier vermittelt wird und die Präpatentperioden der bei den Hauswiederkäuern vorkommenden *Trichuris*-Arten, die auch beim Damwild parasitieren, zwischen 6 und 9 Wochen schwanken (DALCHOW, 1964), läßt sich auf eine bereits in frühem Lebensalter erfolgte orale Aufnahme von mit Kot verschmutzten Pflanzen bzw. Erde durch die Damwildkälber schließen. Diese Vermutung wird durch die Mitteilungen von FREERICKS (1986) gestützt, die beobachtete, daß Kälber bereits ab der zweiten Lebenswoche gern

und regelmäßig Erde aufnahmen. Eine Infektion mit den überwiegend bei Damwildkälbern gefundenen Peitschenwürmern hinterläßt offensichtlich eine gewisse Immunität, die ältere Tiere vor massiven Infektionen schützt, wie ein Vergleich der Sektionsergebnisse von Kälbern und älteren Tieren zeigt (DÜWEL, 1985; REHBEIN u. a., 1993). Ähnliche Beobachtungen publizierte SCHMID (1933/34), der bei Schaflämmern einen deutlichen Anstieg der Ausscheidung von *Trichuris*-Eiern von Juli bis September fand. Als ebenfalls ausgesprochener Jungtierparasit zeigt sich *Nematodirus roscidus* anhand der Eiausscheidung der Damwildkälber mit dem Kot (Abb. 2). Die Ausscheidungsdynamik der Entwicklungsstadien von *Nematodirus roscidus* ähnelt, abgesehen von der zeitlichen Verschiebung des Auftretens im Jahresgang, der von *Nematodirus battus* beim Schaf. Mit den Larven von *Nematodirus battus* infizieren sich die erstmals aufgetriebenen Schaflämmer im Frühjahr und entwickeln innerhalb weniger Wochen eine Immunität, die zum Abgehen der Adulten und zur Unterdrückung der Weiterentwicklung immaturer Stadien im Wirt führt. In der Epidemiologie des *Nematodirus battus*-Befalles der Schafe spielen ausschließlich die Lämmer eine Rolle, die durch die Ausscheidung der sich in der Aussenwelt nur sehr langsam entwickelnden Eier den Infektionsstoff für die Tiere der nächsten Generation im kommenden Jahr bereitstellen. Die sich im Ei entwickelnden infektionsfähigen Larven III verlassen bei *Nematodirus battus* erst im Frühjahr die schützende Eihülle nach Konditionierung durch Kälteeinwirkung und anschließende Erwärmung (BOAG u. THOMAS, 1975; BROADBENT u. a., 1980; MITCHELL u. a., 1985).

Für den Befall mit *Nematodirus roscidus* ist eine ähnliche Epidemiologie anzunehmen, wie die Ergebnisse der Kotuntersuchungen mit dem kurzzeitigen Anstieg der Eiausscheidung und deren abruptem Rückgang sowie das Sektionsergebnis des gefallenen Kalbes ausweisen, das bei sehr geringer Eiausscheidung 620 Präadulte und Adulte sowie 600 Larven IV von *Nematodirus roscidus* im Dünndarm beherbergte. Die Untersuchungen von SIEFKE (1968), HAUPT u. EULENBERGER (1988), RIBBECK u. HAUPT (1989) sowie REHBEIN u. a. (1993), die diesen Parasiten ausschließlich bei Jungtieren fanden, unterstützen diese Aussagen. Wie bei der Infektion der Schaflämmer mit *Nematodirus battus* sind damit in der Epidemiologie des *Nematodirus roscidus*-Befalles des Damwildes ausschließlich die Jungtiere von Bedeutung, die, patent infiziert, durch die Kontamination der Weideflächen die Infektion der folgenden Generation vermitteln. WEBER (1985) fand *Nematodirus*-Larven auf der Vegetation in Damwildgattern vor allem im Juli und August, vereinzelt auch bereits Ende Juni. Bei einer Präpatentperiode der *Nematodirus*-Infektionen der Hauswiederkäuer von etwa 4 Wochen und dem Beginn der Aufnahme festen Futters durch die Kälber ab der 2. Lebenswoche (FREERICKS, 1986) erklärt sich das Auftreten der ersten Entwicklungsstadien von *Nematodirus roscidus* im Kot der 10 Wochen alten Tiere. Infolge der sich schnell ausbildenden Immunität war eine Eiausscheidung nur über einen Zeitraum von etwa 8 Wochen nachweisbar, wobei Nematoden der Gattung *Nematodirus* im Vergleich zu anderen Trichostrongyliden nur ein sehr geringes Reproduktionspotential besitzen (GORDON, 1967). Im Gegensatz zum Befall mit *Nematodirus roscidus* läßt sich anhand der Ausscheidung von Eiern anderer Trichostrongyliden (Abb. 3), die beim Damwild, wie die Ergebnisse vieler qualitativ und quantitativ ausgewerteter faunistischer Untersuchungen belegen, vor allem durch die im Labmagen schmarotzenden Vertreter der Unterfamilie Ostertagiinae repräsentiert werden, eine Saisondynamik der Infektion mit diesen Nematoden, wie sie beispielsweise bei geweideten Schafen nachvollziehbar ist, nicht nachweisen. Gleiches gilt für die im Dickdarm schmarotzenden Strongyliden. Die Befallsintensität ist offensichtlich gering, wie dies auch die Ergebnisse parasitologische Teilsektionen des Magen-Darm-Kanales von Damwild im Vergleich mit parallel dazu durchgeführten koprologischen Untersuchungen ausweisen (DÜWEL, 1985; HAUPT u.

EULENBERGER, 1988). Die Rundwürmer der Gattung *Ostertagia* besitzen zudem nur ein geringes Vermehrungspotential (GORDON, 1967). Bei der Untersuchung des Kotes der Kälber im Alter von 14 Wochen wurden erstmalig die Eier des Haarwurmes *Capillaria bovis* bei 4 Tieren nachgewiesen. Von da an war bei den folgenden Untersuchungen ein Anstieg der Befallsintensität und -extensität bis Februar 1993 zu verzeichnen (Abb. 4). Bei der koprologischen Untersuchung im März 1993 wurde ein leichter Rückgang der Ausscheidung von Capillaria-Eiern festgestellt. Da die Präpatentperiode für *Capillaria bovis* beim Schaf etwa 9 bis 11 Wochen beträgt (ČULKOVA, 1974), ist wie bei der Infektion mit Peitschenwürmern (*Trichuris* spp.) auf eine frühzeitige Aufnahme der infektionsfähigen Eier mit Kot verschmutzter Nahrung bzw. Erde zu schließen. Die Larven des großen Lungenwurmes *Dictyocaulus* sp. konnten ebenfalls zum ersten Mal bei einem Tier im Alter von 14 Wochen mit Hilfe des Auswanderverfahrens gefunden werden. Im Alter von 22 Wochen, bei der Untersuchung im November 1992, schieden alle Kälber Lungenwurm-Larven aus, und es wurde gleichzeitig die höchste Befallsintensität und -extensität im Untersuchungszeitraum registriert (Abb. 5). Bis zu 44 Larven pro Gramm Kot wurden bei der Untersuchung nachgewiesen. Nach dem Erreichen des Maximums der Larvenausscheidung im November war ein kontinuierlicher Rückgang von Befallsintensität und -extensität zu verzeichnen. BAČINSKÝ (1969) fand in der Slowakei bei der Untersuchung von Lungen und Kotproben von Rotwild ebenfalls ein Befallsmaximum mit Lungenwürmern im Herbst (Oktober), an den sich ein kontinuierlicher Rückgang der Invasionsstärke anschloß.

Ähnlich wie beim Lungenwurmbefall des Rindes sind beim Damwild vorrangig die Kälber mit *Dictyocaulus* sp. infiziert (DÜWEL, 1985; HAUPT u. EULENBERGER, 1988; RIBBECK u. HAUPT, 1989). Unter dem Einfluß der sich bei einer Infektion von Rindern mit großen Lungenwürmern ausbildenden Immunität geht die Befallsintensität zurück und massive Neuinfektionen werden verhindert (MICHEL u. MCKENZIE, 1965) ebenso wie bei ständigem Kontakt mit infektionsfähigen Larven. Bei Einwirkung niedriger Temperaturen auf die sich entwickelnden bzw. bereits ansteckungsfähigen Larven kommt es nach einer Infektion des Wirtes zur Hypobiose im V. Stadium (PFEIFFER, 1976; OAKLEY, 1982). Ausscheider mit reaktiven hypobiotischen Stadien sowie infektionsfähige überwinterte *Dictyocaulus*-Larven sind der Ausgangspunkt für eine Ansteckung der Tiere im Frühjahr (SUPPERER u. PFEIFFER, 1971; PFEIFFER u. SUPPERER, 1980; OAKLEY, 1982; BUNKE, 1983). Diese Grundzüge der Epidemiologie der Diktyokaulose der Rinder scheinen auch auf das Damwild zuzutreffen, da eine geringgradige Ausscheidung der Lungenwurm-Larven durch einzelne Tiere offensichtlich über den Winter hinweg aufrechterhalten wird. Auch CHLUPSA u. BARNET (1988) konnten bei der koprologischen Untersuchung von Rotwildlosung in den Wintermonaten in 20 bis 28 % der Proben wenige Lungenwurm-Larven nachweisen. Einen Anstieg der Ausscheidung registrierten sie erst wieder im Frühjahr.

Der Nachweis vereinzelter Kokzidien-Oozysten bei 3 Kälbern in den ersten 9 Lebensmonaten in einem Gehege, das seit mehr als 10 Jahren mit Damwild belegt ist (Tab. 1), unterstützt die Meinung von ZAJÍČEK u. PÁV (1984), daß der Befall mit Kokzidien selbst bei einer hohen Belegungsdichte für das Damwild keine Bedeutung zu haben scheint.

Die durchgeführten Untersuchungen weisen unter Berücksichtigung der Erkenntnisse über den geringen Befallsgrad älterer Tiere aus der Literatur darauf hin, daß der Einsatz von Anthelminthika zur Bekämpfung des Befalles mit Magen-Darm-Nematoden und Lungenwürmern in Gehegen gezielt bei den Damwildkälbern erfolgen sollte, für die durch geeignete Einrichtungen (sog. Kälberschlupf) eine separate Zufütterung zu schaffen ist.

Literaturverzeichnis

ANESTEN, Y.; PERSSON, H. (1989): En fältstudie på avmaskning av dovhjort (Dama dama) under

praktiska förhållanden i svenska hjorthägn. – Uppsala.
BAČINSKÝ, A. (1969): Sezónna dynamika Dictyocaulus viviparus (Dictyocaulus eckerti) u jeleňa (Cervus elaphus) na Slovensku. – Fol. Vet. (Košice) **13**: 105-110.
BOAG, B.; THOMAS, J. R. (1975): Epidemiological studies on Nematodirus species in sheep. – Res. Vet. Sci. **19**: 263-268.
BOGNER, H. (1991): Damwild und Rotwild in landwirtschaflichen Gehegen. – Hamburg und Berlin.
BROADBENT, J. S.; LATHAM, J. O. MICHEL, J. F.; NOBLE, J. (1980): Grazing plans for the control of stomach and intestinal worms in sheep and in cattle.– Booklet 2154, Min. Agric., Fish., Food. – Tolcarne, Middlesex.
BUNKE, V. (1983): Dictyocaulus viviparus (BLOCH, 1782) beim Rind: Entwicklung, Überleben und Übertragung freilebender Stadien. – Naturwiss. Diss., Hannover.
CHLUPSA, M.; BARNET, V. (1988): Dinamika invaze helminty plic a trávicího traktu v přezimo – vacích objektech projelení zvěř. – Sbornik Véd. Prací Ústr. Stát. Vet. Ústavu v Praze No. 18: 71-74.
CULKOVA, V. G. (1974): Cikl razvitiâ Capillaria bovis (SCHNYDER, 1906) RANSOM, 1911. – Bûll. Vses. Inst. Gel'mintol. im. K. I. Skrâbina. **14**: 66-69.
DALCHOW, W. (1964): Untersuchungen über die Entwicklung des Peitschenwurmes, Trichuris ovis (ABBILDGAARD, 1795). – Vet. med. Diss., Berlin.
DUNN, A. M. (1986): Gastro-intestinal parasites, 88-91. In: ALEXANDER, T. W. (1986): Management and diseases of deer. – London: Brit. Deer Soc.
DÜWEL, D. (1985): Zum Vorkommen von Helminthen bei gegattertem Damwild (Dama dama L.). – Verh.-Ber. 27. Int. Symp. Erkrank. Zootiere, St. Vincent/ Torino: 141-148.
FREERICKS, A. (1986): Notlösung. – Agrar Praxis No. 2: 68-69.
GORDON, H. McL. (1967): Die Diagnose der Helminthiasis bei Schafen. – Vet.med. Nachr. 142-172.
HAUPT, W.; EULENBERGER, K. H. (1988): Untersuchungen zum Befall des Damwildes mit Helminthen und Sarkosporidien. – Beitr. Jagd- u. Wildforsch. **15**: 48-54.
JORGENSEN, R. J.; VIGH-LARSEN, F. (1988): Epidemiology and control of parasitic diseases in Danish deer farms, 23-25. In: REID, H. W. (1988): The management and health of farmed deer. Dordrecht, Boston and London.
MATZKE, P. (1991): Gesundheitsvorsorge in Dam- und Rotwildgehegen zur Fleischproduktion. – Wien. Tierärztl. Mschr. **78**: 366-369.
MICHEL, J. F.; MCKENZIE, A. (1965): Duration of the acquired resistance of calves to infection with Dictyocaulus viviparus. – Res. Vet. Sci. **6**: 344-395.
MITCHELL, G. B. B.; MATHIESON, A. O.; FITZSIMONS, J.

(1985): Epidemiology of Nematodirus battus infection in eastern Scotland. – Res. Vet. Sci. **38**: 197-201.
MYLREA, G. E.; MULLEY, R. C.; ENGLISH, A. W. (1991): Gastrointestinal helminthosis in fallow deer (Dama dama) and their response to treatment with anthelmintics. – Austr. Vet. J. **68**: 74-75.
OAKLEY, G. A. (1982): Observations on the epidemiology of Dictyocaulus viviparus in north west England. – Res. Vet. Sci. **32**: 163-169.
PFEIFFER, H. (1976): Zur verzögerten Entwicklung des Rinderlungenwurmes, Dictyocaulus viviparus. – Wien. Tierärztl. Mschr. **63**: 54-55.
PFEIFFER, H.; SUPPERER, R. (1980): Die Dictyocaulose des Rindes. – Berl. Münch. Tierärztl. Wschr. **93**: 364-370
PRESIDENTE, P. J. A. (1984): Parasites of farmed and free-ranging deer in Australia. – Deer Refresher Course for Veterinarians, Univ. of Sydney, Proc. No. 72, 623-643.
RAMMELSBERG, C. (1985): 11-35. In: HEMMER, H. (1985): Nutztier Damhirsch. – Bonn. REHBEIN, St.; HAUPT, W.; SCHMÄSCHKE, R.; ROSIGKEIT, H. (1993): Zur Wirksamkeit von Ivomec® Pour-On gegenüber Lungen- und Magen-Darmwürmern bei Damwild im Gehege. – Zeitschr. Jagdwiss. (im Druck).
RIBBECK, R.; HAUPT, W. (1989): Untersuchugen zum Lungen- und Magen-Darm- Nematoden-Befall bei der nutztierartigen Haltung von Damwild. – Monatsh. Vet.med. **44**: 469-471.
ROSIGKEIT, H. (1990): Zur nutztierartigen Damwildhaltung in der DDR. Wildhaltung/Wildtiere in Gehegen **7**: 84-86.
SCHMID, F. (1933/34): Der Einfluß von Stall- und Weidehaltung auf den Parasitenbefall bei Schafen, insbesondere bei Lämmern. – Zentralbl. Bakteriol. I. Abt. Orig. **130**: 338-349.
SIEFKE, A. (1968): Nematodirus roscidus erstmals für Deutschland nachgewiesen. – Angew. Parasitol. **9** : 11 - 15.
SUPPERER, R.; PFEIFFER, H. (1971): Zur Überwinterung des Rinderlungenwurmes im Wirtstier. – Berl. Münch. Tierärztl. Wschr. **84**: 386-391.
WEBER, R. F. J. (1985): Untersuchungen über den Magen-Darmwurmbefall von Damwild bei Gehegehaltung zur Fleischerzeugung. – Vet.med. Diss., München.
WETZEL, R. (1951) Verbesserte MCMASTER-Kammer zum Auszählen von Wurmeiern. Tierärztl. Umschau **6**: 209-210.
ZAJÍČEK, D.; PÁV, J. (1984): Kokzidie spárkaté zvěře v ČSR. – Fol. Venatoria 14: 89-106.

Zusammenfassung

Zwölf Damwildkälber eines Geheges wurden ab der 6. Lebenswoche (Juli 1992) bis zu einem Alter von 9 Monaten (März 1993) in vierwöchigen Abständen qualitativ und quantitativ koprologisch auf einen patenten Befall mit Magen-Darm-Parasiten und Lungenwürmern untersucht (Tab. 1). Die durchgeführten Untersuchungen zeigen (Abb. 6), daß sich der Befall der Damwildkälber mit tierischen Parasiten in einem Gehege in Abhängigkeit vom Alter der Tiere in einer charakteristischen Reihenfolge vollzieht: nacheinander erreichen der Befall mit Peitschenwürmern im August, der mit *Nematodirus roscidus* im September sowie derjenige mit großen Lungenwürmern im November ihre Maxima. Die Infektion mit anderen Trichostrongyliden konnte bei allen Tieren nachgewiesen werden, eine eindeutige Saisondynamik konnte jedoch auf Grund der zu geringen Eiausscheidung nicht gefunden werden. Die Befallsintensität und -extensität mit dem Haarwurm *Capillaria bovis* hat bis zum Februar kontinuierlich zugenommen. Eier von Strongyliden sowie Kokzidien-Oozysten wurden nur gelegentlich nachgewiesen.

Summary

Title of the paper: On the excretion dynamics of parasitic stages in the faeces of fallow deer fawns in an enclosure

The faeces of 12 fallow deer fawns were examined for eggs, larvae and oocysts of gastrointestinal and pulmonary parasites from July 1992, then they were 6 weeks old, to March 1993 in four weekly intervals (Tab. I). The investigation shows that the building up ofthe parasitic fauna ofthe gastro-intestinal tract and the lungs takes place in a characteristic way: in August the count of whipworm eggs, in September this of Nematodirus roscidus eggs and in November the count of *Dictyocaulus* larvae have their peaks. The intensity and extensity of the excretion of eggs of *Capillaria bovis* increased from September to February (Fig. 6). The excretion of trichostrongyle eggs exclusivly these of *Nematodirus roscidus*, eggs of strongylids and oocysts of coccidia showed no well defined seasonal dynamics.

Anschrift der Verfasser:
St. Rehbein, S. Bienioschek
Institut für Parasitologie der Universität Leipzig
Margarete-Blank-Str. 04, 04103 Leipzig
W. Hock
Lehr- und Versuchsstation Liebertwolkwitz der Universität Leipzig
Leipziger Str. 02, 04445 Liebertwolkwitz

Jürgen Hartung, Leipzig
Klaus Schoppmeyer, Retschow

Beitrag zu Hodenveränderungen beim Rehwild

Hodenveränderungen sind aus der Haustierzucht hinlänglich bekannt, sie kommen auch beim jagdbaren Wild vor. Beim Rehwild werden sie unter Jägern immer wieder im Zusammenhang mit der Gehörnentwicklung diskutiert. Es ergibt sich häufig die Frage, was ist ein normaler Hoden. Neben Lageanomalien ist die Hodenmasse als ein wesentliches Kriterium für Veränderungen zu betrachten. Das Hodengewicht kann ohne besonderen Aufwand am erlegten Stück festgestellt werden.

Eine Hodenmasse von 10 g kann sowohl physiologisch als auch pathologisch sein. Sie ist normal zu Beginn der Bockjagd im Mai beim Jährling, sie ist andererseits ein deutlicher Hinweis auf Unterentwicklung während der Blattzeit, denn da beträgt das Durchschnittsgewicht ca. 25 g. Über die zyklische Entwicklung haben wir bereits 1983 berichtet.

Unser Untersuchungsmaterial von 260 Rehböcken bietet sich für eine Aussage zum Auftreten von Veränderungen an. Es stellt eine Stichprobe aus dem Abschuß von männlichem Rehwild dar, eine selektive Sammlung von Veränderungen erfolgte nicht. Histologische Untersuchungen wurden gezielt nach makroskopischen Befunden durchgeführt.

Die Untersuchungsbefunde sind in einer Tabelle zusammengefaßt. Dazu können noch folgende Angaben gemacht werden:

Kryptorchismus wurde dreimal unilateral abdominal ermittelt. Inguinaler und bilateraler Kryptorchismus wurden nicht gefunden. Betroffen waren Jährlings- wie Altböcke mit mangelhafter bis sehr guter Gehörnausbildung (1 x 330 g Gehörnmasse).

Histologisch befanden sich im Parenchym der kryptorchen Hoden nur unentwickelte Hodenzellen und Spermatogonien I. Ordnung. Im Gangsystem des Nebenhodens fiel zum Teil ein stark entwickelter Bindegewebsanteil auf, die Epithelzellen waren sehr niedrig und einschichtig, der Flimmersaum war kaum ausgebildet.

Beiderseitige Kleinhodigkeit/Hodenunterentwicklung wurde viermal bei Jährlingsböcken und nur in dieser Altersklasse gefunden. Histologisch zeigten sich starke degenerative vakuolige Veränderungen der Samenkanälchen, reife Spermien fehlten. Die Leydigschen Zwischenzellen waren z. T. in Größe und Anzahl veringert, z. T. auch unverändert. Bei diesen Jungböcken handelt es sich offensichtlich um Unreife des Hodens, die Stücke waren befruchtungsunfähig.

Darüber hinaus wurde auch ein Jährlingsbock mit nur einseitiger Hodenunterentwicklung gefunden. In den Hodenkanälchen des kleinen Hodens warem im Gegensatz zum größeren Hoden nur unentwickelte Hodenzellen und Spermatogonien vorhanden. Die Leydigschen Zwischenzellen waren ohne Veränderungen.

Abweichend von den obigen histologischen Befunden erwies sich das Bild bei einem zweijährigen Bock mit dem makroskopischen Verdacht auf beiderseitige Hypoplasie. Das Parenchym war stark geschrumpft, beide Hoden wiesen eine starke Zunahme der Zwischenzellsubstanz auf; insgesamt ergab sich das Bild eines Zwischenzelltumors. Der während der Blattzeit gestreckte schwache Sechser-Bock zeigte keine geschlechtlichen Aktivitäten. Er war wiederholt alleinkommend beobachtet worden.

Die Diagnose Hodenunterentwicklung kann nach dem makroskopischen Befund nur als Verdacht ausgesprochen werden. Zur Abklärung ist eine histologische Untersuchung notwendig, wie folgende Beispiele belegen. Ein am 13. 07. gestreckter Jährlingsbock hatte eine Hodenmasse von 12 g. Trotz der relativen Kleinheit der Brunftkugeln – sie betrugen nur die Hälfte der zu dieser Zeit ermittelten Durchschnittsmasse – enthielten die Samenkanälchen reife Spermien. Zell- und Kerndurchmesser der Leydigschen Zwischenzellen entsprachen den Befunden befruchtungsfähiger Böcke.

Ferner wurde bei einem dreijährigen Bock der Verdacht auf einseitige Hypoplasie histologisch nicht bestätigt. Hoden-Nebenhoden und Leydigsche Zwischenzellen waren in den beiden unterschiedlich großen Hoden (27 u. 17 g) ohne Veränderungen, eine Beeinträchtigung der Funktionstüchtigkeit war histologisch nicht nachweisbar.

Schlußfolgerungen:

Der aus Einzelbeschreibungen bekannte Kryptorchismus wurde in einer Häufigkeit von 1,2 % festgestellt. Dieser Wert kann als Anhaltspunkt dienen, die Häufigkeit kann in den einzelnen Einstandsgebieten unterschiedlich hoch sein. Als Ursache der Anomalie ist die aus der Haustierzucht nachgewiesene Erblichkeit anzusehen.

Hodenunterentwicklung/-unreife wurde nur während der zyklischen Entwicklungsphase bis zum Regressionsstadium, d. h. von April bis September gefunden und histologisch bei 5 Jährlingsböcken = 6,2 % bestätigt. Das Fehlen von Hypoplasie mit Störungen der Spermiogenese bei älteren Böcken läßt ver-

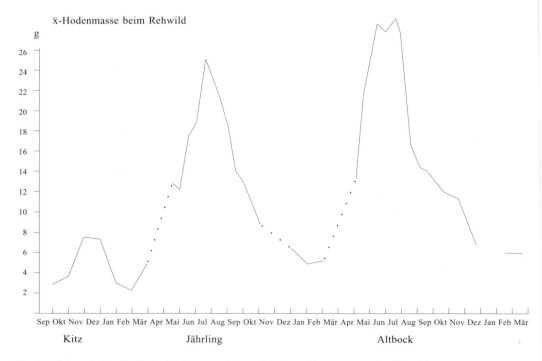

Abb. 1 Saisonale Rhythmik der Hodenmasse in verschiedenen Altersgruppen des Rehwildes

Tabelle 1 Hodenbefunde – Rehwild

U.-Nr.	Datum	Alter Jahre	Güteklasse	Hodenmasse	g	Makroskopische Diagnose	Histologische Diagnose
104	03.08.	1	2c	25	4	unilat. Kryptorchismus abdominalis	
131	10.07.	5	2b	29	6	unilat. Kryptorchismus abdominalis	
91	21.06.	5	1	20	7	unilat. Kryptorchismus abdominalis	
160	13.06.	1	2c	8	9	beiderseit. Hodenunterentwicklung	Unreife des Hodens
161	13.06.	1	2c	9	9	beiderseit. Hodenunterentwicklung	Unreife des Hodens
261	31.07.	1	2c	10	10	beiderseit. Hodenunterentwicklung	Unreife des Hodens
181	27.06.	1	2c	5	5	beiderseit. Hodenunterentwicklung	Unreife des Hodens
83	30.06.	2	2b	5	6	beiderseit. Hodenunterentwicklung	Zwischenzelltumor
230	26.05.	1	2c	11	5	einseitige Hodenunterentwicklung	
136	13.07.	1	2c	12	12	beiderseit. Hodenunterentwicklung	ohne besonderen Befund
112	13.08.	3	2b	27	17	einseitige Hodenunterentwicklung	ohne besonderen Befund

muten, daß die bei Jährlingen beobachteten Funktionsstörungen zumindest vorwiegend temporär und reparabel sind.

Der Meinung, daß Knopfböcke befruchtungsunfähig sind, kann nicht beigepflichtet werden. Nach den histologischen Befunden ist im allgemeinen auch bei 2c-Böcken eine ungestörte Spermiogenese nachweisbar. Das gelegentliche Auftreten von Hodenunterentwicklung ist offensichtlich in Zusammenhang mit einer Beeinträchtigung der gesamten körperlichen Entwicklung zu sehen, als deren Folge auch eine gute Trophäenentwicklung nicht auftritt.

Die Feststellung eines Zwischenzelltumors wird, soweit kein weiteres Vergleichsmaterial vorliegt, vorerst als Einzelfall registriert.

Bei den von uns ermittelten Veränderungen wurde eine Beeinflussung der Gehörnentwicklung nicht festgestellt. Sie war auch nicht erwartet worden.

Bekanntlich ist die treibende Kraft für das Gehörnwachstum ein Hormon des Hypophysenvorderlappens, das Somatropin. Es kann jedoch für sich allein nicht wirksam werden, sondern nur mit dem Testosteron, dem Hormon der Leydigschen Zwischenzellen. Daher setzen früh kastrierte Bockkitze (vor der Ausbildung der Rosenstöcke) in ihrem ganzen Leben kein Gehörn auf.

Ein Einfluß einseitiger Hodenveränderungen auf die Gehörnentwicklung ist nicht zu erwarten, da die hormonelle Einflußnahme durch den intakten Hoden ausreichend kompensiert wird. Bilaterale Veränderungen führen im allgemeinen zu Fortpflanzungsstörungen – zu einer Impotentia generandi – bei der die Testosteronproduktion der Leydigschen Zwischenzellen zwar eingeschränkt sein kann, aber, im Gegensatz zur Spermabildung, meist nicht restlos aufgehoben ist. Die bisherigen Erhebungen beim Reh lassen noch zahlreiche Fragen offen und unterstreichen die Notwendigkeit weiterer systematischer Untersuchungen. Der vorliegende Beitrag soll dazu als Anregung verstanden werden.

Zusammenfassung

Anhand einer Felderhebung an 260 Rehböcken wird über Hodenveränderungen berichtet. Unilateraler Kryptorchismus wurde in 1,2 % der Fälle ermittelt, Hodenunterentwicklung/-unreife nur bei Jährlingsböcken in einer Häufigkeit von 6,2 % festgestellt. Auf die Notwendigkeit fortführender Untersuchungen wird hingewiesen.

Summary

Title of the paper: Contribution on testes disorders in roe deer

The article reports on the results of a field study on testes disorders in 260 roebucks (capreolus capreolus). There was a frequency of unilateral cryptorchism of 1,2 %, of underdeveloped and unmaturated testes (only in one year old bucks) of 6,2 %.
Further investigations are necessary.

Anschrift der Verfasser:
Dr. JÜRGEN HARTUNG, Konrad-Hagen-Platz 4, 04277 Leipzig
Dr. KLAUS SCHOPPMEYER, Fulgenweg 27, 18211 Retschow, Kreis Bad Doberan

Wolfgang Krug, Marburg

Schalenerkrankungen beim Muffelwild

In Höhenlagen zwischen 300 bis 600 m bestehen im Landkreis Marburg-Biedenkopf 5 isolierte Muffelwildvorkommen seit Mitte der fünfziger Jahre und 1 Vorkommen seit Anfang der achtziger Jahre. Es handelt sich um geschlossene Waldgebiete von Mittelgebirgscharakter mit 1500 bis 3500 ha Waldfläche. Nur 1 Vorkommen ist amtlich ausgewiesen, die übrigen entstanden aus illegalen Auswilderungen, die jagdrechtlich „geduldet" waren, teils im Staatsforst, teils in gemeinschaftlichen Jagdbezirken.

Ein weiteres Vorkommen hatte von 1936 bis 1958 im Landkreis bestanden und wurde aufgrund starker Schälschäden durch Totalabschuß eleminiert. Es soll sich um mit Hausschafen vermischtes Muffelwild gehandelt haben.

Alle Vorkommen haben sich aus ganz wenigen Tieren entwickelt, in einem Fall nachweislich aus 1 Widder und 2 Schafen, in einem zweiten Fall aus 2 Widdern und 3 Schafen. In den folgenden 35 bis 40 Jahren erfolgten keine weiteren Aussetzungen von Muffelwild. Ein Austausch unter den Vorkommen durch Abwanderungen kann aufgrund der Standorttreue und bestehender natürlicher Hindernisse weitgehend ausgeschlossen werden.

Die Vorkommen erreichten in den 80er Jahren eine Maximalstärke von jeweils 60 bis 120 Stück, heute sind die bestände erheblich kleiner, etwa 20 bis maximal 60 Stück Muffelwild.

Seit etwa 1975 wurde laut Bericht der Hegeringleiter zunächst in Einzelfällen das Auswachsen der Schalen beobachtet. Als Ursache wurden zunächst Moderhinke oder ungeeignete Standorte vermutet. Seit 1984 trat das Auswachsen der Schalen in 3 Vorkommen vermehrt auf. Das Staatliche Veterinäramt ließ von 3 Stücken die Unterfüße im Institut für Veterinäranatomie der Justus-Liebig-Universität Gießen von Prof. R. Hofmann, Fachtierarzt für Wildtiere, begutachten. Das Untersuchungsergebnis lautete: Die hochgradigen Veränderungen verursachen erhebliche Schmerzen und Leiden. Selbstheilung ist ausgeschlossen, die Sehnen und der Bandapparat sind bei hochgradigen Deformationen mit betroffen. Die geringen Gewichte der erlegten Stücke deuten auf eine erhebliche Behinderung beim Ziehen bzw. der Äsungsaufnahme hin. Hofmann wies ferner auf die Mißerfolge von Behandlungsversuchen, wie beschneiden, hin, die zu keiner bleibenden Besserung in anderen Vorkommen geführt haben.

Hofmann folgerte:

„Ich halte es im Sinne eines artgerechten Wildtierdaseins und im Sinne des Tierschutzes für nicht akzeptabel, Muffelbestände zu hegen und normal zu bejagen, die in so hohem Maß mit der Disposition für diese Fußschädigungen behaftet sind und in denen eher mit einer Verschlechterung der Situation, keineswegs aber mit Selbstheilung gerechnet werden kann."

Das Veterinäramt Marburg hatte 1984 die Vorlage aller Unterfüße von erlegtem Muffelwild angeordnet. Bisher wurden 286 Läufe untersucht. Die Befunde werden in einem Formblatt festgehalten mit folgenden Ergebnissen: In 3 der 6 Vorkommen ist das Muffelwild hochgradig schalenkrank und häufig auch erheblich untergewichtig. Von den erlegten Stücken waren die Schalen in einem Vorkommen zu 100 % verändert, in einem zweiten zu 86 %, im dritten zu 50 %. In keinem Fall war Moderhinke festzustellen.

Folgendes Erscheinungsbild wurde beobachtet:
Verlängerung der Schalenspitzen, z. T. Abbrechen derselben. Verlängertes Wandhorn, meist median auf das Sohlenhorn umgeschlagen. Ansammlung von Bodenpartikeln unter dem umgeschlagenen Wandhorn mit Sekundärschäden wie Nekrose des Sohlenhorns und Infektion der tieferliegenden Organe. In Extremfällen waren die Schalen sichelförmig bis über 25 cm verlängert, seltener hatte sich nach Abbrechen der Spitzen ein klumpfußartiges Horngebilde entwickelt. In keinem Fall war der Zwischenklauenspalt oder der Kronrand betroffen. Die Afterklauen waren in Einzelfällen deutlich vergrößert. Die Hornkonsistenz war bei allen veränderten Klauen auffällig weich-elastisch. Eine Beziehung der Erkrankungen zu den Bodenverhältnissen ist nicht festzustellen. Die Vorkommen weisen nicht nur verstärktes Wachstum des Klauenhorns, sondern auch starke Trophäen auf.

1985 wurde in Abstimmung mit der oberen Jagdbehörde per Erlaß „Maßnahmen des Tierschutzes im Bereich des Jagdwesens" der Abschuß aller erkennbar kranken Stücke, auch in der Schonzeit für 2 Vorkommen angeordnet.

Prof. HERZOG, Institut für Haustiergenetik, Justus-Liebig-Universität Gießen, war mit der Untersuchung der Ursachen des Schalenauswachses von der obersten Jagdbehörde beauftragt worden. Die Untersuchungen ergaben, daß die beobachtete Klauenhornhyperplasie genetisch bedingt ist. Durch Genverluste, wie sie in Inzuchtbeständen von Wildschafen und Steinböcken auftreten, kommt es zu Veränderungen der physikalischen Horneigenschaften mit vermehrtem Hornwachstum. Der Verlauf ist stets chronisch, die Deformation der Klauen zunehmend, Sekundärinfektionen können das Geschehen komplizieren.

Der Vollständigkeit halber sei erwähnt, daß die Moderhinke (oder Panaritium der Schafe) im Gegensatz zum genetisch bedingten Schalenauswachsen stets primär eine bakterielle Infektion der Lederhaut mit entzündlicher Schwellung des Kronrandes und des Zwischenklauenspaltes darstellt, wobei sekundär die Klauen an den erkrankten Extremitäten auswachsen können. Schließlich kann eine Störung des Kupfer- und Zinkstoffwechsels zu Klauenveränderungen führen. Kupfermangel bedingte Klauenerkrankungen können bei allen Wildwiederkäuern vorkommen.

Welcher der drei genannten Ursachen veränderte Klauen beim Muffelwild zuzuordnen ist, läßt sich häufig erst durch weiterführende Untersuchungen ermitteln.

Nicht vertretbar sind Darstellungen in der jagdlichen Presse (D. J. Z. III, 89, „Schalenauswachsen kein Abschußgrund"), wonach verlängerte Schalen beim Muffelwild kein besonderes Problem darstellen, sondern durch Abbrechen der Spitzen Selbstheilung eintritt.

Nachdem der selektive Abschuß von erkennbar kranken Stücken keine Besserung der Situation ergeben hatte und auch 1jährige Stücke bereits verlängerte Schalen aufwiesen, war die Anordnung des Totalabschusses in 2 Vorkommen aus Gründen des Tierschutz- und des Jagdrechts zwingend erforderlich geworden.

Zustand der 6 Vorkommen im Landkreis Marburg 1991/1992:
1. In einem Vorkommen wurde der Totalabschuß erfüllt, zugekauftes gesundes Muffelwild wurde zunächst in einem Eingewöhnungsgatter gehalten, trotz bedingt geeigneter Bodenverhältnisse traten im Gatter keine Klauenerkrankungen auf. Kurz nach dem Freilassen erkrankte der größte Teil der Tiere akut an vermutlich durch Hausschafe eingeschleppter Moderhinke. Sanierungsversuche wurden eingeleitet. Der Bestand leidet zur Zeit noch an den Folgen der Erkrankung. Da eine

räumliche Trennung von Wanderschafherden und Muffelwild nicht möglich erscheint und somit Neuinfektionen nicht auszuschließen sind, wird die Frage, ob dieser Standort für Muffelwild geeignet ist, zu prüfen sein.
2. In dem zweiten Vorkommen, für das der Totalabschuß angeordnet war, ließ sich dieser bisher nicht vollständig durchführen. Ein Neubesatz war vorgesehen nach weitgehender Erfüllung des Totalabschusses. Die Zustimmung der obersten Jagdbehörde dürfte von den Erfahrungen, die mit dem ersten Vorkommen gemacht werden, beeinflußt werden.
3. Ein erst in den achtziger Jahren ohne behördliche Genehmigung in einem Eigenjagdbezirk gegründetes Vorkommen, dem mehrfach Widder zugeführt wurden, ist eindeutig gesund. Die oberste Jagdbehörde ordnete den Totalabschuß aufgrund der fehlenden amtlichen Ausweisung als Muffelwildgebiet an. Die Eliminierung dieses gesunden Vorkommens sollte überprüft werden.
4. Ein viertes Vorkommen im Staatsforstbereich erscheint schalengesund. Der Besatz stagniert seit Jahren auf niedrigem Niveau ohne erkennbare Ursache. Alle Widder über 4 Jahre sollen Einwachser sein.
5. In dem fünften Vorkommen, das seinen Schwerpunkt in einem Nachbarkreis hat, wurde Schalenauswachsen in Einzelfällen festgestellt. Für das Vorkommen wurde auf Betreiben der Staatsforstverwaltung der Totalabschuß angeordnet, da es sich z. T. um wollhaariges, nicht reines Wild handeln soll, das verstärkt schält.
6. Das sechste Vorkommen ist das einzige, das bei der Begründung amtlich ausgewiesen wurde. Ca. 50 % der erlegten Stücke weisen Schalenauswachsen auf. Die Erlegung aller erkennbar kranken Stücke ist angeordnet. In einem Teil des Vorkommens, aus dem sich das Muffelwild zurückgezogen hatte, wurde Wild zunächst in einem Eingewöhnungsgatter neu ausgesetzt. Die Entwicklung der Schalenproblematik wird weiter beobachtet.

Zusammenfassend ist festzustellen, daß die rein jagdrechtliche Behandlung der Vorkommen, das heißt, die Unterscheidung in ausgewiesene und nicht ausgewiesene Vorkommen, den Belangen des Gesundheitszustandes des Wildes nicht gerecht werden kann.

Die Notwendigkeit von Maßnahmen zur Erkennung und Bekämpfung von Schalenerkrankungen ist eindeutig gegeben aufgrund des Tierschutzes und der Forderung des Jagdrechts nach Erhaltung gesunder Wildbestände, dabei kann der Totalabschuß als letztes Mittel u. U. unausweichlich sein. Besonders kleinere, isolierte Muffelwildvorkommen machen eine sorgfältige Beobachtung und ein Management, das Folgen der Inzucht entgegenwirkt, nach hiesigen Erfahrungen dringend erforderlich. Die Gesunderhaltung des Muffelwildes ist die Voraussetzung für die Erhaltung der Art, gerade heute, wo von Schalenwildgegnern die Eleminierung des nicht autochthonen Wildes gefordert wird. Das Nichtsehenwollen des Schalenproblems in Muffelvorkommen durch manche Jäger ist der schlechteste Dienst, den man dieser Wildart erweisen kann.

Literatur

BEHRNS, H. (1962): Lehrbuch der Schafkrankheiten. – Berlin und Hamburg.

BRAUNSCHWEIG, A. v. (1976): Wildkrankheiten. – Hannover.

HOFMANN, R. (1989): Gutachtliche Stellungnahme zum Schalenauswachsen bei Muffelwild im Auftrag des Staatlichen Veterinäramtes Marburg

VOLLMER, K. (1992): Bestandserkrankungen bei Muffelwild. Referat bei Bezirksjagdbeirat Gießen, Sitzungsprotokoll.

Zusammenfassung

Die Beobachtungen von Schalenerkrankungen in 6 Muffelwildvorkommen in einem hessischen Landkreis über einen Zeitraum von 8 Jahren werden geschildert. Die Befunde ergaben für 3 Vorkommen ein stark zunehmendes Auftreten genetisch bedingter Klauenhornhyperplasie (Auswachsen der Schalen). Die tierschutzrechtlichen und jagdlichen Konsequenzen dieser Erkrankung werden diskutiert. Das Erscheinungsbild der

Klauenhornhyperplasie wird beschrieben und mit anderen Klauenerkrankungen verglichen. Das wiederholte Einfangen der Tiere und das Behandeln der Klauen wie bei Hausschafen wird abgelehnt. Der Abschuß der erkennbar kranken Stücke erbrachte keine Besserung des Zustandes. Der derzeitige Zustand des Muffelwildes in den Vorkommen wird beschrieben. Als Konsequenz der Untersuchungen wird eine sorgfältige Beobachtung des Wildes und ein Management, das Folgen der Inzucht entgegenwirkt, besonders für kleinere, isolierte Vorkommen gefordert.

Summary

Title of the paper: Hoof diseases in wild moufflon

The article reports on observations made over a period of 8 years on hoof diseases in 6 wild moufflon populations in a rural district in Hesse. The findings reveal that in 3 populations there is a strong increase in the incidence of genetically caused hoof horn hyperplasia (excessive hoof growth). The consequences of this disease with regard to animal preservation and hunting are discussed. The manifestation of hoof horn hyperplasia is discussed and compared with other hoof diseases. The author rejects the method used with domestic sheep of repeatedly trapping the animals in order to treat their hooves. Killing of noticeably affected individuals failed to improve the situation. The current state of health of the moufflon in the population under study is described. In drawing conclusions from the study the author calls for a close observation of the animals and a management that counteracts the consequences of inbreeding, particularly in small, isolated populations.

Anschrift des Verfassers:
Dr. WOLFGANG KRUG,
Staatliches Veterinäramt
Bismarckstraße 16 b
35037 Marburg

S. Dulamceren, L. Amgalan, Ulan-Bator, Mongolei

Daten zur Reproduktion der mongolischen Saiga-Antilope (Saiga tatarica mongolica Bannikov, 1946)

Einleitung

Die Fortpflanzungsbiologie von Saiga-Antilopen wurde bisher in der Mongolei erst in Anfängen untersucht. Aus den Literaturquellen sind folgende Informationen bekannt.
Die Geburtszeit dieser Art ist Ende Mai/Anfang Juni (Bannikov, 1954), Mitte Juni (Chaidav, P. & Cagnaadorž, 1969). Verläßliche Angaben gehen auf Stubbe und Chotolchu (1968) zurück. 1964 wurden die jungen Saigas in der Šargijn-Gobi zwischen dem 15. und 25. Juni geboren, zwei am 19.06.1964 gewogene Föten verschiedener Mütter wogen 3,1 (♀) bzw. 2,9 kg (♂). Mehrere Jungtiere waren zu diesem Zeitpunkt schon gesetzt. 1982 wurden in der Šargijn-Gobi mehr Weibchen mit Zwillingen als im Vorjahr registriert (Sokolov et al. 1986).
Bis zum heutigen Zeitpunkt gibt es keine konkreten Informationen über Jungenanzahl in den Würfen, Geschlechterverhältnis, Gewicht und morphologische Daten. Die Saiga-Antilope zählt nicht nur zu einer der seltensten Säugetierarten in der Mongolei, sondern auch der Welt (Šagdarsuren et al. 1978). Die Unterart *Saiga tatarica mongolica* ist nur in der Mongolei verbreitet.
Seit 1980 untersuchen wir die Biologie und Ökologie von Saiga-Antilopen unter Freilandbedingungen und in Gefangenschaftshaltung.

Untersuchungsmethoden und Materialien

Im südwestlichen Teil der Šargijn-Gobi, in der sich die Saiga-Antilope während der Geburtszeit regelmäßig aufhält, wurden 1985 (vom 1. bis 30. Juni), 1986 (vom 10. bis 25. Juni) auf einem Territorium von 400 km² (20x20 km) Beobachtungen durchgeführt. Zweimal täglich (am Morgen und Spätnachmittag) wurde das Geburtsterritorium kontrolliert und die Trächtigkeit von Weibchen oder die Geburt von Jungtieren registriert. Die Weibchen distanzieren sich in dieser Zeit bis zu 500-800 m auf ebener Fläche voneinander. Mit dem Auto kann man den Weibchen etwa 300-400 m nahekommen und somit anhand von Kondition, Bewegungen und Verhalten erkennen, ob eine Geburt bevorsteht. In der Umgebung der Weibchen kann man versteckte Jungtiere finden.
Im Untersuchungszeitraum (1985, 1986) wurden am Untersuchungsort insgesamt 63 Junge (Kälber) im Alter von 24 Stunden gefangen und Gewicht, Geschlecht und morphologische Daten untersucht. Die statistische Bearbeitung wurde nach Urbach (1964) durchgeführt.

Ergebnisse

1985 wurden vom 1. bis 12. Juni keine Jungtiere gefunden. Die ersten Kälber wurden am 13. Juni 1985 am frühen Morgen beobachtet. Bis zum 22. Juni gelang es, folgende Daten zu sichern:
– 1; 2; 3; 5; 7; 7; 5; 3; 2; 2 Junge. Vom 23. bis 30. Juni wurden keine weiteren Jungtiere mehr gefunden. Das bedeutet, daß alle trächtigen Weibchen am Beobachtungsort ihre Jungen gesetzt hatten.
1986 wurden die Beobachtungen zweimal

im gleichen Gebiet wiederholt. Vom 10. bis 13. Juni wurden keine Jungtiere gefunden. Das erste Kalb wurde am 14. Juni beobachtet. Die Anzahl der täglich vom 14. bis 23. Juni gefundenen Jungtiere betrug: – 2; 3; 5; 8; 7; 2; 0; 1; 0; 1. Vom 24. bis 26. Juni kamen keine Kälber mehr hinzu. 20 km vom eigentlichen Untersuchungsgebiet entfernt führte man auch Beobachtungen durch. Die Geburtszeit der Weibchen war dort die gleiche. Am 9. Juni 1985 wurde außerhalb des Untersuchungsortes ein Kalb in einer Entfernung von 15 km gefunden. Am 29. Juni 1989 fand man ein Kalb etwa 20 km vom Untersuchungsort entfernt. Diese beiden Fälle markieren die Daten erster und letzter Geburtstermine.

Zwischen 1987 bis 1989 wurde in der Šargijn-Gobi eine Geburtszeit für Mitte Juni registriert. Die Ergebnisse zeigen nunmehr recht eindeutig, daß die Geburt der mongolischen Saiga-Antilope in der zweiten Hälfte Juni stattfindet (Abb. 1). 80 % der Weib-

Abb. 2 *Frisch gesetztes Saigakalb in seinem Habitat*
(Foto: S. Dulamceren)

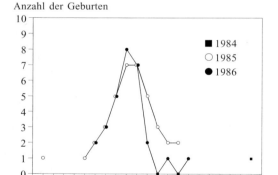

Abb. 1 *Die Geburtszeit der Saiga-Antilope in der Mongolei*

chen bringen ihre Jungen in relativ kurzer Zeit zwischen dem 15. bis 20. Juni zur Welt. Hiervon abweichende Früh- bzw. Spätgeburten sind offenbar recht selten.

Die Geburtszeit von *S.t. mongolica* liegt in der Mongolei mit ca. 40 Tagen somit viel später als bei Tieren im Uralgebiet und in der Kalmückensteppe (BANNIKOV et al.

1961) sowie in Pakistan und in Mittelasien (KORNEEV et al. 1986; FADEEV et al. 1981), wo sie sich über 30 Tage hinzieht.

Der Anteil von Zwillingen war während der zwei Untersuchungsperioden gleich, etwa 16% (n=32 1985; n=31 1986). In der Zeit vom 20. bis 25. Juni 1984 wurden am gleichen Ort vier Zwillinge (18%, n=22) beobachtet. Die dreijährige Beobachtungszeit weist darauf hin, daß die Weibchen in der Šargijn-Gobi Zwillinge zur Welt bringen.

Nach BANNIKOV et al. (1961) und FADEEV et al. (1982) bringen etwa 90% der Weibchen der *Saiga tatarica* Zwillinge und einige Weibchen drei Junge zur Welt.

Das Geschlechterverhältnis bei den Jungtieren war 1985 1:3 (n=32), 1986 1:1,1 (n=31). Bei den 1985/86 registrierten zehn Zwillingen wurden in fünf Fällen gemischte (♂♀), in fünf Fällen weibliche (♀♀) Paare festgestellt. 75% der Jungtiere waren Weibchen. In allen Fällen wurden mehr Weibchen als Männchen geboren. Nach langjährigen Untersuchungen wurde das Geschlechterverhältnis bei Jungtieren von *S. tatarica* im unteren Wolgagebiet mit 1:1 und im Betpakdal-Gebiet mit 1:0,9 festgestellt (BANNIKOV et al. 1961, FADEEV et al. 1982).

Die frisch gesetzten Jungen von *S. tatarica monglica* haben eine Kopfrumpflänge von 47 bis 61 cm (=54 cm), ein Körpergewicht von 2 bis 4 kg (=2,67). Die männlichen Tiere sind etwas größer als die weiblichen (Tab. 1). Das Körpergewicht der juv. *S.t. mongolica* ist etwas leichter als das jener in

Tabelle 1   Morphometrische Daten der Kälber von Saiga tatarica mongolica in der Šargijn-Gobi

Messung	♂♂ (n=24)		♀♀ (n=36)		Gesamt (N=60)	
	x̄±s	Min.-Max	x̄±s	Min.-Max	x̄±s	Min.-Max
RR Länge (cm)	54,68±3,29	47-60	53,40 ± 3,12	47-61	54,13 ± 3,43	47-61
Länge (cm)	30,72±2,27	25-36	28,07 ± 4,19	23-33	29,40 ± 3,23	23-36
Höhe (cm)	38,25±2,80	32-42	36,34 ± 2,25	32-40	37,38 ± 3,50	32-42
Brustumfang (cm)	31,47±2,02	27-34	36,88 ± 1,74	28-36	31,18 ± 1,88	27-36
Ohrlänge (cm)	5,04±0,35	5-6	5,11 ± 0,31	5-7	5,08 ± 0,33	5-7
Schwanzlänge (cm)	5,21±0,40	4-6	5,42 ± 0,60	5-6	5,33 ± 0,57	4-6
Körpergewicht (kg)	2,80±0,39	2-4	2,52 ± 0,34	2-3,6	2,67 ± 0,53	2-4

Kasachstan. Nach BANNIKOV et al. (1961) und FADEEV et al. (1982) wurde in Kasachstan bei männlichen Tieren ein Körpergewicht von 3,5 - 4,3 kg (=3,9 kg) und bei weiblichen Tieren von 3,1 - 4,2 kg (=3,6 kg) festgestellt. Die höhere Körpermasse bei den männlichen Kälbern ist offensichtlich charakteristisch für alle Populationen der Saiga-Antilope.

Literatur

BANNIKOV, A.G. (1954): Mlekopitajuščie Mongolskoj Narodnoj Respubliki. Moskva.
BANNIKOV, A.G., ŽIRNOV L.V. et al. (1961): Biologija sajgaka. Moskva.
CHAIDAV, P.; CAGNAADORŽ, B. (1969): Jagd- und Wildtiere der Mongolei. Ulaan-baatar. (in mongolisch).
FADEEV, V.A.; SLUDSKIJ, A.A. (1982): Sajgaka v Kazachstane. Alma-Ata.
KORNEEV, G.A.; KARPOV, A.A. et al (1986): K fenologii jagnenija samok sajgakov. - IV. Siezda Vsesojužnogo teriologičeskogo obščestva. **3**: 151 (Moskva).
ŠAGDARSUREN, O. et al. (1987): Rotbuch der MVR. Ulan-Bator.
SOKOLOV, V. E.; SAPOŽNIKOV, G.N. et al (1986): Sostojanie populjacij sajgakov v Mongolii. - IV. Siezda Vsesojužnogo teriologičeskogo obščestva. **3**: 175-176 (Moskva).
STUBBE, M.; CHOTOLCHU, N. (1968): Zur Säugetierfauna der Mongolei. - Mitt. Zool. Mus. Berlin **44**: 5-121.
URBACH, V.J. (1964): Biometričeskie metody. Moskva.

Zusammenfassung

Während der Geburtszeit konzentrierten sich die Weibchen der mongolischen Saiga-Antilope auf einen ebenen Ort des Wüstenhabitats. Jedes Tier besitzt eine Fläche von ca. 500-800 m im Durchmesser. Die Geburtszeit beginnt Mitte Juni und dauert etwa 10 Tage. 16-18% der Weibchen bringen Zwillinge zur Welt. Das durchschnittliche Geburtsgewicht der Jungen beträgt 2,6 kg. Das weibliche Geschlecht überwiegt zur Zeit der Geburt.

Summary

Title of the paper: Data on the reproduction of the Mongolian saiga antilope (*Saiga tatarica mongolica* BANNIKOV 1946).

Before giving birth the females of the Mongolian saiga antilope gathered in a flat area of their desert habitat. Each individual has an area of its own measuring 500 - 800 m in diameter. The time of birth begins in mid-June and lasts about 10 days. 16 - 18 % of females bring forth twins. At birth the young have an average weight of 2,6 kg. More females are born than males.

Anschrift des Verfassers:
Dr. S. DULAMCEREN, L. AMGALAN
Institut für Allgemeine und Experimentelle Biologie der Mongolischen Akademie der Wissenschaften
Ulan-Bator
MONGOLEI

Hans Joachim Schwark, Burghausen
Kathrin Nentwich, Vatterode

Beschaffenheit des Wildbretes – ein Kriterium zur Beurteilung weidgerechter Jagdausübung

Problemstellung

Das jährliche Aufkommen an Wildbret variiert auf dem deutschen Markt in Abhängigkeit von Angebot und Nachfrage zwischen 40 und 50 000 t. (Schwark 1992) Diese Kapazität beinhaltet die 3 Herkünfte; praktischer Jagdbetrieb (20-25 000 t), Wildbretimport (13-18 000 t) und nutztierartige Wildhaltung (3-4 000 t). Das Aufkommen aus der heimischen Jagdpraxis vereinigt somit etwa die Hälfte dieses Fleischsortimentes auf sich und stellt die Jägerschaft in die Reihe der Produzenten veredelter Nahrungsmittel. Damit verläßt der Jäger die meist nur gesehene Position, Sachwalter des Wildbestandes zu sein. Mit dem Besitz von Wildbret wird er in der Regel auch zu dessen Vermarkter und übernimmt damit auch die Verantwortung für die durch ihn bereitgestellten Produkte.

An das Wildbret knüpfen sich seitens der Konsumenten bestimmte Erwartungshaltungen. Im Wildbret wird ein Naturprodukt gesehen, das ohne direkte menschliche Einflußnahme, ohne auf eine gesteigerte Leistung abzielende Fütterung, ohne Technik und ohne Produktionstechnologie gewachsen ist. Es soll arttypisch, wohlschmeckend, fettarm, feinfaserich zart und bekömmlich sowie hygienisch einwandfrei sein.

Entgegen diesen Ansprüchen ist Wildbret eine Vielzahl von Einflüssen mit negativen bis hochgradig schädlichen Wirkungen ausgesetzt. Ihre Verursachung kann bereits vor dem erlegen erfolgt sein bzw. erfolgen, tritt jedoch meist erst nach dem Schuß ein. Die hauptsächlichen, während der Jagdausübung wirksam werdenden Einflüsse sind dennoch in Zahl und Wirkungsausmaß beträchtlich. Sie lassen sich im wesentlichen mittels zehn voneinander unabhängiger oder auch miteinander verbundener Verursachungen charakterisieren, In der Abbildung 1 sind diese Einflußfaktoren der Wildbretschädigung, die u. a. bereits 1979 von Behr und Greuel beschrieben werden und dem Jäger bzw. der Form und Qualität seiner Jagdausübung zuzuordnen sind, zusammengestellt.

Das „Naturprodukt Wildbret" kann demnach durch unsachgemäße Bejagung des Wildes und durch unsachgemäße Behandlung des Wildkörpers seinen hohen Stellenwert verlieren. Zwei Konsequenzen sind daran geknüpft. Zum einen ist es die finanziell/ökonomische Einbuße, die der Jäger, soweit er Bewirtschafter und Vermarkter des Wildes ist, zu tragen hat.

Zum anderen ist es der Verlust an Ansehen der Jagd in der Öffentlichkeit, was weitaus wirkungsvoller sein dürfte als die möglichen finanziellen Schäden. Bereits das Töten des Wildes, kann trotz sachgemäßer Erlegung, der Auslöser von Frustrationen gegenüber der Jägerschaft sein. Insbesondere jene Wildarten, die zum Erlebnisbild der Landschaft gehören, die den Lebensraum bereichern und keinen unmittelbaren Schad- oder Gefährdungsfaktor darstellen, genießen vielschichtige Sympathien und damit einen hochrangigen ideellen Schutz in breiten Kreisen der

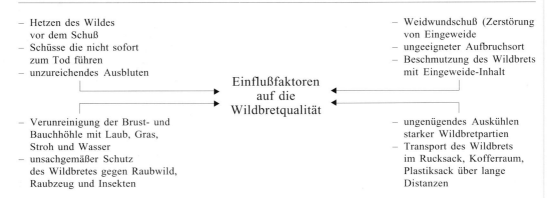

Abb. 1   Einflußfaktoren auf die Wildbretqualität, die der Jagdausübung zugeordnet werden können

Bevölkerung. Krank geschossenes Wild, Schüsse die einen qualvollen, weil zeitlich verzögerten Tod im Gefolge haben, oder auch der Anblick verunstalteter Wildkörper, einschließlich geminderter Wildbretqualitäten, dienen nicht dem Ansehen der Jagd. Die vorhandene Sensibilität zum Thema „Jagd", einschließlich der nicht zu erwartenden Entspannung auf diesem Gebiet, muß und sollte für alle Jäger Veranlassung sein, die praktische Jagdausübung mit größerer Bewußtheit und Bedacht zu betreiben. Dabei konzentrieren sich die inhaltlichen Kriterien einer unserer Zeit entsprechenden Weidegerechtigkeit auf:
– eine Jagdausübung ohne Verängstigung und ohne Streßbelastung des Wildes,
– die Gewährleistung eines kurzfristig, tötlich wirkenden Schusses und
– die Sicherung der natürlichen Wildbretqualität.

Unter dem Blickwinkel weidgerechten Jagens und hoher Wildbretqualität soll im folgenden über entsprechende Untersuchungsergebnisse berichtet werden.

Untersuchungsmaterial

Die Untersuchungen waren Teil eines umfangreicheren Forschungsprogrammes und verfolgten u. a. die Zielstellung Basiswerte für die Beurteilung des Wildbretes von Damwild zu schaffen (BRÜGGEMANN 1988, NENTWICH 1989). Hierbei wurde als hegerisch und jagdpraktisch optimal die Erlegung während der Ansitzjagd, ohne Beeinflussung des Wildes und unter Anbringung eines unmittelbar tötlich wirkenden Schusses auf den Träger oder in den Herzkammerbereich angestrebt. Für diese Untersuchungen standen 34 Stück Damwild, die im ehemaligen Wildforschungsgebiet Nedlitz in freier Wildbahn gezielt gestreckt wurden, zur Verfügung (VG 1).

Die hierzu konträren Versuchsbedingungen mit dem Ziel den Einfluß der Erregung auf die Wildbretqualität zu prüfen, konnten im Damwild - Versuchsgatter Liebertwolkwitz der Univers. Leipzig geschaffen werden. Durch Beunruhigung sollte ein Erregungsstatus erreicht werden, wie er vergleichsweise in der Jagdpraxis als Folge oder Ergebnis von Drückjagden, Hetze durch Hunde oder auch Krankschüsse mit der Konsequenz der Nachsuche und verzögerten Tötung eintreten kann. Als Untersuchungsmaterial standen 10 Damhirsche der Klasse Spießer zur Verfügung. Es erfolgte eine Einteilung der Tiere in zwei Untersuchungsgruppen zu je 5 Stück. Die Hirsche der Untersuchungsgruppe 1 (UG1) wurden unter jagdähnlichen Bedingungen aus dem äsenden Rudel heraus, ohne jede Beinträchtigung erlegt. Die Hirsche der Untersuchungsgruppe 2 wurden (UG2) vor dem Abschuß separiert und durch mehrere Personen über 10 bis 15 Minuten durch Treiben beunruhigt. Kennzeichen der Erregung waren geöffnete Äser, gegenseitiges forkeln und anspringen des Gatterzaunes.

Darüberhinaus standen die Werte von 35 Stück Damwild, als weiteres Vergleichsmaterial aus dem Versuchsgatter Liebertwolkwitz, zur Verfügung. (VG2) Sämtliches Wild kam durch Herzkammer- bzw. Trägerschüsse zur Strecke.
Die Ermittlung der Parameter der Wildbretbeschaffenheit erfolgte an zwei Muskeln. Dem Muskulus longissimus dorsi und dem Muskulus semimembranosus. Im Rahmen dieses Beitrages sollen die 3 Kriterien
- ph-Wert
- Dripverlust und
- Farbhelligkeit

vergleichend vorgestellt werden. Die angewendeten Methoden zur Bestimmung der Parameter der Wildbretbeschaffenheit sind in Abbildung 2 zusammengestellt.

Untersuchungsergebnisse

Der ph-Wert ist definiert als Säuregrad des Fleisches. Damwild hat in seinem Wildbret einen Normalwert von etwa ph_{42} = 5.3 - 5.7 (FINKE 1975, SCHWARK 1982, BRÜGGEMANN 1988).
Der sich biochemisch vollziehende Prozeß hat seine Begründung in der Muskelkontraktion, die Energie verbraucht und im Gefolge Glykogen über Pyruvat und den Citratzyklus sowie der Atmungskette bis zu CO_2 und H_2O abgebaut wird. Das Fehlen von Glykogen bzw. eine starke Absenkung des Glykogenspiegels, zieht eine unzureichende Bildung von Milchsäure nach sich. Im Ergebnis dieser Prozesse wird das Wildbret dunkel, fest und trocken und damit der beim Rindfleisch international bekannten DFD-Kondition (dark, firm, dry) vergleichbar. Im weiteren Gefolge führt das fehlen an Milchsäure u. a. zum Wachstum unerwünschter Mikroorganismen und dem Wirksamwerden eiweißersetzender Keime.
In Abbildung 3 sind die Werte des Säuregrades gegenübergestellt. (Abb. 3). Die gefundenen Werte zeigen signifikante Differenzen in Abhängigkeit von der Behandlung der Tiere vor dem Schuß. Die niedrigsten Werte lagen beim Damwild aus der freien Wildbahn und aus der Untersuchungsruppe 1 (UG1) mit vergleichbaren Größenordnungen vor. Statistisch gesichert verschieden waren hierzu die Werte der Hirsche der gestreßten Gruppe (UG2) mit ph-Werten, die beträchtlich angestiegen waren und Maxima von 6,60 und 6,95 in den zwei untersuchten Muskeln erreichten. Interessant und überraschend sind im weiteren die Werte der Versuchsgruppe 2, die sich ebenfalls gesichert von den der Gruppe VG1 und UG1 unterschieden. Sie machen das Ausmaß der Sensibilität unseres Schalenwildes bezüglich physiologisch - biochemischer Reaktionen kenntlich und verweisen darauf, daß in Gattern gehaltenes Wild immer noch Wild ist, die Haltung entsprechend gehandhabt werden muß und bei der Nutzung jede Erregung vermieden werden sollte.
Der Dripverlust charakterisiert die Fähigkeit des Wildbretes den eigenen Fleischsaft zu

Parameter	Methode
pH-Wert (48 h p.m.)	elektrochemische pH-Messung mit Transistor-ph-Meter TM 4 und Einstabelektrode EGA 80
Dripverlust (%) (48-72 h p.m.)	Masseverlust nach 24 h Kühlschranklagerung in verschweißtem Folienbeutel, Probe ca. 50 g
Farbhelligkeit (Remission 48 h p.m.)	Remissionsmessung mit Zeiss-Spekol (= 522 nm)

Abb. 2   Methoden zur Bestimmung der untersuchten Fleischbeschaffenheitsparamter

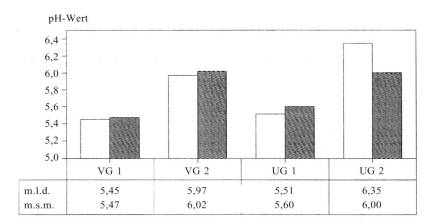

VG 1: WFG Nedlitz
VG 2: Gatter Liebertwolkwitz
UG 1: nicht beunruhigt
UG 2: beunruhigt

Abb. 3   pH-Werte der Muskeln m. longissimus dorsi, m. semimembranosus

halten. Er variiert im Normalbereich je nach Muskel zwischen 1,2 und 2,5 % und wird von BRÜGGEMANN mit 1,28 % als Mittelwert benannt. Anzeichen veränderter Fleischbeschaffenheit sind geringere Werte d. h. der Tropfsaftverlust sinkt unter die 1 % Grenze. Mit reduziertem Dripverlust zeigt sich eine leimige, klebrige Oberfläche des Fleischstückes.

Beim Dripverlust konnten die Differenzen zwischen den beiden Untersuchungsgruppen ebenfalls stat. gesichert werden (Abb. 4). Der Dripverlust war bei der Erregungsgruppe auf etwa $^1/_3$ der Werte der Vergleichsgruppe reduziert und lag in beiden Muskeln unter der Grenze von 1 %. Die Minima erreichen die jeweils übereinstimmenden Werte von 0,4 %. Vergleicht man die übrigen Gruppen, so bestätigen die Werte die Rangfolgen der pH-Werte und machen insgesamt

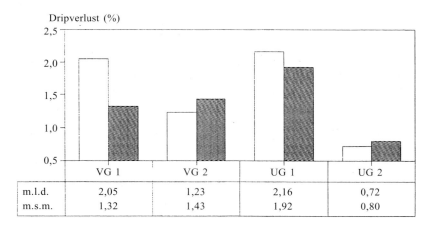

VG 1: WFG Nedlitz
VG 2: Gatter Liebertwolkwitz
UG 1: nicht beunruhigt
UG 2: beunruhigt

Abb. 4   Dripverlust (%) der Muskel m. longissimus dorsi, m. semimembranosus

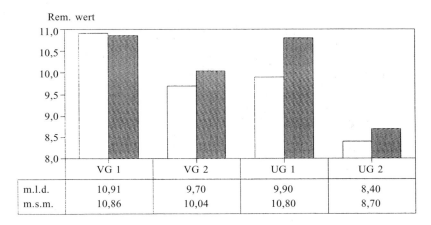

Abb. 5 Remission der Muskeln m. longissimus dorsi, m. semimembranosus

VG 1: WFG Nedlitz
VG 2: Gatter Liebertwolkwitz
UG 1: nicht beunruhigt
UG 2: beunruhigt

den hohen Wirkungsgrad der Erregung deutlich.
Die Remission ist der objektivierte Parameter der Farbbestimmung und kennzeichnet die Reflexion des Lichtes an nichtspiegelnder Oberflächen. Wildbret ist generell dunkler als das Fleisch der Haustiere und hat somit niedrigere Werte aufzuweisen. (REINKEN 1980) Beim Damwild kann Normalität angenommen werden, wenn die Werte sich im Größenbereich von 10 bis 13 % bewegen. (FINKE 1979) Tief dunkelrotes Wildbret kann ein Zeichen von DFD-Kondition sein. Bei derartig verändertem Wildbret tritt bei erneuten Anschnitten keine Aufhellung ein. Auch bei den Remissionswerten sind die Ergebnisse überzeugend (Abb. 5) Die verringerte Lichtdurchlässigkeit des Wildbretes vor dem Erlegen gestreßter Stücke zeigt sich in den Säulendiagrammen in überzeugender Eindeutigkeit. Auch hier wurden die individuellen Extremwerte bei Hirschen der UG 2 mit 7,5 und 8,0 gefunden. Die Werte der anderen Gruppe bestätigen die bereits oben besprochenen Rangfolgen.

Schlußfolgerungen

Die Untersuchungsergebnisse in die gegenwärtige Situation von Wild und Jagd einordnend, lassen sich folgende Schlüsse ableiten:

– Erregungszustände des Wildes haben biochemisch-physiologische Wirkungen zur folge. Sie sind nicht nur psychischer Natur und es bedarf, in Abhängigkeit vom Ausmaß der Erregung, eines beträchtlichen Zeitraumes bis auch ein biochemisches Gleichgewicht im Tierkörper wieder hergestellt ist. Daraus leitet sich aus hegerischer Sicht ab, die Jagdausübung möglichst so zu gestalten, daß Beunruhigungen des Wildes weitgehend vermieden werden.

– Die Abgabe des Schusses sollte nur dann erfolgen, wenn mit hoher Sicherheit eine tötliche Wirkung unmittelbar danach erzielt wird. Krankschüsse sind heute mehr denn je als inhumanitäre Entgleisung zu werten und dazu angetan, das Ansehen der Jagd in der Öffentlichkeit zu mindern. Nach einer Hetze oder nach Krankschüssen gestrecktes Wild liefert in der Regel in Richtung DFD-Kondition verändertes Wildbret, das nicht mehr der Normalität zuzurechnen ist.

– Der hohe Stellenwert der dem Wildbret im Rahmen des gesamten Fleischsortimentes zuerkannt wird, ist nur gerechtfertigt, wenn das Wild ohne Erregung, mit

schnellem verenden nach dem Schuß zur Strecke kommt und eine sachgemäße Versorgung des Wildkörpers erfolgt.
- Es scheint an der Zeit und im Sinn von Wildhege und weidgerechter Jagd zu sein auch für Wildbret, Parameter für die Zuerkennung des Prädikates „Markenprodukt" zu erarbeiten und im Wildbrethandel einzuführen.

Literatur

BEHR; GREUEL, (1977): Lebensmittelhygienische Aspekte bei der Wildbretgewinnung. – Z. Jagdwiss. **23**: 41-49.
BRÜGGEMANN, J. (1988): Untersuchung zur Entwicklung von Lebendmasse, Schlachtkörperzusammensetzung und Wildbretqualität des Damwildes (*Dama dama* L) in Abhängigkeit von Geschlecht und Art der Bewirtschaftung. – Diss. Univ. Leipzig.
FINKE, K. (1975): Erfassung und Bewertung der Schlachtkörperqualität von Damwildkälbern. – Presseinformation der Landwirtschaftskammer Rheinland 1975.
NENTWICH, K. (1989): Analyse des Einflusses praemortaler Erregung von Damhirschen auf deren Wildbretbeschaffenheit. – Dipl. Arbeit Univ. Leipzig.
REINKEN, G. (1980): Damtierhaltung auf Grün- und Brachland. – Stuttgart.
SCHWARK, H. J. (1982): Volkswirtschaftliche, produktionsorganisatorische und biologische Aspekte der Damwildhaltung zur Nutzung extremer Standorte. – Wiss. Kollog. Univ. Leipzig.
SCHWARK, H. J. (1992): Damwildhaltung – eine extensive Produktionsform im landwirtschaftlichen Haupt- und Nebenerwerb. – Neue Landwirtschaft Heft 9: 57-60.

Anschriften der Verfasser:
Prof. Dr. Dr. HANS JOACHIM SCHWARK
Schkeuditzer Str. 33,
04430 Burghausen
Dipl.-Agrar.-Ing. KATHRIN NENTWICH
06343 Vatterode

IMMO STUBBE, Weddersleben
WULF STUBBE, Gatersleben

Weitere Ergebnisse serologischer Untersuchungen an Schalenwild und Hasen aus dem Waldgebiet Hakel

Einleitung und Aufgabenstellung

Verlustreiche Tierseuchen und Parasitosen wurden in den Haustierbeständen in der Wirksamkeit zurückgedrängt oder liquidiert. Ein dichtes veterinärmedizinisches Überwachungssystem ermöglicht eine ständige Übersicht über die Tiergesundheit.
Dieses System umfaßt die klinische Überwachung der Bestände sowie ihre labordiagnostische Kontrolle anhand von Stichproben.
Letztlich vervollständigten die fleisch- und lebensmittelhygienischen Methoden das Überwachungssystem, bezogen auf den Ursprungsbestand.
Im Gegensatz zu den Haustierbeständen in kontrollierten Einheiten ist unser Wissen über die epizootiologische Situation in der Population der wildlebenden Tiere lückenhaft.
Es liegen eine Reihe von Angaben über bemerkenswerte Befunde beim jagdbaren Wild und z. T. auch anderen wildlebenden Tieren vor (STUBBE et al., 1975; VOIGT und SELBITZ, 1980; WEHR et al., NATTERMANN et al., 1986; DEDEK und Leopelmann, 1986; WITT et al., 1986/1988; DEDEK et al., 1988; KOKLES et al., 1988; Liebermann et al., 1988; DEDEK et al., 1991; SELBITZ, 1993; TEUFFERT et al., 1991; DEDEK et al., 1991; KADEN et al., 1992).
Neben ökonomischen Aspekten sind eine Reihe wesentlicher Gründe für die bisher unvollständigen Kenntnisse der epizootiologischen Situation beim Wild verantwortlich zu machen.
So verlaufen Tierseuchen und Parasitosen unter wildlebenden Tieren nach den bisherigen Beobachtungen häufig verdeckt und werden den zuständigen staatlichen Behörden nur bei besonders deutlichen Erscheinungsformen bekannt.
Eine ausreichende Übersicht für die epizootiologische Kontrolle im weiteren Sinne ist bei wildlebenden Tieren vom Grundsatz her nur möglich, wenn flächendeckend labordiagnostische Untersuchungen an ausreichendem Stichprobenmaterial durchgeführt werden, welches auf die Grundgesamtheit mit der erforderlichen Sicherheit schließen läßt (SELBITZ, 1993).
Dazu sind auch verstärkt Fallwilduntersuchungen einzuleiten.
Bei den Bemühungen um eine hohe Wildtiergesundheit müssen folgende Interessen im Vordergrund stehen:
– Schutz der Haustierbestände vor Tierseuchen und Parasitosen, die von Wildtieren ausgehen. Besonders beachtet werden muß, daß unsere Haustierbestände auf Grund von Sanierungsmaßnahmen gegen bestimmte Erreger keine oder nur eine geringe Immunität aufweisen und von infizierten Wildtieren auf vielfältige Weise angesteckt werden können.
– Erhaltung und Entwicklung leistungsfähiger Wildbestände und damit deren Schutz vor Krankheiten aus den Haustierbeständen.

- Rechtzeitiges Erkennen von Krankheiten beim Wild mit Zoonosencharakter im Sinne eines Frühwarnsystems.
- Nutzung auch des Wildes als Indikator für infektionsbegünstigende Umweltbelastungen.
- Schutz der wildlebenden Tiere vor Pflanzenschutzmitteln u. a. Bioregulatoren.

Seit Jahren beobachteten wir einen dramatischen Rückgang der Hasenpopulation. Nach Untersuchungen in Nordrhein-Westfalen (Lutz, 1992) könnte dafür neben anderen Ursachen eine neue Viruserkrankung (European Brown Hare Syndrome, EBHS) verantwortlich sein. In diesem Sinne führten wir in den Jahren 1990-1992 im Hakel weitere serologische Übersichtsuntersuchungen durch.

Material und Methoden

Die Blutproben wurden einerseits im Rahmen des Markierungsprogrammes von Lebenden Tieren durch Punktion der Halsvenen (*V. jugularis externa*) und andererseits bei geschlossenen Tieren (Damwild, Rehwild, Schwarzwild) aus der Brandader (*V. ilica externa*) gewonnen.
Bei Hasen erfolgte eine Herzpunktion.
Das Schalenwild stammt ausschließlich aus dem Hakel.
Die Hasen verteilen sich wie folgt:

- aus dem Hakel   38,
- Gemarkung Schadeleben 44,
- Gemarkung Gatersleben 22 Proben.

Die serologischen Untersuchungen wurden im Landesveterinär- und Lebensmitteluntersuchungsamt in Stendal nach den jeweils gültigen Laborvorschriften untersucht.
Die Untersuchungskosten der Proben aus dem Jahre 1992 wurden aus der Jagdabgabe des Landes Sachsen-Anhalt dankenswerter Weise durch Vermittlung des Landesjagdverbandes übernommen.

Das Untersuchungsspektrum umfaßt für

Damwild: Brucellose, Leptospirose, Leukose, Maedi/Visna, Infektiöse pustulöse Vulvovaginitis (BHV_1), Mucosal Disease/Virusdiarrhoe (MD/VD), Parainfluenza (PI_3), Q-Fieber

Schwarzwild: Brucellose, Yersinien, Leptospirose, Schweinepest, Influenza, Porcine Parvoviren (PPV), Aujeszky (AK), Influenza, Transmissible Gastoenteritis (TGE/PRCV)

Rehwild: Brucellose, Leptospirose, Leukose, Maedi/Visna, BHV_1, MD/VD, PI_3, Q-Fieber
Hasen: Brucellose, Toxoplasmose, Tularämie, Leptospirose, RHD/EBHS

Die Charakterisierung der einzelnen Erkrankungen erfolgte bereits durch Loepelmann und Dedek, 1985/1986; Dedek und Loepelmann, 1986.

Ergebnisse

Die Ergebnisse für alle Wildarten sind in den Tabellen 1 bis 4 zusammengefaßt.

Diskussion

Damwild

Die serologischen Untersuchungen beim Damwild ergaben bis auf Q-Fieber nur negative Ergebnisse.
Im Vergleich zu den früheren Untersuchungen aus den Jahren 1988/1989 zeichnen sich Veränderungen ab, die erneut bestätigen, daß in den Wildpopulationen Infektionen ablaufen können, die durch wiederholte Übersichtsuntersuchungen verfolgt werden müssen.

Tabelle 1 Serologische Ergebnisse für Damwild

	Brucellose	Leptospirose	Leukose	Maedi/Visna	BHV_1	VD/MD	PI_3	Q-Fieber
n	37	38	20	20	38	35	37	16
Positiv	–	–	–	–	–	–	–	10
Fraglich	–	–	–	–	–	–	–	–
Negativ	37	38	20	20	38	35	37	6

Tabelle 2   Serologische Ergebnisse für Schwarzwild

	Brucellose	Yersinien	Leptospirose	Europ. Schweinepest	PPV	AK	Influenza	TGE/PRCV
n	16	3	16	17	17	17	17	16
Positiv	5*1	–	–	–	11*2	–	1*3	2*4
Fraglich	–	–	–	–	–	–	–	–
Negativ	11	3	16	17	6	17	16	14

*1   5 × Elisa pos.
      LA + KBR neg.

*2   1 × 1 : 64
      1 × 1 : 128
      1 × 1 : 512
      2 × 1 : 1024
      6 × >1 : 2048

*3   1 × 1 : 8

*4   2 × 1 : 4

Tabelle 3: Serologische Ergebnisse für Rehwild

	Brucellose	Leptospirose	Leukose	Maedi/Visna	BHV_1	VD/MD	PI_3	Q-Fieber
n	24	24	14	13	24	24	24	10
Positiv	–	1*5	–	–	–	–	–	6
Fraglich	–	–	–	–	–	–	–	1
Negativ	24	23	14	13	24	24	24	3

*5   L. grip. 1 : 800

Tabelle 4: Serologische Ergebnisse für Hasen

	Brucellose	Leptospirose	Toxoplasmose	Tularämie	RHD/EBHS
n	104	101	25	104	86
Positiv	–	5*6	–	–	71
Fraglich	–	1	–	–	–
Negativ	104	95	25	104	15

*6   L. grippotyphosa
      2 × 1 : 400
      2 × 1 : 800
      1 × 1 : 3200

Im früheren Untersuchungszeitraum wurden Titer gegen Clamydien, PI_3 und VD/MD ermittelt.
Diese Ergebnisse konnten nicht reproduziert werden. Dagegen zeigten 10 von 16 untersuchten Damwildseren z. T. hohe Titer gegen Q-Fieber.
Dabei handelt es sich um eine Tierseuche mit Zoonosecharakter, die beim Menschen schwere Krankheitsbilder verursachen kann und über Zwischenträger (Zecken) oder direkten Kontakt übertragen wird.
Dieses Geschehen muß unbedingt weiter verfolgt werden, weil im ersten Untersuchungszeitraum bei dieser Krankheit keine Reagenten vorhanden waren.
Für Leukose und Maedi/Visna wurden keine Reagenten ermittelt.

Schwarzwild

Die Untersuchung der Schwarzwildseren ergab für Brucellose von 16 Proben fünf Mal positive Ergebnisse.
Sie wurden im sehr empfindlichen Elisa ermittelt wobei Langsamagglutination und

Komplementindungsreaktion negativ ausfielen.
Fest steht, daß ein Kontakt mit Brucellen stattgefunden haben muß. Daraus leitet sich eine hohe Gefährdung für Haustierbestände ab.
Allerdings ist bei der Interpretation von Brucellosereaktionen nach den Untersuchungen von DEDEK et al. (1991) Zurückhaltung geboten, da Kreuzreaktionen mit anderen Bakterienarten insbesondere Yersinien möglich sind. Außerdem sollte von Brucellose nur bei gleichzeitigem kulturellen Nachweis gesprochen werden.
Nach den Untersuchungen von DEDEK et al. (1991) handelt es sich mit hoher Wahrscheinlichkeit um *Brucella suis* Biotyp II, da andere *Brucella*-Arten auf dem Gebiet der ehemaligen DDR sehr lange nicht nachgewiesen wurden.
Im vorliegenden Fall wurden 3 Seren gleichzeitig auf Yersinien untersucht, die aber negativ ausfielen.
Im Gegensatz zum Untersuchungszeitraum 1988/1989 wurden jetzt keine Leptospirosetiter nachgewiesen.
Auffällig ist wiederum der hohe Anteil an Antikörperträgern gegen PPV.
Bisher ist nicht bekannt, in welcher Form Auswirkungen auf die Reproduktion des Schwarzwildes durch diese Infektion zu erwarten sind.
Reproduzierbar waren die geringen Titerträger für Influenza und TGE/PRCV.
Erfreulicher Weise waren auch in diesem Untersuchungszeitraum die Ergebnisse für Europäische Schweinepest und Aujeszkyscher Krankheit negativ.

Rehwild

Von einigen Autoren (z. B. SELBITZ, 1993) wird das Rehwild als die eigentliche Problemwildart angesehen.
Durch vorliegende Untersuchungen kann das nicht bestätigt werden. Wie 1988/1989 wurde bei Leptospirose ein geringer Verseuchungsgrad ermittelt, wogegen bei PI_3 keine Reagenten erkennbar waren. Auffällig ist jedoch beim Rehwild ähnlich dem Damwild das Auftreten von positiven Befunden bei Q-Fieber, die 1988/1989 noch nicht erkennbar waren. Auch hier ist der Zoonosecharakter dieser Infektion in Zukunft sorgfältig zu beachten.

Hasen

Das von vielen Autoren beschriebene „Naturreservoir" der Hasenpopulation für Brucellose und Tularämie kann für das Untersuchungsgebiet nicht bestätigt werden. Alle diesbezüglichen Ergebnisse waren negativ. Das gleiche gilt auch für die Toxoplasmose. Bei Leptospirose dagegen mußten einige positive Reaktionen registriert werden, die auch aus der Literatur bekannt sind (DEDEK und ZIMMERMANN, 1984; SELBITZ, 1988, 1993).
Das Geschehen in der Hasenpopulation bezüglich RHD und EBHS kann zur Zeit noch nicht abschließend beurteilt werden.

Schlußfolgerungen

Aus den Untersuchungen kann geschlußfolgert werden, daß die seroepidemiologische Überwachung der Wildbestände in bestimmten Abständen mit statistischer Sicherheit erforderlich ist. Dazu sind möglichst flächendeckende Untersuchungen anzustreben. Die Brucellosebefunde bei Schwarzwild und die positiven Reaktionen für Q-Fieber bei Dam- und Rehwild müssen intensiv verfolgt werden, um Gefährdungen für Menschen und Tiere frühzeitig zu erkennen.

Literatur

DEDEK, J. (1983): Zur Epizootiologie der Schweinebrucellose unter besonderer Berücksichtigung von Erregerreservoiren. – Mh. Vet.-Med. **38**: 852-856.

DEDEK, J.; KOKLES, R.; POHLE, V.; LOEPELMANN, H. (1991): IBR/IPV-Virusantikörper beim Schwarzwild – Beitrag zum Wirkspektrum der Herpesviren. – Berl. Münch. Tierärztl. Wschr. **104**: 240-242.

DEDEK, J.; LOEPELMANN, H. (1986): Zu Ergebnissen veterinärmedizinisch labordiagnostischer Untersuchungen von Wild im Bezirk Rostock. – Unsere Jagd **36**: 296-297.

DEDEK, J.; LOEPELMANN, H.; KOKLES, R.; KRETZSCHMAR, Ch.; MÜLLER, M.; BERGMANN, H. (1988): Ergebnisse serol. Untersuchungen auf AK, gegen den

Virus der bov. VD/MD beim Rot-, Reh-, Dam- und Muffelwild. – Mh. Vet.-Med. **43**: 63-65.

DEDEK, J.; LOEPELMANN, H.; NATTERMANN, H. (1986): Serologische Untersuchung auf Brucellose und Tuläamie beim Schwarzwild. – Mh. Vet.-Med. **41**: 150-153.

DEDEK, J.; WITT, W.; LOEPELMANN, H.; NATTERMANN, H.; KNÖPKE, Ch. (1991): Ergebnisse serologischer Untersuchungen beim Rot-, Reh-, Dam- und Muffelwild auf ausgewählte Infektionen. – Mh. Vet.-Med. **46**: 101-104.

DEDEK, J.; ZIMMERMANN, E.-M. (1984): Zur Diagnostik der Hasenbrucellose. – Mh. Vet.-Med. **39**: 845-849.

GÜTHENKE, D.; KOKLES, R. (1972): Serologische Untersuchungen an Hasenblutproben auf Leptospirose-, Brucellose-, AUJESZKY- und Mucosal-Disease-Antikörper. – Mh. Vet.-Med. **27**: 465-468.

HÜBNER, A.; HORSCH, F. (1977): Untersuchungen zum Leptospirosegeschehen unter den heimischen Wildtieren. Mh. Vet.-Med. **32**: 175-177.

KADEN, V.; FISCHER, U.; SCHWANRECK, U.; RIEBE, R. (1992): Ist die Fütterung von Grünfuttersilagen in Gebieten mit Schweinepest beim Schwarzwild eine Gefahr für die Hausschweinebestände? Experimentelle Studie. – Berl. Münch. Tierärztl. Wschr. **105**: 73-77

KOKLES, R. (1977): Untersuchungen zum Nachweis von IBR/IPV-Antikörpern bei verschiedenen Haus- und Wildtieren sowie beim Mensch. – Mh. Vet.-Med. **32**: 170-171

KOKLES, R.; DEDEK, J.; LOEPELMANN, H. (1988): Serologische Untersuchungen auf Infektionen mit dem Virus des IBR/IPV und dem PI3-Virus bei Rot-, Reh-, Dam- und Muffelwild. – Mh. Vet.-Med. **43**: 60-63.

LIEBERMANN, H.; DEDEK, J.; LOEPELMANN, H. (1988): Zur Vorbereitung des Border-Desease-Virus bei Wildwiederkäuern in einem Bezirk der DDR. – Mh. Vet.-Med. **43**: 718-720.

LIEBERMANN, H.; DEDEK, J.; LOEPELMANN, H.; HILLE, G. (1986): Serologische Untersuchungen auf porcine Parvoviren beim Schwarzwild. – Mh. Vet.-Med. **41**: 410-412.

LOEPELMANN, H.; DEDEK, J. (1986): Zur Notwendigkeit und epizootiologische Bedeutung wildhygienischer Untersuchungen. – Mh. Vet.-Med. **40**: 757-760

LUTZ, W. (1992): Fallwildbericht der Forschungsstelle für Jagdkunde und Wildschadensverhütung des Landes Nordrhein-Westfalen. Forsthaus Hardt, Bonn.

NATTERMANN, H.; DEDEK, J.; LOEPELMANN, H. (1986): Serologische Untersuchungen zum Vorkommen von Yersinia enterocolitica beim Schwarzwild. Mh. Vet.-Med. **41**: 565.

SELBITZ, H.-J. (1988): Die Tularämie – eine Zoonose mit Naturherdcharakter. – Mh. Vet.-Med. **43**: 239-241.

SELBITZ, H.-J. (1993): Bakterielle Infektionen bei einheimischen Wildtieren. – Mh. Vet.-Med. **48**: 31-35.

STUBBE, I.; STUBBE, W.; STUBBE, G. (1975): Morphologische, chemische und serologische Blutuntersuchungen bei Reh- und Muffelwild. – Beitr. Jagd- und Wildforschung **9**: 225-266.

STUBBE, M. (1971): Wald-, Wild- und Jagdgeschichte des Hakel. – Arch. Forstwes. **20**: 115-204.

TEUFFERT, J.; SINNECKER, R.; KARGE, E. (1991): Seroepidemiologische Untersuchungen in dem Hämagglutinationshemmungstest (HAHT) zum Vorkommen porciner und humaner Influenza-A-viren bei Haus- und Wildschweinen in der ehemaligen DDR. – Mh. Vet.-Med. **46**: 171-174.

WEHR, J.; DEDEK, J.; LOEPELMANN, H. (1986): Serologische Untersuchungen bei Clamydieninfektionen des Schwarzwildes. – Mh. Vet.-Med. **41**: 116-117.

WITT, W.; DEDEK, J.; LOEPELMANN, H. (1988): Zum vorkommen von Leptospiren-Antikörpern beim Rot-, Reh-, Dam- und Muffelwild. Mh. Vet.-Med. **43**: 65-68.

WITT, W.; FRIEDEL, U.; WINTER, E. (1986): Zum Vorkommen von Leptospirose-Antikörpern bei Wildschweinen. – Mh. Vet.-Med. **41**: 153-155.

VOIGT, A.; SELBITZ, H.-J. (1980): Zu einigen infektiösen Erkrankungen der Wildtiere und ihre Bedeutung als Zoonosen. – Wildbiologie und Wildbewirtschaftung, I. Wiss. Kolloquium, Leipzig, 25.03.1980, 184-189.

Zusammenfassung

Es wurden im Waldgebiet Hakel und dessen Umgebung seroepidemiologische Untersuchungen bei Schalenwild (Schwarzwild, Dam- und Rehwild) und Hasen mit dem Ziel durchgeführt, Gefahren für Wild, Mensch und Haustiere frühzeitig zu erkennen.

Es wurden 38 Damwild-, 17 Schwarzwild-, 24 Rehwild- und 104 Hasenblutproben auf verschiedene Bakterien- und Viruserkrankungen untersucht.

Beim Schwarzwild wurden positive Befunde für Brucellose, PPV, Influenz und TGE/PRCV erhoben.

Bei Damwild und Rehwild stehen die positiven Ergebnisse für Q-Fieber im Vordergrund.

Im Untersuchungsgebiet spielen in der Hasenproduktion Brucelose, Tularämie und Toxoplasmose z. Z. keine Rolle. Die Ergebnisse für RHD und EBHS können noch nicht abschließend beurteilt werden.

Summary

Title of the paper: Further results of serological studies on hoofed game and hare in the woodlands of Hakel.

Seroepidemiological studies were performed on hoofed game (wild boar, fallow and roe deer) and hares in the woodlands of Hakel and the surrounding area for the purpose of recognising any early signs of danger to game, domestic animals, and humans. Blood samples were taken from 38 follow deer, 17 wild boar, 24 roe deer, and 104 hares and screened for various microbial and viral diseases. Among the samples from wild boar, positive results were found for brucellosis, PPV, influenza, and TGE/PRCV. Among fallow and roe deer, the Q-fever positives are of greatest concern.

Anschrift der Verfasser:
Dr. habil. IMMO STUBBE
Quedlinburger Str.
06502 Weddersleben
Dr. WULF STUBBE
Quedlinburger Chaussee 1
06466 Gatersleben

Wulf Stubbe, Gatersleben
Immo Stubbe, Weddersleben

Erste Ergebnisse seroepidemiologischer Untersuchungen an Fuchs und Dachs

Die Wildcanivoren stellen als Endglieder der Nahrungsketten eine besondere epidemiologische Gefahr für Haus- und Heimtiere sowie den Menschen dar und sollten deshalb in Zukunft stärker beachtet werden.

Über Krankheiten und Verlustursachen von Wildcarnivoren ist vergleichsweise wenig bekannt. Sehr viele Autoren befassen sich mit der Tollwutsituation in diesen Populationen, die aber nicht Gegenstand vorliegender Untersuchungen ist. Meistens werden Einzelergebnisse pathologisch-anatomischer Untersuchungen präsentiert, die jedoch über den Gesundheitsstatus einer ganzen Population wenig aussagen.

Nach den positiven Ergebnissen der Tollwutimmunisierung durch Impfköder ist in weiten Teilen Deutschlands ein starker Anstieg des Fuchsbesatzes zu verzeichnen, da die Verlustursache – Tollwut – sehr stark zurückgedrängt wurde. In Sachsen-Anhalt wird die Fuchsdichte gegenwärtig auf bis zu 20 Exemplare auf 1.000 ha Jagdwirtschaftsfläche geschätzt. Durch diese Entwicklung erlangt die Gefahr der Übertragung von Erkrankungen besondere Aktualität.

Schöffel et al. (1991) haben Füchse aufgrund serologischer Untersuchungen als mögliches Reservoir der Lyme-Borreliose ermittelt. Nach den Ergebnissen von Dedek et al. (1991) ist der Fuchs bei der Übertragung der Brucellose zu beachten.

Kingscote (1986), Dedek et al. (1991), Witt et al. (1988) und Horsch et al. (1970) haben beim Fuchs Leptospirentiter nachgewiesen, weshalb auch bei dieser Tierseuche der Rotfuchs eine erhebliche Übertragerrolle spielen kann. Nach den Mitteilungen von Selbitz (1993) kann der Fuchs auch bei der Verbreitung der Tularämie beteiligt.

Seit Jahren ist uns bekannt, daß die Dachspopulation sehr großen Schwankungen unterliegt (Stubbe, 1989). Die Ursachen dafür sind neben der Tollwut noch weitgehend unbekannt. Tschirch (1989) und Stubbe (1989) haben mögliche Krankheits- und Verlustursachen für den Dachs u. a. Musteliden aus der Literatur zusammengetragen. Danach ist mit dem Auftreten der verschiedensten Virus-, Bakterien- und Pilzinfektionen zu rechnen. In England ist beim Dachs die Rindertuberkulose weit verbreitet. In diesem Sinne führten wir 1991 und 1992 erste seroepidemiologische Untersuchungen bei Fuchs und Dachs durch, um mögliche Bestandserkrankungen und davon ausgehende Gefährdungen zu erkennen.

Material und Methoden

Bei erlegten Füchsen wurde das Blut durch Herzpunktion gewonnen. Die Dachse wurden nach dem Fang narkotisiert (Wiesner und Hegel, 1989) und danach die Vena cephalica antebrachii punktiert. Die gefangenen Dachse wurden nach der Markierung freigelassen. Die Blutproben wurden zentrifugiert und das Serum tiefgefroren. Die Untersuchungen wurden im Landesveterinär- und Lebensmitteluntersuchungsamt Stendal

nach den jeweils geltenden Laborvorschriften durchgeführt.
Durch die Jagdabgabe des Landes Sachsen-Anhalt wurde dieses Vorhaben in dankenswerter Weise großzügig gefördert. Füchse und Dachse stammen ausschließlich aus dem Hakel, der von STUBBE (1971) ausführlich beschrieben wurde.
Das Untersuchungsspektrum umfaßt:
– Brucellose,
– Leptospirose, (14 Typen)
– canide Parvovirose,
– Tularämie,
– Q-Fieber.

Ergebnisse

Die Ergebnisse der Untersuchungen sind in den Tabellen 1 und 2 zusammengefaßt.

Diskussion der Ergebnisse

Die im Biotop des Hakelwaldes lebenden Füchse und Dachse weisen keine serologischen Reaktionen für Leptospiren auf. Bei Leptospirose ist das negative Ergebnis besonders interessant, da nach Meinung aller einschlägigen Autoren (Zit. nach STUBBE, 1989) die verschiedenen Nagerarten im Nahrungsspektrum von Fuchs und Dachs eine nicht zu unterschätzende Rolle spielen. Es wurden insgesamt 14 Leptospirosetypen (*L. hyos, pomona, icterohaemor., canicola, hebdomadis, sejroe, wolffii, copenhageni, bataviae, bratislava, hardjo, australis, saxkobing*) geprüft.

Die Untersuchung auf Brucellose ergab bei Dachsen keine und bei Füchsen eine positive Reaktion. Es handelt sich mit hoher Wahrscheinlichkeit um *Br. suis* Biotyp II. (DEDEK et al., 1991). Hier liegt die Vermutung nahe, daß ein Kontakt mit infektiösem Material vorgelegen hat. Aus der Untersuchung von Wildschweinseren ist bekannt, daß immer wieder einzelne Reaktionen für Brucellose auftreten.

Tabelle 1: Serologische Ergebnisse für Füchse

	Brucellose	Leptospirose	Can. Parvoviren	Tularämie	Q-Fieber
n	9	9	9	6	6
Positiv	1[*1]	–	7[*2]	–	3
Fraglich	–	–	–	2	–
Negativ	8	9	2	4	3

*1 1 : 20 KBR   *2 $3 \times 1 : 320$
$2 \times 1 : 640$
$2 \times 1 : 1280$

Tabelle 2: Serologische Ergebnisse für Dachse

	Brucellose	Leptospirose	Can. Parvovirose	Tularämie	Q-Fieber	Tollwut
n	14	14	14	10	8	13
Positiv	–	–	14[*3]	–	3	9
Fraglich	–	–	–	–	1	–
Negativ	14	14	–	10	4	1
Nicht auswertbar	–	–	–	–	–	3

*3 $1 \times 1 :   80$
$5 \times 1 : 320$
$3 \times 1 : 640$
$3 \times 1 : 1280$
$1 \times 1 : 2560$
$1 \times 1 : 5120$

Vorstellbar wäre, daß Füchse Abortsubstrate vom Schwarzwild aufnehmen, sich damit infizieren und so zur Ansteckungsquelle für weitere Tiere werden. Allerdings sind positive Brucellosereaktionen insbesondere beim Fuchs vorsichtig zu bewerten, da mit anderen Bakterienarten (Yersinien) Kreuzreaktionen möglich sind (DEDEK et al., 1991).

Canide Parvoviren sind sowohl beim Fuchs als auch beim Dachs offenbar sehr weit verbreitet. Über mögliche Verluste durch diese Erkrankung ist bisher nichts bekannt.

Bei der Untersuchung auf Tularämie sind bei Füchsen zwei fragliche Reaktionen aufgetreten, die noch weiter auf mögliche Kreuzreaktionen (Brudellose) abzuklären sind.

Bei Fuchs und Dachs sind ca. 50 % Q-Fieber-Reagenten ermittelt worden. Dadurch sind auch diese Tierarten als Infektionsquelle gekennzeichnet. Welche Auswirkungen dieser Infektion auf mögliche Abgänge hat, ist nicht bekannt.

Darüber hinaus ergaben die Untersuchungen auf Tollwut bei Dachsen von 10 auswertbaren Proben 9 Reagenten. Damit ist nachgewiesen, daß auch Dachse Tollwutimpfköder aufnehmen und eine nachweisbare Immunität ausbilden.

Das beschränkte Untersuchungsspektrum ist bei nachfolgenden Vorhaben wesentlich zu erweitern (z. B. Tollwut, Lyme-Borreliose, Staupe, Hepatitis u. a.). Damit sind aber die Wildcarnivoren als Endglieder der Nahrungsketten als Risikogruppe gekennzeichnet und sollten in Zukunft mit größerer Aufmerksamkeit betrachtet werden. Die Schlußfolgerungen gelten zunächst nur für den Hakel. Durch weitere Untersuchungen sollten die Ergebnisse statistisch gesichert werden.

Literatur

CHEESMANN, C. L.; WILESMITH, J. W.; STUART, F. A. (1989): Tuberculosis: the disease and its epidemiology in the badger, a review. – Epidemiology and Infektion **103**: 113-125.

DEDEK, J.; WITT, W.; LOEPELMANN, H.; NATTERMANN, H.; KNÖPKE, Ch. (1991): Ergebnisse serologischer Untersuchungen beim Rot-, Reh-, Dam- und Muffelwild auf ausgewählte Infektionen. – Mh. Vet.-Med. **46**: 101-104.

HORSCH, F.; KLOCKMANN, J.; JANETZKY, B.; DRECHSLER, H.; LÖBNITZ, P. (1970): Untersuchungen von Wildtieren auf Leptospirose. – Mh. Vet.-Med. **26**: 634-639.

KINGSCOTE, . F. (1986): Leptospirosis in red foxes in Ontario. J. Wildl. Dis. **22**: 475.

SCHÖFFEL, I.; SCHEIN, E.; WITTSTADT, U.; HENSCHE, J. (1991): Zur Parasitenfauna des Rotfuchses in Berlin (West). – Berl. Münch. Tierärztl. Wschr. **104**: 153-157.

STUBBE, M. (1989): Dachs – *Meles meles* (L.); in H. STUBBE (Hrsg.): „Buch der Hege" Band 1 – Haarwild, Berlin, 4. Aufl.

TSCHIRCH, W. (1989): Krankheiten der Musteliden. – Populationsökologie marderartiger Säugetiere, Wiss. Beitr. Uni. Halle 1989/37 (P39): 597 - 608.

WIESNER, H.; HEGEL, G. (1989): Zur Immobilisation von Musteliden. – Populationsökologie marderartiger Säugetiere, Wiss. Beitr. Univ. Halle 1989/37 (P39): 639 - 644.

Zusammenfassung

Blut von Dachsen (n = 14) und Füchsen (n = 9) aus dem Hakelgebiet im Nordharzvorland wurde serologisch auf Brucellose, Leptospirose, canide Pavoviren, Tularämie und Q-Fieber untersucht. Erste Ergebnisse zeigen, daß canide Parvoviren bei Fuchs und Dachs offenbar weit verbreitet sind. 50 % der Proben waren für Q-Fieber positiv. Es gibt Hinweise, daß Dachse im hohen Prozentsatz Tollwutimpfköder aufnehmen.

Summary

Title of the paper: First results of seroepidemiological studies on foxes and badgers.

Blood samples from badgers (n = 14) and foxes (n = 9) in the Hakel region in the foreland of the northern Harz were tested serologically for brucellosis, leptospirosis, canide parvovirusses, tularaemia, and Q-fever. The initial results show that parvovirusses in foxes and badgers are evidently widespread. 50 % of samples tested Q-fever-positve. There ist evidence that a large percentage of badgers take up rabies vaccine baits.

Anschrift der Verfasser:
Dr. habil. IMMO STUBBE
Quedlinburger Str.
06502 Weddersleben
Dr. WULF STUBBE
Quedlinburger Chaussee 1
06466 Gatersleben

H. SCHLÜTER, Wusterhausen/Dosse

Stand der Tollwutbekämpfung im Osten Deutschlands unter besonderer Berücksichtigung der oralen Fuchsimmunisierung

Einleitung

In der ehemaligen DDR war die Verhütung und Bekämpfung der Tollwut in zwei Weisungen zur Tierseuchenverordnung (TSVO v. 11. 08. 1978) geregelt. Grundgedanke der Trennung der gesetzlichen Bekämpfungsvorschriften in eine Weisung für die Bekämpfung der Haustiertollwut und in eine solche der Wildtiertollwut waren Unterschiede bei der Durchsetzung von spezifischen Bekämpfungsmaßnahmen. Auch bei Anerkennung einer Reihe von Besonderheiten darf jedoch nicht außer Acht gelassen werden, daß es sich um ein eng zusammenhängendes Seuchengeschehen handelt, bei dem in Mitteleuropa der Fuchs die zentrale Stellung einnimmt.

Mit der Herstellung der Einheit Deutschlands wurde der Geltungsbereich der bundesdeutschen Tollwutverordnung in der jetzt gültigen Fassung vom 23. Mai 1991 auch auf die neuen Bundesländer ausgedehnt. Neben den Schutzmaßnahmen für Haustiere wird den Schutzmaßnahmen beim Wind und ganz besonders beim Fuchs eine diesem Schwerpunkt zukommende Beachtung zuteil. Besonders wichtig ist die Tatsache, daß die zuständige Behörde für diese anzeigepflichtige Tierseuche verschiedene Bekämpfungsmaßnahmen (verstärkte Bejagung, orale Immunisierung) anordnen kann. Diese Entscheidungsbefugnis für die oberste Landesbehörde ist einerseits vorteilhaft, weil flexibler auf spezifische Situationen reagiert werden kann, sie birgt andererseits aber die Gefahr in sich, daß erforderliche großräumige, flächendeckende Maßnahmen unter Umständen schon an der Landesgrenze oder sogar an der Kreisgrenze enden.

Der Schutz des Menschen vor dieser lebensgefährlichen Zoonose steht ohne Zweifel im Vordergrund, es soll aber dabei nicht unerwähnt bleiben, daß eine Zurückdrängung bzw. Tilgung der Tollwut auch positive ökonomische Aspekte aufweist Wegfall einer prä- bzw. postexpositionellen Impfung beim Menschen, Sperr- und Impfmaßnahmen in Tierbeständen, Beseitigung von Tieren und tierischen Produkten bei Tollwut bzw. -verdacht, Diagnostikaufwand).

In den letzten Jahrzehnten sind unterschiedliche Maßnahmen (Fuchsbejagung, Impfaktion b. Haustieren, Fuchsbaubegasung) mit z. T. enormem Aufwand durchgeführt worden, ohne daß ein durchgreifender Erfolg zu verzeichnen war.

Darstellung des Tollwutgeschehens

Verfolgt man die Tollwutinzidenz in den letzten 30 Jahren, so wird bei allen Schwankungen deutlich, daß ein zunehmender Trend bei den absoluten Tollwutfällen nicht zu übersehen ist. Daran ändern auch räumliche und zeitliche Schwankungen im Prinzip nichts. Die vielfach diskutierte 3- bis 5-Jahresrhythmik ist bei dem in den Abbildungen 1 und 2 dargestellten Verlauf keineswegs deutlich ablesbar oder ist möglicher-

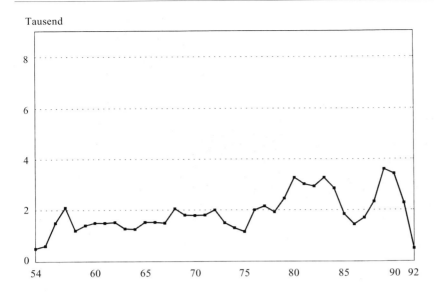

Abb. 1 Zahl der Tollwutfälle in der DDR/nBL von 1954-1992

weise durch ein multifaktorielles Geschehen maskiert. Deutliche Unterschiede in der Tollwutinzidenz zwischen 1965 und 1978 in der Bundesrepublik Deutschland und in der DDR sind nicht zu erklären.

Die jährlichen Einsendungen und Untersuchungen auf Tollwut sind beachtlich und Ausdruck der Bedeutung und Notwendigkeit dieser Untersuchungen (Abb. 3). So wurden allein von 1983 bis 1992 insgesamt 226.857 Einsendungen registriert, davon waren 23.215 Tollwut positiv (= 10,2 %).

Waren die Einsendungen bis 1989 vornehmlich durch Abklärung eines Verdachtes, Untersuchung von Unfallwild und besonders aus Sorge um den Schutz der menschlichen Gesundheit geprägt, so ist jetzt der Untersuchungsumfang und die Zusammensetzung des Untersuchungsmaterials durch die orale Immunisierung und die dazu begleitende Diagnostik geprägt.

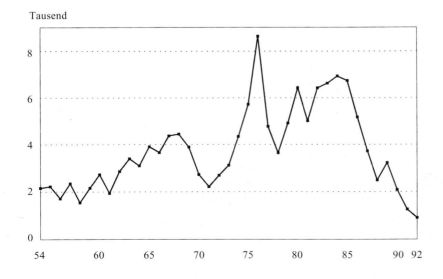

Abb. 2 Zahl der Tollwutfälle in der Bundesrepublik Deutschland von 1954-1992

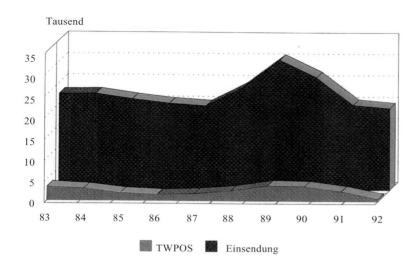

Abb. 3   Anteil der Tollwutfälle an den Gesamteinsendungen von 1983-1992 (DDR/nBL)

Die Auswertung des umfangreichen Untersuchungsmaterials aus der DDR bzw. den neuen Bundesländern (ohne Berlin) läßt folgende Aussagen zu:

1. Von den 23.152 diagnostizierten Tollwutfällen der letzten 10 Jahre sind 5.814 (= 25,1 %) der Haustiertollwut und 17.338 (= 74,9 %) der Wildtiertollwut zuzurechnen (Abb. 4).

2. Der Fuchs nimmt die zentrale Position im Tollwutgeschehen ein. Auf ihn konzentrieren sich 66 % aller Tollwutfälle und sogar 88,1 % der Wildtollwutfälle (Abb. 4).

3. Beim Wild belegen der Marder mit 853 Fällen (= 4,9 %), das Reh mit 835 Fällen (= 4,8 %) und der Dachs mit 242 Fäl-

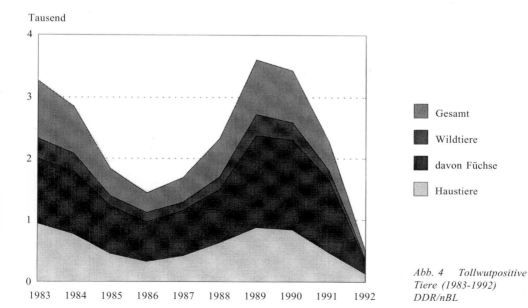

Abb. 4   Tollwutpositive Tiere (1983-1992) DDR/nBL

len (= 1,4 %) die nächsten Plätze in der Wildtiertollwut.

Die restlichen 131 Fälle (= 0,8 %) verteilen sich auf sehr viele Wildarten (Damwild, Schwarzwild, Eichhörnchen, Feldermaus, Iltis, Marderhund, Waschbär, Fischotter, Rotwild, Wolf, Igel).

4. Von den 5.814 Haustiertollwutfällen waren Schafe 1.703mal (= 29,3 %) betroffen (davon 1.261 Fälle in Sachsen!), Katzen 1.644mal (= 28,3 %), Rinder 1.202mal (= 20,7 %), Hunde 1.111mal (= 19,1 %), Pferde 99mal (= 1,7 %) betroffen (Abb. 5).

Die prozentualen Verschiebungen in den letzten Jahren zugunsten von Hund und Katze bedürfen noch einer Interpretation (Abb. 6).

5. Nach der flächendeckenden oralen Immunisierung des Fuchses verändert sich die Tollwutinzidenz bei Wild- und Haustieren eindrucksvoll.

Aufgaben und Zielstellung der oralen Immunisierung

Zielstellung der oralen Immunisierung des Fuchses ist die Tilgung der Fuchsstollwut und damit die Verhinderung der Haustiertollwut. Ob die guten Ergebnisse der Schweiz (die Ende der 70er Jahre mit der Impfung begann und praktisch als tollwutfrei gilt) auf weitere Länder und konkret auf Mitteleuropa zu übertragen sind, bleibt abzuwarten.

Nach der Schweiz haben weitere europäische Länder mit der Impfung begonnen. Allen voran 1983 die Bundesrepublik Deutschland, die mit der Weiterentwicklung des Impfstoffes und der Fuchsköder einen großen Anteil daran hat, daß heute zahlreiche Länder gegen Fuchsstollwut impfen und in der EG Konzepte für eine gemeinschaftliche Bekämpfungsaktion entwickelt wurden (Entscheidung des Rates v. 24. 7. 1989 89/455/EWG).

Im Rahmen dieser Maßnahmen wurde 1989 in der DDR mit der oralen Immunisierung (Rügen und DDR Nordwest) begonnen, die dann schrittweise ausgedehnt wurde, so daß ab 1991 von einem flächendeckenden Impfprogramm gesprochen werden kann. Zunehmend wurde auch eine Impfstoff- und Ködervariante aus der DDR (Dessau) eingesetzt. Die Auslage der Köder erfolgt gegenwärtig fast ausschließlich durch den Flugzeugeinsatz, einer sehr sicheren und beständigen Auslageart. An diesem Verfahren wird weiter gearbeitet (Computerprogramme).

Prinzip dieses Impfstoffeinsatzes beim Fuchs ist es, durch einen Lebendimpfstoff (Haustiere werden nur mit Totimpfstoffen vakziniert) die Füchse zu immunisieren, so daß die Infektkette zwischen den Füchsen abreißt und damit auch die Infektion Wild-Haustier unterbrochen wird. Voraussetzung ist eine hohe Aufnahmerate der Köder und die Ausbildung einer belastbaren Immunität. Vorversuche, Felderprobungen und die jahrelange Anwendung verschiedener Impfstoffe haben gezeigt, daß diese Zielstellungen erreichbar sind.

Die hohe Aufnahmerate von über 60... 80 % – erkennbar am Nachweis des OTC-Markers im Knochen – und Immunisierungsraten von

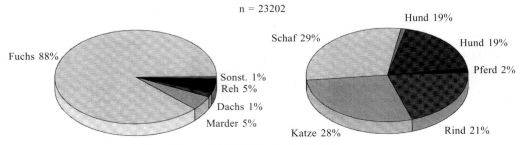

Abb. 5   Wild- und Haustiertollwutfälle von 1983-1992 in der DDR/nBL

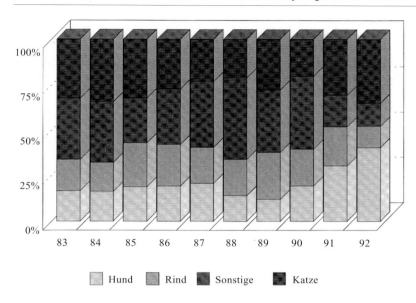

Abb. 6 Anteil ausgewählter Tierarten an der Haustiertollwut von 1983-1992 (DDR/nBL)

deutlich über 50 % (bis über 80 %) – erkennbar im SNT – bildeten die Voraussetzung für die sehr guten Bekämpfungserfolge im Osten Deutschlands. Die folgenden Zahlen sprechen für sich.

Tabelle 1   Tollwutfälle vor und anch der oralen Immunisierung der Füchse im Osten Deutschlands

	1989	1992	1992 zu 1989 in %
Mecklenburg/Vorpommern	466	161	34,5
Brandenburg	966	134	13,9
Sachsen/Anhalt	645	159	24,7
Sachsen	1.035	40	3,9
Thüringen	481	5	1,0
Gesamt	3.593	499	13,9

(Abb. 7 und 8)

Diese außerordentlich günstigen Ergebnisse haben vielfach schon zu der Diskussion geführt, ob man nun nicht das Impfprogramm einschränken oder z. T. sogar aussetzen könnte. Dies muß beim gegenwärtigen Stand eindeutig verneint werden, es sei denn, wir verabschieden uns von der noch nicht korrigierten Zielstellung: der Tollwuttilgung und ändert auch nichts an den notwendigen Maßnahmen in den nächsten Jahren. Wir sollten die Entwicklung der Tollwut in einigen alten Bundesländern als Anlaß für tiefergehende epidemiologische Analysen nutzen (Abb. 9).

Schlußfolgerungen

1. Die orale Fuchsimmunisierung ist eine außerordentlich erfolgreiche Methode zur Bekämpfung der Tollwut beim Fuchs und damit auch zur Bekämpfung der Wild- und Haustiertollwut (Abb. 10).
2. Das Impfprogramm kann und darf nur eine Aufgabe – allerdings die Schwerpunktaufgabe – im Maßnahmenkomplex der Tollwutbekämpfung sein. Besonders wichtig sind dabei eine begleitende Diagnostik, epidemiologischen Analysen, Untersuchungen zur Populationsdynamik beim Fuchs und anderen bedeutsamen Wildarten (Köderkonkurrenten) sowie jagdwirtschaftliche Maßnahmen.
3. Auf der Grundlage der Tollwut-VO sind alle Maßnahmen zu koordinieren, leitungsmäßig abzusichern und regelmäßig auszuwerten.
4. Eine vorzeitige Reduzierung oder sogar Unterbrechung des Impfprogrammes könnte verhänghnisvolle Folgen haben.

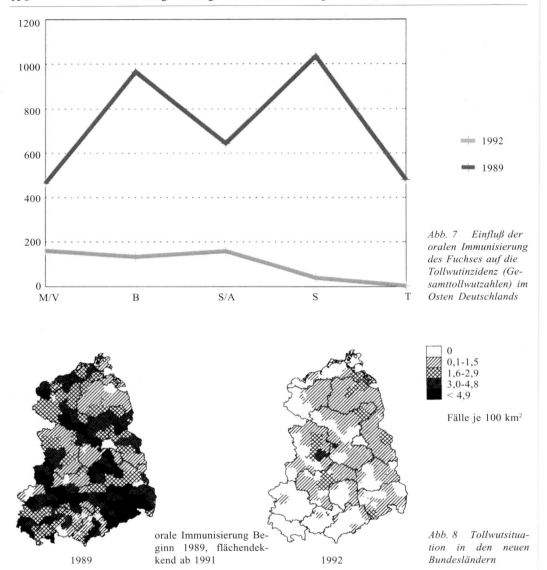

Abb. 7 Einfluß der orale Immunisierung des Fuchses auf die Tollwutinzidenz (Gesamttollwutzahlen) im Osten Deutschlands

Abb. 8 Tollwutsituation in den neuen Bundesländern

Nur bei einer näherungsweise exakten Kenntnis über wichtige Einflußfaktoren (Fuchspopulation, Fuchsstrecke, Köderkonkurrenz, Köderaufnahme und Immunisierungsrate beim Fuchs, Tollwutinzidenz) auf den Bekämpfungserfolg sollte die Bekämpfungsstrategie bzw. -taktik (Auslageart, -frequenz, Köderanzahl pro km^2) geändert werden.

5. Umfang und Bedeutung sowie Art und Einsatzdauer einer die Tollwutbekämpfung begleitenden Diagnostik (OTC-Marker, Immunitätsnachweise im SNT) bedarf einer kritischen Wertung. Gegenwärtig sollte auf sie keinesfalls verzichtet werden.

Allerdings muß über ihre zukünftige Anwendung und Effektivität nachgedacht werden. Dazu rechnen wir auch die Charakteristik und Auswahl sogenannter Indikatorkreise.

6. Das Tollwutgeschehen in angrenzenden

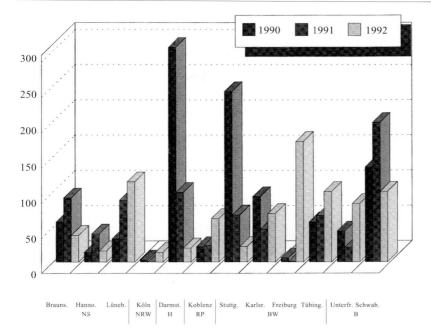

Abb. 9 Anzahl der Tollwutfälle in ausgewählten Regierungsbezirken der Bundesrepublik Deutschland

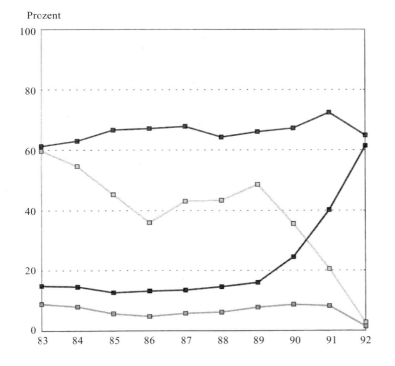

Abb. 10 Fuchseinsendungen und Fuchstollwut

Ländern (Polen, CSR, Frankreich), aber auch in den benachbarten Bundesländern ist aufmerksam zu verfolgen und in die Bekämpfungskonzeptionen einzubeziehen.
7. Wildbiologische Daten (Reproduktion, Abundanz, Synökologie) und jagdliche Maßnahmen haben großen Einfluß auf den Bekämpfungserfolg. Sie sind stets in epidemiologische Analysen einzubeziehen.

Ein Austausch von Daten bzw. die Bildung interdisziplinärer Forschungsgruppen wären empfehlenswert. Dabei sollte der Rahmen über die Tollwutproblematik hinausgehen (Wildgesundheit, Zoonosen).

Anschrift des Verfassers:
Dr. H. Schlüter,
Bundesforschungsanstalt für Viruskrankheiten der Tiere
Institut für Epidemiologie
16868 Wusterhausen/Dosse*

---

* Unser Dank gilt den Mitarbeitern des Veterinärwesens der neuen Bundesländer, insbesondere in den Landesbehörden und in den Veterinäruntersuchungsämtern, ohne die eine solche Auswertung unmöglich ist.

Friedrich Ulbrich, Dresden

Ergebnisse der oralen Immunisierung der Füchse gegen Tollwut im Regierungsbezirk Dresden

Die orale Fuchsimmunisierung gegen Tollwut verfolgt ähnliche Prinzipien wie unsere bisherigen Bekämpfungsmaßnahmen, d.h. durch Verminderung der Zahl der empfänglichen Tiere soll die Infektkette zum Abreissen gebracht werden. Während bei der intensiven Dezimierung des Fuchsbestandes „Vakuum"- Räume entstanden, die sich durch Migration des Fuchses schnell wieder auffüllten, bleiben heute Populationsdynamik und Bewegung im Fuchsbestand weitgehend unverändert.

Im Regierungsbezirk Dresden wurden bisher vier Impfaktionen mit Ausbringung von 18 bis 20 Impfködern pro km² durch den Flugservice, ergänzt durch Handauslage in besonderen Gebieten, durchgeführt. Für die Kontrolle der Wirkung der Vakzination wurden im Labor die diagnostischen Untersuchungen auf Tollwut mit dem Immunfluoreszenztest und der Nachkontrolle der positiven Ergebnisse durch Virusanzüchtung in der Zellkultur wie bisher durchgeführt. Gesondert eingesandte Füchse zur Impfkontrolle wurden auf Tollwut, zum Nachweis des Ködermarkers und auf Antikörpergehalt untersucht.

Eine Bewertung der Wirkung der oralen Fuchsimmunisierung ist nicht einfach, da im weitgehend natürlichen Vorkommen der Tollwut in Mitteleuropa große Schwankungen auftreten können. Kauker und Zettl (1960) arbeiteten eine Periodizität von drei bis vier Jahren heraus. Nach einem Tollwutmaximum kommt es durch die Dezimierung des Fuchsbestandes im folgenden Jahr zu einem erheblichen Rückgang der Tollwutzahlen, die mit der Erholung der Fuchspopulation wieder bis zum nächsten Maximum ansteigen. Das Jahr 1989 war das Jahr eines Maximums mit 626 labormäßig festgestellten Tollwutfällen, das sind 17,6 % der untersuchten 3556 Einsendungen (Tab. 1). 1990 kam es zum natürlichen Rückgang auf 252 Tollwutfeststellungen (=14,3 %) bei 1757 untersuchten Tieren. Im 1. Halbjahr 1991 machte sich die erwartete Steigerung der Tollwutfälle deutlich:

1. Halbjahr 1990   112 Fälle = 12,6 % der untersuchten Tiere = 16,6 pro Monat

1. Halbjahr 1991   144 Fälle = 20,4 % der untersuchten Tiere = 24,0 pro Monat.

Die erste Impfaktion erfolgte im Mai 1991. In den folgenden Monaten waren die Tollwutnachweise wesentlich geringer:

2. Halbjahr 1990   140 Fälle = 18,3 % der untersuchten Tiere = 23,3 pro Monat

2. Halbjahr 1991   75 Fälle = 10,85 % der untersuchten Tiere = 12,5 pro Monat

Nach der 2. Impfaktion im Oktober 1991 stellte sich ab Februar 1992 ein bedeutender Rückgang der Tollwutfälle ein, der durch die Impfaktion im April und im Oktober 1992 weiterhin gesichert wurde, so daß das Jahr 1992 mit nur 28 Tollwutfällen von 751

Tabelle 1: Untersuchungsergebnisse zum Nachweis von Tollwut bei Tieren in den Jahren 1989-1992 im Regierungsbezirk Dresden (← = Impfaktion)

	1989			1990			1991			1992		
	Nachgewiesene Tollwutfälle	Untersuchte Tiere	%	Nachgewiesene Tollwutfälle	Untersuchte Tiere	%	Nachgewiesene Tollwutfälle	Untersuchte Tiere	%	Nachgewiesene Tollwutfälle	Untersuchte Tiere	%
Januar	45	239	18,8	23	147	15,6	21	116	17,2	11	89	
Februar	42	190	22,1	28	163	17,2	18	98	18,3	4	61	
März	77	260	29,6	20	146	13,7	31	120	25,8	3	55	
April	30	209	14,4	14	143	9,8	23	96	23,9	1	51 ←	
Mai	28	223	12,6	13	155	8,4	27	140	19,3 ←	-	57	
Juni	40	288	13,9	14	138	10,4	24	136	17,6	1	73	
Zwischensumme				112	892	12,6	144	706	20,4	20	386	5,2
Juli	58	348	16,7	15	160	9,3	11	132	8,3	-	63	
August	81	473	17,1	13	134	9,7	13	119	10,9	-	67	
September	57	376	15,1	25	166	15,0	13	114	11,4	2	64	
Oktober	79	468	16,9	29	154	18,8	15	131	11,4 ←	-	55 ←	
November	43	280	15,4	42	144	29,2	10	108	9,26	4	67	
Dezember	46	202	22,8	16	107	15,0	13	87	15,5	2	49	
Zwischensumme				140	865	16,2	75	691	10,85	8	365	2,2
Summe	626	3556	17,6	252	1757	14,3	219	1397	15,67	28	751	3,7

diagnostisch untersuchten Tieren = 3,7 % abgeschlossen werden konnte.
Das ursprüngliche Tollwutgeschehen war im Jahresverlauf durch zwei Maxima im Frühjahr und im Herbst gekennzeichnet (ULBRICH, 1981), die sich auch 1989, 1990 und 1991 erkennen ließen. 1992 waren die Zahlen so gering, daß Maxima nicht abgeleitet werden können.
Nach Rückgang der Tollwutverseuchung bis April 1992 und der 3. Impfaktion im April 1992 traten zunächst nur sporadisch und unabhängig in den Kreisen Löbau, Görlitz und Bischofswerda je ein Tollwutfall auf, bis es nach der 4. Aktion im Oktober 1992 zu einem herdförmigen Ausbruch nahe der tschechischen Grenze mit 5 Fällen in einer Gemeinde und mit einem Fall weiter ab kam, ergänzt durch je einen weiteren Fall in der Gemeinde sowie in einiger Entfernung im Januar 1993. In der Tschechischen Republik war das Grenzgebiet 1992 das dritte Mal in die Impfmaßnahmen einbezogen. Die Aktionen werden von den Jägern durch Auslage von Hand abgesichert (MATOUCH und JAROS, 1992). Tollwutfälle wurden im 4. Quartal 1992 in den Grenzkreisen vereinzelt, aber in den grenzferneren Gebieten bekannt (Abb. 1).
Neben den diagnostischen Untersuchungen sind seit Einführung der oralen Vakzination der Füchse 955 Füchse als Impfkontrollen untersucht worden. Davon waren 289 Tiere Jungfüchse vom Frühjahr, die als Impfkontrollen ungeeignet sind, weil sie keine Impfköder aufgenommen haben können. Bisher konnten wir bei Kontrollfüchsen niemals Tollwut diagnostizieren. Die gewonnenen Unterkieferknochen wurden zum Nachweis des Markers im Köder und die Blutproben auf ihren Antikörpergehalt untersucht. Von 545 Knochenproben enthielten 414 den Ködermarker, d.h. 76 % der Füchse hatten Impfköder aufgenommen. Von einer Stich-

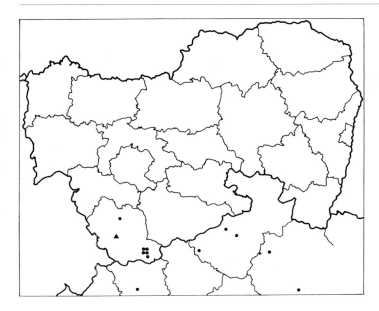

Abb. 1 Tollwutfälle im Regierungsbezirk Dresden und im Grenzbereich Nordböhmens im 4. Quartal 1992 (●) und Januar 1993 (▲)

probe von 15 Fuchsblutproben enthielten 12 Seren Antikörper, d.h. ein hoher Anteil der Füchse war immun.

Die orale Fuchsimmunisierung mit Ausbringung der Impfköder durch den Flugservice, die im Regierungsbezirk in 5 Tagen abgeschlossen werden kann, ist bisher erfolgreich verlaufen. Selbst die 1. Impfaktion im Mai 1991 hatte einen nachweisbaren Einfluß auf das Tollwutgeschehen in der Folgezeit. Die Zahl der Tollwutfälle ist stark reduziert worden. Die dennoch aufgetretenen Fälle zeigen jedoch, daß konsequente Maßnahmen auch weiterhin erforderlich sind. Die Impfmaßnahmen sind flächendeckend weiterzuführen. Impfmaßnahmen können erst ausgesetzt werden, wenn ein größeres Territorium über 2 Jahre tollwutfrei gewesen ist. Beim Nachweis einzelner tollwütiger Tiere ist eine verstärkte Bejagung zu organisieren, bei lokaler Häufung der Tollwutfunde sind Impfköder zwischenzeitlich von Hand auszubringen. Bei größeren Tollwutausbrüchen muß an eine zusätzliche Impfaktion mit Flugzeugeinsatz, besonders nach Beginn des Raubmündigwerdens der Jungfüchse Ende Juli / Anfang August, gedacht werden.

In Gebieten, die schon längere Zeit die orale Immunisierung der Füchse einsetzen, ist es wiederholt zur Wiederverseuchung gekommen. Deshalb sollte man folgende theoretische Betrachtungen statistischen Inhaltes nicht außer Acht lassen: Bei der Frühjahrsimpfung haben nur Altfüchse Gelegenheit, Impfköder aufzunehmen. Bei einer durchschnittlichen Wurfgröße von 5 Welpen (STUBBE, 1989) beträgt der Anteil der Altfüchse im Sommer etwa 28 %. Es ist bekannt, daß nur etwa 70-80 % der vorhandenen Füchse Impfköder aufnehmen. Der Anteil immuner Füchse liegt danach im Sommer unter 25 %. Und das ist jedes Jahr so, denn die Fuchspopulation regeneriert sich jährlich durch Zuwachs von schätzungsweise 80 % Jungfüchsen im August-September. Erst bei der Herbstimmunisierung haben alle Füchse die Möglichkeit, Impfköder aufzunehmen. Nur 70 - 80 % der Füchse sind erreichbar (SCHNEIDER und Mitarbeiter, 1987). Je größer die Fuchspopulation, desto größer ist auch bei 70 % Antikörpernachweis der Anteil nicht immuner Tiere in absoluten Zahlen. Der Bedarf an Impfstoff wird durch eine hohe Populationsdichte des Fuchses unnötig erhöht.

Der Zeitpunkt der Ausbringung des Impfstoffes ist von den klimatischen Verhältnissen abhängig. Hohe Außentemperaturen inaktivieren das Impfvirus in den Ködern schneller; niedrige, wechselnde Temperaturen mit wiederholten Gefrier-Auftau-Vorgängen schädigen den Impfstoff. Daraus bieten sich die Impftermine im April-Mai und im September-Oktober an. Von der Fuchsbiologie her könnte ein beachtenswert späterer Termin für die Frühjahrsimpfung die Jungfuchspopulation besser erfassen.

Die Tollwut trat in den früheren Jahren als populationsregulierender Faktor im Fuchsbestand auf. Wenn jetzt die Tollwut aus gesundheitspolitischen Gesichtspunkten für den Menschen bekämpft wird, erscheint die Bestandsexplosion beim Fuchs unvermeidbar. Ein erhöhter Fuchsabschuß durch die Jäger ist einfach erforderlich, andernfalls werden sich andere bestandsregulierende Faktoren einstellen. Die Fuchsräude läßt die befallenen Füchse langsam und qualvoll verenden. Dem trugen die Jäger während der ersten 9 Monate des Jagdjahres 1992/93 in 10 Kreisen Rechnung mit einer Strecke von 0,95 Füchsen/100 ha. Dabei fällt das Ergebnis in den Jagdgenossenschaften/Eigenjagdbezirken mit 1,01 Füchsen/100 ha günstiger aus als in der Verwaltungsjagd mit 0,5 Füchsen/100 ha. Vergleichbar betrug die durchschnittliche Fuchsstrecke in den Jahren 1962-1970 0,76 Tiere/100 ha im ganzen Jahr. Die Öffentlichkeit muß Verständnis entwickeln, daß weidgerechte Fuchsjagd tierschutzgerechtes Töten ist.

Literatur

KAUKER, E.; ZETTL, K. (1960): Die Ökologie des Rotfuchses und ihre Beziehung zur Tollwut. – Dtsch. Tierärztl. Wschr. **67**: 463.

MATOUCH, O.; JAROS, J. (1992): Rabies– Epidemiological Situation in 1991.– The Information Bulletin of the Czech Republic State Veterinary Administration. U sila 310, CR 463 11 Liberec 30.

SCHNEIDER, L. G.; COX, J. H. und MÜLLER, W. W. (1987): Der Feldversuch zur oralen Immunisierung von Füchsen gegen die Tollwut in der Bundesrepublik Deutschland– Eine Zwischenbilanz.– Tierärztl. Umschau **42**: 184.

STUBBE, M. (1989): Fuchs *Vulpes vulpes* (L.) in STUBBE, H.: Buch der Hege, Bd. 1, 4. Auflage,– VEB Deutscher Landwirtschaftsverlag Berlin.

ULBRICH, F. (1981): Die Tollwut im Bezirk Dresden und Schlußfolgerungen für die Bewirtschaftung des Raubwildes.–Agrarwissenschaftl. Gesellsch. der DDR, Bezirksverband Dresden, Tagungsbericht Dresden, 20.11.1981.

Zusammenfassung

Nach vier Impfaktionen gegen Tollwut der Füchse im Regierungsbezirk Dresden seit 1991 ist das Tollwutvorkommen von 252 im Jahre 1990 schrittweise auf 28 Fälle im Jahre 1992 bzw. auf 8 in der 2. Jahreshälfte 1992 gesunken. Alle diese Fälle traten in einem begrenzten Territorium auf. Die typischen Maxima im Jahresverlauf der Häufigkeitskurve blieben 1992 aus. 76 % der Füchse hatten Impfköder aufgenommen. 12 von 15 Füchsen hatten Antikörper gebildet. Die Fuchsstrecke ist gegenüber 1962-1970 von 0,76 Füchsen/100 ha jährlich auf 0,95 Tiere/100 ha in 9 Monaten des Jahres 1992 vor allem in den Jagdgenossenschaften/Eigenjagdbezirken angestiegen. Die Intensivierung der Fuchsjagd ist erforderlich, um andere bestandsregulierende Faktoren auszuschalten. Die Öffentlichkeit muß Verständnis entwickeln, daß weidgerechte Fuchsjagd tierschutzgerechtes Töten ist.

Herrn Dr. Schaarschmidt, Landesuntersuchungsanstalt für das Gesundheits- und Veterinärwesen Sachsen, Standort Chemnitz, danke ich für die Überlassung der Ergebnisse der Kontrolluntersuchungen sowie der Forstdirektion Bautzen und den Unteren Jagdbehörden der Landratsämter für die Angabe der Fuchsstrecke.

Summary

Title of the paper: Results of oral fox immunization against rabies in the Dresden district

After 4 steps of vaccination against rabies since 1991 the occurence of rabies has descreased from 252 in 1990 to 28 cases in 1992 respectively to 8 in the second part of the year. All these cases appeard in a bound area. The typical culminations of course of frequency about the year were missing in 1992. 76 % of foxes had taken up baits for vaccination. 12 of 15 foxes had formes antibodies. The fox bag has grown up out of the time from 1962 to 1970 with 0.76 foxes per 100 ha every year to 0.95 animals per 100 ha from April to December 1992 especially in the hunting grounds of the hunting associations. Hunting of foxes must be more intensive to eliminate other population regulating factors. Publicity has to develop understanding that regular fox hunting means killing in conformity with animal welfare.

Anschrift des Verfassers:
Dr. F. ULBRICH
Landesuntersuchungsanstalt für das Gesundheits- und Veterinärwesen Sachsen, Standort Dresden
Jägerstr. 10, 01099 Dresden

REGINE RIBBECK, Leipzig
WERNER HAUPT, Leipzig

Vorkommen und Bedeutung des Kleinen Fuchsbandwurmes *Echinococcus multilocularis* (Eine Literaturübersicht)

Die Echinokokkose ist eine gefürchtete parasitär bedingte Zoonose des Menschen. In Europa sind gegenwärtig zwei *Echinococcus*-Arten bekannt, in deren Lebenszyklus der Mensch als seltener, akzidenteller Zwischenwirt eingeschaltet ist und die zwei Formen dieser Erkrankung, die zystische und die alveoläre Echinokokkose, hervorrufen können (DROLSHAMMER u. a. 1973, ECKERT 1981, BAUMGARTEN u. a. 1983, GOTTSTEIN u. a. 1983, FRANK 1984, ECKERT u. AMMANN 1990, PETAVY u. a. 1991).

Eine dieser Arten ist der Dreigliedrige Hundebandwurm, *Echinococcus granulosus*. Er entwickelt sich in Mitteleuropa in einem domestischen Zyklus, in dem der Hund den Endwirt darstellt. Bei diesem lebt der erwachsene Bandwurm. Die Katze spielt als Endwirt keine Rolle. Schlachtbare Haustiere, wie Rind, Schwein, Schaf, Ziege oder Pferd, und auch gelegentlich der Mensch, sind die Zwischenwirte, in denen sich die Finnen, d. h. die Larvenstadien der Bandwürmer, entwickeln. Der Mensch kann nach der Ansteckung an der sog. zystischen Echinokokkose erkranken (DROLSHAMMER u. a. 1973, BAUMGARTEN u. a. 1983).

Für die zweite *Echinococcus*-Art, den Fünfgliedrigen, Kleinen oder Gefährlichen Fuchsbandwurm, *Echinococcus multilocularis*, tritt als Endwirt hauptsächlich der Rotfuchs auf. In Endemiegebieten kommen natürliche Infektionen in geringem Maße auch bei Hund und Katze vor, jedoch gilt dabei die Katze als weniger gut geeigneter Endwirt (VOGEL 1960, KREHMER u. SCHEIBERT 1972, LEIBY u. KRITSKY 1972, DROLSHAMMER u. a. 1973, ECKERT u. a. 1974, MÜLLER u. PARTRIDGE 1974, CRELLIN u. a. 1981, ECKERT 1981, 1988, LOOS-FRANK u. ZEYHLE 1981, ZEYHLE 1982, FRANK 1984, KIMMIG u. MÜHLING 1985, MEYER u. SVILENOV 1985, FESSELER u. a. 1989, DEBLOCK u. a. 1989, DINGELDEIN 1990, ZEYHLE u. a. 1990, GOTTSTEIN u. a. 1991, PETAVY u. a. 1991). Zwischenwirte, die die Finne *Echinococcus alveolaris* beherbergen, sind in Mitteleuropa vor allem kleine Nagetiere, wie Feldmaus (*Microtus arvalis*), Rötelmaus (*Clethrionomys glareolus*), Schermaus (*Arvicola terrestris*) sowie Bisam (*Ondatra zibethicus*), aber auch Erdmaus (*Microtus agrestis*), Gelbhalsmaus (*Apodemus flavicollis*) und der Sumpfbiber (*Myocastor coypus*). Ein potentieller Zwischenwirt ist der Mensch (ECKERT 1989, ZEYHLE u. a. 1990).

Den epidemiologisch bedeutsamsten Zwischenwirt stellt die Feldmaus dar (VOGEL 1960, ZEYHLE 1980, ZEYHLE u. FRANK 1982, WORBES u. a. 1989). Die Befallsraten bei Mäusen mit *Echinococcus*-Larvenstadien liegen in den Endemiegebieten zwischen 0,1 und 5% (ZEYHLE 1982, ZEYHLE u. FRANK 1982, KIMMIG u. MÜHLING 1985). Diese erscheinen zwar relativ gering, sind aber offenbar ausreichend für die Aufrechterhaltung der Infektion in der Fuchspopulation, wenn man davon ausgeht, daß Mäuse die hauptsächliche Nahrung der Füchse darstellen. Wir konnten in Mägen erlegter Füchse

bis zu 22 Feldmäuse nachweisen; es wurden sogar bis zu 50 Mäuse pro Tag als Beute bei einem Fuchs gefunden (KIMMIG u. MÜHLING 1985).
Die Infektkette bei *Echinococcus-multilocularis*-Infektionen verläuft in der Regel in einem sylvatischen Zyklus zwischen Fuchs und kleinen Nagern (Abb. 1). Es sind aber auch ein intermediärer Zyklus über Katze oder Hund – Feldmaus – Katze bzw. Hund sowie ein domestischer Zyklus, z. B. über Katze – Hausmaus (*Mus musculus*) – Katze möglich (LEIBY u. KRITSKY 1972, DROLSHAMMER u. a. 1973, KIMMIG u. MÜHLING 1985).
Die kleinblasigen, schwammigen, metastasierenden Finnen in den Zwischenwirten ähneln mit ihrem infiltrativen Wachstum einem bösartigen Tumor (MEHLHORN u. a. 1983). Das larvale Gewebe wächst zeitlebens weiter (KIMMIG u. MÜHLING 1985). Primärer und hauptsächlicher Sitz der Finnen ist beim Menschen wie auch bei anderen Zwischenwirten die Leber. Absiedlungen (Metastasen) können in Gehirn, Lunge oder anderen Organen vorkommen. Beim Menschen rufen die Finnen das Krankheitsbild der alveolären Echinokokkose hervor. *Echinococcus multilocularis* ist auf der nördlichen Halbkugel der Erde verbreitet (ECKERT 1989). Die Endemiegebiete in Mitteleuropa mit z. T. hohen *Echinococcus-multilocularis*-Funden in der Fuchspopulation liegen vor allem nördlich der Alpenregion. Sie umfassen zentrale und östliche Gebiete von Frankreich, nördliche, östliche und südöstliche Regionen der Schweiz, den westlichen und südlichen Teil Österreichs, verschiedene Gebiete Südwestdeutschlands, wie Baden-Württemberg, Bayern, Rheinland-Pfalz, aber auch Hessen, Teile Niedersachsens und Thüringens. Zu der Verbreitung in Thüringen liegen umfangreiche Untersuchungen von SUHRKE (1993) vor. Außer dem Vorkommen in den Endemiegebieten sind sporadische Funde von *Echinococcus multilocularis* auch aus der ehemaligen ČSSR sowie in Deutschland aus Brandenburg und Mecklenburg-Vorpommern bekannt geworden (MÜLLER u. PARTRIDGE 1974, LOOS-FRANK u. ZEYHLE 1981, ZEYHLE 1982, ZEYHLE u. FRANK 1982, JONAS u. HAHN 1984, ECKERT 1989, SCHOTT u. MÜLLER 1989, 1990, DINGELDEIN 1990, FESSELER u. a. 1991, SCHELLING u. a. 1991, BALLEK u. a. 1992, BEIER 1992, ROMMEL 1992, RÜHE 1992, SCHNEIDER 1992, WORBES 1992, ANONYM 1992). Bisher ist nicht zu entscheiden, ob in Mitteleuropa eine epidemiologisch stabile oder instabile Situation hinsichtlich des Vorkommens der alveolären Echinokokkose besteht. In den vergangenen Jahren wurde *Echinococcus multilocularis* auch in Gebieten Mitteleuropas festgestellt, die bisher als echinokokkenfrei galten. Es ist jedoch nicht geklärt, ob es sich dabei gegenwärtig um eine Ausbreitungstendenz dieses Parasiten nach Norden handelt, wie verschiedene Au-

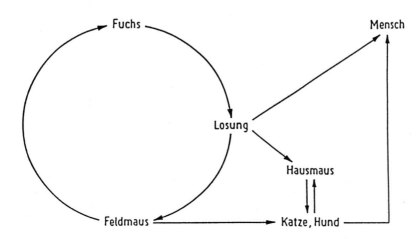

Abb. 1 Infektionszyklus von Echinococcus multilocularis (schematisiert nach KIMMIG und MÜHLING 1985)

toren annehmen, oder lediglich um eine Feststellung bisher unbekannter Endemiegebiete durch eine Intensivierung der Untersuchungen bei Füchsen (ROMMEL 1992, SCHNEIDER 1992).

Der Endwirt steckt sich durch die Aufnahme infizierter Zwischenwirte an. Fertile Finnen vom Typ Echinococcus, wie sie bei den Nagern vorkommen, sind dadurch charakterisiert, daß sie mehrkammerige Blasen (Konglomerate aus Mutter- und Tochterblasen) bilden, von deren Wand Tausende von Kopfanlagen der Bandwürmer sprossen. Nimmt z. B. ein Fuchs solch eine finnentragende Maus auf, wächst aus diesen Kopfanlagen in seinem Dünndarm eine sehr große Zahl von Bandwürmern heran. Die Befallsintensität der Füchse mit *Echinococcus multilocularis* ist daher oftmals sehr hoch (SCHOTT u. MÜLLER 1989, BALLEK u. a. 1992). Die Entwicklungsdauer des Bandwurmes im Endwirt bis zur Geschlechtsreife beträgt etwa 37 bis 42 Tage, seine Lebensdauer liegt bei 5 bis 6 Monaten. Die sehr kleinen, etwa nur 4 mm langen Bandwürmer liegen in der hinteren Dünndarmhälfte tief in die Darmschleimhaut eingebettet. Am eröffneten Darm sind sie mit bloßem Auge meist nicht zu erkennen.

Bei den Endwirten Fuchs, Katze oder Hund verläuft der Befall mit *Echinococcus multilocularis* i. d. R. ohne jegliche Krankheitserscheinungen, auch wenn sie eine große Zahl von Bandwürmern beherbergen (DINGELDEIN 1990). Von *Echinococcus multilocularis* wird etwa alle 14 Tage ein reifes Glied abgestoßen, das 200 bis 300 Eier enthält und mit dem Kot ins Freie gelangt. Bei sehr starkem Abgang von Bandwurmgliedern sind diese auf frisch abgesetztem oder aufgeschwemmtem Kot als kleine, etwa 1 bis 3 mm lange, weißliche Gebilde sichtbar. Es muß aber beachtet werden, daß die Bandwurmglieder eine gewisse Eigenbeweglichkeit besitzen und den abgesetzten Kot innerhalb kürzester Zeit verlassen können. Durch Mazeration oder Eintrocknen und Bersten der Glieder werden die darin befindlichen Eier (= beschalte Onkosphären) in der Aussenwelt frei. In Abhängigkeit von Temperatur (Tab. 1) und Feuchtigkeit können sie in der Umwelt wochen- bis monatelang lebens- und infektionsfähig bleiben (SCHÄFER 1986, FRANK 1989, FRANK u. a. 1989, LOOS-FRANK u. a. 1992). Handelsübliche Desinfektionsmittel sind gegenüber *Echinococcus-multilocularis*-Eiern wirkungslos (FRANK u. a. 1989, ECKERT u. AMMANN 1990, ROMMEL 1992). Aufgrund der Struktur der äußeren Hülle der Eier haften diese sehr gut an Unterlagen, z. B. an den Haaren in der Analgegend, an den Pfoten oder um Mund und Nase des Endwirtes, aber auch an Gras und anderen Pflanzen sowie an Wildfrüchten (ECKERT u. AMMANN 1990, LOOS-FRANK u. a. 1992).

Tabelle 1 Überlebensfähigkeit von Echinococcus-multilocularis-Eiern (Zusammenstellung nach Literaturangaben)

Temperatur	Überlebenszeit der Eier
- 18 bis - 20°C	8 Monate
- 27°C	54 Tage
- 70 bis - 80°C	2 Tage
2°C	2 bis 2,5 Jahre
45°C	3 bis 6 Stunden
70 bis 100°C	< 5 Minuten

Die Nagetiere als Zwischenwirte stecken sich durch Aufnahme von mit Fuchslosung von Bandwurmträgern verschmutztem Futter an. Im Darm schlüpfen die Larven aus den aufgenommenen Eiern, durchbohren die Darmwand und werden mit dem Blutstrom in die Leber verfrachtet. Hier wachsen die Finnen infolge des relativ kurzen Lebens der Nager sehr rasch heran. In der Leber bilden sich innerhalb von 2-3 Monaten die kleinblasigen, polyzystischen Larvenkonglomerate heraus. Im Schrifttum wird diskutiert, daß Finnenträger unter den Mäusen in ihrem Verhalten beeinträchtigt sind und eine leichte Beute von Füchsen werden (DINGELDEIN 1990).

Der Infektionsweg bei der Ansteckung des Menschen mit *Echinococcus-multilocularis*-Eiern ist bisher noch nicht eindeutig geklärt (FRANK u. a. 1989). Es gibt keine gesicherten Daten darüber, durch welches Vehikel die Bandwurmeier in den Menschen gelangen. Infektionspforte ist nach übereinstimmenden Meinungen fast ausschließlich der Mund (FRANK 1989). Im Schrifttum wird eine Reihe von Möglichkeiten für die Infektion des Menschen in Erwägung gezogen (ECKERT 1981, FRANK 1984, KIMMIG u. MÜHLING 1985, FRANK u. a. 1989, GEMMELL 1989, DINGELDEIN 1990, ECKERT u. AMMANN 1990, PETAVY u. a. 1991, LOOS-FRANK u. a. 1992, ROMMEL 1992, SCHNEIDER 1992):

1. Exponierte Personen, die Umgang mit infizierten Füchsen haben, können sich z. B. beim Abbalgen infizieren. Die Bedeutung dieser Ansteckungsquelle wird unterschiedlich interpretiert. Einerseits kann dieser Ansteckungsweg wahrscheinlich als relativ gering angesehen werden, da sich mit dem Streifen der Füchse nur eine kleine Personenzahl beschäftigt, die auch wegen der Tollwutgefahr mit bestimmten Schutzmaßnahmen, wie Tragen von Handschuhen und Einhaltung der Grundprinzipien der Hygiene, vertraut ist. Andererseits ist eine Infektion aber auch durch aufgewirbelte Bandwurmeier aus dem trockenen Balg der Füchse möglich.
2. Eine zweite Ansteckungsmöglichkeit des Menschen besteht theoretisch in der Aufnahme der Bandwurmeier über durch Fuchslosung kontaminierte, bodennah wachsende rohe Waldbeeren und Pilze (FRANK u. a. 1989). Bei der großen Mobilität der Füchse gelangen diese bekanntlich auch in Wohngegenden des Menschen und können ihre Losung in Gärten oder auf Gemüsefeldern absetzen. Auf diese Ansteckungsquellen, besonders über rohe Waldbeeren, ungewaschenes Fallobst und Gemüse ist in den letzten Jahren in den Massenmedien immer wieder in z. T. spektakulären, die Bevölkerung verängstigenden Berichten hingewiesen worden. Exakte Beweise über diese geschilderten Ansteckungswege stehen jedoch aus, experimentell können diese Infektionswege wegen der Gefährlichkeit der Echinokokkose am Menschen nicht nachgeprüft werden! Eine Übertragung von Bandwurmeiern durch kotbesuchende Fliegen, z. B. Calliphoridae, auf Wildfrüchte oder Gemüse wäre zumindest möglich; als Vektoren und Verbreiter für Bandwurmeier können auch Käfer, Schaben oder Schnecken fungieren (FRANK 1989, GEMMELL 1989, FUJIKURA 1991).
3. Eine dritte und möglicherweise in Endemiegebieten sehr wichtige Ansteckungsquelle des Menschen ist die Katze. Sie spielt, besonders auf dem Lande, eine wichtige Rolle als Mäusefänger und -vertilger, kann sich dadurch mit den Bandwürmern infizieren, und sie hat wiederum engen Kontakt zum Menschen. Mäuseverzehrende Hunde können in gleicher Weise infiziert werden und Infektionsquelle für den Menschen sein. Vor allem bei unhygienischem Umgang mit Katzen oder Hunden können im Fell haftende *Echinococcus*-Eier vom Menschen aufgenommen werden. Auf die Bedeutung von Hund und Katze als Infektionsquelle bei der alveolären Echinokokkose weisen besonders französische Autoren hin (PETAVY u. a. 1991).
4. Eine Ansteckung scheint auch über aufgewirbelte Bandwurmglieder und -eier aus Fuchslosung bei landwirtschaftlichen Arbeiten, wie Pflügen oder Mähen, möglich zu sein (LOOS-FRANK u. a. 1992).

Nicht geklärt ist bislang die Frage, warum in Endemiegebieten in der Bevölkerung relativ wenige Erkrankungen an alveolärer Echinokokkose trotz einer hohen Befallsrate der Füchse (30 % und mehr) mit *Echinococcus multilocularis* auftreten. Über die jährliche Morbiditätsrate, d. h. die Erkrankungsrate, liegen aus Deutschland keine genauen Zahlen vor, da keine gesetzliche Meldepflicht für diese Erkrankung besteht. Für Baden-Württemberg, das zum Endemiegebiet gehört, wird die jährliche Morbiditätsrate auf 1 Fall pro 100 000 Einwohner geschätzt. In Gebieten mit seltenem Vorkommen von *Echinococcus multilocularis* liegt sie jedoch weit darunter. In der Schweiz wurde aufgrund einer seroepidemiologischen Studie an ca. 17 000 Blutspendern eine jährliche Erkrankungsrate von 0,77 Fällen pro 100 000 Einwohnern errechnet (GOTTSTEIN u. a. 1987).

Insgesamt gesehen ist die alveoläre Echinokokkose also eine sehr seltene Erkrankung des Menschen, die aber wegen ihres schweren Verlaufes und ihrer Auswirkungen in Mitteleuropa als die gefährlichste Zoonose anzusehen ist (RÜHE 1992). Die Gefährlichkeit beim Menschen besteht darin, daß klinische Erscheinungen erst sehr spät im Krankheitsprozeß auftreten, wenn bereits große Teile der Leber, die zu 98-100 % betroffen ist, erfaßt und zerstört sind. Beim Manifestwerden der Erkrankung ist eine Feststellung der Ansteckungsquellen des Menschen meist nicht mehr möglich, da der Infektionszeitpunkt viele Jahre zurückliegt. Die Inkubationszeit, d. h. die Zeitspanne von der Ansteckung bis zum Auftreten der ersten Krankheitserscheinungen, wird wegen des sehr langsamen Wachstums der Finnen beim Menschen mit 10 bis 15 Jahren angegeben. Die ersten Symptome, wie Appetitmangel, Erbrechen, Körpermasseverlust, Lebervergrößerung, Schmerzen im Oberbauch, auch Gelbsucht, sind meist unspezifisch, zeigen aber oft schon das Spätstadium der Erkrankung an (ECKERT 1981). Das tumorähnliche Wachstum der Echinokokken in der Leber bedingt ohne Behandlung eine schlechte Prognose der Erkrankung. Nach schleichendem Verlauf sterben etwa 52-92% der unbehandelten Patienten innerhalb von 10 bis 14 Jahren nach der Diagnosestellung. Für die Diagnostik stehen beim Menschen heute moderne Untersuchungsverfahren, wie Sonographie, Kernspin- oder Computertomographie, zur Verfügung. Für die Frühdiagnose wurde auch ein hochempfindlicher serologischer Test entwickelt, der bei möglichen Infektionen schon wenige Wochen nach der Ansteckung durchgeführt werden kann (ZEYHLE u. FRANK 1982, GOTTSTEIN u. a. 1983, 1989, LOOS-FRANK u. a. 1992). Durch die Optimierung der Diagnostik der alveolären Echinokokkose und die dadurch ermöglichte Früherkennung haben sich auch die Therapiemöglichkeiten wesentlich verbessert. Eine Heilung der alveolären Echinokokkose ist nur auf operativem Wege bei Entfernung aller Finnenkonglomerate möglich. Solche Radikaloperation kann jedoch nur bei etwa 20-40 % der Erkrankten durchgeführt werden. Alternative oder zusätzliche Behandlungsmöglichkeiten stellen die Lebertransplantation (VUITTON u. a. 1989) sowie eine lebenslange, kostenintensive Dauermedikation, vor allem mit hohen Dosen Mebendazol, dar (BAUMGARTEN u. a. 1983, AMMANN u. a. 1988). Dabei kann durch die medikamentelle Behandlung in der Regel nur das Wachstum der Finnen unterdrückt bzw. aufgehalten werden, es gelingt aber nicht, diese im Zwischenwirt abzutöten (KIMMIG u. MÜHLING 1985). Die 10-Jahre-Überlebenswahrscheinlichkeit wird jedoch durch diese Chemotherapie signifikant erhöht, sie liegt heute bei etwa 85 % (SCHANTZ u. a. 1982, ECKERT u. AMMANN 1990).

Für die Verhütung der Ansteckung des Menschen empfehlen u. a. KIMMIG u. MÜHLING (1985), FRANK u. a. (1989), DINGELDEIN (1990), ECKERT u. AMMANN (1990), LOOS-FRANK u. a. (1992) oder ROMMEL (1992) zu beachten:

— In Gegenden mit starkem *Echinococcus-multilocularis*-Befall der Füchse sollten Früchte, Salat oder Gemüse, die am Boden gelegen haben bzw. bodennah gewachsen sind, nicht oder nur nach gründlichem Abwaschen roh gegessen werden. Kochen oder Backen töten die Bandwurmeier ab.

— In diesen Gebieten sollte bei Erdarbeiten oder landwirtschaftlichen Arbeiten erst nach gründlicher Reinigung der Hände gegessen werden.

— Das Streifen der Füchse sollte unter Beachtung von Arbeitsschutzmaßnahmen und nur bei gut durchfeuchtetem Balg erfolgen, um die Aufnahme von aufgewirbelten Bandwurmeiern über den Staub zu verhindern.

— Unhygienischer Umgang mit Hunden und Katzen ist zu vermeiden. Eine konsequente Entwurmung der Katzen und mäuseverzehrenden Hunde kontinuierlich alle 3-4 Wochen mit dem Handelspräparat DRONCIT®(Wirkstoff: Praziquantel) wird in Endemiegebieten angeraten. Dabei werden die Bandwürmer vor Erreichen der Geschlechtsreife, d. h. bevor Eier in die Außenwelt gelangen können, abgetötet. Diese Vorbeugemaßnahme ist jedoch nur wirkungsvoll, wenn die Entwurmungen der Katzen und Hunde regelmäßig und konsequent durchgeführt werden.

In der Praxis stößt das häufig auf Schwierigkeiten!
- Projekte zur medikamentellen Behandlung von Füchsen über Praziquanten-haltige Köder, z. B. das Hohenheimer Therapiemodell, befinden sich derzeit im Versuchsstadium (SCHELLING u. FRANK 1990).
- Hunde sollten in Endemiegebieten am Fang, vor allem aber am Verzehr von Mäusen gehindert werden.
- Findet der Besitzer auf dem Kot seiner Hunde oder Katzen verdächtige Gebilde, die den geschilderten Bandwurmgliedern von *Echinococcus multilocularis* ähneln, ist der Kot sofort nach dem Absetzen unter Beachtung von Schutzmaßnahmen (Gummihandschuhe tragen) in ein Plastik- oder Glasgefäß zu verbringen, wenn möglich mit 4- bis 10%igem Formalin zu konservieren und der nächsten Untersuchungsstelle zuzuleiten.

Wie aus den Ausführungen zu entnehmen ist, gibt es derzeit noch viele ungeklärte Fragen bei der alveolären Echinokokkose, vor allem in der Epidemiologie, aber auch auf immunologischem und diagnostischem Gebiet. Diese Fragen werden z. T. von internationalen Forschungsgruppen bearbeitet, auf einigen Gebieten besteht jedoch noch ein erheblicher Nachholebedarf in der Erforschung. Eine sachliche, wissenschaftlich fundierte Aufklärung der Bevölkerung über diese zwar sehr gefährliche, aber insgesamt außerordentlich seltene Zoonose mittels Merkblättern, Videos o. a. Publikationen ist unerläßlich, um einerseits für notwendige Prophylaxemaßnahmen Verständnis zu wecken, andererseits aber unbegründete Ängste in der Bevölkerung abzubauen.

Literatur

AMMANN, R.; TSCHUDI, K.; ZIEGLER, M. von; MEISTER, F.; COTTING, J.; ECKERT, J.; WITASSEK, F.; FREIBURGHAUS, A. (1988): Langzeitverlauf bei 60 Patienten mit alveolärer Echinokokkose unter Dauertherapie mit Mebendazol (1976-85).– Klin. Wschr. **66**: 1060-1073.

BALLEK, D.; TAKLA, M.; ISING-VOLMER, S.; STOYE, M. (1992): Zur Helminthenfauna des Rotfuchses (*Vulpes vulpes* LINNÉ 1758) in Nordhessen und Ostwestfalen. Teil 1: Zestoden. – Dt. tierärztl. Wschr. **99**: 362-365.

BAUMGARTEN, R.; ENGELBRECHT, H.; FENGLER, J.-D.; GELLERT, K.; HASSE, G. Fr.; TENNSTEDT, A.; WOLFF, H. (1983): Beitrag zur Leberechinokokkose. – Dt. Gesundh.-Wesen **38**: 66-71.

BEIER, D. (1992): Gefährliche Zoonosen. Der kleine Fuchsbandwurm. – Unsere Jagd **42**: 12.

CRELLIN, J. R.; MARCHIONDO, A. A.; ANDERSEN, F. L. (1981): Comparison of suitability of dogs and cats as hosts of *Echinococcus multilocularis*. – Am. J. vet. Res. **42**: 1980-1981.

DEBLOCK, S.; PROST, C.; WALBAUM, S.; PETAVY, A. F. (1989): *Echinococcus multilocularis*: a rare cestode of the domestic cat in France. – Internat. J. Parasitol. **19**: 687-688.

DINGELDEIN, W. (1990): Der kleine Fuchsbandwurm – eine Gesundheitsgefährdung. – Rundsch. Fleischhyg. Lebensmittelüberwachung **42**: 213-215.

DROLSHAMMER, I.; WIESMANN, E.; ECKERT, J. (1973): Echinokokkose beim Menschen in der Schweiz 1956-1969. – Schweiz. med. Wschr. **103**: 1337-1341; 1386-1392.

ECKERT, J. (1970): Echinokokkose bei Mensch und Tier. – Schweiz. Arch. Tierheilk. **112**: 443-457.

ECKERT, J. (1981): Echinokokkose. – Berl. Münch. tierärztl. Wschr. **94**: 369-378.

ECKERT, J. (1988): Zur Bedeutung von Hund und Katze in den Infektketten parasitärer Zoonosen. – Wien. tierärztl. Mschr. **75**: 457-465.

ECKERT, J. (1989): Prevalence and geographical distribution of *Echinococcus multilocularis* infection in humans and animals in Europe. – WHO Informal Consultation on Alveolar Echinococcosis, Hohenheim, 14. - 16.8.1989 (WHO/VPH/ECHIN.RES./WP/89).

ECKERT, J.; AMMANN, R. (1990): Information zum sogenannten „Fuchsbandwurm". – Schweiz. Arch. Tierheilk. **132**: 92-98.

ECKERT, J.; MÜLLER, B.; PARTRIDGE, A. J.(1974): The domestic cat and dog as natural definitive hosts of *Echinococcus (Alveococcus) multilocularis* in Southern Federal Republic of Germany. – Z. Tropenmed. Parasitol. **25**: 334-337.

FESSELER, M.; MÜLLER, B.; ECKERT, J.(1991): Vergleich geographischer Verbreitung und regionaler Häufigkeit von *Echinococcus multilocularis* und Tollwut in Mitteleuropa. – Tierärztl. Umsch. **46**: 287-292.

FESSELER, M.; SCHOTT, E.; MÜLLER, B. (1989): Zum Vorkommen von *Echinococcus multilocularis* bei der Katze. Untersuchungen im Regierungsbezirk Tübingen. – Tierärztl. Umsch. **44**: 766-775.

FRANK, W. (1984): *Echinococcus multilocularis* – ein endemischer Bandwurm des Rotfuchses in Süddeutschland. Biologie, Epidemiologie und humanmedizinische Bedeutung. – Wien. tierärztl. Mschr. **71**: 19-22.

FRANK, W. (1989): Survival of *Echinococcus multilocularis* eggs in the environment and potential modes of transmission. – WHO Informal Consultation on Alveolar Echinococcosis, Hohenheim, 14. - 16.8. 1989 (WHO/VPH/ECHIN. RES./WP/89).

FRANK, W.; SCHÄFER, J.; PFISTER, T.; SCHAD, V. (1989): Potential ways of decontamination of food from *Echinococcus multilocularis* eggs and sensitivity of these eggs against physical and chemical methods of disinfection. – WHO Informal Consultation on Alveolar Echinococcosis, Hohenheim, 14. - 16.8. 1989 (WHO/VPH/ECHIN. RES./WP/89).

FUJIKURA, T. (1991): Growing importance of prevention and control of alveolar echinococcosis. – World Health Forum **12**: 146-150.

GEMMELL, M. A. (1989): Transmission dynamics of taeniid eggs with reference to hydatid diseases caused by *Echinococcus granulosus* and *E. multilocularis*. – WHO Informal Consultation on Alveolar Echinococcosis, Hohenheim, 14. - 16.8. 1989 (WHO/VPH/ECHIN.RES./WP/89).

GOTTSTEIN, B.; DEPLAZES, P.; ECKERT, J.; MÜLLER, B.; SCHOTT, E.; HELLE, O.; BOUJON, P.; WOLFF, K.; WANDELER, A.; SCHWIETE, U.; MOEGLE, H. (1991): Serological (Em2–ELISA) and parasitological examinations of fox populations for *Echinococcus multilocularis* infections. – J. Vet. Med. B **38**: 161-168.

GOTTSTEIN, B.; ECKERT, J.; FEY, H. (1983): Serological differentiation between *Echinococcus granulosus* and *E. multilocularis* infections in man. – Z. Parasitenk. **69**: 347-356.

GOTTSTEIN, B.; LENGELER, C.; BACHMANN, P.; HAGEMANN, P.; KOCHER, P.; BROSSARD, W.; WITASSEK, F.; ECKERT, J. (1987): Sero-epidemiological survey for alveolar echinococcosis (by Em2-ELISA) of blood donors in an endemic area of Switzerland. –Trans. Roy. Soc. Trop. Med. Hyg. **81**: 960-964. Zit. bei ECKERT (1989).

JONAS, D.; HAHN, W. (1984): Nachweis von *Echinococcus multilocularis* bei Füchsen in Rheinland-Pfalz. – Prakt. Tierarzt **65**: 64-69.

KIMMIG, P.; MÜHLING, A. (1985): Erhöhte Gefährdung durch *Echinococcus multilocularis* für Menschen im Endemiegebiet „Schwäbische Alb"? – Zbl. Bakt. Hyg. B **181**: 184-196.

KREHMER, E.; SCHEIBERT, G. (1972): Befall eines Hundes mit *Echinococcus multilocularis*. Ein Beitrag zur Problematik der Diagnose. – Kleintierpraxis **17**: 42-45.

LEIBY, P. D.; KRITSKY, D. C. (1972): *Echinococcus multilocularis* : A possible domestic life cycle in Central North America and its public health implications. – J. Parasitol. **58**: 1213-1215.

LOOS-FRANK, B.; LUCIUS, R.; KIMMIG, P. (1992): Merkblatt zur Biologie, Verbreitung und Diagnose des Kleinen Fuchsbandwurmes *Echinococcus multilocularis* in Mitteleuropa. Ratschläge zur Vermeidung von Infektionen. – Schriftenr. Ökologie, Jagd, Naturschutz **1**: 1-14.

LOOS-FRANK, B.; ZEYHLE, E. (1981): Zur Parasitierung von 3603 Rotfüchsen in Württemberg. – Z. Jagdwiss. **27**: 258-266.

MEHLHORN, H.; ECKERT, J.; THOMPSON, R. C. A. (1983): Proliferation and metastases formation of larval *Echinococcus multilocularis*. – Z. Parasitenk. **69**: 749-763.

MEYER, H; SVILENOV, D. (1985): Funde von *Echinococcus multilocularis* bei streunenden Hauskatzen in Süddeutschland. – Zbl. Vet. Med. B **32**: 785-786.

MÜLLER, B.; PARTRIDGE, A. (1974): Über das Vorkommen von *Echinococcus multilocularis* bei Tieren in Südwürttemberg. – Tierärztl. Umsch. **29**: 602-612.

PETAVY, A. F.; DEBLOCK, S.; WALBAUM, S. (1991): Life cycles of *Echinococcus multilocularis* in relation to human infection. – J. Parasitol. **77**: 133-137.

PROST, C.; PÉTAVY, A. F.; DEBLOCK, S.; GEVREY, J. (1989): L´échinoccose alvéolaire et les carnivores domestiques un risque mésestimé. – Prat. Méd. Chirurg. de l´animal Comp. **24**: 55-62.

ROMMEL, M. (1992): Umwelthygienische Aspekte der Echinokokkose.– Dt. tierärztl. Wschr. **99**: 292-295.

RÜHE, F. (1992): Immunisierung nur ein Flop? Zur Verbreitung des Fuchsbandwurmes *Echinococcus multilocularis* in den alten Bundesländern. – Unsere Jagd **42**: 12-13.

SCHÄFER, J. (1986): Die Überlebensdauer von *Echinococcus multilocularis*-Eiern unter Freilandbedingungen und die Möglichkeit ihrer Verschleppung durch Evertebraten. – Nat. Diss. Hohenheim.

SCHANTZ, P. M.; VAN DEN BOSSCHE, H.; ECKERT, J. (1982): Chemotherapy for larval echinococcosis in animals and humans: Report of a workshop. – Z. Parasitenk. **67**: 5-26.

SCHELLING, U.; FRANK, W. (1990): Versuche zur Eliminierung des *Echinococcus multilocularis* im Endwirt mit Hilfe von Anthelminthika-präparierten Ködern. – Mitt. Österr. Ges. Tropenmed. Parasitol. **12**: 185-192.

SCHELLING, U.; SCHÄFER, E.; PFISTER, T.; FRANK, W. (1991): Zur Epidemiologie des *Echinococcus multilocularis* im nordöstlichen Baden-Württemberg. – Tierärztl. Umsch. **46**: 673-676.

SCHNEIDER, L. G. (1992): Orale Tollwutimpfungen beim Fuchs und der kleine Fuchsbandwurm *(Echinococcus multilocularis)*. – Tierärztl. Umsch. **47**: 809-812.

SCHOTT, E.; MÜLLER, B. (1989): Zum Vorkommen von *Echinococcus multilocularis* beim Rotfuchs im Regierungsbezirk Tübingen. – Tierärztl. Umsch. **44**: 367-370.

SCHOTT, E.; MÜLLER, B. (1990): *Echinococcus-multilocularis*-Befall und Lebensalter beim Rotfuchs *(Vulpes vulpes)*. – Tierärztl. Umsch. **45**: 620-623.

SUHRKE, J. (1994): Vorkommen von *Echinococcus*

multilocularis in Thüringen. – Beitr. Jagd- u. Wildforsch. **19** (im Druck).

THOMPSON, R. C. A.; ECKERT, J. (1983): Observations on *Echinococcus multilocularis* in the definitive host. – Z. Parasitenk. **69**: 335-345.

VOGEL, H. (1960): Tiere als natürliche Wirte des *Echinococcus multilocularis* in Europa. – Z. Tropenmed. Parasitol. **11**: 36-42.

VUITTON, D. A.; GILLET, M.; MANTION, G.; BRESSON-HADNI, S.; MIGUET, J. P. (1989): Progress in surgery of human alveolar echinococcosis. – WHO Informal Consultation on Alveolar Echinococcosis, Hohenheim, 14. - 16. 8. 1989 (WHO/VPH/ECHIN. RES./WP/89).

WORBES, H. (1992): Zum Vorkommen von *Echinococcus granulosus* und *E. multilocularis* in Thüringen. – Angew. Parasitol. **33**: 193-204.

WORBES, H.; SCHACHT, K.-H.; ECKERT, J. (1989): *Echinococcus multilocularis* bei einem Sumpfbiber (*Myocastor coypus*). – Angew. Parasitol. **30**: 161-165.

ZEYHLE, E. (1980): *Echinococcus multilocularis* bei Fuchs (*Vulpes vulpes*), Feldmaus (*Microtus arvalis*) und beim Menschen in einem endemischen Gebiet der Schwäbischen Alb. – Prakt. Tierarzt **61**: 360.

ZEYHLE, E.; ABEL, M.; FRANK, W. (1990): Epidemiologische Untersuchungen zum Vorkommen von *Echinococcus multilocularis* bei End- und Zwischenwirten in der Bundesrepublik Deutschland. – Mitt. Österr. Ges. Tropenmed. Parasitol. **12**: 221-232.

ZEYHLE, E.; FRANK, W. (1982): Antikörper gegen *Echinococcus multilocularis*. Serologische Untersuchungen. – Münch. med. Wschr. **124**: 1133-1134.

Zusammenfassung

Es wird ein Überblick über den Lebenszyklus von *Echinococcus multilocularis* und über Verbreitung, Epidemiologie, Übertragung, klinische Bedeutung sowie Verhütung und Bekämpfung der Echinokokkose des Menschen und der Tiere gegeben.

Summary

Title of the paper: Distribution and significance of *Echinococcus multilocularis* (a literature review).

A survey is given of the life cycle of *Echinococcus multilocularis* and of the geographical distribution, epidemiology, transmission, clinic, prophylaxis and control of the echinococcosis in humans and animals.

Anschrift der Verfasser:
Prof. Dr. REGINE RIBBECK und Dr. WERNER HAUPT,
Institut für Parasitologie der Veterinärmedizinischen Fakultät der Universität Leipzig
Margarete-Blank-Str. 4
04103 Leipzig

Jutta Suhrke, Meiningen

Vorkommen von *Echinococcus multilocularis* in Südthüringen

Einleitung

Im Zusammenhang mit dem Forschungsprogramm der WHO – Orale Immunisierung der Füchse gegen Tollwut im angrenzenden Gebiet zu Bayern – wurde im Mai 1990 im Veterinär- und Lebensmittelinstitut Meiningen begonnen, das eingesandte Tiermaterial (Füchse, Katzen, Marder, Hunde, Dachse) auch auf *E. multilocularis* zu untersuchen.
Die alveoläre Echinokokkose durch *E. multilocularis* gehört zu den gefährlichsten Zoonosen und ruft derzeit in den Medien ein starkes öffentliches Interesse hervor. In letzter Zeit entstand aufgrund von verschiedenen Pressemitteilungen der Eindruck, daß eine permanente Gefahr vom Fuchsbandwurm für den Menschen ausgeht. Besonders die Infektion des Menschen über Waldfrüchte (Heidelbeeren, Pilze usw.) wurde diskutiert.
Behauptungen wie „.... die orale Immunisierung der Füchse gegen Tollwut erhöhte das Vorkommen des Fuchsbandwurmes..." wurden voreilig getroffen und führten zur Verunsicherung der Bevölkerung. Vielmehr sollte versucht werden, die Aufklärung der Bevölkerung über den Fuchsbandwurm durch verstärkte Öffentlichkeitsarbeit zu verbessern und keine Panik zu betreiben.
Folgende Ergebnisse zeigen, daß Südthüringen sowie im weitesten Sinne auch Thüringen insgesamt dem mitteleuropäischen Endemiegebiet von *E. multilocularis* zugerechnet werden muß. Desweiteren soll auf die vielfältigen Einflußfaktoren hingewiesen werden, die auf das Vorkommen von *E. multilocularis* wirken können. Weitere Ergebnisse sind der Dissertation von Suhrke (1994) zu entnehmen.

Material und Methoden

Entsprechend den WHO-Empfehlungen verlief die parasitologische Untersuchung auf den Darmhelminthen *E. multilocularis* unter den für das Veterinär- und Lebensmittelinstitut Meiningen möglichen strengsten Gesundheits- und Arbeitsschutzmaßnahmen (WHO 1984). Nach Entnahme des Materials zur Tollwutuntersuchung wurden die Bauchhöhle eröffnet, der Darmtrakt exenteriert und die Därme vom Mesenterium getrennt. Nach Absetzen des Enddarmes erfolgte die Aufteilung des Dünndarmes in 3 gleichgroße Abschnitte und Aufschneiden der Darmabschnitte. Von jedem Darmabschnitt wurden anfangs 3, später 5 (ab Mitte Oktober 1990) Darmschleimhautgeschabsel angefertigt. Dazu wurde mittels eines Objektträgers zunächst der Darminhalt entfernt und dann tief in die Darmschleimhaut gekratzt, um das erhaltene Schleimhautgeschabsel mit Hilfe eines Deckglases dünn auf einen Objektträger auszuquetschen. Die Durchmusterung und Auszählung der Schleimhautgeschabsel erfolgten mäanderförmig bei ca. 30facher Vergrößerung. Die Bestimmung von *E. multilocularis* erfolgte nach den von Vogel (1957) sowie Thompson

Abb. 1 Regionale Verteilung der Füchse mit E.-multilocularis-Befall auf der Grundlage der parasitologischen Untersuchungsergebnisse in Südthüringen (Karte: Hessen – Thüringen, Maßstab ca. 1:1 150 000) (ein ausgemalter Kreis entspricht einem positiven Fuchs) (05/1990 bis 12/1992)

(1986) beschriebenen morphologischen Kriterien.
Für die statistische Sicherung der Ergebnisse wurden nur die Jahre 1991 und 1992 herangezogen (=einheitliche Methodik mit 15 Schleimhautgeschabseln pro Tier). Dazu diente der 4-Felder-Chi2-Test mit $\alpha=0{,}05$ (CLAUß und EBNER 1978).

Ergebnisse

Bis zum Ende des Jahres 1992 wurden insgesamt 2076 Füchse, 39 Marder, 78 Katzen, 8 Hunde sowie 3 Dachse auf das Vorkommen von *E. multilocularis* untersucht. Dabei wurden nur bei der Tierart Fuchs intestinale Stadien von *E. multilocularis* nachgewiesen. Die durchschnittliche Befallsrate der Füchse in Südthüringen betrug 20,8% (=433 Füchse). Es kristallisierten sich besonders 3 Landkreise als Schwerpunkte des Vorkommens von *E. multilocularis* heraus (Abb. 1, Tab. 1). Das sind die Landkreise Bad Salzungen, Meiningen und Hildburghausen. Weitere endemische Gebiete von *E. multilocularis* wurden in den Landkreisen Suhl und Schmalkalden festgestellt. Die geringsten Befallsextensitäten bei Füchsen waren in

Tabelle 1 Parasitologische Untersuchungsergebnisse bei Füchsen mit E.-multilocularis-Befall in Südthüringen (05/1990 bis 12/1992)

Landkreis	Insgesamt untersuchte Füchse	Füchse mit *E.-multilocularis*-Befall	Befallsrate in %
Bad Salzungen	279	82	29,4
Hildburghausen	246	60	24,4
Ilmenau	161	5	3,1
Neuhaus	75	2	2,7
Meiningen	557	177	31,8
Schmalkalden	211	35	16,6
Sonneberg	287	20	6,9
Suhl	260	52	20,0
Insgesamt	2076	433	20,8

Tabelle 2: Übersicht parasitologischer Untersuchungsergebnisse bei Füchsen mit E.-multilocularis-Befall in Südthüringen über den Zeitraum 05/1990 bis 12/1992

Landkreis	Insgesamt untersuchte Füchse			Füchse mit E.-multilocularis-Befall			Befallsrate in %		
	05-12 1990	01-12 1991	01-12 1992	05-12 1990	01-12 1991	01-12 1992	05-12 1990	01-12 1991	01-12 1992
Bad Salzungen	54	96	129	16	24	42	29,6	25,0	32,5
Hildburghausen	78	62	106	15	15	30	19,2	24,2	28,3
Ilmenau	49	56	56	0	4	1	0	7,1	1,8
Neuhaus	25	15	35	0	1	1	0	6,7	2,8
Meiningen	71	95	391	21	20	136	29,6	21,0	34,8
Schmalkalden	60	42	109	7	12	16	11,7	28,6	14,7
Sonneberg	151	53	83	8	5	7	5,3	9,4	8,4
Suhl	132	50	78	18	6	28	13,6	12,0	35,9
Insgesamt	620	469	987	85	87	261	13,7	18,5	26,4

den Landkreisen Neuhaus, Ilmenau und Sonneberg nachweisbar.
Beim Vergleich der E.-multilocularis-Prävalenzen in den 3 Untersuchungsjahren wird in den endemischen Landkreisen eine ansteigende Tendenz sichtbar, die aber nur für die Landkreise Meiningen und Suhl statistisch gesichert werden kann (Abb. 2, Tab. 2). In Schmalkalden erfolgte sogar ein statistisch signifikanter Abfall der E.-multilocularis-Befallsextensität. Es wird eine Tendenz zu höheren Befallsraten in der Herbst-Winter-Periode (Oktober bis März) als in der Frühjahr-Sommer-Periode (April bis September) beobachtet (Abb. 3, Tab. 3).
Beim Vergleich derselben Monate 1991 und

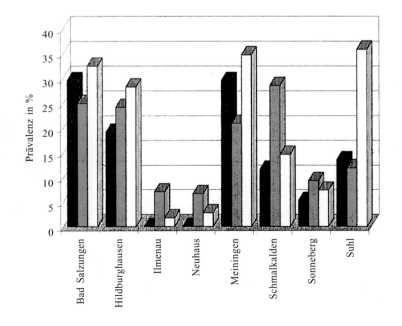

Abb. 2 Parasitologische Untersuchungsergebnisse bei Füchsen mit E.-multilocularis-Befall (Prävalenz in %) in den einzelnen Landkreisen Südthüringens (05/1990 bis 12/1992)

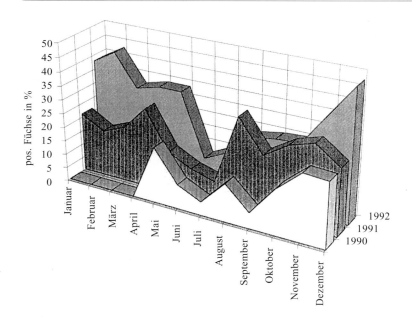

Abb. 3 Parasitologische Untersuchungsergebnisse bei Füchsen mit E.-multilocularis-Befall in den einzelnen Monaten und Untersuchungsjahren (05/1990 bis 12/1992)

1992 kann außer Monat Februar keine statistisch signifikante Erhöhung der E.-multilocularis-Prävalenz festgestellt werden.

Diskussion

Die durchschnittliche E.-multilocularis-Befallsextensität von 20,8% bei 2076 parasitologisch untersuchten Füchsen in Südthüringen korrespondiert mit den Ergebnissen angrenzender Bundesländer bzw. angrenzender Gebiete, wie Abb. 4 zeigt.

Nach FESSELER (1990) ist ein Endemiegebiet von E. multilocularis ähnlich einem Tollwut-Endemiegebiet von der Dichte der Fuchspopulation abhängig. Die Fuchsdichte wiederum wird von vielen Faktoren beeinflußt:

– Vom Biotop und den damit verbundenen Umweltbedingungen (landwirtschaftliche,

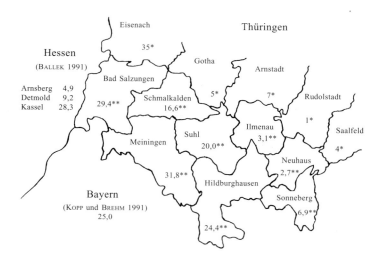

Abb. 4 E.-multilocularis-Prävalenz bei Füchsen in Südthüringen und den angrenzenden Nachbarkreisen bzw. -ländern (Angaben in %), Maßstab ca. 1:1 500 000,
Zahlen mit * = nach WORBES (Vortrag 1992),
Zahlen mit ** = eigene Untersuchungsergebnisse

Tabelle 3 Übersicht parasitologischer Untersuchungsergebnisse bei Füchsen mit E.-multilocularis-Befall in Südthüringen in den einzelnen Monaten und Untersuchungsjahren (positive Füchse/von untersuchten Füchsen (in %))

Monat	1990	in %	1991	in %	1992	in %	Insgesamt	in %
Januar	–	–	7/33	(21,20)	11/29	(37,90)	18/62	(29,00)
Februar	–	–	6/36	(16,70)	17/40	(42,50)	23/76	(30,30)
März	–	–	5/25	(20,00)	5/16	(31,20)	10/41	(24,40)
April	–	–	4/14	(28,60)	3/9	(33,30)	7/23	(30,40)
Mai	1/5	(20,00)	4/27	(14,80)	15/45	(33,30)	20/77	(26,00)
Juni	7/79	(8,80)	8/75	(10,70)	19/172	(11,00)	34/326	(10,40)
Juli	6/123	(4,80)	8/98	(8,20)	21/139	(15,10)	35/360	(9,70)
August	16/118	(13,60)	15/45	(33,30)	23/101	(22,50)	54/264	(20,50)
September	3/53	(5,70)	7/32	(21,90)	20/83	(24,00)	30/168	(17,80)
Oktober	11/68	(16,20)	9/33	(27,30)	26/106	(24,50)	46/207	(22,20)
November	25/105	(23,80)	9/30	(30,00)	50/139	(35,90)	84/274	(30,60)
Dezember	16/69	(23,20)	5/21	(23,80)	51/108	(47,20)	72/198	(36,40)

geographische und geologische Strukturen, Vegetation, Klima). Günstige Biotope für den Fuchs sind in Südthüringen insbesondere im westlichen und südlichen Teil gegeben (vergl. Dissertation 1994).
- Von den Jagdgewohnheiten. Die Umstrukturierung der Jagdgesellschaften ab 1990 ging mit einem verminderten Jagddruck einher.
- Von Krankheiten, wie z. B. die Tierseuche Tollwut. Seit 1,5 Jahren wurde im Ergebnis der oralen Tollwutimmunisierung kein positiver Tollwutbefund in Südthüringen mehr festgestellt.
- Vom Nahrungsangebot, im besonderen von der Population und Populationsdynamik der Beutetiere. Milde Winter sichern z.B. das Überleben höherer Mäusepopulationen, bzw. in schneefreien Wintern sind die Mäuse eine beliebte und leichte Beute für den Fuchs.

Auf den Entwicklungszyklus von *E. multilocularis* können ebenfalls eine Reihe von Faktoren wirken, wie da z. B. sind:
- Biotisches Potential von *E. multilocularis*. Von jedem Bandwurm wird etwa alle 14 Tage ein reifes Glied mit ca. 200 Eiern ausgeschieden (FRANK 1984). Unterstellt man einem Fuchs z. B. 10000 Bandwürmer, so werden täglich ca. 140000 Eier mit der Losung ausgeschieden.
- Tenazität der *E.-multilocularis*-Eier. Freilandversuche zeigten, daß die Eier unter Umweltbedingungen, wie sie in endemischen Gebieten vorkommen, zur Sommerszeit für mindestens 3 Monate und im Herbst-Winter-Halbjahr für ca. 8 Monate infektiös bleiben (SCHÄFER 1986). Es wird sogar eine Überlebenszeit der Eier bis zu 2,5 Jahre bei feuchter Umgebung angegeben (Lit. bei ECKERT 1981).
- Dispersion der Eier in die Umgebung im Zusammenhang mit vorkommenden Insekten, vorherrschenden Windrichtungen. Am meisten werden Eier im Umkreis von 80 m um Gebiete mit relativ stabilen Fuchspopulationen angehäuft (Gemell et al.1989).
- Zwischenwirtpopulationen. Die Feld- und Schermäuse zählen zu den beliebtesten Beutetieren des Fuchses (Lit. bei FESSELER 1990).
- Immunologische Abwehrlage der Wirte. Mit zunehmendem Alter der Füchse wird die Immunität wirksam (BALLEK et al. 1992).

Oben genannte, kurz angedeutete Faktoren lassen erkennen, wie viele Einflüsse auf den Entwicklungszyklus von *E. multilocularis* und damit auf das Vorkommen des Fuchsbandwurmes wirken können. Inwieweit welcher Faktor den größten Einfluß hat, läßt sich schwer abschätzen. So kann die Zunahme der *E.-multilocularis*-Prävalenz 1992 in den Landkreisen Meiningen und Suhl vermutlich auf den Anstieg der Fuchsdichte bzw. auf die Fuchsdichte erhöhend wirkende Einflußfaktoren zurückgeführt werden. Es wäre aber nicht korrekt zu schlußfolgern, daß die E.-multilocularis-Prävalenz ständig zunehme. Hier werden sich weitere Untersuchungen anschließen müssen, bevor postuliert wird, daß E. multilocularis im Zunehmen begriffen sei. Ebenso verdeutlichen die monatlichen Ergebnisse beim Vergleich des Jahres 1991 mit 1992 in der Regel keine statistisch gesicherten Zunahmen der Befallsextensität.

Der Anstieg der E.-multilocularis-Befallsextensität in der Herst-Winter-Periode wird mit dem höheren Anteil von Mäusen in der Fuchsnahrung im Sommer und Herbst und dadurch einer größeren Möglichkeit zur Ansteckung in dieser Zeit begründet. Der höhere Befall läßt sich dann in den anschließenden Monaten nachweisen.

Aus Abb. 5 ist zu ersehen, daß keine Ausbreitungstendenz von E. multilocularis in die nördliche oder östliche Richtung erkennbar ist. Der Grund für die dichtere Verteilung von E. multilocularis in nur 2 Untersuchungsmonaten ist in dem erhöhten Untersuchungsumfang des Tiermaterials (Tab. 3) zu sehen.

Die eigenen negativen Untersuchungsergebnisse bei den selteneren Endwirten Hund und Katze müssen vorsichtig gewertet werden. WORBES (1992) konnte im Norden Thüringens in 2 streunenden Katzen intestinale Stadien von E. multilocularis nachweisen. In der Literatur sind desweiteren zahlreiche Nachweise von E. multilocularis bei Katze und Hund bekannt (Lit. bei FESSELER 1990). Aufgrund der bekannten alveolären Echinokokkosefälle beim Menschen in Thüringen schon seit dem vergangenen Jahrhundert wird geschlußfolgert, daß E. multilocularis bei Füchsen schon lange in Thüringen vorkommt, aber erst jetzt durch gezielte Untersuchungen beim Fuchs nachgewiesen wurde. Die über fast 3 Jahre gesammelten Untersuchungsergebnisse zeigen, daß kein Pauschalurteil bezüglich der Zunahme der E.-multilocularis-Prävalenz möglich ist. Weitergehende Untersuchungen sind notwendig, um die Entwicklung der Fuchspopulation im Zusammenhang mit der Entwicklung der Prävalenz von E. multilocularis zu verfolgen.

Schlußfolgerungen

– Der Rotfuchs als Träger von E. multilocularis besitzt in Thüringen eine hohe epidemiologische Bedeutung. Streunende Katzen und Hunde müssen als mögliche Infektionsquellen für den Menschen beachtet werden. Thüringen gehört mit zum mitteleuropäischen Endemiegebiet von E. multilocularis.

– Wegen der Gefährlichkeit von E. multi-

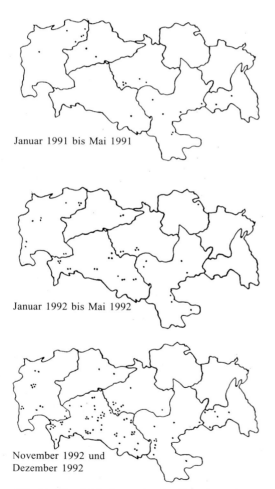

Abb. 5 Vergleich der regionalen Verteilung der E.-multilocularis-Prävalenz bei Füchsen in unterschiedlichen Zeiträumen (jeder Punkt=ein positiver Fuchs)

locularis für den Menschen muß die Aufklärung und Information der Bevölkerung besonders in hochendemischen Gebieten stärker in Gang gebracht werden. Eine serologische Studie beim Menschen könnte das tatsächliche Infektionsrisiko in diesen Gebieten miteinschätzen helfen. Dabei sollte einer sachkompetenten Aufklärung gegenüber einer Panikmache der Vorzug gegeben werden.
- Zur Erweiterung der Kenntnisse über die epidemiologische Situation wäre die Einführung einer Meldepflicht wünschenswert. Der Vorschlag zur freiwilligen Meldung der alveolären Echinokokkose in Thüringen kann als erster positiver, aber noch nicht befriedigender Schritt gewertet werden.
- Stark gefährdete Berufsgruppen wie Jäger, Abbalger, veterinär-medizinisches Personal sollten unter Einhaltung strengster Vorsichtsmaßnahmen gemäß den WHO-Sicherheitsempfehlungen arbeiten und sich regelmäßig blutserologischen Untersuchungen unterziehen.
- Das Verfolgen der örtlichen und saisonalen Dynamik des Fuchsbandwurmes über einen längeren Zeitraum ist eine der Grundlagen für die Einschätzung des Infektionsrisikos für den Menschen. Weiterhin werden in dessen Ergebnissen Aussagen darüber möglich sein, ob das Gleichgewicht zwischen Immunität des Wirtes gegen den Parasiten und Infektion des Wirtes durch den Parasiten stabil oder störanfällig ist.
- Um in der Problematik zum Fuchsbandwurm weitere Kenntnisse zu gewinnen, ist es Voraussetzung, daß die Zusammenarbeit zwischen Wissenschaftlern aus den veterinärmedizinischen Untersuchungseinrichtungen, der Humanhygiene, den Jagdgesellschaften, den für Naturschutzfragen verantwortlichen Behörden und Biologen gut funktioniert.

Literatur

BALLEK, D. (1991): Zum Vorkommen von *Echinococcus multilocularis* und anderen Zestoden und Nematoden beim Rotfuchs (*Vulpes vulpes* L.) in den Regierungsbezirken Arnsberg, Detmold und Kassel.- Vet. med. Diss. Hannover.

BALLEK, D.; TAKLA, M.; ISENG-VOLMER, S.; STOYE, M. (1992): Zur Helminthenfauna des Rotfuchses (*Vulpes vulpes* LINNÉ 1758) in Nordhessen und Ostwestfalen. Teil 1. Zestoden.- Dtsch. Tierärztl Wschr. 99, 362-365.

CLAUß, G.; EBNER, H. (1978): Grundlagen der Statistik, 6. Aufl., Berlin

ECKERT, J. (1981): Echinokokkose. – Berl. Münch. Tierärztl. Wschr. **94**: 369-378.

FESSELER, M. (1990): Vergleich der Endemiegebiete von *Echinococcus multilocularis* und Tollwut in Mitteleuropa.- Vet. med. Diss. Zürich.

FRANK, W. (1984): *Echinococcus multilocularis* – ein endemischer Bandwurm des Rotfuchses in Süddeutschland. Biologie, Epidemiologie und humanmedizinische Bedeutung. – Wien. Tierärztl. Mschr. **71**: 19-23.

GEMELL, M: A.; ROBERTS, M. G.; LAWSON, J. R.(1989): Modelling the transformation dynamics of wildlife echinococcosis.- WHO Informal Consultation on Alveolar Echinococcosis, Hohenheim, FDR, 14-16. August 1989.

KOPP, H.; BREHM, S. (1991): Diagnose der Echinokokkose.- AVID. 10. Arbeits- und Fortbildungstagung, Marburg an der Lahn, 12-13.03.91.

SCHÄFER, J. (1986): Die Überlebensdauer von *Echinococcus multilocularis* - Eiern unter Freilandbedingungen und die Möglichkeit ihrer Verschleppung durch Evertebraten. – Diss. rer. nat. Hohenheim.

SUHRKE, J. (1994): Untersuchungen zur Epidemiologie von *Echinococcus multilocularis* LEUCKART, 1863 beim Rotfuchs in Südthüringen. – Vet. med. Diss. Leipzig

THOMPSON, R. C. A. (1986): The Biology of Echinococcosis and Hydatid Diseases. – George Allen a. Unwin (Publishers) Ltd., UK, USA, Australia.

VOGEL, H. (1957): Über den *Echinococcus multilocularis* Süddeutschlands. – Zschr. Tropenmed. Parasit. **8**: 404-454.

WHO (1984): Guidlines for Surveillance, Prevention and Control of Echinococcosis/Hydatidosis, March, Geneva.

WORBES, H. (1992): Zum Vorkommen von *Echinococcus granulosus* und *Echinococcus multilocularis* in Thüringen.– Angew. Parasit. **33**: 193-204.

WORBES, H. (Vortrag, 1992): Die Epidemiologie der Echinokokkose. – Vortrag vor Amtstierärzten am 8.10.92, Universität Leipzig.

Zusammenfassung

Von Mai 1990 bis Dezember 1992 wurden 2076 Füchse, 78 Katzen, 39 Marder, 8 Hunde und 3 Dachse im Medizinal-, Lebensmittel- und Veterinäruntersuchungsamt Thüringen, Veterinär- und Lebensmittelinstitut Meiningen auf das Vorkommen von *E. multilocularis* untersucht. Nur bei der Tierart Fuchs wurde *E. multilocularis* festgestellt. 433 Füchse=20,8 % wiesen einen Befall mit *E. multilocularis* auf. Es werden die Ergebnisse der *E.-multilocularis*-Nachweise in den einzelnen Landkreisen über 3 Jahre und saisonale Tendenzen dargestellt sowie Möglichkeiten der Bekämpfung und Prophylaxe aufgezeigt.

Summary

Title of the paper: Occurrence of *Echinococcus multilocularis* in Southern Thuringia

2076 foxes, 78 cats, 39 martens, 8 dogs and 3 badgers were examined due to the presence of *Echinococcus multilocularis* in the Meiningen Institute of Veterinary Investigations and Foodhygiene. These examinations were conductet between May 1990 and December 1992. *Echinococcus multilocularis* was found only in the intestinal system of foxes. This parasite was positively recorded from 433 foxes (20,8%). Findings of *Echinococcus multilocularis* in eight districts are analysed from May 1990 to December 1992 and also findings of seasonal tendences. Possible approaches are suggested to control and prophylaxis.

Anschrift der Verfasserin:
Dr. med. vet. JUTTA SUHRKE,
Medizinal-, Lebensmittel- und Veterinäruntersuchungsamt Thüringen,
Veterinär- und Lebensmittelinstitut Meiningen,
Johannes-Brahms-Str.15, 98617 Meiningen.

ZYGMUNT PIELOWSKI, Czempiń (Polen)

Elch und Wolf in Polen und die Expansionstendenz nach Westen

Gleich am Anfang kann man die Frage stellen, was Elch und Wolf in Polen miteinander gemein haben und warum diese Tierarten gemeinsam besprochen werden. Beide sind in Mitteleuropa schon seltene, große Säugetiere, die gegenwärtig nur auf einem begrenzten Areal auftreten. Die Anwesenheit beider Tierarten in der Zivilisationslandschaft wird von verschiedenen Interessengruppen der menschlichen Gesellschaft kontrovers beurteilt. Die Ursachen sind zwar verschieden für beide Tierarten, jedoch kann man sie auf den selben Nenner bringen. Diese sind, in der Meinung der Menschen, die schädliche Einwirkung dieser Tierarten auf seinen Tätigkeitsbereich. Es handelt sich beim Elch um Schäden in den von Menschen geschaffenen Kulturwäldern und beim Wolf Verluste in den Wild- und Haustierbeständen. Es gibt auch Naturforscher, die pessimistisch behaupten, daß es für diese beiden großen Säugetiere aus prinzipiellen Gründen keinen Platz mehr in der allseits vom Menschen beherrschten Landschaft gibt. Andere Biologen und Naturschützer erklären sich hingegen für die Erhaltung und den Schutz sowohl des Elches als auch des Wolfes. In Polen haben wir vorzügliche Beweise für die praktische Realisierung dieser Bestrebungen.

Die Populationen dieser Tierarten haben in Polen eine gemeinsame Eigenschaft, beide weisen eine deutliche Expansionstendenz auf, die durch permanente, weite Migrationen einzelner Exemplare, durch ihre Ansiedlung an neuen Orten sowie durch Bildung von neuen „Subpopulationen" zum Ausdruck kommt. Die Wege dieser Migrationen führten, inwieweit das zu erforschen war, hauptsächlich nach Westen, entlang der Urstromtäler. Es ist anzunehmen, daß dies die uralten Wanderstrecken beider Tierarten auf dem europäischen Festland sind. Natürlich enden die Wanderungen nicht an der Staatsgrenze an der Oder. Einzelne Elche und Wölfe, die in ihren Wanderungen auf der Suche nach einem neuen Aufenthaltsort sind, durchschwimmen die Oder, um am anderen Ufer die Migration fortzusetzen. Naturwissenschaftlich gesehen ist das ein normales populationsökologisches Phänomen, das in der Vergangenheit jedoch unheilvolle Folgen hatte.

Auf dem Gebiet der ehemaligen DDR stießen nämlich sowohl Elche als auch Wölfe auf eine unnachgiebig negative Einstellung der Forstverwaltung sowie der Naturschutzbehörden, von denen die Ankömmlinge eindeutig für unerwünscht erklärt wurden. Ausrottungsaktionen wurden angeordnet und gewissenhaft durchgeführt. Einige Exemplare entkamen jedoch den Kugeln der dortigen Jäger. Sie erreichten die westliche DDR-Grenze und einige Elche kamen auf das Gebiet der BRD, um dort leider auf Autobahnen oder in den Anlagen der Stadtränder ums Leben zu kommen.

Hierin liegt die große Tragik der Natur in unserer Zeit. Prächtige Tiere, Vertreter der ehemaligen Fauna Mitteleuropas, versuchen

– dank ihrer Anpassungsfähigkeiten und der wohlwollenden Hilfe der Menschen in Polen – einen Platz in den einst von ihnen besetzten Gebieten für sich wiederzufinden. Aus dieser vom Urinstinkt geleiteten Migration nach Westen gab es jedoch keine Rückkehr; es war eine verhängnisvolle Wanderung nirgendwohin!

In Polen wird aufmerksam beobachtet, welche Entscheidungen über diese Wildarten getroffen werden. Mit Freude begrüßen wir deswegen die zu uns gelangenden Nachrichten, daß die gegenwärtigen Behörden des vereinigten Deutschlands dieses Problem ganz anders zu lösen versuchen. Wir wissen, daß im Rahmen eines Planes der räumlichen Neugestaltung von Großschutzgebieten im östlichen Teil der Republik danach gestrebt wird, große Gebiete zu renaturieren, naturähnliche Ökosysteme zu rekonstruieren und dort Biozönosen mit einem differenzierten, reichen Artenbestand zu gestalten. Sowohl Elch als auch Wolf werden dort, hoffentlich, eine wichtige Stelle einnehmen.

Der Elch – *Alces alces*

In den ersten Nachkriegsjahren trat der Elch in Polen nur auf dem Gebiet des Forstamtes Rajgród auf. Im Jahre 1950 wurden dort 18 Individuen inventarisiert. Wenn man zu dieser Zahl noch einige durchziehende Stücke aus benachbarten Forstämtern zugibt, zählte die ganze Rajgród-Population nicht viel über 20 Individuen, wobei jedoch das Geschlechterverhältnis ziemlich ausgeglichen war. Im Jahre 1959 wurde die nächste Wildzählung durchgeführt, die schon etwa 80 Elche im ganzen Biebrza-Augustów-Bezirk registrierte.

In den 50er Jahren erschienen einzelne Elche auf dem Gebiet der Woiwodschaft Olsztyn sowie im Südosten Polens. Es waren wandernde Tiere, die entweder aus der Rajgród-Population stammten oder aus den Gebieten Litauens und Weißrusslands kamen, wo in jener Zeit ein Anstieg des Elchbestandes zu bemerken war.

1951 erfolgte eine erfolgreiche Umsiedlung der Elche auf das Gebiet des Kampinos-Nationalparkes in der Nähe von Warschau.

Von den damals aus der UdSSR importierten fünf Individuen, die in einem 165 ha großen Gatter gehalten und vermehrt wurden, hat man bis 1959 64 Individuen nachgezüchtet, die sukzessive in die Freiheit entlassen wurden. Sie zerstreuten sich auf das ganze Areal des Kampinos-Waldgebietes und gründeten eine sich erfolgreich entwickelnde Population (PIELOWSKI, 1969). Zur Zeit gibt es dort einen stabilen Bestand von 100 bis 120 Individuen, was natürlich eine ständige jagdliche Reduktion voraussetzt.

Die natürliche Sterblichkeit der Elche im Kampinos-Nationalpark ist gering. Da es dort an großen Raubtieren fehlt, wird der Abschuß zum grundsätzlichen Reduktionsfaktor (DZIECIOŁOWSKI und PIELOWSKI, 1993). Ein Teil der Elche verließ mit der Zeit das Kampinos-Gebiet und begann, durch das Land zu wandern. Einige von ihnen siedelten sich in ihnen entsprechenden Wäldern an, wo sie sich – unter dem wohlwollenden Schutz seitens der Forstverwaltung, Naturschutzbehörden und Jäger – zu vermehren begannen. So entstanden schrittweise neue Vorkommen. Als erster bildete sich – sehr dynamisch – der Bestand in der Woiwodschaft Włocławek. Der erste Elch erschien dort im Jahre 1956, im Jahre 1968 lebten dort schon 60 Tiere. In den 60er Jahren entstanden auch einige weitere Vorkommen, z.B. in den Woiwodschaften Chełm, Siedlce und Warszawa. Gleichzeitig erhöhte sich die Anzahl und vergrößerte sich das Gebiet der Rajgród-Augustów-Population. Außerdem siedelten sich Elche in mehreren Teilen der Woiwodschaft Olsztyn an; wandernde Tiere tauchten fast im ganzen Land auf.

Die Entwicklungsdynamik der polnischen Elchpopulation ist in der Abbildung 1 dargestellt. Nach dem heftigen Anstieg in den 70er Jahren fällt der Gipfel des Bestandes auf das Jahr 1981, als geschätzt wurde, daß es in Polen ca. 6.200 Elche gab. Die nächsten Jahre brachten einen Rückgang des Elchbestandes, der bis 1987 anhielt. Es soll hier bemerkt werden, daß dieser Rückgang bei einem stabilisierten Niveau der jagdlichen Nutzung auftrat. Es entsteht die Frage, inwieweit das ein wirklicher Bestands-

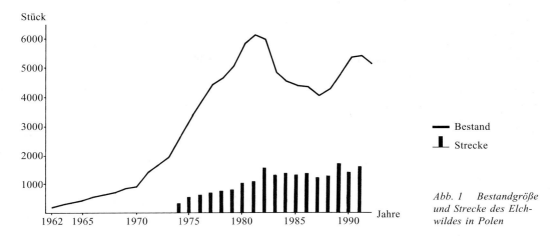

Abb. 1 Bestandgröße und Strecke des Elchwildes in Polen

rückgang ist und inwieweit Folge einer Papiermanipulation, d.h., einer von Jägern künstlich durchgeführten Herabsetzung der Daten aus der Bestandsaufnahme in den Jagdrevieren, deren Ziel es war, die Intensität der von den Forstleuten lancierten Aktion eines Reduktionsabschusses zu mildern. In den letzten Jahren war jedoch der Druck seitens der Forstverwaltung hinsichtlich einer reellen Bestandsaufnahme so stark, daß der Elchbestand auf dem Papier wieder gestiegen ist. Bei einer, wie es scheint, glaubwürdig registrierten Nutzung von ca. 1.500 Stück pro Jahr und keinem sichtbaren reduzierenden Einfluß dieser Nutzung auf den Bestand – kann in der Situation der polnischen Elchpopulation, d.h., bei einem wesentlichen Überschuß an weiblichen Individuen – der Zahlenbestand auf mindestens 5.000 Stück geschätzt werden. Der realisierte Zuwachs sowie das Niveau der jagdlichen Nutzung beträgt nicht mehr als 30 % des Frühjahresbestandes (FRUZIŃSKI und PIELOWSKI, 1989).

Die Elchpopulation besiedelt gegenwärtig in einer mehr oder weniger geschlossener Form die Wald- und Sumpfgebiete auf etwa der Hälfte des Landesterritoriums (Abb. 2). Auf den restlichen Gebieten tritt der Elch nur in kleinen, lokalen Gruppierungen auf, die meist nur aus mehreren, kaum aber mehr als 20 Tieren bestehen. Infolge der territorialen Ausbreitung besiedelte der Elch nicht nur die für ihn an sich typischen Lebensräume. Empfindliche Schäden, die diese Tierart in der Forstwirtschaft verursachen kann, lassen eine Regionalisierung der Hege des Elches erwägen. In Polen bilden die nordöstlichen Woiwodschaften ein für den Elch bevorzugtes Gebiet. Das stimmt im Grunde genommen mit dem natürlich entstandenen Areal des häufigeren Vorkommens dieser Tierart überein. In den restlichen Gebieten Polens ist die Hege des Elches auf ausgewählte Wald- und Feuchtgebiete beschränkt. Wesentlich ist hier das Problem einer ausge-

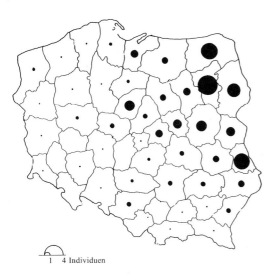

Abb. 2 Das Vorkommen des Elches in Polen im Jahre 1991 (Umgerechnet auf 1000 ha Waldfläche)

glichenen, der Nahrungskapazität entsprechenden Dichte der örtlichen Elchpopulationen. In wissenschaftlichen Angaben wird die obere Grenze der Dichte in Polen auf 2 Elche pro 1000 ha Waldfläche für äsungsarme und auf 5 Elche pro 1000 ha Waldfläche für äsungsreiche Lebensräume festgelegt (DZIECIOŁOWSKI und PIELOWSKI, 1993). Eine Analyse der Elchpopulation ergab, daß die Dichte nur in drei Woiwodschaften (Suwałki, Łomża, Chełm) durchschnittlich 3 bis 4 Individuen pro 1000 ha betrug, was als ein hohes Niveau betrachtet werden kann. Generell geht aus dieser Statistik nicht hervor, daß diejenigen Forstleute recht hätten, die die Situation zwischen dem aktuellen Zahlenbestand der Elche und ihren Lebensraum als konfliktgeladen beurteilen.

Vom Standpunkt der zu erwartenden Ansiedlung des Elches in Ostdeutschland ist die Dynamik der Entwicklung von örtlichen Subpopulationen dieser Tierart im westlichen Teil Polens interessant (Abb. 3). Am ältesten ist die Population im Bezirk Piła, die in den 70er Jahren entstanden ist und sich in den 80er Jahren auf einem ziemlich ausgeglichenen Niveau gehalten hat. In den Woiwodschaften Szczecin, Koszalin und Poznań siedelte sich der Elch später an und sein Bestand steigt, bei einem nicht sehr hohen Niveau der jagdlichen Nutzung, dauernd an. In der Woiwodschaft Jelenia Góra ist die Verteilung der Elchpopulation auf einige Jagdreviere, südlich von der Puszcza Zgorzelecka (Görlitzer Heide), in der Nähe der Staatsgrenze beschränkt. Hier haben wir es mit einer typischen, örtlichen Mikropopulation zu tun. Die neu entstandenen Vorkommen des Elches in den Woiwodschaften Gorzów, Słupsk und Zielona Góra sind zah-

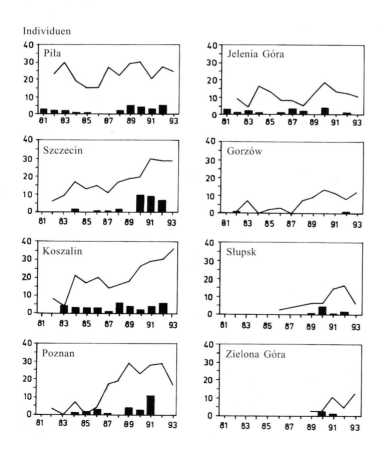

Abb. 3   Bestand und Strecke des Elchwildes in den Woiwodschaften Westpolens

lenmäßig und räumlich sicher noch nicht optimal gestaltet.

Die Benennung von neuen Vorkommen des Elches in Anlehnung an die Verwaltungsbezirke Polens ist ziemlich künstlich. Sie hat jedoch den einen Vorteil, daß sie technisch einfach ist. Vom biologischen Gesichtspunkt aus gesehen, sind diese Vorkommen nicht voneinander isoliert zu betrachten. Sieht man die Vorkommen des Elches im nordwestlichen Teil Polens als eine Einheit, dann ist in der Dynamik des Bestandes dieser Population eine ruhige und ziemlich ausgeglichene Anstiegstendenz zu bemerken, die 1992 zum Stehen kam (Abb. 4). Vermutlich ist dies eine Folge der höheren jagdlichen Nutzung in den Jahren 1990 und 1991. Viel wahrscheinlicher scheint jedoch die Hypothese zu sein, daß es Anfang der 90er Jahre zu einer Ausfüllung der Lebensraumkapazität für Elche kam, die in den westlichen Gebieten Polens selbstverständlich niedriger ist als im Osten des Landes. Es gibt Voraussetzungen für die Annahme, daß – anders als bei anderen großen Pflanzenfressern – beim Elch die obere Grenze der Populationsdichte von Umweltverhältnissen streng limitiert wird. Es werden Selbstregelungsfaktoren ausgelöst, zu denen beim Elch vor allem die Emigration gerechnet werden kann. Ausführlichere Forschungen sollten hier zur Klärung beitragen. Vorläufig ist mit einer größer werdenden Welle von Auswanderern bis westlich von Oder und Neiße zu rechnen.

Der Wolf – *Canis lupus*

Vor 1940 wurde der Bestand des Wolfes in Polen auf 1.000 bis 2.000 Individuen geschätzt. Am häufigsten trat er in den östlichen Gebieten auf, die jetzt nicht mehr zu Polen gehören. Den Status einer jagdbaren Tierart erhielt der Wolf im Jahre 1927, jedoch ohne eine Schonzeit. Er wurde zu einem totalen Schädling erklärt, den man mit allen nur möglichen Mitteln ausrotten durfte. Das Ergebnis dieser Politik war die praktische Ausrottung des Wolfes auf den Gebieten westlich von Bug, Narew und Biebrza, d.h., ungefähr westlich von der jetzigen östlichen Staatsgrenze (OKARMA, 1992).

Während des II. Weltkrieges und in den ersten Nachkriegsjahren erfolgte jedoch ein großer Anstieg des Bestandes sowie eine wesentliche territoriale Ausbreitung nach Westen. Das Areal überschritt die Weichsel-Linie. Damals wurde das als eine Landplage angesehen und 1955 wurde der Wolf aus der Liste der jagdbaren Tiere gestrichen. Seine Ausrottung wurde angeordnet. Es wurden Woiwodschaftskommissare zur Bekämpfung der Wölfe einberufen. Die Anwendung von Giftmitteln wurde zugelassen. Infolge dieser Maßnahmen wurde der auf 1.000 Tiere

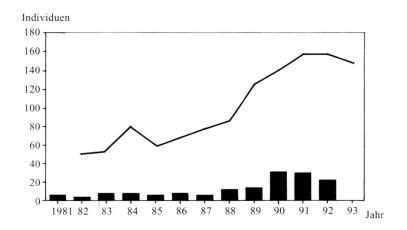

Abb. 4 Bestand und Jagdstrecke des Elchwildes in Westpolen

geschätzte Bestand an Wölfen auf 100 Stück im Jahr 1970 reduziert (SUMIŃSKI, 1975).
In den 70er Jahren forderten Wissenschaftler und Naturschützer eine Schonzeit für den Wolf, um seine totale Ausrottung zu verhindern. So wurde der Wolf 1975 wieder in die Liste der jagdbaren Tiere aufgenommen, was eine Einstellung der Ausrottungsaktion bedeutete. Die dem Wolf eingeräumte Schonzeit umfaßte die Zeit vom 1. April bis zum 31. Juli, leider mit Ausschluß seiner größten Vorkommen in den Bergen, d.h., in den südlichen Woiwodschaften Polens. Erst 1981 wurde die Schonzeit auf dem ganzen Gebiet Polens eingeführt. Geschützt wurden führende Weibchen, sicher waren jetzt auch die Welpen, die vorher massenweise in ganzen Würfen vernichtet worden. Es soll hier erwähnt werden, daß sich auch die Einstellung der Jäger gegenüber dem Wolf verändert hat. Sie sehen den Wolf nicht mehr so sehr als ein gefährliches Raubtier, sondern eher als eine wertvolle Jagdtrophäe, was die jagdliche Hege des Wolfes sinnvoll macht.

Im Resultat ist der Bestand des Wolfes wieder gestiegen, um Mitte der 80er Jahre eine Höhe von ca. 900 Individuen zu erreichen (PIELOWSKI et al., 1993). Dieser Stand hält sich bis heute (Abb. 5). Der Wolf tritt immer noch am häufigsten im südöstlichen und nordöstlichen Polen auf. In der Zeit seines zahlenmäßigen Anstieges verbreitete er sich jedoch entlang der östlichen Grenze auf die

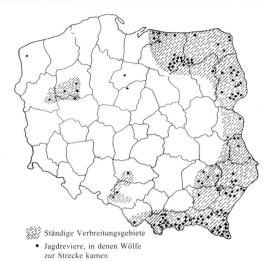

Abb. 6   *Das Vorkommen des Wolfes in Polen in den Jahren 1989 bis 1991*

Gegenden, welche die beiden oben erwähnten Haupteinstandsgebiete verbinden, und es kam dort zu nennenswerten Dichten (Abb. 6). Vielleicht haben dazu auch Ankömmlinge von jenseits der östlichen Staatsgrenze beigetragen. Die Wölfe wanderten auch in westlicher Richtung – sie zogen auf dem südlichen Wanderweg längs der Gebirgskette, dem zentralen Wanderweg in die Puszcza Nadpilicka (Waldgebiete an der Pilica) und die Waldgebiete bei Spala sowie dem nördlichen Wanderweg in die Puszcza Nadnotecka (Waldgebiet an der Netze), die

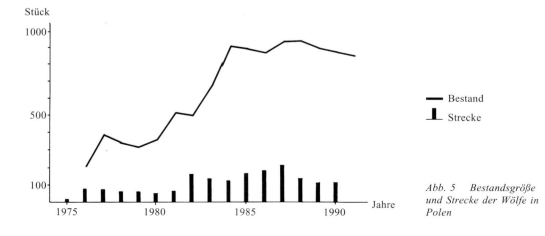

Abb. 5   *Bestandsgröße und Strecke der Wölfe in Polen*

Wälder in Pomorze Zachodnie (Westpommern) und in Ziemia Lubuska (Gebiet um Landsberg) und weiter nach Deutschland.
Am intensivsten und effektivsten scheint der nördliche Wanderweg ausgenutzt worden zu sein. Immer wieder gibt es neue Meldungen über einzelne Wölfe aus den Gebieten der nordwestlichen Woiwodschaften. In der Puszcza Nadnotecka sowie in benachbarten Waldgebieten bildete sich ein fester Bestand (Abb. 6).
In diesen sich weit erstreckenden und an Hochwild reichen Gebieten tauchten Wölfe in der ersten Hälfte der 80er Jahre auf. Trotz eines weniger oder mehr illegalen Abschusses von einigen Stücken (illegal, denn in keinen Jagdplänen erfaßt) stieg der dortige Bestand schnell. 1986 wurde der erste Zuwachs festgestellt. Schon 1988 schätzte man den Bestand auf ca. 50 Individuen. Diese wahrscheinlich zu hohe Schätzung ist erklärlich, da die Abschußgenehmigung von einer Bestätigung im Hegeplan des betreffenden Jagdreviers abhängig war. In den nächsten Jahren hat man die Inventarisierungsangaben über Wölfe realer gemacht (Abb. 7). Neben den Jagdbehörden beschäftigten sich auch die Woiwodschaftsbeamten für Naturschutz mit diesem Problem. In einigen Woiwodschaften wurde – laut Beschluß des Woiwoden (Regierungspräsidenten) – die Jagd auf Wölfe völlig eingestellt. Der Wolf erhielt dort eine ganzjährige Schonzeit. Viel spricht dafür, daß die polnische Wolfspopulation schon selbständig zu funktionieren beginnt. Unsere Kenntnisse über den Wolf insgesamt und insbesondere über das Phänomen der spontanen Wiederansiedlung dieser Tierart in neuen Gebieten, wo sie vor vielen Jahren ausgerottet wurde, sind unzureichend, um an dieser Stelle das Thema näher zu erörtern. Leider werden wie bisher zu diesem Problem keine gründlichen Untersuchungen geführt.

Die Tatsache, daß auf um einige hundert Kilometer westlich vom osteuropäischen Wolfsareal gelegenen Gebieten eine neue Subpopulation dieser Tierart entstanden ist, ist ungemein interessant und sollte höchst positiv beurteilt werden. Auf eine völlig spontane Weise geschah etwas, was – nach Meinung vieler Biologen – unmöglich schien. Eine der früheren großen Raubtierarten in Mitteleuropa hat ihren ersten Erfolg in ihrem ewigen Drang nach der Wiederbesiedlung dieser Gebiete zu verzeichnen. Die biologische Flexibilität des Wolfes einerseits und die reiche Nahrungsbasis dank hoher Hirsch-, Reh- und Schwarzwildbestände sowie die Toleranz und das Wohlwollen des Menschen andererseits bewirkten, daß der Wolf in der als zivilisiert bezeichneten Landschaft einen Platz für sich gefunden hat. Dieses Beispiel scheint für unsere Zeiten vorbildlich zu sein, nicht allein für Polen und nicht allein für den Wolf. Deswegen soll es auch als außergewöhnlich charakterisiert und entsprechend betrachtet werden.

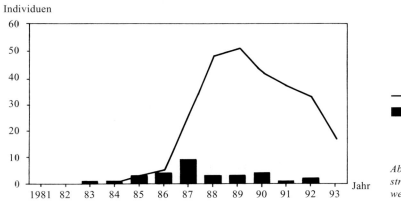

Abb. 7   Bestand und Jagdstrecke des Wolfes in Nordwest-Polen

Es sind hier wirksame Schutzmaßnahmen notwendig, die auf gründlichen Sachkenntnissen und Ergebnissen von wissenschaftlichen Forschungen gestützt werden und bestimmte Aktivitäten erfordern. Biologen und Naturschützer verlangen ganz richtig eine Verlängerung der Schonzeit für den Wolf, die im Zusammenhang mit seiner Fortpflanzungsbiologie bisher zu kurz ist. Gleichzeitig schlagen sie vor, in den westlich der Weichsel gelegenen Gebieten den ganzjährigen Schutz der Wölfe einzuführen. Ob diese Forderung richtig ist, kann bezweifelt werden. Schon seit einigen Jahren werden dort Wölfe gejagt und die Strecke beträgt einige Tiere pro Jahr. Diese Tatsache scheint die Dynamik des Bestandes überhaupt nicht zu beeinflussen. Die Jäger gelangen jedoch dadurch in den Personenkreis, dem an der Erhaltung des Wolfes gelegen ist. Das Problem besteht lediglich darin, daß die jagdliche Nutzung mit den Grundsätzen des Schutzes dieser Tierart übereinstimmen muß. Sie muß also zahlenmäßig streng limitiert sein und in den Jagdwirtschaftsplänen der Jagdreviere, in denen der Wolf als Standwild auftritt, erfaßt werden. Unzulässig und strafwürdig sind hingegen immer noch vorkommende zufällige (später als irrtümlich bezeichnete), nicht geplante Abschüsse z.B. von wandernden Wölfen. Ein voller Schutz des Wolfes scheint etwas riskant zu sein. Die hier besprochene westpolnische Population ist das beste Beispiel dafür, wie schnell der örtliche Bestand steigen kann. In einem gewissen Moment wird der Konflikt zwischen Wolf und Mensch dann leider ganz real sein. Es wäre besser, es dazu nicht kommen zu lassen.

Literatur

DZIECIOŁOWSKI, R.; PIELOWSKI, Z. (1993): Łoś. Wydawnictwo Anton-5, Warszawa: 1-208.
FRUZIŃSKI, B.; PIELOWSKI, Z. (1989): Program działania w zakresie hodowli zwierzyny grubej w łowiskach leśnych z uwzglednieniem szkód łowieckich.- Polski Związek Łowiecki, Warszawa: 1-92.
OKARMA, H. (1992): Wilk, monografia przyrodniczo-łowiecka. Białowieza: 1-208.
PIELOWSKI, Z. (1969): Die Wiedereinbürgerung des Elches *Alces alces* L. im Kampinos-Nationalpark in Polen.- Z. Jagdwiss. **15**: 6-17.
PIELOWSKI, Z.; KAMIENIARZ, R.; PANEK, M. (1993): Raport o zwierzętach łownych w Polsce. – Biblioteka Monitoringu Środowiska, Warszawa: 1-128.
SUMINSKI, P. (1975): The Wolf in Poland. – Proc. I. Working Meeting of Wolf specialists and the I. Int. Conference on the conservation of the Wolf, Stockholm 1973. IUCN, Morges, Switzerland: 44-52.

Zusammenfassung

Ende der 40er Jahre kam der Elch nur an einem Standort an der Biebrza, in einer Anzahl von ca. 20 Tieren in Polen vor. Aus dieser Restpopulation, einer geglückten Wiedereinbürgerung im Kampinos-Nationalpark und durch Immigration aus Weißrußland baute sich ein Bestand von ca. 5.000 Exemplaren auf, der in mehr oder weniger geschlossener Form etwa die Hälfte des Landesterritoriums einnimmt. In anderen Landesgebieten gibt es nur kleine, lokale Gruppierungen, die teilsweise noch in der Aufbauphase sind.

Der Bestand des Wolfes ist in den 60er Jahren bis auf 100 Tiere reduziert worden. Die Wiederaufnahme in die Liste der jagdbaren Tiere und eine Schonzeit für die Jungenaufzucht haben einen Wiederanstieg des Bestandes auf ca. 900 Wölfe und eine Wiederbesiedlung vormals verlassener Gebiete bewirkt. Immer öfter erschienen einzelne Wölfe im Westen des Landes. Im Nadnotecka-Waldgebiet entwickelte sich ein ansässiger Bestand, der gegenwärtig aus 30 bis 40 Tieren besteht.

Summary

Title of the paper: Elks and wolves in Poland and their tendency to spread westward.

At the end of the Forties in Poland the elk was confined to a single habitat at the Biebrza river with a population of about 20 animals. Out of this population and through a successful release in the Kampinos National Park and immigration from Belorussia has meanwhile developed a population of some 5000 individuals distributed over a more or less continuous area covering about half the country's territory. The remaining country is inhabited by small, local populations of which some are still in the stage of development. The wolf population dropped to some 100 animals in the Sixties. Its renewed inclusion in the list of fair game and the imposition of a close season have allowed the number of wolves to grow to about 900 and have led to the repopulation of formerly abandoned regions. Increasingly, wolves are seen in western parts of the country. A resident population of 30 - 40 individuals has developed in the Nadnotecka woodlands.

Anschrift des Verfassers:
Prof. Dr. habil. ZYGMUNT PIELOWSKI
Forschungsstelle des Polnischen Jagdverbandes
PL - 62 - 055 Czempiń, ul. Sokolnicza 12

Tiere im Konflikt

3

Säugetierarten und deren feldökologische Erforschung im östlichen Deutschland

MARTIN-LUTHER-UNIVERSITÄT HALLE-WITTENBERG
INSTITUT FÜR ZOOLOGIE
Halle (Saale) 1994

Zygmunt Pielowski, Czempiń (Polen)
Zur Situation des Marderhundes (*Nyctereutes procyonoides*) in Polen

Der Marderhund wurde in Polen zum ersten Mal im Jahre 1955 in Białowieza registriert. 1958 wurde das nächste Exemplar in der Nähe von Hrubieszów, nicht weit von der Grenze zur Ukraine, erlegt. In den nächsten Jahren wurde die Anwesenheit der Marderhunde sowohl durch Beobachtungen als auch über den Abschuß immer öfter bestätigt, vor allem im nordöstlichen Teil, aber auch in anderen Gebieten des Landes. Die 1963 durchgeführten Umfrageforschungen haben nachgewiesen, daß der Marderhund in 106 Forstämtern auftrat (Nowak und Pielowski, 1964). Eine ähnliche Erhebung nach weiteren acht Jahren zeigte, daß der Marderhund schon in 236 von allen 931 Forstämtern in Polen auftrat (Nowak, 1972). Dieser Autor schätzte die Siedlungsdichte des Marderhundes in den Woiwodschaften Białystok und Olsztyn auf zwei bis zehn Individuen pro 1000 ha Waldfläche. Die Expansion hielt weiter an. 12 Jahre später kommen Krzywiński und Włodek (1984) zu der Feststellung, daß die Siedlungsdichte der Marderhunde in nordöstlichen Gebieten Polens manchmal sogar mehr als 20 Individuen pro 1000 ha beträgt und höher als die Siedlungsdichte einheimischer Raubtiere, d. h. des Fuchses und des Dachses, ist. Dies ist auch für Finnland seit längerem bekannt. Die neuesten Angaben über den Marderhund in Polen und seine territoriale Ausbreitung (Pielowski, u.a., 1993) zeigen, daß er sich in den letzten zehn Jahren deutlich in den nordwestlichen Gebieten Polens verbreitete und dort wesentlich seinen Bestand erhöhte (Abb. 1 und 2). Diese Angaben betreffen die Streckenangaben für erlegte Marderhunde in konkreten Jagdrevieren. Außerdem gibt es Jagdreviere, in denen der Marderhund vorkommt, aber jagdlich nicht genutzt wird.

Als Lebensraum bevorzugt der Marderhund feuchte Laub- und Mischwälder, durchzogen von Sümpfen und Seen sowie Flußtäler und andere an Verstecken reiche Gebiete, vor allem in der Nähe von Gewässern und Flußläufen. Vermutlich hat er deswegen vor allem Gebiete Nord- und Ostpolens besiedelt. In anderen Teilen des Landes kommt er nur lokal vor.

• Jagdreviere in denen Marderhunde zur Strecke kamen

Abb. 1   Das Vorkommen des Marderhundes in Polen in den Jahren 1981 bis 1982

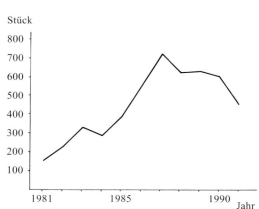

Abb. 2 Das Vorkommen des Marderhundes in Polen in den Jahren 1989 bis 1991

Abb. 3 Die Jagdstrecke an Marderhunden in Polen

Obwohl der Marderhund schon seit fast 40 Jahren ein Bestandteil der Fauna in Polen ist, gibt es bis jetzt keine gesicherten Angaben über seinen zahlenmäßigen Bestand. In Anlehnung an Informationen über die jagdliche Nutzung und unter der Voraussetzung, daß die Höhe dieser Nutzung in gewissem Maße dem Zahlenbestand adäquat ist, kann man nur feststellen, daß der Bestand bis 1987 ständig stieg (Abb. 3). Zur Zeit ist unklar, ob die spätere geringere jagdliche Nutzung infolge eines Bestandsrückganges entstand.

Aus dem Vergleich der räumlichen Verbreitungsbilder des Marderhundes und des Fuchses in Polen scheint hervorzugehen, daß diese beiden Tierarten sich räumlich teilweise voneinander abgrenzen (Abb. 2 und 4). Die Siedlungsdichte des Fuchses in Polen ist ziemlich niedrig und beträgt ca. zwei Individuen pro 1000 ha jagdlich genutzter Fläche (PIELOWSKI, 1982, 1986). Natürlich gibt es lokale Abweichungen von dieser Dichte. In Gebieten, wo der Marderhund häufiger vorkommt, ist die Siedlungsdichte des Fuchses wesentlich niedriger. Dieses Phänomen soll genauer analysiert werden. Es scheinen gewisse Abhängigkeiten zwischen beiden Arten zu bestehen, die sich auf die Biozönosen auswirken können.

Nicht ohne Bedeutung scheint hier das Problem der Tollwut zu sein. Der Marderhund erwies sich – so wie der Fuchs – als empfänglich hinsichtlich dieser Epizootie, und in ganz Polen ist er die zweite Wildart – nach dem Fuchs – was die Zahl der festgestellten Tollwutfälle anbetrifft (BOROWIECKI, 1993).

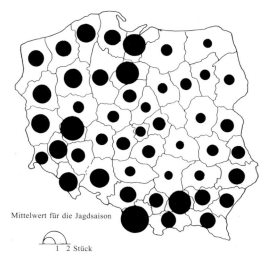

Abb. 4 Die Größe der Jagdstrecke an Füchsen in Polen in den Jahren 1989 bis 1991 in den einzelnen Woiwodschaften (umgerechnet auf 1000 ha Gesamtfläche)

Der Marderhund ist in Polen bisher nicht genauer erforscht worden. Es gibt erste, fragmentarische Arbeiten über seine Nahrung (KRZYWIŃSKI und WŁODEK 1984; REIG und JĘDRZEJEWSKI 1988). Der Bedeutung vom Marderhund in den Biozönosen und in der Tollwutübertragung ist weitere Aufmerksamkeit zu schenken.

Literatur

BOROWIECKI, B. (1993): Wścieklizna – mit czy niebezpieczeństwo? – Łowiec Pol. 2: 44-45.
KRZYWIŃSKI, A; WŁODEK, K. (1984): Jenot. – Łowiec Pol. 4: 12-13.
NOWAK, E. (1972): Jenot w Polsce. – Łowiec Pol. 5 (1416): 4-5 i 11.
NOWAK, E.; PIELOWSKI, Z. (1964): Die Verbreitung des Marderhundes in Polen im Zusammenhang mit seiner Einbürgerung und Ausbreitung in Europa. – Acta theriol. 9: 81-110.
PIELOWSKI, Z. (1982): Über die Bedeutung des Fuchses Vulpes vulpes (L., 1758) in der Jagdwirtschaft der Volksrepublik Polen. – Beitr. Jagd-u. Wildforschung 12: 71-77.
PIELOWSKI, Z. (1986): Wszystko o lisie. – Łowiec Pol. 4: 12-13.
PIELOWSKI, Z.; KAMIENIARZ, R.; PANEK, M. (1993): Raport o zwierzętach łownych w Polsce. Biblioteka Monitoringu Środowiska. Warszawa, 1-128.
REIG, S.; JĘDRZEJEWSKI, W. (1988): Winter and early spring food of some carni-vores in the Białowieża National Park, eastern Poland. – Acta theriol. 33: 57-65.

Zusammenfassung

Erstmals wurde der Marderhund in Polen im Jahre 1955 festgestellt. Schon 1963 kam er in 106 und 1971 in 236 von insgesamt 931 Forstämtern in Polen vor. Die Expansion dauert weiter an. Im nordöstlichen Teil des Landes gibt es lokale Dichten bis zu 20 Individuen pro 1000 ha. In den 80er Jahren wurde er auch in Nordwest-Polen immer häufiger. In den übrigen Gebieten kommt er nur lokal vor. Es gibt Hinweise zur Annahme, daß sich das Verbreitungsgebiet des Marderhundes in Polen mit dem des Fuchses teilweise nicht deckt. In Gebieten mit hoher Dichte gibt es weniger Füchse. Im Landesmaßstab liegt der Marderhund an zweiter Stelle der festgestellten Tollwutfälle unter den Wildtieren.

Summary

Title of the paper: On the situation of the raccoon dog *(Nyctereutes procyonoides)* in Poland.

The first report of a raccoon dog in Poland dates back to 1955. By 1963 it had spread to 106 and by 1971 to 236 of the 931 forest superintendencies in Poland. Its proliferation still continues. In the northeastern part of the country there are local densities of 20 individuals per 1000 ha. In the Eighties it also became increasingly common in northwestern Poland. Outside these regions it only occurs locally. There is evidence that the distribution of the raccoon dog ist not everywhere identical with that of the fox. There are fewer foxes in areas of higher density. Nationally, the raccoon dog comes second in the incidence of rabies in game.

Anschrift des Verfassers:
Prof. Dr. habil. ZYGMUNT PIELOWSKI
Forschungsstelle des Polnischen Jagdverbandes
PL - 62 - 055 Czempiń, ul. Sokolnicza 12.

JAHRESBERICHT ZUM MONITORING GREIFVÖGEL UND EULEN EUROPAS

1. Ergebnisband

Martin-Luther-Universität Halle/Saale (1994)

MICHAEL STUBBE
HOLGER EBERSBACH, Halle/ Saale

Zum Vorkommen einiger marderartiger Säugetierarten in den östlichen Bundesländern Deutschlands

Einleitung

In Vorarbeit auf das geplante Handbuch der Säugetiere der neuen deutschen Bundesländer wurden 1988 Fragebögen zu den Arten Dachs, Steinmarder, Baummarder und Iltis über die damaligen Kreisjagdbehörden an die Jagdgesellschaften verteilt. Durch weitere Nachfragen 1991/92 konnten die Informationen ergänzt werden.
Der Schwerpunkt richtete sich auf die Erschließung und Zusammenfassung des Wissens der Jäger über diese nachtaktiven heimischen Raubsäugetiere zu verschiedenen ökologischen Fragestellungen. Ein wesentliches Ergebnis sind Karten mit aktuellen Artnachweisen für die fünf neuen Bundesländer.

Methode

Aus der Summe aller verfügbaren Informationen, also Meldungen zu den Fragebögen, Angaben aus verschiedenen Tiergesundheits- und Lebensmitteluntersuchungsämtern, zahlreichen persönlichen Mitteilungen, Literaturangaben und eigenen Daten wurden Nachweiskarten erarbeitet.
Die Ortsangaben zum Vorkommen bzw. Fehlen einer Art wurden dem jeweiligen Meßtischblatt zugeordnet. Gewertet wurden Angaben seit 1980. Als Nachweis für das Vorkommen bzw. Fehlen einer Art genügt eine Meldung. Wurde zu einem Meßtischblatt mit einer Fehlmeldung ein Nachweis zum Vorkommen erbracht, gilt die Art als im Gebiet des Meßtischblattes vorhanden. An der Vervollständigung der Nachweiskarten besteht weiterhin großes Interesse.
Neben den Nachweisen konnten aus den Arbeitsblättern Fragestellungen bearbeitet werden, die Informationen über die Habitatnutzung, das Nahrungsspektrum und die Reproduktion geben.
Unter Mit- und Zuarbeit einer Reihe von Naturfreunden sind Kartierungen von Dachsbauen erfolgt. Die Auswahl der Gebiete war dabei durch rein praktische Gesichtspunkte bedingt.

Ergebnisse und Diskussion

Martes foina (ERXLEBEN, 1777) – Steinmarder

Für den Steinmarder bestätigte sich das erwartete flächendeckende Vorkommen im Untersuchungsgebiet. Für die Abb. 1 konnten Meldungen für 506 Meßtischblätter ausgewertet werden; das sind 52,4% der gesamten Untersuchungsfläche. Der Steinmarder besiedelt zahlreiche Lebensräume vom unmittelbaren Bereich der Dörfer und Großstädte über die offene Landschaft bis zu Waldgebieten und feuchten, mit Gebüschgruppen bestandenen Niederungen und Auwaldresten, wie wir sie z.B. im Unteren Odertal oder im Spreewald finden.
Von Hiddensee gibt es nach SIEFKE (pers. Mitt.) einen ersten Steinmarderbeleg aus dem Jahre 1976; in den letzten Jahren gilt er hier

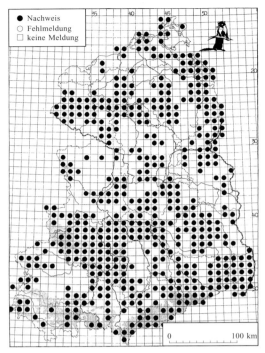

Abb. 1 Nachweise des Steinmarders seit 1980 (Stand: Dezember 1993)

als häufig. OPPERMANN (1982) und SCHEUFLER (pers. Mitt.) berichten über das Vorkommen auf den Inseln Oie und Kirr seit 1965. Aus den Mittelgebirgen liegen Höhenangaben zum Vorkommen des Steinmarders, z.B. aus dem Erzgebirge zwischen 600m und 700m über NN, vor. Im Zittauer Gebirge (höchste Erhebungen: Lausche bzw. Hochwald mit 793m und 750m) beschränkt sich der Lebensraum des Steinmarders im Winter möglicherweise auf den anthropogenen Bereich, wie Nahrungsanalysen von ANSORGE (1989a) vermuten lassen. In Ostthüringen bewohnt die Art den Thüringer Wald und dessen Siedlungsgebiete bis in eine Höhe von mindestens 800m (Neuhaus-Steinheid). Im Oberharz sind Steinmardervorkommen bis in eine Höhe von 650-700m bekannt. In allen Mittelgebirgen ist eine mögliche Reproduktionsgrenze schlecht oder gar nicht untersucht.
Aus den europäischen und asiatischen Hochgebirgen ist der Steinmarder aus Höhen von 1200m bis 2600m über NN nachgewiesen (vgl. CHOTOLCHU et al. 1980, HEPTNER & NAUMOV 1974, STUBBE 1993).
Die Vertikalverbreitung korrelliert offenbar mit der Waldgrenze in den einzelnen Gebirgen.
Charakteristisch für den Steinmarder im Osten Deutschlands ist ein starkes Süd-Nord-Gefälle in den Streckenergebnissen und im Verhältnis der beiden Marderarten zueinander (vgl. STUBBE 1981, 1984). Die Bestandsdichte des Steinmarders nimmt demnach von Nord nach Süd mit steigender menschlicher Siedlungsdichte recht deutlich zu. Regional wurde dies für die Oberlausitz analysiert (STUBBE & ANSORGE 1983).

Martes martes (L., 1758) – Baummarder

Der Baummarder gilt, im Gegensatz zum Steinmarder, nicht als Kulturfolger. Für sein Vorkommen werden vom Menschen relativ wenig frequentierte Gebiete genannt, wobei er nicht auf geschlossene Wälder beschränkt ist. So geben DOLCH (1992) und STIER (pers. Mitt.) in reich strukturierter, offener Landschaft im Norden Brandenburgs (Ländchen Bellin) bzw. im Kreis Hagenow (Mecklenburg-Vorpommern) bis 1987 für den Baummarder mitunter höhere Fangzahlen als in geschlossenen Wäldern an. Nach Angaben von Jägern sowie Raubwild- und Bisamfängern im Unteren Odertal und im Oberen Spreewald ist der Baummarder in diesen feuchten Niederungen mit mehr oder weniger zahlreichen, auch isolierten Weidengruppen z.T. häufiger als der Steinmarder.
Für die Inseln Rügen, Bock (KULICKE 1960) und Vilm (ROBEL 1971) ist der Baummarder nachgewiesen. Auf Hiddensee (SIEFKE pers. Mitt.) sowie auf Oie und Kirr (OPPERMANN 1982, SCHEUFLER pers. Mitt.) fehlt die Art (Abb. 2).
Aus den oberen Lagen unserer Mittelgebirge liegen keine höhenbedingten Fehlmeldungen vor. Es ist davon auszugehen, daß der Baummarder bis an die obere Waldgrenze reproduziert.
Die Nachweiskarte (Abb. 2) gibt für 42,5% (n=411) der Meßtischblätter der neuen Bundesländer Informationen, davon 62 mit Fehl-

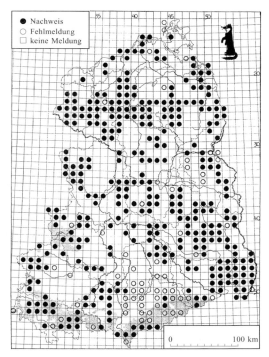

Abb. 2   Nachweise des Baummarders seit 1980 (Stand: Dezember 1993)

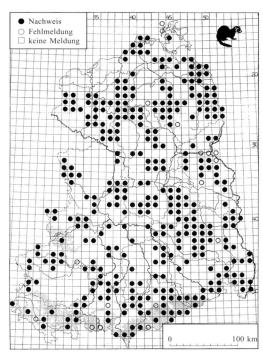

Abb. 3   Nachweise des Iltis seit 1980 (Stand: Dezember 1993)

meldungen. Aus den bevölkerungsreichen Regionen Sachsens und speziell aus der Leipziger Tieflandsbucht und dem nördlichen Vorland des Erzgebirges liegen zahlreiche Meldungen zum Fehlen des Baummarders vor. Ein unmittelbarer Zusammenhang zu den jeweiligen Landschaftstypen ist leider nicht herzustellen, da von den Bearbeitern der Fragebögen keine Habitatbeschreibungen mit dem Fehlen des Baummarders verbunden wurden. Detailliertere Nachforschungen waren uns bislang nicht möglich.

Die Einzelmeldungen zu Nachweisen des Baummarders innerhalb von Ortschaften bzw. in Ortsrandlagen werden gestützt durch Angaben von SCHÄFERS (Hamburg) und DOLCH (Neuruppin; pers. Mitt.).

Mustela putorius L. (1758) – Iltis

Zum Vorkommen und zur Bestandssituation des Iltisses gibt es in Deutschland bislang recht wenige Arbeiten (VIERHAUS 1984, HERRMANN 1991, SPITTLER pers. Mitt.). WEBER (1987) hat versucht, Ursachen für den Rückgang des Iltisses in der Schweiz aufzudecken. Als Hauptursache muß die Verarmung und Vereinheitlichung der Landschaft zu einer großflächigen „modernen Triviallandschaft" (EWALD 1978; zit. in WEBER 1987) und die damit verbundene Verknappung an geeigneten Schlafplätzen und über das ganze Jahr ausreichend verfügbarer, vielfältiger Nahrung angesehen werden. Für das Gebiet der neuen Bundesländer ergibt sich bislang folgendes Bild: Meldungen liegen zu 364 Meßtischblättern (rund 38% der untersuchten Fläche) vor, davon 17 Meßtischblätter mit Fehlmeldungen.

Die Abb. 3 läßt zunächst keine größeren Verbreitungslücken erkennen, insbesondere aus den Mittelgebirgen fehlen aber bislang konkrete Angaben über eventuelle Verbreitungslücken und Habitattypen, die vom Iltis hier bevorzugt bzw. gemieden werden. Allgemein geben die Fragebögen

Auskünfte zu einer vielseitigen Habitatnutzung durch den Iltis von der häufig genannten Kombination *Ortsnähe – Gewässernähe – hecken- und feldgehölzreiche Landschaft* über reine Agrargebiete, auch Wälder bis zu anthropogenen Standorten wie Industrieanlagen, Müllhalden oder den Siedlungsraum. WEBER (1987) beschreibt einen saisonalen Habitatwechsel zum Winter aus dem Agrar- in den Siedlungsbereich. ANSORGE (1989b) fand bei Iltissen aus der Oberlausitz in der Winternahrung neben Nahrungsbestandteilen aus dem Siedlungsraum hauptsächlich solche aus dem Agrarbereich.

Meles meles (L., 1758) – Dachs

Die Nachweiskarte für den Dachs konnte wesentlich bereichert werden durch die freundliche Zuarbeit einiger Tiergesundheits- und Lebensmitteluntersuchungsämter und des Institutes für Epidemiologie, Wusterhausen (Bundesforschungsanstalt für Viruskrankheiten der Tiere), in Form der Auflistung der Daten von zur Tollwutuntersuchung eingesandten Dachsen. So konnte für den Dachs mit 70% der Meßtischblätter die bislang größte Nachweisdichte erreicht werden. Das sind 678 Meßtischblätter mit 6 Fehlmeldungen (Abb. 4).

Danach gilt der Dachs im Untersuchungsgebiet als flächendeckend verbreitet.

Auf Hiddensee kommt der Dachs nicht vor (SIEFKE pers. Mitt.). Auf dem Kirr wurde der letzte Dachs 1978 erlegt (OPPERMANN 1982). KULICKE (1960) gibt für die Insel Der Bock regelmäßige Dachsvorkommen an. Neuere Informationen zu den kleineren Ostseeinseln fehlen bislang. Auf Rügen ist der Dachs mit Ausnahme der grundwassernahen Küstenbereiche flächendeckend vertreten. (GORETZKI, pers. Mitt.)

Unsere Mittelgebirge stellen offensichtlich keine obere Verbreitungsgrenze für den Dachs dar. Es liegen aus den Fragebögen verschiedene Meldungen zum Vokommen von Dachsen in Höhenlagen über 700m NN, im Erzgebirge bis ca. 800m vor (KLIER pers. Mitt.). Im östlichen Thüringer Wald (Steinheid) konnte HÖLZEL (pers. Mitt.) die Art bis 800m Höhe nachweisen. RAIMER (pers. Mitt.) gibt im Harz 650m als Reproduktionsgrenze an.

Auch in den grundwassernahen Bereichen von Flußniederungen ist der Dachs offensichtlich heimisch. So hat HEIDECKE (pers. Mitt.) bereits 1983 im Auwaldgebiet Steckby/ Lödderitz Dachsbaue im Überflutungsbereich der Elbe kartiert. Auch bei Rackith (Kreis Wittenberg) ist der Dachs im Elbüberflutungsbereich anzutreffen (Fragebogenangaben). STIER (pers. Mitt.) stellte im Kreis Hagenow (Mecklenburg-Vorpommern) regelmäßiges Wechseln von Dachsen durch einen Bruchwald mit bis zu 30cm Wassertiefe fest. Im Oberen Spreewald konnten auf Inseln Dachsbaue nach Angaben von Förstern und Jägern kartiert und im Februar 1993 frische Dachsspuren ermittelt werden.

Da der Dachs eine enge Bindung an Erdbaue hat, schien der Versuch lohnenswert, durch Kartierungen in einigen Gebieten auf Dachsdichten bzw. zunächst auf Dachsbaudich-

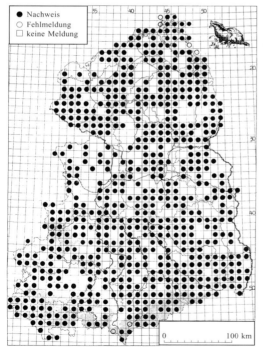

Abb. 4   Nachweise des Dachses seit 1980 (Stand: Dezember 1993)

ten in verschiedenen Habitattypen zu schließen.
Es zeigt sich, daß die Dachsbaudichten habitatabhängig sehr unterschiedlich sind: Die flachen grundwasser- und küstennahen Bereiche z.B. Westrügens (vgl. STUBBE et al. 1993), das Innere geschlossener Waldkomplexe (z.B. des Forstamtes Fürstenberg/ Havel, SMOLLICH und SÖMMER pers. Mitt.) sowie reine Sandgebiete (z.B. des Luckauer Raumes, BICKENBACH pers. Mitt.) zeigen deutlich geringere Baudichten als die Waldinseln des nördlichen Harzvorlandes (Hohes Holz, Fallstein, Huy und Hakel) oder etwa die noch reich strukturierte Landschaft des Naturparkes Schaalsee (STIER pers. Mitt.). Die ermittelten Baudichten liegen zwischen 0,6/1000ha (Luckau) und 11,8/1000ha (Hakel); bzw. rein rechnerisch ca. 44/1000ha auf einer Probefläche des Naturparkes Schaalsee, wobei von einer kumulativen Verteilung auf der nur 270ha umfassenden Untersuchungsfläche auszugehen ist (vgl. STUBBE et al. 1993).

Um von den Baudichten auf den tatsächlichen Dachsbestand schließen zu können, sind intensive Baukontrollen ab März und kontinuierliche Beobachtungen an den befahrenen Dachsbauen ab Ende April bis Juli nötig. Bestandsentwicklungen können dabei nur durch mehrere Jahre umfassende Beobachtungsreihen erkannt werden. So stieg z.B. der unbejagte Dachsbestand des Hakelgebietes seit 1979/80 bis 1993 an. Im Frühsommer 1993 lebten hier mindestens 39 adulte und 22 Jungdachse (gegenüber 7 bekannten adulten Tieren 1980) (Abb. 5).

Erste Daten zu Nachweisen von Mauswiesel und Hermelin werden gegenwärtig zu Kartendarstellungen zusammengefaßt. Die Kenntnis über diese Arten und vor allem der Populationstrends ist bislang gering. Es ist von einer allgemeinen Verbreitung auch in den Mittelgebirgen auszugehen.

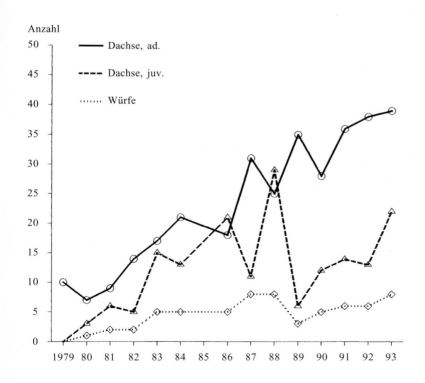

Abb. 5 Entwicklung des Dachsbestandes im Hakelwald von 1979 bis 1993

Schlußfolgerungen

Aussagen zu den Auswirkungen der Reduzierung der Raubwildjagd seit 1990 einerseits und des enormen Anstieges der Verkehrsdichte, der rasanten Landschaftsveränderungen durch Straßenbau und Zersiedlung andererseits sind rein spekulativ. Neben einer Isolierung von Teilpopulationen durch zusammenwachsende Siedlungsgürtel und Verkehrstrassen, die besonders für Baummarder und Dachs nachteilig sind (HERRMANN & TRINZEN 1991, WEBER pers. Mitt.), ergeben sich eventuell durch die Ausweitung des Siedlungsraumes Veränderungen des Strukturgefüges der Landschaft. Diese könnten für Steinmarder und Iltis (?) durchaus von Vorteil sein, da die Zahl der Geländestrukturen, und damit geeigneter Schlafplätze und synanthroper Beutetiere, mit der mosaikartigen Zersiedlung der bisher großflächigen Agrarlandschaft ansteigt.

Die Erfassung dieser Prozesse ist eine weitere dringende Aufgabe, um bei einem Bestandsrückgang, insbesondere in natürlich dünn besiedelten Gebieten, eine Aussetzung der Jagd zum Schutze der Art begründet anstreben zu können.

Darüber hinaus sollte die Überprüfung gehäufter Fehlmeldungen – wie etwa zum Baummarder – mit einer Habitatcharakterisierung verbunden werden, um dieses Wissen in eine progressive, praktische Schutzstrategie einzubeziehen.

Die Bemühungen um eine Vervollständigung der Nachweise der besprochenen Arten aus den verschiedenen Lagen der Mittelgebirge und eine Aktualisierung der Angaben zum Vorkommen auf den Ostseeinseln sind notwendige Aufgaben.

Die Zusammenstellung der Nachweiskarten war nicht ohne eine große Zahl von z.T. anonym bleibenden Helfern möglich, die im Rahmen der Fragebogenerhebungen ihre langjährigen Daten und Erfahrungen zur Verfügung stellten. Ihnen allen herzlichen Dank.

Literatur

ANSORGE, H. (1989a): Die Nahrungsökologie des Steinmarders *Martes foina* in den Landschaftstypen der Oberlausitz. – Populationsökologie marderartiger Säugetiere, Wiss. Beitr. Univ. Halle 1989/37 (P39): 473-493.

ANSORGE, H. (1989b): Nahrungsökologische Aspekte bei Baummarder, Iltis und Hermelin (*Martes martes, Mustela putorius, Mustela erminea*). – Populationsökologie marderartiger Säugetiere, Wiss. Beitr. Univ. Halle 1989/37(P39): 494-504.

CHOTOLCHU, N.; STUBBE, M.; DAWAA, N. (1980): Der Steinmarder *Martes foina* (ERXLEBEN, 1777) in der Mongolei. – Acta theriol. **25**/10: 105-114.

DOLCH, D. (1992): Beiträge zur Säugetierfauna des Landes Brandenburg. – Diss. Univ. Halle-Wittenberg.

EICHSTÄDT, W.; EICHSTÄDT, H. (1989): Die Säugetiere des Kreises Pasewalk. – Natur und Naturschutz in Mecklenburg-Vorpommern **27**: 19-84.

HEPTNER, V.G.; NAUMOV, N.P. (1974): Die Säugetiere der Sowjetunion. Bd.II: Seekühe und Raubtiere. – Jena.

HERRMANN, M. (1991): Säugetiere im Saarland, Verbreitung, Gefährung, Schutz. – Schriftenreihe d. Nat.-schutzbundes e.V. (BDV), St. Wendel.

HERRMANN, M.; TRINZEN, M. (1991): Wanderverhalten von einheimischen Mustelidenarten (Mustelidae), Bedeutung für den Biotop- und Artenschutz. – Seevögel **12**/Sonderh. 1: 39-44.

KULICKE, H. (1960): Über die Säugetiere der Ostseeinsel „Der Bock". – Z. Säugetierk. **25**: 142-149.

OPPERMANN, J. (1982): Säugetiere auf den Inseln. – Meer und Museum **37**: 65-66.

ROBEL, D. (1971): Zum Vorkommen der Kleinsäuger auf den Ostseeinseln Hiddensee und Vilm (NSG). – Naturschutzarb. Mecklenburg **14**: 33-36.

STUBBE, M. (1981): Die Anteile der beiden Martes-Arten an der Marderstrecke der DDR. – Säugetierk. Inf. **1**/5: 100-102.

STUBBE, M. (1984): Die Bewirtschaftung der beiden Marderarten in der DDR. – Wildbiol. Wildbewirtschaftung (Leipzig) **3**: 456-467.

STUBBE, M. (1993): Steinmarder – *Martes foina*, (ERXLEBEN, 1777). – In: NIETHAMMER, J. & KRAPP, F.: Handbuch der Säugetiere Europas, **Bd. 5**/II: 427-479.

STUBBE, M.; ANSORGE, H. (1983): Einige Grundlagen der Raubwildbewirtschaftung im Bezirk Dresden. – Bewirtschaftung des Raubwildes. Vortragstagung Dresden, Nov. 1981. Hrsg.: Agrarwiss. Ges. der DDR, Bezirksverband Dresden: 4-17.

STUBBE, M.; EBERSBACH, H.; GORETZKI, J.; WAURISCH, S.; BICKENBACH, E. (1993): Beiträge zur Verbreitung und Populationsökologie des Dachses *Meles meles* (L., 1758) in Europa. – Beitr. Jagd- u. Wildforsch. **18**: 93-105.

ULOTH, W. (1982): Zu einigen ökologischen Einflußfaktoren bei der Verbreitung und Besatzentwicklung des Rotfuchses im Bezirk Suhl. – Beitr. Jagd- u. Wildforsch. **12**: 108-113.

VIERHAUS, H. (1984): Iltis – *Mustela putorius* Linnaeus, 1758.– In: SCHRÖPFER, R.; FELDMANN, R.; VIERHAUS, H., Hrsg.: Die Säugetiere Westfalens. – Abh. Westfälischen Mus. Nat.-kunde **46**/4: 306-312.

WEBER, D. (1987): Zur Biologie des Iltisses (*Mustela putorius* L.) und den Ursachen seines Rückganges in der Schweiz. – Diss. Univ. Basel.

Zusammenfassung

Alle betrachteten Musteliden-Arten kommen im gesamten Untersuchungsgebiet vor. Die seit 1980 bekannten Nachweise werden in Karten auf Meßtischblatt-Basis dargestellt.

Dachs und Steinmarder gelten auf dem Gebiet der neuen Bundesländer als allgemein verbreitet mit gesicherten und teilweise zunehmenden Beständen. Die ersten Dachsbaukartierungen geben Hinweise auf habitatabhängige Bau- bzw. Bestandsdichten. Dachs, Steinmarder und Iltis nutzen ein breites Spektrum an Habibattypen, so daß keine großflächigen Verbreitungslücken zu erwarten sind. Die Bestandsdichten sind jedoch in den veschiedenen Landschaftstypen unterschiedlich einzuschätzen. Den zahlreichen Fehlmeldungen zum Baummarder ist gezielt Aufmerksamkeit zu schenken.

Es liegen für den Baummarder neuere Hinweise zum Vorkommen außerhalb geschlossener Wälder in Feldgehölzen, heckenreichen Acker- und Wiesenflächen, gebüschreichen Flußniederungen und in Siedlungsnähe bzw. innnerhalb von Siedlungen vor.

Den Vorkommen in den Mittelgebirgen und der Erkundung einer möglichen oberen Reproduktionsgrenze für Dachs, Steinmarder und Iltis ist gezielt nachzugehen.

Summary

Title of the paper: On the distribution of some mustelid species in the eastern federal lands of Germany.

Records on four mustelid species since 1980 are plotted on the national ordnance map grid. All species are distributed in the whole study area.

European badger and stone marten are common in Eastern Germany, populations seem to be stable or partly increasing. First local badger sett surveys suggest sett and population densities to be habitat dependent. Badger, stone marten and polecat use a wide range of habitats. Therefore large gaps in distribution are not expected. Population densities differ according to landscape. Special interest should be focused on numerous negative records of the pine marten.

There are new indications of pine marten occurence in small wood patches, hedge-split field and meadow areas, river valleys rich in shrubberies and near or within various human settlements.

Badger, stone marten and polecat occurence in the highlands and a possible elevation-correlated reproduction failure in these species have to be studied intensively.

Anschriften der Verfasser:
Prof. Dr. MICHAEL STUBBE
Dipl.-Biol. HOLGER EBERSBACH
Institut für Zoologie
Martin-Luther-Universität Halle-Wittenberg
Domplatz 4, Postfach 8, Universität
06099 Halle/ Saale

Beiträge zur Jagd- und Wildforschung, Bd. 19 (1994)

Semiaquatische Säugetiere

Semiaquatic Mammals

Herausgegeben

von

Rüdiger Schröpfer
Michael Stubbe
Dietrich Heidecke

MARTIN-LUTHER-UNIVERSITÄT HALLE-WITTENBERG

WISSENSCHAFTLICHE BEITRÄGE

HALLE/SAALE 1992

Holger Ebersbach, Halle/Saale
Michael Stubbe, Halle/Saale

Entwicklung der Körpermassen und Reproduktion einiger marderartiger Säugetiere

Einleitung

Das Spektrum der in der Literatur behandelten Themen in bezug auf mitteleuropäische Raubsäugetiere ist erfreulich breit. Es hat, speziell für die Marderartigen nicht zuletzt durch den jährlichen Gedanken- und Erfahrungsaustausch auf internationalen Mustelidenkolloquien, eine Reihe von Schwerpunkten gefunden, die den Arten- und Biotopschutz von wissenschaftlicher Seite unterstützen können.
Zu einigen biologischen Grunddaten enthält die Literatur aber nach wie vor recht wenige Angaben.

Methode

Für diese Arbeit sind keine Meßreihen aufgenommen worden. Die Angaben zu Reproduktion und Körpermassen stammen zum einen aus Fragebogenerhebungen auf DDR-Ebene aus den Jahren 1988/89 (mit Ergänzungen bis 1992), zum anderen sind sie eine Zusammenstellung der über lange Jahre aufgezeichneten Daten der Sammlung des Institutes für Zoologie der Universität in Halle, von Abbalgestationen, Jägern und von Literaturangaben.*

Innerhalb der Fragebögen wurden beobachtete Wurfgrößen mitgeteilt – also zumeist Fähen mit Jungtieren bzw. wenige Daten von gefundenen Wurf- und Aufzuchtplätzen. Den Reproduktionsangaben der Fragebögen werden zum Vergleich Literaturangaben gegenübergestellt.
Für die Körpermassen schien der Versuch einer Darstellung im Jahresverlauf wünschenswert, auch wenn die eingearbeiteten Daten z.T. nur Einzelwerte sind.
Neben dem absoluten Körpermasseverlauf wurden für die Arten Abbildungen erstellt, die die monatliche prozentuale Abweichung der Körpermassen männlicher und weiblicher Tiere vom Durchschnitt der Monatsmittelwerte zeigen.
Um die stark differierenden Anzahlen der Werte für einzelne Monate auszugleichen, wurde nicht der absolute Mittelwert über alle verfügbaren Daten verwendet, sondern der Durchschnitt der Monatsmittelwerte. Damit geht in die Tabellen und Abbildungen jeder Monat mit einem Wert ein.
Der Beginn der Darstellungen wurde auf März/April festgelegt, um nach dem Werfen der Jungtiere einen vollständigen biologischen Jahreszyklus abzubilden.
In den meisten Fällen liegen keine Informa-

---

* Für die Aufzeichnung und Bereitstellung der z.T. über 40 Jahre in der gesamten DDR gesammelten Daten danken wir besonders folgenden Mitarbeitern:
Ansorge, Görlitz; Bickenbach, Kreblitz; Görgner, Dessau; Gorski, Zarrentin; Haag, Deersheim; Heidecke, Halle; Heise, Dessau; Ludwig, Rothemühl; Piechocki, Halle; Präparatoren der Universität Halle; Sömmer, Woblitz; Stier, Zarrentin; Überfeldt, Ziegelroda; Warthemann, Bernburg; Waurisch, Neschwitz; ...

tionen über Herkunft, Lebensraum, Todesursachen und zum Ernährungszustand der Tiere vor. Unterschiedliche Magenfüllungen konnten keine Berücksichtigung finden. Es wurden nur adulte Tiere in die Berechnungen einbezogen, weitere Altersklassifizierungen waren nicht möglich.

Ergebnisse und Diskussion

Reproduktion

Die Fragebogenerhebungen zum Dachs ergaben n=1128 auswertbare Beobachtungen für den Zeitraum 1982-1992 (vgl. STUBBE et al. 1991). Die durchschnittliche beobachtete Wurfgröße des Dachses beträgt danach 2,9 Jungtiere/Wurf.

Für den Steinmarder wurde eine durchschnittliche beobachtete Wurfgröße von 3,14 Jungtieren bei n=225 Würfen ermittelt. Die Wurfgröße des Baummarders beträgt durchschnittlich 2,92 Jungtiere bei n=100 gemeldeten Beobachtungen; die Wurfgröße des Iltisses 3,7 Jungtiere je Wurf (n=66).

Diskussion

Die Methode der Datengewinnung über Fragebogenerhebungen steht immer wieder in der Kritik. Deshalb schien es angebracht, insbesondere die quantitativen Angaben der Fragebögen Literaturangaben bzw. langjährigen Beobachtungsreihen gegenüberzustellen.

Für den Dachs ist die Verteilung der beobachteten Wurfgrößen in Abbildung 1 Daten aus dem intensiv untersuchten Hakelwald (Kreis Aschersleben, Sachsen-Anhalt) gegenübergestellt (nach STUBBE 1989, ergänzt bis 1992). Die Hakelbeobachtungen weisen durchschnittlich 2,57 Jungtiere/Wurf aus (n=95). Im Hakelwald konnten bislang keine Würfe mit 5 Jungtieren für den Dachs beobachtet werden. Dem sicheren Nachweis von fünf Jungtieren in einem Dachswurf ist weitere Aufmerksamkeit zu widmen.

Für Stein- und Baummarder wurden Angaben von SCHMIDT (1943) aus Zuchten und dem Freiland zum Vergleich herangezogen (Abb. 2, 3). Die hohe Übereinstimmung der Zucht- und Freilandbeobachtungen ließ eine Zusammenfassung der SCHMIDTschen Werte zulässig erscheinen.

Der durchschnittlichen beobachteten Wurfgröße von 3,14 beim Steinmarder nach den Fragebögen stehen 3,05 Jungtiere je Wurf (n=38) nach SCHMIDT (1943) gegenüber. Für den Steinmarder sind 6 Jungtiere in einem Wurf nicht auszuschließen; bei HEPTNER & NAUMOV (1974) sind bis 7 Jungtiere genannt.

Für den Baummarder zeigt Abbildung 3 den

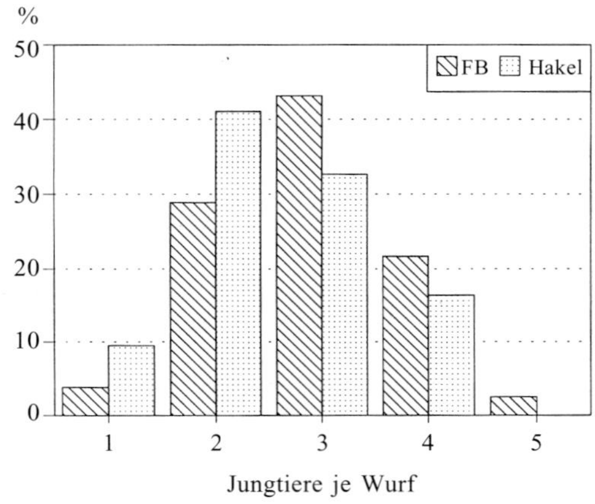

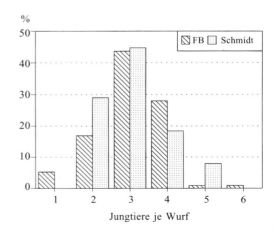

Abb. 1 Prozentuale Verteilung der Wurfgrößen des Dachses (n=1128) nach Angaben der Fragebögen (FB) gegenüber Hakeldaten.

Abb. 2 Prozentuale Verteilung der Wurfgrößen des Steinmarders (n=225) nach Angaben der Fragebögen (FB) im Vergleich mit Beobachtungen von SCHMIDT (1943).

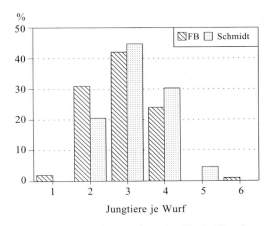

Abb. 3 *Prozentuale Verteilung der Wurfgrößen des Baummarders (n=100) nach Angaben der Fragebögen (FB) im Vergleich mit Beobachtungen von* SCHMIDT *(1943).*

Vergleich der Wurfgrößenverteilungen beider Beobachtungsreihen. Die durchschnittliche Wurfgröße nach SCHMIDT bei n=132 beobachteten Würfen beträgt 3,19 Jungtiere/Wurf.
Zur Wurfgröße des Iltisses gibt es in der Literatur nur wenige Hinweise. Das Ergebnis der Fragebogenerhebung 1988 liegt mit 3,7 Jungtieren je Wurf deutlich unter Daten aus Nordrußland, wo in 203 beobachteten Würfen durchschnittlich 6,15 Jungtiere ermittelt wurden (DANILOV & RUSAKOV 1969).
Die hier vorgestellten Fragebogenergebnisse erhalten durch die relativ gute Vergleichbarkeit bei Dachs, Steinmarder und Baummarder mit den angeführten Literaturdaten eine Absicherung und bilden damit ergänzende Grunddaten (Tab. 1). Die Literaturdaten zur Reproduktion sind jedoch meist auf wenige Beobachtungen bezogen (vgl. STUBBE et al. 1993). Andererseits erlauben

Tabelle 1 Beobachtete Wurfgrößen an Hand von Meldungen der Fragebögen

Art	n	Jungtiere je Wurf $\bar{x}$
Dachs	1128	2,90
Baummarder	100	2,92
Steinmarder	225	3,14
Iltis	66	3,70

die Zusammenstellungen für große Gebiete keine Aussagen auf regionaler Ebene (vgl. ANDERSON & TREWHELLA 1985).
Die zahlreichen Angaben der Fragebögen erscheinen auf Grund der Stichprobengröße recht wertvoll. Außerdem dokumentieren sie beobachtete Fähen mit Jungtieren. Sie geben demnach Hinweise auf die durchschnittliche Zahl der Jungen, die den Bau bzw. Wurfplatz verlassen und damit die kritischen ersten Lebenswochen überlebt haben. Der Vergleich mit Untersuchungen zur Anzahl von Gelbkörpern, Uterusnarben und Embryonen scheint im Hinblick auf prä- und postnatale Jungenmortalität besonders wichtig.
ANSORGE (pers. Mitt.) hat die von ihm an erlegten Steinmardern der Oberlausitz gewonnenen Reproduktionsdaten in dieser Weise zusammengestellt (vgl. Tab. 2). Diese Werte liegen unter den Beobachtungen zu Wurfgrößen nach SCHMIDT (1943) und den Fragebögen, was zunächst ungeklärt ist.

Tabelle 2 Reproduktionsdaten des Steinmarders nach ANSORGE *(pers. Mitt.)*

Nachweismethode	n	$\bar{x}$	min	max
Corpora lutea	97	2,65	1	5
Embryonen	43	2,79	1	5
Uterusnarben	16	2,81	2	5

Nach Erfahrungen von BROEKHUIZEN & MÜSKENS (1991), LAMMERTSMA (pers. Mitt.) und an Hand der festgestellten Wurfgrößen nach JENSEN & JENSEN (1979) und MADSEN & RASMUSSEN (1985) wird ein Absinken der Reproduktionsrate mit steigender Bestandsdichte für den Steinmarder vermutet.
Die Fragebogenergebnisse und die Daten von ANSORGE (Tab. 2) sind für derartige Untersuchungen eine gute Grundlage (vgl. FOWLER 1987).

Körpermasse

In die Darstellung des Jahresverlaufes der Körpermasse von Dachsen konnten Daten für n=47 ♂♂ und n=48 ♀♀ einbezogen

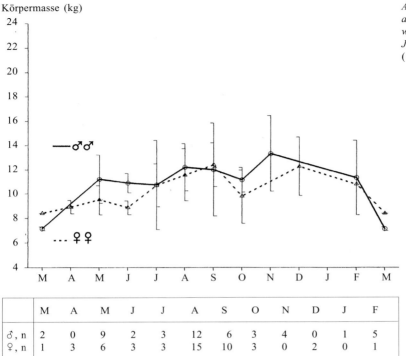

Abb. 4 Körpermassen adulter männlicher und weiblicher Dachse im Jahresverlauf
(♂♂: n=47; ♀♀: n=48).

	M	A	M	J	J	A	S	O	N	D	J	F
♂, n	2	0	9	2	3	12	6	3	4	0	1	5
♀, n	1	3	6	3	3	15	10	3	0	2	0	1

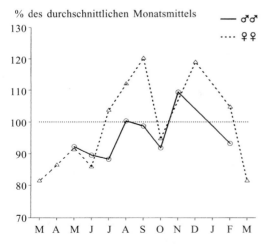

Abb. 5 Abweichung der Körpermassen (in %) vom Durchschnitt der Monatsmittelwerte bei männlichen und weiblichen Dachsen.

werden. Die Abbildung 4 zeigt die monatlichen Mittelwerte und Standardabweichungen (vgl. Tab. I - VI, Anhang).

Trotz der großen Streuung der Werte läßt sich folgendes feststellen: Die Körpermasseentwicklung durchläuft im Jahr zwei Abschnitte. Von März bis November/Dezember zeigen ♂♂ und ♀♀ eine Massezunahme mit leichten Rückgängen im Juni/Juli und im Oktober (parallel für ♂♂ und ♀♀). Von November/Dezember fällt die Körpermasse relativ schnell auf das errechnete Minimum im März. Die maximale Zunahme der Körpermasse beträgt für Rüden 85%, für Fähen 46%. Die Durchschnitte der Monatsmittelwerte ergeben 12,2kg für Rüden und 10,3kg für Fähen.

Die durchschnittliche Körpermasse weiblicher Dachse beträgt 81,7% (Juni) bis 96,3% (Juli) der jeweiligen Monatsmittelwerte der Rüden; im Jahresdurchschnitt 84,9%. Nur im September sind die Fähen mit durchschnittlich 12,3kg (n=10) schwerer als die Rüden (12,0kg; n=6). Der Einzelwert von

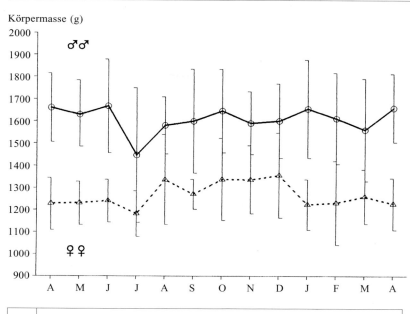

Abb. 6 Körpermassen adulter männlicher und weiblicher Steinmarder im Jahresverlauf (♂♂: n=348; ♀♀: n=210).

	A	M	J	J	A	S	O	N	D	J	F	M
♂, n	13	12	17	15	7	17	39	52	57	40	46	33
♀, n	13	9	16	10	8	10	8	19	32	29	33	23

8,4 kg für ein gemeldetes Weibchen gegenüber 7,2 kg (n=2) bei den Männchen im März läßt bei der ansonsten sehr großen Streuung keine Wertung zu (Abb. 4). Das Körpermasseverhältnis von ♂♂ : ♀♀ beträgt 1,18.

Für den Steinmarder ergeben sich relativ geringe Körpermasseschwankungen im Jahresverlauf (Abb. 7). Allein zur Hauptranzzeit im Juli wird für Rüden ein Körpermasserückgang deutlich. Die maximale Körpermassezunahme vom Minimum zum Maximum beträgt für Rüden 15,3%, für Fähen 13,0%. Der Geschlechtsdimorphismus, ausgedrückt durch die Körpermasseunterschiede, ist relativ gering. Die Fähen wiegen 74% (April) bis 84,5% (August), im Durchschnitt des Monatsmittels 79,4% der Rüden (vgl. Abb. 6). Das ergibt ein Körpermasseverhältnis von 1,26 (♂♂:♀♀). Rüden wiegen 1605,5 g; Fähen 1274 g (Durchschnitt der Monatsmittelwerte).

Für den Baummarder liegen zu verschiedenen Monaten nur einzelne Werte vor, zu an-

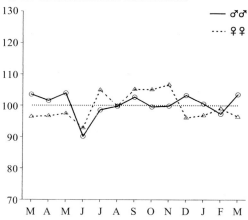

Abb. 7 Abweichung der Körpermassen (in %) vom Durchschnitt der Monatsmittelwerte bei männlichen und weiblichen Steinmardern.

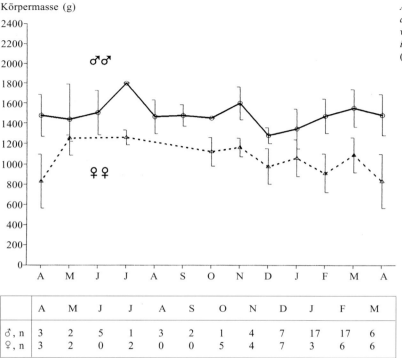

Abb. 8 Körpermassen adulter männlicher und weiblicher Baummarder im Jahresverlauf (♂♂: n=68; ♀♀: n=38).

	A	M	J	J	A	S	O	N	D	J	F	M
♂, n	3	2	5	1	3	2	1	4	7	17	17	6
♀, n	3	2	0	2	0	0	5	4	7	3	6	6

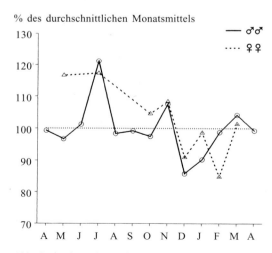

Abb. 9 Abweichung der Körpermassen (in %) vom Durchschnitt der Monatsmittelwerte bei männlichen und weiblichen Baummardern.

deren keine (Abb. 8; Tab. III, Anhang). Eine Interpretation des jährlichen Körpermasseverlaufes erscheint daher bislang kaum möglich. Die vorliegenden Daten weisen durchschnittliche Monatsmittelwerte von 1486,7g für Rüden und 1071,7g für Fähen aus. Die errechneten Körpermasseschwankungen von 25,2% bzw. 38,3% für ♂♂ bzw. ♀♀ sind zunächst Hinweise für weitergehende Untersuchungen (Abb. 9). Das Körpermasseverhältnis von Rüden zu Fähen beträgt 1,39; Fähen wiegen also im Jahresdurchschnitt 73,6% der Rüden.
Auch für den Iltis konnten wir bislang nur wenige Daten zusammenstellen (Abb. 10). Mit Durchschnitten der Monatsmittelwerte von 1291g bzw. 742,4g ergibt sich ein Massenverhältnis von 1,74 (♂♂:♀♀). Die Fähen wiegen im Durchschnitt 57,5% der Rüden bei maximalen Schwankungen der Körpermasse im Jahresverlauf von 22,8% (♂♂) und 69,8% (♀♀) (Abb. 11).
Für Hermelin und Mauswiesel wurden zu den vorhandenen Daten (vgl. STUBBE et al.

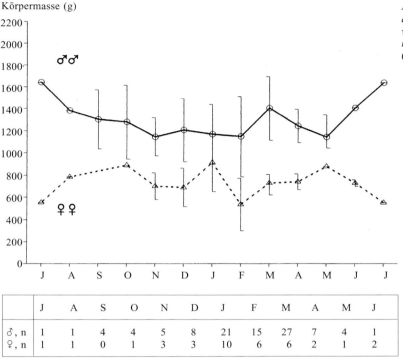

Abb. 10 Körpermassen adulter männlicher und weiblicher Iltisse im Jahresgang
($♂♂$: n=98; $♀♀$: n=36).

	J	A	S	O	N	D	J	F	M	A	M	J
♂, n	1	1	4	4	5	8	21	15	27	7	4	1
♀, n	1	1	0	1	3	3	10	6	6	2	1	2

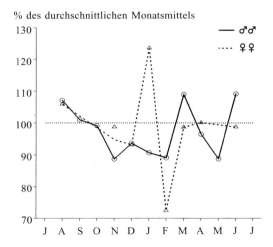

Abb. 11 Abweichung der Körpermassen (in %) vom Durchschnitt der Monatsmittelwerte bei männlichen und weiblichen Iltissen.

1989, ergänzt) Meßreihen von REICHSTEIN (1993a, 1993b, in Dr.) hinzugezogen. Danach ergaben sich die Abbildungen 12 bis 15. Die jährlichen Körpermasseschwankungen beim Hermelin sind mit einer maximalen Körpermassezunahme von 7% bzw. 32,2% relativ gering (Abb. 13). Der Geschlechtsdimorphismus ist mit einem Körpermasseverhältnis von 1,56 ($♂♂:♀♀$), also durchschnittlicher Körpermasse der Fähen von 63,9% der Rüden, deutlich ausgeprägt. Der Durchschnitt der Monatsmittelwerte beträgt 256,5g bzw. 164g (Abb. 12).

Für das Mauswiesel liegen zu verschiedenen Monaten nur Einzelwerte vor. Die natürliche geringe Körpermasse (durchschnittliche Monatsmittelwerte von 76,4g bzw. 39,4g; Abb. 14) ergab jahreszeitliche Schwankungen von 15g ($♂♂$) bzw. 19g ($♀♀$), die sich mit einer maximalen Körpermassezunahme von 22,8% bzw. 59,4% ($♂♂, ♀♀$) deutlich bemerkbar machen (Abb. 15). Von den untersuchten Arten zeigen Mauswiesel die größten intersexuellen Körpermasseunterschiede

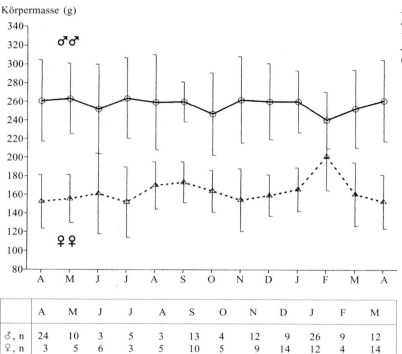

Abb. 12 Körpermassen adulter männlicher und weiblicher Hermeline im Jahresverlauf (♂♂: n=130; ♀♀: n=90).

	A	M	J	J	A	S	O	N	D	J	F	M
♂, n	24	10	3	5	3	13	4	12	9	26	9	12
♀, n	3	5	6	3	5	10	5	9	14	12	4	14

mit einem Verhältnis von 1,8 (♂♂:♀♀). Danach wiegen die Weibchen durchschnittlich 55,2% der Männchen.

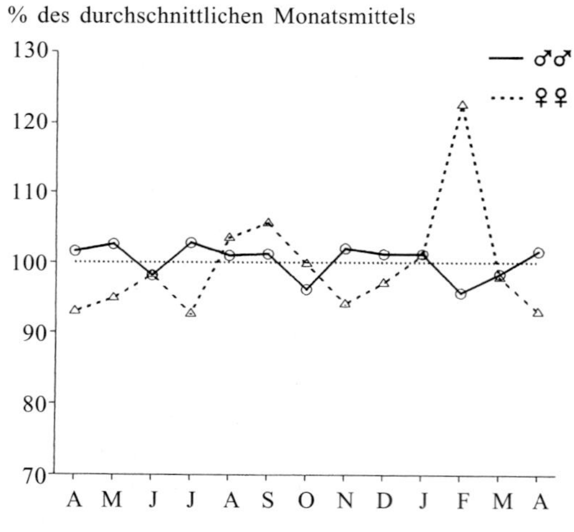

Abb. 13 Abweichung der Körpermassen (in %) vom Durchschnitt der Monatsmittelwerte bei männlichen und weiblichen Hermelinen.

Diskussion

In der Literatur finden sich Körpermassedaten auch für Musteliden meist als Durchschnittswerte, lediglich getrennt nach den Geschlechtern. Nimmt man aber einen ausgeprägten Körpermasseverlauf im Jahresgang an und berücksichtigt, daß die meisten Daten zur Jagdzeit der Tiere, also im Winterhalbjahr erfaßt werden (vgl. Tab. I-VI, Anhang), so haben undifferenzierte Durchschnittswerte relativ wenig Aussagefähigkeit.
Die Tabelle 3 gibt einen Überblick über die ermittelten maximalen Körpermasseschwankungen im Jahresverlauf und den Geschlechtsdimorphismus der vorgestellten Arten an Hand der Körpermasse.
Auf eine statistische Prüfung der Ergebnisse wurde bislang verzichtet. Sie erscheint nur

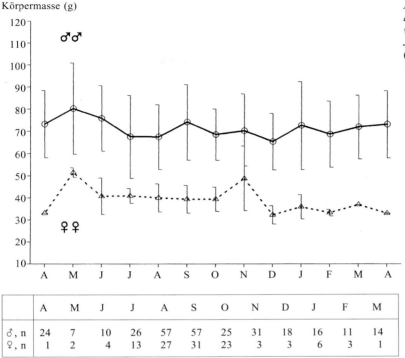

Abb. 14 Körpermassen adulter männlicher und weiblicher Mauswiesel im Jahresverlauf
(♂♂: n=296; ♀♀: n=117).

	A	M	J	J	A	S	O	N	D	J	F	M
♂, n	24	7	10	26	57	57	25	31	18	16	11	14
♀, n	1	2	4	13	27	31	23	3	3	6	3	1

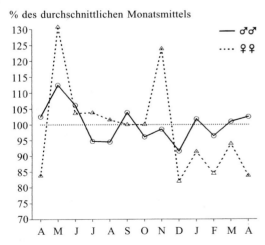

Abb. 15 Abweichung der Körpermassen (in %) vom Durchschnitt der Monatsmittelwerte bei männlichen und weiblichen Mauswieseln.

sinnvoll, wenn die Daten auf Grund regionaler Zuordnungsmöglichkeiten, einheitlicher Erfassungsmethoden (ohne Mageninhalte) und ausreichender Stichprobengrößen biologisch relevante Aussagen zulassen. Dazu sind Datenserien von Tierhaltungen bzw. Lebendfängen und Wiederfängen individuell markierter Tiere oder größere Sammlungen von Totfunden aus einheitlichen Landschaftstypen notwendig.

Die starken Körpermasseschwankungen des Dachses entsprechen unseren Erwartungen im Hinblick auf die Ernährungs- und Überwinterungsstrategie dieser Art (KRUUK & PARISH 1983, LÜPS 1984).

Steinmarder (SKIRNISSON 1986, TESTER 1986, 1987, HERRMANN 1987) und Iltis (WEBER 1987, BRZEZIŃSKI et al. 1992, JĘDRZEJEWSKI et al. 1993) nutzen im Winter regelmäßig auch den menschlichen Siedlungsraum. Dort bieten sich thermisch gut isolierte Tagesschlafplätze und ausreichend verfügbare Nahrung. Die Körpermasseschwankungen beim Steinmarder sind mit rund 14%

Tabelle 3   Körpermasseschwankungen (als Körpermassezunahme vom jährlichen Minimum zum Maximum) und Verhältnisse der Körpermassen (Km) beider Geschlechter für die untersuchten Arten

Art	Km-Schwankungen (%)		♂♂ : ♀♀
	♂♂	♀♀	
Dachs	85,0*	46,0	1,18
Steinmarder	14,2	13,8	1,27
Baummarder	25,2	38,3	1,39
Hermelin	7,0	32,2*	1,56
Iltis	22,8	69,6*	1,74
Mauswiesel	22,8	59,4	1,80

* Vgl. die Anzahl der Werte in den Monaten mit Minima bzw. Maxima der Körpermassen, Tab. I, IV, V; Anhang

entsprechend gering. Nach Ergebnissen von KÖNIG & MÜLLER (1986) zeigen Baum- und Steinmarder keine signifikanten Körpermasseschwankungen zwischen Sommer- und Winterhalbjahr.
Tendenzielle Zunahmen der Körpermassen in den letzten Jahrzehnten, wie sie MÜLLER (mdl.) für Steinmarder in Hessen annimmt, sind nicht nachvollziehbar.
Für den Iltis sind die aus nur wenigen Daten gewonnenen Ergebnisse schwer zu interpretieren. In der Winternahrung des Iltisses fand ANSORGE (1989a, 1989b) für die Oberlausitz eine relativ große Übereinstimmung mit der des Steinmarders.
Für gesicherte Ausssagen zum jahreszeitlichen Wechsel der Körpermasse beim Baumarder sind weitere Untersuchungen notwendig.
Hermelin und Mauswiesel sind eng an Mäuse als Nahrungsbasis gebunden. Diese Arten zeigen auf Grund ihrer natürlichen geringen Körpermasse bei Nahrungsverknappung recht große prozentuale Körpermasseschwankungen, die jedoch relativ kurzfristig sein dürften.
Als Erklärung des Geschlechtsdimorphismus' (vgl. Tab. 3) werden allgemein zwei Hypothesen diskutiert: Zum einen zur Verminderung intersexueller Nahrungskonkurrenz durch die Nutzung unterschiedlicher Ressourcen und zum anderen als Folge intrasexueller Auseinandersetzungen zwischen den Männchen im Kampf um Weibchen als „limitierte Ressource" (vgl. MOORS 1980; STUBBE et al. 1989).
LÜPS & ROPER (1988) und LÜPS (1989) gehen für den Dachs mit geringer Körpermassen- und Größendifferenz von intrasexuellen Auseinandersetzungen der Männchen aus. Bei den kleinen *Mustela*-Arten gilt der Ausschluß der Nahrungskonkurrenz als Ursache für den ausgeprägten Geschlechtsdimorphismus. Der Iltis zeigt einen ähnlichen Geschlechtsdimophismus wie die beiden genannten kleinen *Mustela*-Arten, ein deutlicher Hinweis auf geschlechtsspezifische Nahrungsnutzung liegt für unser Territorium jedoch bislang nicht vor (ANSORGE 1989b; WEBER 1987).
Die Darstellung des Körpermasseverlaufes bzw. der Kondition der Geschlechter im Jahresgang ermöglicht, unter Berücksichtigung der spezifischen Überwinterungsstrategien und endogener Rhythmen (z.B. des Reproduktionszyklus'), Aussagen zur physiologischen Belastung bzw. Belastbarkeit der Arten. Die Körpermasse ist damit als ökologischer Indikator von Bedeutung. Die Untersuchungen und Aufzeichnungen von Witterungsdaten im Untersuchungszeitraum (speziell Extremwerte wie Kaltwetterperioden im Winter und während der Jungenaufzucht), der Nahrungsverfügbarkeit und -nutzung, der Beobachtung des Reproduktionserfolges und der Körpermasseentwicklung individuell markierter Tiere lassen Aussagen zur spezifischen Qualität der genutzten und nutzbaren Habitattypen möglich erscheinen. Dabei sind die Qualität der Tagesschlafplätze im Winter für Steinmarder, Baummarder und Iltis und die Zusammensetzung der Überwinterungsgemeinschaften beim Dachs wichtige ökologische Parameter der Energiebilanz.
Die Dokumentation der Körpermasseentwicklung der Jungtiere bis zum vorläufigen Maximum im Herbst und im ersten Winter erscheint für Hinweise auf Mortalitätsraten von Jungtieren bis zu einem Jahr wünschenswert.

Literatur

ANDERSON, R.M.; TREWHELLA, A.W. (1985): Population dynamics of the badger (*Meles meles*) and the epidemiology of bovine tuberculosis (*Mycobacterium bovis*). – Phil. Trans. R. Soc. Lond. **B 130**: 327-381.

ANSORGE, H. (1989a): Die Nahrungsökologie des Steinmarders *Martes foina* in den Landschaftstypen der Oberlausitz. – Populationsökologie marderartiger Säugetiere, Wiss. Beitr. Univ. Halle 1989/37(P39): 473-493.

ANSORGE, H. (1989b): Nahrungsökologische Aspekte bei Baummarder, Iltis und Hermelin (*Martes martes, Mustela putorius, Mustela erminea*). – Populationsökologie marderartiger Säugetiere, Wiss. Beitr. Univ. Halle 1989/37(P39): 494-504.

BRZEZIŃSKI, M.; JĘDRZEJEWSKI, W.; JĘDRZEJEWSKA, B. (1992): Winter home ranges and movements of polecats *Mustela putorius* in Białowieża Primeval Forest, Poland. – Acta theriol. 37/1-2: 181-191.

BROEKHUIZEN, S.; MÜSKENS, G.J.D.M. (1991): Einfluß der Qualität des Home-Range auf die Reproduktion beim Steinmarder *Martes foina*. – In: 10. Marderkolloquium, Sept. 1991: 42. Hamburg.

DANILOV, P.I.; RUSAKOV, O.S. (1969): Peculiarities of the ecology of *Mustela putorius* in north-west district of the European part of USSR. – Zool. Ž. Moskau 48: 1383-1394.

DOLCH, D. (1992): Beiträge zur Säugetierfauna des Landes Brandenburg. – Diss. Univ. Halle-Wittenberg.

EICHSTÄDT, W.; EICHSTÄDT, H. (1989): Die Säugetiere des Kreises Pasewalk. – Natur und Naturschutz in Mecklenburg-Vorpommern 27: 19-84.

FOWLER, Ch.W. (1987): A review of density dependence in populations of large mammals. – Current Mammalogy 1: 401-441.

HEPTNER, V.G.; NAUMOV, N.P. (1974): Die Säugetiere der Sowjetunion. Bd.II: Seekühe und Raubtiere. Jena.

HERRMANN, M. (1987): Zum Raum-Zeit-System von Steinmarderrüden (*Martes foina*, Erxleben 1777) in den unterschiedlichen Lebensräumen des südöstlichen Saarlandes. – Dipl.-arb. Univ. Bielefeld.

JĘDRZEJEWSKI, W.; JĘDRZEJEWSKA, B.; BRZEZINSKI, M. (1993): Winter habitat selection and feeding habits of polecats (*Mustela putorius*) in the Białowieża National Park, Poland. – Z. Säugetierk. 58/4: 75-83.

JENSEN, A.; JENSEN, B. (1979): The Stone Marten (*Martes foina*) in Denmark. – Danske Vildtundersögelser 15.

KÖNIG, R.; MÜLLER, F. (1986): Morphometrische Untersuchungen am mitteleuropäischen Baummarder (*Martes martes* L., 1758) und Steinmarder (*Martes foina* Erxleben, 1777). I. Kennwerte zur durchschnittlichen Körpergröße: Körpermasse (Gewicht), Kopf-Rumpf-Länge, Schwanzlänge und Gesamtlänge. – Jagd und Hege 18/4: 31-37.

KRUUK, H.; PARISH, T. (1983): Seasonal and lokal differences in the weight of European badgers (*Meles meles* L.) in relation to food supply. – Z. Säugetierk. 48/1: 45-50.

LÜPS, P. (1984): Gewichtsschwankungen beim Dachs (*Meles meles* L.) im bernischen Mittelland, nebst Bemerkungen zu seiner Biologie. – Jb. Naturhist. Mus. Bern 8: 273-289.

LÜPS, P. (1989): Geschlechtsdimorphismus beim Dachs *Meles meles* L. – Ausprägungsgrad und Versuch einer Interpretation. – Populationsökologie marderartiger Säugetiere, Wiss. Beitr. Univ. Halle 1989/37(P39): 531-542.

LÜPS, P.; ROPER, T.J. (1988): Tooth size in the European Badger (*Meles meles*) with special reference to sexual dimorphism, diet and intraspecific aggression. – Acta theriol. 33/2: 21-33.

MADSEN, A.B.; RASMUSSEN, A.M. (1985): Reproduction in the Stone Marten *Martes foina* in Denmark. – Natura Jutlandica 21/9: 145-148.

MOORS, P.J. (1980): Sexual dimorphism in the body size of mustelids (Carnivora): the roles of food habits and breeding systems. – Oikos 34: 147-158.

NICHT, M. (1969): Ein Beitrag zum Vorkommen des Steinmarders, *Martes foina* (Erxleben, 1770), in der Großstadt (Magdeburg). – Z. Jagdwiss. 15: 1-6.

REICHSTEIN, H. (1993a): *Mustela erminea* Linnaeus, 1758 – Hermelin. – In: NIETHAMMER, J.; KRAPP, F., Hrsg.: Handbuch der Säugetiere Europas, Bd. 5/ II: 533-570.

REICHSTEIN, H. (1993b): *Mustela nivalis* Linné, 1766 – Mauswiesel. – In: NIETHAMMER, J.; KRAPP, F., Hrsg.: Handbuch der Säugetiere Europas, Bd. 5/ II: 571-626.

SCHMIDT, F. (1943): Naturgeschichte des Baum- und des Steinmarders. – Monographien der Wildsäugetiere, Bd. 10, Leipzig.

SKIRNISSON, K. (1986): Untersuchungen zum Raum-Zeit-System freilebender Steinmarder (*Martes foina*, ERXLEBEN, 1777). – Diss. Univ. Kiel.

STUBBE, M. (1989): Die ökologischen Grundlagen zur Bewirtschaftung des Dachses *Meles meles* (L., 1758) in der DDR. – Populationsökologie marderartiger Säugetiere, Wiss. Beitr. Univ. Halle 1989/37(P39): 543-552.

STUBBE, M.; EBERSBACH, H.; GORETZKI, J.; WAURISCH, S.; BICKENBACH, E. (1991): Schmalzmann auf der Spur. – Unsere Jagd, 41/11: 40-41.

STUBBE, M.; EBERSBACH, H.; GORETZKI, J.; WAURISCH, S.; BICKENBACH, E. (1993): Beiträge zur Verbreitung und Populationsökologie des Dachses *Meles meles* (L., 1758) in Europa. – Beitr. Jagd- u. Wildforsch. **18**: 93-105.

STUBBE, M.; PIECHOCKI, R.; UHLEMANN, S.; FRAHNERT, S. (1989): Beitrag zum Geschlechtsdimorphismus vom Hermelin (*Mustela erminea*) und Mauswiesel (*Mustela nivalis*). – Populationsökologie marderartiger Säugetiere, Wiss. Beitr. Univ. Halle 1989/ 37(P39): 563-574.

TESTER, U. (1986): Vergleichende Nahrungsuntersuchung beim Steinmarder *Martes foina* (Erxleben, 1777) im großstädtischen und ländlichen Habitat. – Säugetierk. Mitt. **33**: 37-52.

TESTER, U. (1987): Verbreitung des Steinmarders (*Martes foina* Erxleben) in Basel und Umgebung. – Verh. Naturk. Ges. Basel **97**: 17-30.

WEBER, D. (1987): Zur Biologie des Iltisses (*Mustela putorius* L.) und den Ursachen seines Rückganges in der Schweiz. – Diss. Univ. Basel.

Anhang

Tabelle I Körpermasse (kg) des Dachses nach Daten der Kartei des IZH (n=14,14/1,5), STUBBE (pers. Mitt.; n=21,29/16,5), (EICHSTÄDT & EICHSTÄDT 1989; n=4,1/0,0) sowie Hinweisen aus den FB1(n=8,5/0,1) *

Monat	♂♂, ad.					♂♂, juv.				
	n	x̄	s	min	max	n	x̄	s	min	max
1	1	21,5				0				
2	5	11,4	3,1	7,0	15,1	0				
3	2	7,2	0,2	7,0	7,3	0				
4	0					0				
5	9	11,2	2,0	7,4	15,0	0				
6	2	10,9	2,0	10,1	11,7	1	2,9			
7	3	10,7	3,7	6,5	13,2	1	7,6			
8	12	12,2	2,0	7,4	14,7	9	7,5	2,0	5,0	10,9
9	6	12,0	3,8	7,1	17,3	2	10,4	0,4	10,1	10,7
10	3	11,2	1,0	10,0	12,0	4	9,7	1,4	8,7	11,7
11	4	13,3	3,1	9,0	16,0	0				
12	0					0				

Monat	♀♀, ad.					♀♀, juv.				
	n	x̄	s	min	max	n	x̄	s	min	max
1	0					0				
2	1	10,8				0				
3	1	8,4				0				
4	3	8,9	0,6	8,4	9,5	0				
5	6	9,5	1,2	8,0	11,6	0				
6	3	8,9	0,6	8,4	9,5	2	5,1	1,5	4,0	6,2
7	3	10,7	1,8	8,7	11,9	1	4,2			
8	15	11,5	2,2	9,0	18,0	5	5,8	0,9	5,1	6,8
9	10	12,4	1,8	9,6	15,0	2	6,4	2,6	4,6	8,3
10	3	9,8	2,2	7,4	11,6	1	8,5			
11	0					0				
12	2	12,7	3,4	9,9	14,7	0				

* Werte in den Klammern: (n=♂♂-ad., ♀♀-ad. / ♂♂-juv., ♀♀-juv.)

IZH – Institut für Zoologie der Universität Halle
FB1 – Fragebogenerhebung 1988/89

Tabelle II   Körpermasse (g) des Steinmarders nach Daten der Kartei des IZH (n=114,112/25,42), STUBBE (pers. Mitt.; n=10,14/1,3), WAURISCH (pers. Mitt.; n=150,55/37,107), NICHT (1969; n=13,6/0,0) sowie Hinweisen aus den FB1 (n=40,20/1,1).*

Monat	♂♂, ad.					♂♂, juv.				
	n	x̄	s	min	max	n	x̄	s	min	max
1	40	1657,0	221,5	1120	2200	9	1454,8	136,3	1255	1700
2	46	1613,8	204,9	1075	1950	6	1519,0	150,5	1430	1822
3	33	1562,3	229,9	1050	1890	2	1382,5		1375	1390
4	13	1660,9	154,2	1475	1940	1	1502,0			
5	12	1630,2	153,9	1379	1985	4	725,0	179,1	572	950
6	17	1668,4	211,4	1140	2050	9	737,0	218,7	397	955
7	15	1447,5	302,7	1055	1980	3	855,0	114,3	788	907
8	7	1581,9	128,4	1382	1750	1	1112,0			
9	17	1601,2	233,8	1000	1855	3	1381,7	189,0	1215	1587
10	39	1647,4	187,7	1210	2000	12	1323,2	125,7	1115	1550
11	52	1592,3	141,4	1020	1925	9	1503,7	169,4	1300	1760
12	57	1602,7	166,7	1130	1925	5	1379,0	162,3	1205	1630

Monat	♀♀, ad.					♀♀, juv.				
	n	x̄	s	min	max	n	x̄	s	min	max
1	29	1224,8	114,2	980	1502	26	1204,0	132,4	959	1325
2	33	1232,8	189,7	675	1730	17	1139,3	153,5	810	1350
3	23	1261,6	122,4	1050	1550	18	1179,0	175,2	895	1480
4	13	1228,4	117,6	935	1332	6	1145,0	150,4	870	1300
5	9	1231,2	98,4	1125	1415	2	642,0		572	712
6	16	1241,8	96,7	980	1360	7	836,3	145,3	575	935
7	10	1183,0	103,0	1018	1332	8	969,9	122,4	845	1182
8	8	1336,9	203,3	1170	1750	6	1051,2	193,4	860	1267
9	10	1271,8	67,6	1140	1377	6	1054,7	170,1	870	1245
10	8	1339,0	185,4	1030	1565	13	1220,6	97,1	1105	1380
11	19	1337,9	153,1	852	1700	23	1180,0	139,0	852	1415
12	32	1357,5	192,0	1147	1850	20	1669,9	148,9	700	1445

* Werte in den Klammern: (n=♂♂-ad., ♀♀-ad. / ♂♂-juv., ♀♀-juv.)

Tabelle III   Körpermasse (g) des Baummarders nach Daten der Kartei des IZH (n=37,23/3,6), STUBBE (pers. Mitt.; n=1,3/1,0), LUDWIG (pers. Mitt.; n=30,12/0,2).*

Monat	♂♂, ad.					♂♂, juv.				
	n	x̄	s	min	max	n	x̄	s	min	max
1	17	1343,0	197,0	900	1782	0				
2	17	1469,0	170,0	1230	1820	1	950			
3	6	1548,0	188,0	1200	1700	0				
4	3	1476,0	209,0	1287	1700	0				
5	2	1438,0		1085	1790	0				
6	5	1504,4	222,5	1240	1835	2	941		920	962
7	1	1800,0				0				
8	3	1463,0	166,0	1345	1580	0				
9	2	1475,0		1370	1583	0				
10	1	1450,0				0				
11	4	1598,0	163,0	1412	1795	1	1190			
12	7	1276,0	78,0	1185	1350	0				

Tabelle III (Fortsetzung)

Monat	♀♀, ad.					♀♀, juv.				
	n	x̄	s	min	max	n	x̄	s	min	max
1	3	1057,0	178,0	900	1250	3	952,0	198	750	1145
2	6	909,0	190,0	750	1135	1	580,0			
3	6	1085,8	168,2	900	1300	1	967,0			
4	3	830,3	264,6	527	1014	0				
5	2	1250,0		1220	1280	0				
6	0					0				
7	2	1257,5		1185	1330	0				
8	0					0				
9	0					0				
10	5	1119,4	138,6	950	1326	0				
11	4	1161,0	90,0	1070	1285	1	1005,0			
12	7	975,0	174,0	750	1260	2	1072,5		895	1250

* Werte in den Klammern: (n=♂♂-ad., ♀♀-ad. / ♂♂-juv., ♀♀-juv.)

Tabelle IV   Körpermasse (g) des Iltisses nach Daten der Kartei des IZH (n=59,28/38,21), LUDWIG (pers. Mitt.; n=34,8/10,9), HAAG (pers. Mitt.; n=3,0/0,0), FB (n=2,0/0,0). *

Monat	♂♂, ad.					♂♂, juv.				
	n	x̄	s	min	max	n	x̄	s	min	max
1	21	1171,0	269,6	600	1565	3	800,0	347,7	400	1880
2	15	1150,2	363,0	645	2050	9	670,8	317,6	350	2050
3	27	1407,0	290,8	835	2030	5	1018,2	337,5	500	1322
4	7	1244,6	151,7	1008	1419	4	911,8	373,1	500	1290
5	4	1145,8	200,3	955	1340	0				
6	1	1410,0				0				
7	1	1643,0				1	880,0			
8	1	1382,0				9	524,1	251,0	315	892
9	4	1303,2	268,0	1098	1323	3	508,3	70,2	435	575
10	4	1279,5	336,9	909	1580	4	1096,8	357,7	695	1530
11	5	1145,6	172,1	895	1360	5	917,0	76,9	795	1005
12	8	1208,1	286,8	850	1700	5	920,0	337,7	550	1320

Monat	♀♀, ad.					♀♀, juv.				
	n	x̄	s	min	max	n	x̄	s	min	max
1	10	913,4	261,6	650	1500	3	575,0	25,0	550	600
2	6	661,2	117,2	516	826	5	501,2	115,4	375	686
3	6	730,8	108,3	557	850	3	478,3	73,2	400	545
4	2	742,5		670	815	1	735,0			
5	1	880,0				0				
6	2	732,0		702	762	0				
7	1	553,0				0				
8	1	785,0				2	272,5		255	290
9	0					4	574,5	180,0	323	740
10	1	890,0				3	764,0	99,5	683	875
11	3	702,3	121,9	590	832	2	607,0		507	707
12	3	690,0	172,7	507	850	7	587,1	140,3	350	900

* Werte in den Klammern: (n=♂♂-ad., ♀♀-ad. / ♂♂-juv., ♀♀-juv.)

Tabelle V   Körpermasse (g) des Hermelins nach Daten der Kartei des ZIH (n=69,49), REICHSTEIN (in Dr., n=61,41) *

Monat	♂♂, ad.					♀♀, ad.				
	n	x̄	s	min	max	n	x̄	s	min	max
1	26	259,8	33,4			12	165,6	23,3	118,0	195
2	9	240,0	30,5			4	201,0	36,4	177,0	255
3	12	252,1	41,9			14	160,4	34,3	110,0	232
4	24	260,7	43,9			3	152,3	28,9	134,0	178
5	10	263,1	37,9			5	155,4	25,9	119,0	191
6	3	251,7	48,0	204	300	6	161,0	43,3	94,0	205
7	5	263,6	43,1	215	330	3	151,8	37,7	125,5	195
8	3	259,0	51,2	200	291	5	169,8	25,4	146,0	205
9	13	259,7	21,7	224	296	10	173,2	22,0	145,0	209
10	4	246,5	44,3	198	287	5	163,7	22,4	135,0	194
11	12	261,6	46,5	210	346	9	154,1	33,6	122,0	234
12	9	259,8	41,0	170	310	14	159,1	22,0	125,0	190

Tabelle VI   Körpermasse (g) des Mauswiesels nach Daten der Kartei des ZIH (n=93,16), Reichstein (in Dr.; n=203,101) *

Monat	♂♂, ad.					♀♀, ad.				
	n	x̄	s	min	max	n	x̄	s	min	max
1	16	72,7	19,8	43	120,0	6	36,0	5,5	30	46,0
2	11	68,8	14,9	50	90,0	3	33,3	1,5	32	35,0
3	14	72,1	14,4	45	91,5	1	37,0			
4	24	73,2	15,2	45	108,0	1	33,0			
5	7	80,3	20,6	50	107,0	2	51,5		50	53,0
6	10	75,8	14,8	54	100,0	4	40,8	8,3	34	52,0
7	26	67,6	18,7	38	105,0	13	40,9	3,4	36	46,0
8	57	67,5	14,6	44	91,5	27	40,0	6,4	34	49,0
9	57	74,2	17,0	50	119,0	31	39,4	6,3	26	56,0
10	25	68,6	11,6	53	95,0	23	39,4	5,5	26	48,5
11	31	70,3	16,7	34	112,0	3	48,8	14,6	32	57,5
12	18	65,4	12,7	46	85,0	3	32,3	4,2	29	37,0

* Werte in den Klammern: (n=♂♂-ad., ♀♀-ad.)

Zusammenfassung

Es werden Fragebogenergebnisse zu beobachteten Wurfgrößen bei Dachs, Steinmarder, Baummarder und Iltis ausgewertet. Sie ergeben Hinweise auf den Reproduktionserfolg der Arten. Die Ergebnisse werden Literaturangaben gegenübergestellt. Es ergibt sich eine gute Vergleichbarkeit bei Dachs, Steinmarder und Baummarder. Die Stichprobengrößen werden gegenüber verfügbaren Literaturangaben als wertvoll eingeschätzt.

Für die vier genannten Arten sowie Hermelin und Mauswiesel werden Körpermassen männlicher und weiblicher Tiere im Jahresgang dargestellt. Zum Sexualdimorphismus (dargestellt als Körpermasseverhältnis ♂♂:♀♀) ergibt sich eine Reihe innerhalb der betrachteten Arten vom Dachs mit 1,18 zum Mauswiesel mit 1,8. Die Werte dienen als Diskussionsgrundlage zu den wenigen in der Literatur verfügbaren Angaben und als Basis für weitere Untersuchungen.

Summary

Title of the paper: Development of body weight and reproduction in some marten-like mammals.

Litter size data for European badger, stone marten, pine marten and polecat collected in a questionnaire survey are analyzed. They provide information on reproductive success of these species. We compared our results with literature data, and found them to be in good agreement in the case of the badger and both marten species. In comparison to the available literature our studies are based on a remarkably large sample size.

Annual fluctuations of female and male body masses are shown for the species mentioned above and for stoat and weasel, as well. The sexual dimorphism (shown as body mass ratio $\male\male : \female\female$) varies in the range of 1.18 in badger to 1.8 in weasel. Results are compared with a few literature data and serve as a basis for further study.

Anschriften der Verfasser:
Prof. Dr. MICHAEL STUBBE
Dipl.-Biol. HOLGER EBERSBACH
Institut für Zoologie, Martin-Luther-Universität Halle-Wittenberg
Domplatz 4, Postfach 8, Universität
06099 Halle/ Saale

Erich Rutschke, Potsdam

Zum Problem der Artreinheit bei der Stockente *Anas platyrhynchos*

Das Stockentenproblem

Wenn man an Fütterungsplätzen oder an anderen Stellen, wo sich Stockenten zu sammeln pflegen, die Tiere genauer anschaut, dann fallen sehr bald Individuen ins Auge, die sich durch Färbung oder Farbmusterung von den typischen unterscheiden. Das Spektrum der Abweichungen ist breit. Es reicht über die verschiedensten Zwischenstufen vom reinen Weiß bis hin zu dunklem fast schwarzen Braun. Auffällige Veränderungen in der Musterung betreffen den weißen Halsring des Erpels im Prachtkleid. Dieser ist häufig weite Teile der Vorderbrust bedeckend ausgeweitet. Diese Abweichung ist gewöhnlich mit dunkelbrauner Färbung des gesamten Rückengefieders gekoppelt. Eine andere nicht seltene Farbaberration, die sowohl männliche als auch weibliche Tiere betrifft, ist durch das Fehlen aller schwärzlichen Töne gekennzeichnet. Die Enten sehen fahlbraun bis beige aus. Neben solchen Veränderungen, die die Färbung betreffen, gibt es Mißbildungen im Schnabelbereich, insbesondere Ansätze von Höckerbildungen oder sogar regelrechte Schnabelhöcker.

Farbabweichungen und morphologische Anomalien führen trotz ihrer Auffälligkeit kaum zu Zweifeln am Artstatus. Immer häufiger sieht man jedoch auch Individuen, in deren Erscheinungsform Merkmale verschiedener Entenarten kombiniert sind, die also, wenn der Fremdanteil gut erkennbar ist, als Bastarde zu bezeichnen sind. In Dresden und im Wörlitzer Park bei Dessau waren vor einigen Jahren Mischlinge zwischen Stockente und Fleckschnabelente nicht selten. Häufig ist nicht leicht zu erkennen, wer sich mit wem gepaart hatte.

Das Phänomen wurde auch in Veröffentlichungen mehrfach angesprochen (Bezzel 1980, Eylert 1989, 1993, Hoerschelmann 1985, Vauk 1991), doch zur Erklärung wurden immer nur Teilaspekte berücksichtigt. Daß es sich um ein komplexes Phänomen handelt, hat Eylert (1989) betont.

Vorkommen, Häufigkeit und Ursachen von Farbanomalien

Vom Typus abweichende Stockenten bekommt man regelmäßig und oft in beträchtlicher Anzahl nur in innerstädtischen Bezirken oder an anderen Stellen in der Nähe des Menschen zu sehen. In freier Wildbahn, also fernab vom Menschen sind Tiere mit Farbanomalien und Bastarde nach wie vor äusserst selten. Man könnte einwenden, daß abweichend gefärbte Tiere bei Beobachtung im Gelände, die ja vergleichsweise unter erschwerten Bedingungen (größere Entfernung, Sichtverhältnisse) stattfindet, der Beobachtung entgehen. Um diesem Einwand zu begegnen, habe ich auf das Problem orientiert seit Jahren immer wieder Stockentenansammlungen an den verschiedensten Orten durchmustert. Dabei bestätigte sich, daß bei Stockenten, die in unmittelbarer Nähe des Menschen leben, Farbvarietäten und

Abb. 1 Stockentenweibchen nach Totalausfall des Eumelanins (Färbung allein durch Phäomelanin)

Mischlinge viel häufiger vorkommen als in der freien Wildbahn.

Farbabweichungen der beschriebenen Art kommen in weiten Teilen des Verbreitungsareals der Art vor, möglicherweise im gesamten. Die Kombination weißer Kehl- und Vorderbrustbereich und dunkler Rücken ist verbreitet. Ich habe sie in vielen großen und kleinen Städten in Deutschland, in der Schweiz (Zürich), in Italien (Sorrent), in den Niederlanden, in der Tschechoslowakei (Prag, Brno), ganz besonders häufig jedoch in England gesehen. Im dicht besiedelten Südostengland kommen Stockenten mit dieser und anderen Farbabweichungen auch außerhalb der Städte vor. Farbvarietäten der beschriebenen Art gibt es auch bei den in Amerika (Florida, Kanada) eingebürgerten und bei Stockenten in Neuseeland. Ob sie auch im östlichen Teil des Verbreitungsareals auftreten, ist mir nicht bekannt.

Ursachen für Farbvarietäten

Das Auftreten von Farbvarietäten ist im Tierreich weit verbreitet. Bei domestizierten Tieren sind sie nichts Außergewöhnliches, im Gegenteil, sie sind sehr häufig Teil des Zuchtzieles. Die häufigste Ursache sind Mutationen des Pigmentbildungsprozesses und in der Pigmentverteilung. Recht genau erforscht sind die Ursachen für die Entstehung von Farbvarietäten beim Wellensittich. Dabei handelt es sich um Mutationen, die Melanin und andere Federpigmente und Struktureigentümlichkeiten der Feder betreffen. Bei der Stockente färben allein Melanine das Gefieder. Es werden zwei verschiedene Melaninformen gebildet: Eu- und Phaeomelanin. Der gesonderte Ausfall bewirkt verschiedene Farbabweichungen. Fällt das die dunkelbraunen und schwärzlichen Farbtöne hervorrufende Eumelanin aus, dann ergibt sich eine deutlich aufgehellte Gefiederfärbung mit einer rostbraunen Grundkomponente. Diese Farbvariante kommt zwar nicht häufig vor, ist jedoch weit verbreitet. Fehlen beide Melanintypen, dann sieht das Gefieder weiß aus, wie wir es von den Hausenten kennen. Weiß ist eine Strukturfarbe, die durch Brechung des Lichts an den luftgefüllten Hohlräumen im Innern der Federn entsteht. Diese Tiere sind keineswegs echte Albinos. Diese Bezeichnung ist erst dann gerechtfertigt, wenn auch in den Augen die Melaninbildung unterbleibt, diese also blaß rötlich erscheinen.

Tiefbraune oder sogar ins Schwarze reichende Gefiederfärbungen sind die Folge vermehrter Bildung von Eumelanin. Diese Farbanomalie kommt recht häufig vor. Sie ist aus genetischer Sicht besonders interessant, wenn sie mit Melaninausfall in anderen Körperpartien – wie beschrieben – im Vorderbrustbereich kombiniert ist, weil davon auszugehen ist, daß das phänotypisch Konträre, nämlich verstärkte Eumelaninbildung und Eumelaninausfall, genotypisch verbunden ist. Die Kopplung von verstärkter Melaninbildung auf dem Rücken mit Ausfall an

Abb. 2 Stockerpel mit verstärkter Eumelanineinlagerung im Federkleid. Halspartie ohne Melanin. Man beachte die Veränderungen im Augen- und Schnabelbereich (Bastard?)

anderer Stelle (Vorderbrust) bewirkt insgesamt einen stärkeren Kontrast. Sie sind viel auffälliger als ihre arttypisch gemusterten. Sie kommt nur bei Männchen vor, denn nur zu deren Prachtkleid gehört der weiße Halsring, der sich schildartig über mehr oder minder große Bereiche der Vorderbrust ausweitet.

Neben dem Problem der Farbanomalien, das durch die Vielfalt seiner Verursachung verwirrend genug ist, spielt die *Bastardierung* mit anderen Arten und mit Hausentenrassen eine Rolle. Nicht immer ist es einfach zu entscheiden, ob es sich um eine Farbanomalie oder um einen Bastard handelt. Da Hausenten nur noch in geringem Umfange frei gehalten werden und kaum in die freie Wildbahn entweichen, dürften Bastardierungen eher die Ausnahme als die Regel sein. Wo Stockenten als Wildvögel in unmittelbarer Nachbarschaft mit dem Menschen leben, etwa in städtischen Parkanlagen und in anderen innerstädtischen Gewässern werden in der Regel keine Hausenten gehalten.

Ganz anders stellt sich die Möglichkeit der Hybridisierung mit anderen Entenarten dar. Hier ergibt sich durch die zunehmende Haltung von Ziergeflügel ein weiter Bereich, der Vermischungen begünstigt. Der Stockente verwandtschaftlich nahe stehende Entenarten, so die Fleckschnabelente (*Anas poecilorhyncha*), die Amerikanische Dunkelente (*Anas rubripes*) und die Augenbrauenente (*Anas superciliosa*) werden in Deutschland nicht nur in zoologischen Gärten sondern auch von Züchtern gehalten. Immer wieder gelingt es Einzeltieren zu entweichen oder sie werden sogar bewußt ausgesetzt. Diese Tiere verpaaren sich problemlos mit Stockenten, wenn sie mit diesen zusammentreffen und ziehen auch erfolgreich Jungvögel auf. Nach KOLBE (1972) stehen die Bastarde zumeist in der Mitte zwischen beiden Eltern, doch die Merkmale eines Partners können auch dominieren. Ob und in welchem Umfange die Hybriden der f1-Generation fertil sind, ist wenig bekannt. Die Züchter experimentieren aus verständlichen Gründen wenig. Allgemein gilt, daß Mischlinge innerhalb einer Gattung fertil sind (SCHERER & HILSBERG 1982). Mit Fertilität bei Entenhybriden muß also gerechnet werden. An Beispielen fehlt es nicht. Hybridisierung bei Enten ist selbst zwischen Angehörigen verschiedener Gattungen möglich. Zusammenstellungen über Hybridisierung bei Anatiden geben JOHNSGARD (1960) und SCHERER & HILSBERG (1982). Obwohl also prinzipiell Bastardierungen in verschiedenster Form möglich sind, gehören nach ihrer genetischen Herkunft eindeutig zu klassifizierende Stockentenbastarde in freier Wildbahn zu den Ausnahmeerscheinungen, wenngleich immer häufiger darüber berichtet wird. Die wichtigste Schranke, die Bastardierungen im Freiland entgegensteht, sind die komplizierten artspezifischen Verhaltensrituale.

Farbvarianten stammen außerdem aus dem Genbestand der Hochbrut-Flugenten, die

vielfach als Hausenten frei fliegend gehalten werden und sich problemlos mit den wilden Stockenten mischen. Die Entstehungsgeschichte der Hochbrut-Flugenten hat WIKING (1983) beschrieben. Diese stimmen äußerlich mit Stockente überein, tragen im Genbestand jedoch Farbvarietäten, weil sie aus einem Gemisch von Hausentenrassen und der wilden Stockente herausgezüchtet wurden. Auf den genetischen Aspekt des Zustandekommens von Fehlfarbigkeit ist EYLERT (1989) eingegangen. Er hob auch den von HAASE (1985) betonten fließenden Übergang vom Wildtier zum Haustier hervor.
Es darf nicht übersehen werden, daß auch Jäger dazu beigetragen haben, das Problem zu verschärfen, indem gezüchtete wildfarbene Stockenten zur Verbesserung der Jagdstrecke in die freie Wildbahn ausgesetzt wurden. Das ist insbesondere in Dänemark und in Ungarn geschehen.

Ursachen für das gehäufte Auftreten von Farbanomalien

Stockenten gehören zu den wenigen Tierarten, die im Laufe der Kulturgeschichte des Menschen domestiziert wurden. Die morphologische Verschiedenartigkeit der Hausentenrassen beweist, daß das im Genom gespeicherte Erbgut außerordentlich plastisch ist. Zwar ist die Formenfülle weitaus geringer als etwa beim Haushund, dessen extremste Rassen die genetische Herkunft, den Wolf, kaum noch vermuten lassen oder bei der Haustaube, deren Buntheit und gestaltliche Vielfalt die Felsentaube nicht mehr erkennen lassen, doch auch die Variabilität der Hausentenrassen ist bemerkenswert.
Die Züchtung von Haustierrassen nimmt ihren Ausgang häufig in spontan auftretenden Mutationen. Sie werden unter Domestikationsbedingungen eher bemerkt als in der freien Wildbahn und treten wahrscheinlich auch häufiger auf. Hier ist anzusetzen, wenn man nach Erklärungen für das gehäufte Auftreten von abweichend gefärbten Stockenten in der Nähe oder innerhalb menschlicher Siedlungen sucht. Die Umweltbedingungen, denen Stockenten ausgesetzt sind, wenn sie innerstädtische Bereiche und Parkanlagen besiedeln, ähneln zumindest partiell den Lebensverhältnissen in der Domestikation. Wenn Zufütterung erfolgt, vielfach ist das nicht nur auf die Wintermonate beschränkt, verringert sich der Zwang zu mühevoller und gefahrenreicher Futtersuche. Außerdem entfallen Nachstellungen durch den Menschen und das Vorkommen von Predatoren ist erheblich reduziert. Es fehlen besonders jene Raubfeinde, die gezielt auffällig gefärbten Tieren nachstellen. Das erhöht deren Überlebenschance und damit die Fortpflanzung abweichend gefärbter Tiere. So überrascht es nicht, daß gerade in Städten mit viel innerstädtischen Gewässern, Parks und Grünanlagen, die als Stockentenhabitate in Frage kommen, der Anteil abweichend gefärbter Stockenten besonders groß ist. Die Abnahme fehlfarbener Stockenten von der Stadtmitte zum Stadtrand hin betont HOERSCHELMANN (1985) für das Stadtgebiet von Hamburg.
In Südwestengland, in den Niederlanden und in vielen westdeutschen Städten stellen die Abweichler einen erheblichen Teil der Population. Vor unseren Augen erscheint wie von selbst, hervorgerufen allein durch die semidomestikativen Verhältnisse, die genetische Vielfalt der Art. Beim Wildtier, das der natürlichen Selektion ausgesetzt ist, zeigt sich nur die bekannte Erscheinungsform. Es ist das ein Vorgang, der Wildbiologen und Zoologen nachdrücklich zu weiterer Erforschung anspornen sollte.

Schlußfolgerungen

Da sich das Problem der Fehlfarbigkeit bei Stockenten auf einen Komplex von verschiedenen Ursachen zurückführen läßt, kann der aus der Sicht der Wildbiologie und des Naturschutzes unerwünschten Zunahme des Farbenwirrwarrs nur entgegengewirkt werden, wenn mit Maßnahmen verschiedener Art dagegen angegangen wird. An erster Stelle ist die Aufklärung der Öffentlichkeit über die Folgen zu nennen, die sich aus der Fütterung innerstädtischer Stockentenansammlungen ergeben. Es wird nicht leicht sein, die Menschen davon zu überzeugen, daß es sich dabei um eine Unsitte handelt.

Nur wenn das gelingt, wird eine der Quellen für die Semidomestikation und ihre Folgen wirksam verstopft. Da die Art keine Schwierigkeiten hat, sich an veränderte Umweltbedingungen anzupassen, sollten auch hegerische Maßnahmen in Form von Ausbringung von Nisthilfen unterbleiben. Auf keinen Fall zu rechtfertigen ist das Aussetzen gezüchteter Enten, ob diese wildfarben sind oder nicht. Auf die Züchterverbände und -vereine muß darauf eingewirkt werden, daß überschüssige Enten ganz gleich um welche Art es sich handelt, auf keinen Fall in die freie Wildbahn entlassen werden dürfen. Das gilt in gleicher Weise für die Halter von Hochbrut-Flugenten. Dem Jäger ist der Abschuß fehlfarbener Stockenten zu empfehlen, doch niemand darf glauben, daß sich das Problem mit der Waffe des Jägers lösen läßt.

Literatur

Bezzel, E. (1980): Die Stockenten werden immer bunter. – Jäger 98: 30-32.

Eylert, J. (1989): Zur Verbastardierung der Stockente. – Niedersächs. Jäger 34: 231-235.

Eylert, J. (1993) Stockenten-Probleme? – Rhein.-Westfäl. Jäger 47: 32-33.

Haase, E. (1985): Domestikation und Biorhythmik-Implikationen für den Tierartenschutz. - Natur u. Landschaft 60: 297-302.

Hoerschelmann, H. (1985): Untersuchung an einer Stockenten-Population (*Anas platyrhynchos* L.) in Hamburg. – Z. Jagdwiss. 31: 14-21.

Johnsgard, P.A. (1960): Hybridisation in the Anatidae and its taxonomic implications. – Condor 62: 25-33.

Kolbe, H. (1972): Die Entenvögel der Welt. – Neumann Verlag, Radebeul

Kreutzkamp, J. (1984): Stockente – *Anas platyrhynchos*. In Holzapfel, C., O. Hüppop, R. Mulsow: Die Vogelwelt von Hamburg und Umgebung, Bd. 2, Neumünster.

Rutschke, E. (1989): Die Wildenten Europas. – Deutscher Landwirtschaftsverlag, Berlin

Scherer, S. & Th. Hilsberg (1982): Hybridisierung und Verwandtschaftsgrade innerhalb der Anatidae – eine systematische und evolutionstheoretische Betrachtung. – J. Orn. 123: 357-380.

Vauk, G. (1991): Niederwild ohne Probleme? Stockenten. – Jäger 45: 43-45.

Wiking, J.H. (1983) Von hochbrütenden Stockenten zu „Hochbrutflugenten". – Wild u. Hund 86: 17-19.

Anschrift des Verfassers:
Prof. Dr. rer. nat. habil. Erich Rutschke, Forschungsstelle für Ökologie der Wasservögel und Feuchtgebiete an der Universität Potsdam
Allee nach Sanssouci, Villa Liegnitz
14471 Potsdam

ISSN 0323-85463

SÄUGETIERKUNDLICHE INFORMATIONEN

17

Band 3 • Heft 17 • 1993

Inhalt:
Bibliographie der säugetierkundlichen Literatur der östlichen deutschen Bundesländer 1980-1990

Bezug:
Martin Görner
Thymianweg 25
07745 Jena

Stefan Hövel, Bad Wurzbach

Telemetrische Untersuchung an ausgewilderten Birkhühnern *Tetrao tetrix* (L., 1758) im Wurzacher Ried (Süddeutschland)

Einleitung

Seit 1978 wird im Wurzacher Ried vom LJV Baden-Württemberg der Versuch unternommen, das dort bis zu diesem Zeitpunkt in einzelnen Restexemplaren vorkommende Birkhuhn wiedereinzubürgern. Bis 1985 war es gelungen, einen Grundbestand zu etablieren, der sich im Ried erfolgreich fortpflanzte und alte Traditionen fortführte. Zwischen 1985 und 1987 brach der Bestand überraschend und unerklärbar zusammen. Die zu diesem Zeitpunkt allgemein diskutierten Rückgangsursachen Biotopverlust und starker Jagddruck (Hölzinger 1987) konnten den Zusammenbruch des Bestandes im Wurzacher Ried nicht verursacht haben.
Aus diesem Grund wurde ab 1988 die wissenschaftliche Arbeit verstärkt. Seit 1990 wird die Untersuchung aus Forschungsmitteln des Ministeriums Ländlicher Raum und aus Mitteln der überörtlichen Jagdabgabe finanziert. Die wissenschaftliche Betreuung liegt bei der Universität Tübingen, dem LJV Baden-Württemberg obliegt die gesamte administrative Projektleitung. Der Projektzeitraum endet im April 1993.
Hauptziel der Untersuchung ist, zu einem ökologisch sinnvollen Konzept zur Erhaltung der oberschwäbischen Moorökosysteme in ihrem landwirtschaftlich genutzten Umland zu gelangen. Verschiedene faunistische und floristische Arbeiten sollen in Verbindung mit Untersuchungen über die (Moor)- Leitart Birkhuhn den Zustand und die Einflüsse auf den Moorkomplex „Wurzacher Ried" dokumentieren.
Als Grundlage dienen Arbeiten, die sich mit Randeffekten und dem Artenschwund in Biotopinseln befassen (u.a. McArthur & Wilson 1967, Mader 1980, Levenson 1981, Andren et al. 1985, Wilcove 1985, Angelstam 1986, Yahner 1988).
Die vorliegende Arbeit ist ein Teil des Gesamtprojektes und befaßt sich mit demographischen Prozessen der ausgewilderten Birkhühner.

Untersuchungsgebiet

Das Wurzacher Ried liegt im Naturraum „Oberschwäbisches Hügelland", etwa 40 km nordöstlich des Bodensees. Der Moorkomplex umfaßt ca. 1600 ha Moorfläche, in denen sich kleine Hochmoorschilde, Zwischenmoore und Niedermoore in verschiedener Ausprägung um die größte zusammenhängende und noch intakte Hochmoorfläche Mitteleuropas gliedern (Kaule 1974).
Auf der weitgehend intakten Hochmoorfläche (650 ha) finden sich nasse Wollgrasmoore (*Sphagnetum magellanici*) und Schlenkengesellschaften des *Caricetum limosae*. Randlich schließen sich trockenere Formen des Bergkiefern-Moorwaldes (*Pino mugo-Sphagnetum*) an. Auf vorentwässerten oder entwässerten Degenerationsstadien des Hochmoores finden sich *Vaccinium uliginosum*- Stadien sowie Heiden als *Calluna vulgaris*- Ausbildungen des *Sphagnetum*

magellanici. An das Randgehänge ist über weite Strecken Zwischenmoor in schmalen Streifen ausgebildet (KRACHT et al. 1991, veränd.). Im Juni 1989 wurde das NSG Wurzacher Ried durch den Europarat mit dem Europadiplom ausgezeichnet.
Für das Wurzacher Ried wurde ein ökologisches Entwicklungskonzept (PFADENHAUER 1990) ausgearbeitet, welches für den zentralen Bereich eine Tabuzone vorsieht, in der außer initialen Vernässungsmaßnahmen keine weiteren Eingriffe erfolgen sollen. Die umgebenden intensiv genutzten Wiesen werden in eine extensive Nutzung überführt, um Puffer- und Abstandsflächen zu etablieren.

Material und Methoden

In der Regel wurden die hennenaufgezogenen Versuchstiere im Alter von 2 bis 3 Monaten von FAM ERWIN WAGNER (Schramberg/Sulgen) bezogen. Nach einem ca. 14-tägigen Aufenthalt in Auswilderungsvolieren (25 X 15 X 2 m), die in ausgewählten Habitatbereichen standen, wurden die Tiere ausgelassen. Zusätzlich gelangten in einigen Jahren in den Auswilderungsvolieren erbrütete Gesperre samt ihren Hennen ins Wurzacher Ried.
Seit 1978 wurden 447 Birkhühner, seit dem Beginn intensiverer Telemetriearbeiten (1988) 199 Vögel ausgelassen.
Ein Teil der Tiere war mit 18 g schweren Halsbandsendern der Fa. Biotrack/England ausgerüstet. Die maximale Reichweite der Sender lag zwischen 5 - 7 km, ihre Lebensdauer betrug ca. 7 Monate. Als Empfänger standen ein Yaesu-Empfänger FT - 290 R (143,5-148,5 MHz) sowie ein 100 Kanal - Empfänger der Fa. Reichenbach/Freiburg (150-151 MHz) zur Verfügung. Als Richtantenne wurde eine 2 m HB 9 CV-H-Antenne verwendet.
Durch Besenderung bei der Auslassung und durch Fang im Winter konnten seit 1988 92 Tiere telemetrisch verfolgt werden.

Ergebnisse

Mobilität

Im Jahresverlauf zeigten adulte Birkhühner vier, juvenile Tiere fünf periodisch wiederkehrende Mobilitätsphasen.
Sowohl die adulten, als auch die juvenilen Tiere wiesen in den Wintermonaten nur eine geringe tägliche Mobiltät (187 m ± 253 bzw. 216 m ± 372) auf. Der Unterschied zwischen beiden Gruppen ist nicht signifikant. Adulte Tiere zeigten zu Beginn und im Verlauf der Fortpflanzungsphase eine signifikante Steigerung der täglichen Mobilität (Welch-Test; 281 m ± 365; $p < 0,05$; $t = 4,04$; $n = 879$). Diese reduzierte sich während der Mauser auf 217 m ± 316 ($p < 0,05$; $t = 2,47$; $n = 811$). In den Spätsommer- und Herbstmonaten erhöhte sich die Aktivität (247 m ± 326) erneut. Diese Steigerung ist allerdings statistisch nicht gesichert. Mit Aufsuchen des Wintereinstandes ging die Mobilität erneut zurück ($p < 0,05$; $t = 2,30$; $n = 523$).
Auch bei den knapp einjährigen Jungtieren war zu Beginn der Fortpflanzungsphase eine deutliche Mobilitätssteigerung zu beobachten (505 m ± 1413; $p < 0,05$; $t = 4,66$; $n = 1327$). Dabei waren die Junghähne signifikant wanderfreudiger (751 m ± 2094; $p < 0,05$; $t = 2,58$; $n = 855$), als die Junghennen (411 m ± 561). Hierbei muß allerdings berücksichtigt werden, daß die angegebenen Zahlen nur Minimumwerte darstellen, da zu dieser Zeit ein Teil der telemetrierten Tiere aus dem Riedbereich abwanderte und nicht mehr lokalisiert werden konnte. Mit zunehmender Dauer der Fortpflanzungsperiode bzw. nach ihrer Rückkehr in den Riedbereich etablierten sich die Jungtiere in der Nähe eines Balzplatzes, und ihr Mobilitätsverhalten reduzierte sich deutlich (281 m ± 419; $p < 0,05$; $t = 3,39$; $n = 798$). Nach der Balz ging die Aktivität erneut signifikant zurück (146 m ± 257; $p < 0,05$; $t = 4,67$; $n = 735$). In den Spätsommer- und Herbsmonaten zeigten die Jungtiere wiederum eine Steigerung ihrer Mobilität (316 m ± 423; $p < 0,05$; $t = 2,77$; $n = 533$). Der Mobilitätsrückgang zum Winter kann nicht statistisch gesichert werden.
Die Mobilitätssteigerung der Jungtiere zu Beginn der Fortpflanzungsphase weicht signifikant von der der adulten Tiere ab ($p < 0,05$; $t = 3,60$; $n = 1130$). Erst mit zu-

nehmender Territorialität der Jungtiere konnte ihr Mobilitätsverhalten nicht mehr von dem der adulten Tiere unterschieden werden. Obwohl sich bei beiden Altersgruppen nach der Balz ein signifikanter Rückgang der Mobilität zeigte, war dennoch ein signifikanter Unterschied zwischen diesen beiden Gruppen zu beobachten (p < 0,05; t = 2,96; n = 483). Bei der Überprüfung der Mobilität in den Spätsommer- Herbstmonaten ergaben sich zwischen den beiden Gruppen keine statistisch gesicherten Unterschiede.

Im Herbst ausgelassene, 2 bis 3 Monate alte Jungtiere legten täglich 305 m ± 492 zurück. Dieser Wert weicht nicht signifikant von dem der ein Jahr älteren Tiere ab.

Habitatnutzung

Zur Ermittlung der Habitatnutzung wurde das Ried kartographisch in ein Raster (1 ha) eingeteilt und die Lokalisationen den entsprechenden Rastern zugeordnet. Die Signifikanz der Unterschiede zwischen dem Flächenangebot der einzelnen Habitatkategorien und der Nutzung wurde mit der „Bonferroni-z-Statistik" (nach BYERS & STEINHORST 1984; THOR 1988) überprüft.

Im Wurzacher Ried nutzten die Birkhühner hauptsächlich Hochmoorbereiche unterschiedlichster Degradierungsstadien (Abb.1). Die Nutzung von nicht abgetorften Hochmoorbereichen liegt, verglichen mit ihrem flächenmäßigen Anteil, überproportional bei 0,744. Nach Berechnung der Konfidenzintervalle ergibt sich für diesen Bereich eine positve Selektion. Die Nutzung von Abtorfungsflächen (Heiden) erreicht mit 0,214 in etwa das flächenmäßige Niveau, wird dennoch von den Tieren negativ selektiert. Eine deutlich negative Selektion ist bei Waldbereichen und vor allem bei Grünlandbereichen zu beobachten. Nieder-Übergangsmoorbereiche hingegen erfahren eine positive Selektion (vgl.Tab.1 im Anhang).

Bei der Analyse der genutzten Strukturen ergeben sich sowohl für den ursprünglichen Hochmoorbereich, als auch für die Abtorfungsgebiete deutliche Bevorzugungen der Bereiche Nr. 2/4 bzw. Nr.6/8; gemieden werden die Strukturbereiche Nr. 3/7. Nur bei den gesondert gewerteten Torfstichen entspricht die Nutzung dem Angebot (vgl.Tab.1 im Anhang).

Mortalität

Bislang konnten von den 92 besenderten Tieren 65 Verluste (70,7%) registriert werden, wovon der Großteil (89,2%) durch Prädatoren verursacht wurde (Abb.2). Die restlichen Verlustursachen spielen nur eine untergeordnete Rolle.

Bei den durch Prädatoren verursachten Verlusten ist der Einfluß des Fuchses mit 58,6%

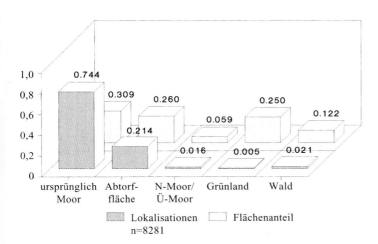

Abb. 1 Angebot und Nutzung von verschiedenen Habitatkategorien

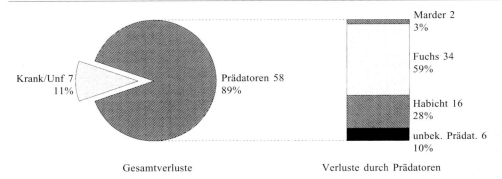

Abb. 2   Verluste der ausgewilderten Birkhühner

am größten, gefolgt vom Habicht (27,6%) und nicht identifizierbaren Prädatoren (10,3%). Der Marder übt mit 3,4% praktisch keinen Einfluß auf den Birkwildbestand aus. In den einzelnen Jahren konnte allerdings ein unterschiedlicher Prädatorendruck auf die im Herbst ausgelassenen Tiere registriert werden. So variierte einerseits das Ausmaß, andererseits die zeitliche Abfolge der Verluste in den einzelnen Jahren. Von den Auslassungen 1988 und 1989 überlebte ein Großteil der besenderten Tiere den ersten Winter, dennoch deutete sich ein Anstieg der Verlustrate im Jahr 1989 an (Abb.3). Dieser setzte sich 1990 fort, so daß in diesem Jahr fast alle besendert ausgelassenen Birkhühner Prädatoren zum Opfer fielen. Seit 1991 ging der Prädatorendruck auf die neu ausgewilderten Tiere wie der deutlich zurück. Mit Ausnahme des Jahres 1988 übte der Fuchs in allen Jahren einen kontinuierlichen Druck aus. Die Erbeutungszahlen

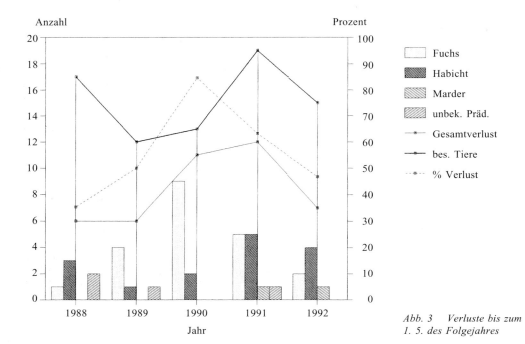

Abb. 3   Verluste bis zum 1. 5. des Folgejahres

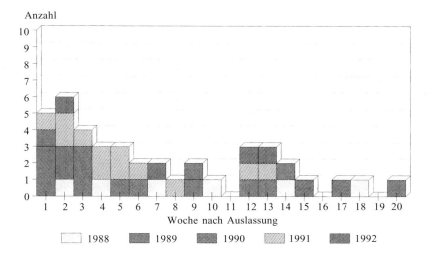

Abb. 4 Verlustzeitpunkte nach den Auslassungen

durch den Habicht schwankten hingegen stärker, gewinnen allerdings seit 1991 zunehmend an Einfluß. Ein Großteil der Birkhühner (Ø = 80,7%) wurde in den Jahren 1988 bis 1990 innerhalb der ersten 10 Wochen nach der Auslassung erbeutet (Abb.4). Nach der 15. Woche traten mit einer Ausnahme keine weiteren Verluste bei den neu ausgewilderten Tieren mehr auf. Anders stellt sich die Situation im Jahr 1992 dar. Innerhalb der ersten 10 Wochen nach der Auslassung wurden nur 28,6% der Tiere erbeutet, bis zur 16. Woche waren es 71,4%, der Rest wurde bis zur 21. Woche erbeutet.

Bisher ergab sich kein Zusammenhang zwischen den Erbeutungszahlen neu ausgelassener und mehrjähriger Birkhühner. Das heißt, daß selbst bei einem hohen Ausfall von Jungtieren der Bestand an Alttieren annähernd konstant blieb. Eine Summierung von Alttierverlusten ergab sich in den Brutmonaten, wobei ausschließlich Hennen betroffen waren. Für die Bestandesentwicklung wirkt sich der Verlust dieser Tiere, wie auch die hohe Gelegeprädation, besonders gravierend aus. Sechs von acht bestätigten Gelegen wurden seit 1990 von Prädatoren geplündert. In einem Fall verließ eine Henne ihr Gelege aus unbekanntem Grund, in nur einem Fall brütete eine Henne erfolgreich.

Diskussion

Änderungen des Mobilitätsverhaltens sowie der Ausdehnung der home ranges von Birkhühnern im Jahresverlauf werden von mehreren Autoren beschrieben (vgl. GLUTZ et al. 1973, DE VOS 1983, MARTI 1985, KLAUS et al. 1990). Übereinstimmend wird weiterhin bemerkt, daß die Aktionsräume juveniler bzw. nicht territorialer Tiere in der Regel größere Ausdehnungen aufweisen, als die adulter Tiere. An seinen Lebensraum stellt das Birkhuhn eng umrissene Ansprüche (SCHRÖDER et al. 1981), es ist in seinen Habitatansprüchen ausgesprochen stenözisch und zeigt gegenüber veränderten Umweltbedingungen ein ausgesprochen geringes Adaptationsvermögen (MEYER 1974). Das Birkwild ist ökologisch als typischer Kampfwaldbewohner eingenischt, d.h. es nutzt Pioniergesellschaften des Waldes an der Grenze seiner Höhenverbreitung und zu Wasser, Sumpf, Moor oder Fels sowie Katastrophenflächen (MÜLLER 1983, SCHRÖDER et al 1981, HATLAPA 1988).

Trotz der genauen Kenntnis des Verhaltens und des Lebensraumes bleibt ein erheblicher Spielraum, in dem arttypische Verhaltens- und Nutzungsweisen variiert werden können. Das Mobilitätsverhalten der ausgewilderten Birkhühner zeigte dennoch eine deut-

liche Übereinstimmung mit dem in der Literatur beschriebenen Verhalten. So konnten Unterschiede in der Mobilität zwischen juvenilen und adulten Tieren festgestellt werden, die sich vor allem zu Beginn der Balz und während der Mauser zeigten.
Generell verläuft die jahreszyklische Mobilität der adulten Tiere gleichförmiger. Dies ist sicherlich eine Folge der Territorialität, möglicherweise aber auch eine Folge von besserer Habitatkenntnis, die die Tiere in die Lage versetzt, die räumliche Zuordnung ihrer im Jahresverlauf wechselnden home ranges besser zu koordinieren.
Bei den Jungtieren gewinnt man den Eindruck, daß sie sich in jeder Jahreszeit neu im Raum orientieren müssen. Das Aufsuchen mehrerer Balzplätze sowie die Auswahl eines Mauserhabitates, welches bislang in keinem Fall im darauffolgenden Jahr erneut aufgesucht wurde, lassen diesen Eindruck entstehen. Auch die höhere Mobilität im Herbst, ein Jahr nach ihrer Auslassung, könnte ein Hinweis darauf sein, daß ein kompletter Jahreszyklus im Ried verbracht werden muß, bis eine endgültige Etablierung vollzogen ist. Dafür spricht auch, daß sich ihre Mobilität im Herbst nicht von der ihrer neu ausgelassenen, ein Jahr jüngeren Artgenossen unterscheidet.
In den vergangenen Jahren nutzten die Birkhühner fast ausschließlich intakte Hochmoorbereiche und deren vorentwässerte und abgetorfte Stadien. Nutzungsschwerpunkte ergaben sich hierbei an Grenzlinien zwischen vorentwässerten und abgetorften Bereichen, die vom Birkhuhn generell bevorzugt aufgesucht werden (MEYER 1974, WIPPER 1983, KLAUS 1987). Häufig genutzte Strukturkombinationen waren miteinander vernetzte Habitate aus zwergstrauchreichen dichteren (Deckung < 35%) und lockeren (Deckung < 2,5%) Bergkiefernbeständen. Diese Strukturen bieten ganzjährig Nahrung und Schutz auf engstem Raum, so daß in diesen Flächen das Prinzip des „Biotopes der kurzen Wege" (MÜLLER 1988) verwirklicht ist. Vegetationskundliche Untersuchungen im Wurzacher Ried (STRAUß unveröff.) zeigten eine flächenhafte Nutzung dieser Bereiche und Strukturen von nur 20%, so

daß noch ausreichend Ausweichflächen gleicher Qualität zur Verfügung stehen.
Die negative Selektion von Waldstrukturen ist ein ebenfalls vielzitiertes Faktum (GLUTZ et al 1973, ANGELSTAM 1983, BEICHLE 1987, KLAUS 1987, KLAUS et al. 1990), allerdings spielen extensiv genutzte Grünlandbereiche in Verbindung mit Moor- und Heideflächen z.T. eine existentielle Rolle (MÜLLER, 1983, SAEMANN 1987, SCHERZINGER 1988). Die negative Selektion der das Wurzacher Ried umgebenden Grünlandbereiche wirft die Frage auf, inwieweit in Oberschwaben diese Sekundärbiotope für den Erhalt des Birkhuhns obligatorisch sind. Wären sie obligatorisch, dann müßte erwartet werden, daß bei den Tieren im Wurzacher Ried irgendwelche Folgen dieser eingeschränkten Lebensraumnutzung zu finden wären. Das war bisher weder bei der Gewichtsentwicklung, noch beim Gesundheitszustand, noch bei ihrem Fortpflanzungsverhalten der Fall. In ursprünglichen skandinavischen Birkwildbiotopen finden sich Hochmoorlebensräume, die ausschließlich von beeren- und flechtenreichen, schütteren Kiefernwäldern umgeben sind und weit abseits jeglicher landwirtschaftlicher Nutzung liegen. Daraus könnte die Hypothese formuliert werden, daß Hochmoorbereiche, wie sie im Wurzacher Ried gegeben sind, durchaus als vollwertiger Birkhuhnlebensraum anzusprechen sind.
Dies wird auch nicht von der Tatsache entkräftet, daß ein Großteil der Tiere Prädatoren zum Opfer fiel. Entscheidend ist hier vielmehr, daß adulte Tiere erfolgreich einem hohen Prädatorendruck standhalten können. Eine Ausnahme hiervon ist nur während der Brutzeit gegeben, wo die Gelegeverluste einerseits sowie die Erbeutung brütender Hennen andererseits eine erfolgreiche Reproduktion verhindern.
Nach LEVENSON (1981) ist das Maß der Interaktionen zwischen Prädatoren aus dem Umland und Biotopspezialisten in fragmentierten Inseln von der Größe der Biotopinsel abhängig. WILCOVE (1985) und YAHNER (1988) stellten in fragmentierten Gebieten eine erhöhte Gelegeprädation fest. ANGELSTAM (1986) fand bei zunehmendem Produktivitätsgradienten zwischen Umland und

Insel erhöhte Gelegeprädationsraten, wobei die Größe der Insel eine untergeordnete Rolle spielt. Kommen im Wurzacher Ried dieselben Faktoren zum Tragen, so könnte dies eine mögliche Erklärung der hohen Gelegeverluste, auch bei anderen Bodenbrütern (STRAUß unveröff.) sein.

Im Frühjahr, insbesondere in den Monaten Mai/Juni war die Nutzung des Riedes durch Rabenkrähen am höchsten. Ansonsten wird das Ried praktisch nicht mehr genutzt (DICK 1992). Als weiterer Faktor kommt hinzu, daß Füchse versuchen, im Hochmoorkörper oberirdisch ihr Geheck großzuziehen und permanent im Moorkörper anzutreffen sind. SIEFKE (1989) berichtet von einem nahezu völligen Brutausfall in Küstenvogelreservaten in der Umgebung von Gehecken.

Die Erlegung zweier hochträchtiger, territorialer Fähen im Moor sowie das Ausnehmen eines, in unmittelbarer Umgebung eines späteren Birkhuhnbrutplatzes gefundenen, oberirdisch angelegten Geheckes, könnte möglicherweise für die erste erfolgreiche Naturbrut des Birkhuhns seit 1985 mit verantwortlich sein.

Weder das Verhalten, noch die Habitatnutzung der ausgewilderten Birkhühner lassen den Schluß zu, daß sich die Tiere nicht ihrer Art entsprechend verhalten bzw. das Wurzacher Ried als Lebensraum ungeeignet ist. Eventuell könnte die gezielte Bejagung von territorialer Fähen im Moor eine Verminderung des Prädatorendruckes zur Brutzeit bewirken, die bislang mit der Erlegung von Sommerfüchsen nicht erreicht wurde. Leider ist diese Möglichkeit seit April 1992 nicht mehr gegeben, da die Ausweisung der Tabuzone ein Verbot der Jagdausübung miteinschließt.

Literatur

ANDREN, H. et al. (1985): Differences in predation pressure to habitat fragmentation: an Experiment. – Oikos 45: 273-277.

ANGELSTAM, P. (1983): Population dynamics of Tetraonids, especially the black grouse Tetrao tetrix, in boreal forests. – PhD thesis, Upsala, Sweden.

ANGELSTAM, P. (1986): Predation on ground-nesting birds'nest in relation to predator densities and habitat edge. – Oikos 47: 365-373.

BEICHLE, U. (1987): Untersuchungen zur Struktur von Birkhuhnhabitaten in Schleswig-Holstein. – Z. Jagdwiss 33 (3): 184-191.

BYERS, C. R. ; STEINHORST, R. K. (1984): Clarification of a technique for analysis of utilization-availability data. – J. Wildl. Manage 48 (3): 1050-1053.

DE VOS, G. J. (1983): Social behaviour of black grouse. An observtional and experimental fiels study. – Ardea 71: 103 S.

DICK, H. (1992): Habitatnutzung bei Rabenkrähen (Corvus corone corone) im Bereich des Wurzacher Riedes. – Diplomarbeit Univ. Tübingen.

GLUTZ VON BLOTZHEIM, U. N. et al. (1973): Handbuch der Vögel Mitteleuropas. – Band 5 – Akademische Verlagsgesellschaft Frankfurt: 104-171.

HATLAPA, H. -H. (1988): Probleme und Methoden bei der Auswilderung von Birkwild (Lyrurus tetrix) – NNABer. 1. Jg. (2): 80-82.

HÖLZINGER, J. (1987): Avifauna Baden -Württembergs, 1. 2. – Landesanstalt f. Umweltschutz Bad. -Württ.: 930-935.

KAULE, G. (1974): Die Übergangs-und Hochmoore Süddeutschlands und der Vogesen. Landschaftsökologische Untersuchungen mit besonderer Berücksichtigung der Ziele der Raumordnung und des Naturschutzes. – Habil. Schrift. Diss. Bot 27.

KLAUS, S. (1987): Birkhuhn (Tetrao tetrix). – Buch der Hege .(2), Federwild; Verlag Harri Deutsch, Thun: 46-55.

KLAUS, S. et al. (1990): Die Birkhühner – Die neue Brehm Bücherei, Ziemsen: 288 S.

KRACHT, V. et al.: Errichtung und Sicherung schutzwürdiger Teile von Natur und Landschaft mit gesamtstaatlich repräsentativer Bedeutung – Projekt: Wurzacher Ried. – Natur u. Landschaft 66 (1): 9-14.

LEVENSON, J. B. (1981): Woodlots as biogeographic islands in Southeastern Wisconsin – in: Burgess, R. L. (eds.), Forest island dynamics in man-dominated landscapes. – Springer Verlag New-York: 13-39.

MAC ARTHUR, R. H.;WILSON, E. O. (1967): The theorie of island biogeographie. – Princeton Univ. Prss. NJ.

MADER, H. -J. (1980): Die Verinselung der Landschaft aus tierökologischer Sicht – Natur und Landschaft 55 (3): 91-96.

MARTI, C. (1985): Unterschiede in der Winterökologie von Hahn und Henne des Birkhuhns Tetrao tetrix im Aletschgebiet (Zentralalpen). – Orn. Beob. 82 (1): 1-30.

MEYER, P. (1974): Ökologisch-ethologische Gesichtspunkte zur Erhaltung des Birkhuhns (Lyrurus tetrix, L.) insbesondere in norddeutschen Moor-und Heidebiotopen. – Telma 4 297-321.

MÜLLER, F. (1983): Kulturfolger, aber Zivilisationsflüchter – das Birkhuhn (Lyrurus tetrix) in der Rhön und die Problematik seines Schutzes. – Vogel und Umwelt 2: 303-312.

MÜLLER, F. (1988): Über die Rückgangsursachen beim

Birkhuhn und zur Frage der Wiedereinbürgerung in der Hochrhön. – NNABer. 1. Jg. (2): 109-114.
PFADENHAUER, J. et al. (1990): Ökologisches Entwicklungskonzept Wurzacher Ried – Ressourcenbezogene Schutz-und Entwicklungskonzeption im Europareservat und dem umgebenden Wassereinzugsgebiet – unveröff. Auftragsarbeit.
SAEMANN, D. (1987): Die Rauhfußhühner (Tetraonidae) in Sachsen und Möglichkeiten ihres Schutzes. – Naturschutzarbeit in Sachsen **29**: 29-38.
SCHERZINGER, W. (1988): Vom Kulturfolger zum Kulturflüchter – Das Birkhuhn im inneren Bayerischen Wald. – NNABer. 1. Jg. (2): 114-117.
SCHRÖDER, W. et al. (1981): Das Birkhuhn in Bayern. - Bayerisches Landesamt für Umweltschutz **13**: 1-76.

SIEFKE, A. (1989): Zur Rolle der Prädatoren in Küstenvogelreservaten der DDR. – Beiträge zur Vogelkunde **35**: 36-51.
THOR, G. (1988): Homeranges und Habitatnutzung von Rehen im Nationalpark Bayerischer Wald. – Diplomarbeit Univ. München.
WILCOVE, D. S. (1985): Nest Predation in Forest Tracts and the Decline of Migratory Songbirds. – Ecology 66 (4): 1211-1214.
WIPPER, E. (1983): Ökologische Grundlagen zum Schutz des Birkhuhns in Lebensräumen vom Hochmoortypus. – Jb. Naturw. Verein Fstm. Lbg. **36**: 45-64.
YAHNER, R. H. (1988): Changes in Wildlife Communities Near Edges. -Conserv. Biol. **2**: 1-7.

Anhang

Tabelle 1   Nutzung und Angebot der Habitateinheiten

Gesamtfläche 1600 ha; Anzahl Ortungen: n = 8281

Habitat-einheit	relativer Flächenanteil Wert P_{ex}	rel. Anzahl v. Ortungen Wert P_{ob}	Konfidenzintervalle $Z = z_{\alpha/2k}$	$Z = z_{\alpha/2}$
			Z = 2,50	
ursprünglich Moor	0,309	0,744	$0,732 \leq p \leq 0,756$	
Abtorffl.	0,260	0,214	$0,203 \leq p \leq 0,225$	
N-/Ü-Moor	0,059	0,016	$0,013 \leq p \leq 0,019$	
Grünland	0,250	0,005	$0,003 \leq p \leq 0,007$	
Wald	0,122	0,021	$0,017 \leq p \leq 0,025$	

Nutzung und Angebot von Struktureinheiten (Westteil)

ursprünglich Moor; Gesamtfläche 291 ha; Anzahl Ortungen: n = 3177

Struktur-bereich				
			Z = 2,50	
Nr. 2	0,131	0,198	$0,180 \leq p \leq 0,216$	
Nr. 3	0,295	0,163	$0,147 \leq p \leq 0,179$	
Nr. 4	0,333	0,617	$0,595 \leq p \leq 0,639$	
Nr. 5	0,241	0,022	$0,015 \leq p \leq 0,029$	

Abtorfungsbereich; Gesamtfläche 301 ha; Anzahl Ortungen: n = 1733

			Z = 2,58	Z = 1,96
Nr. 6	0,130	0,183	$0,159 \leq p \leq 0,207$	
Nr. 7	0,103	0,018	$0,010 \leq p \leq 0,026$	
Nr. 8	0,544	0,582	$0,551 \leq p \leq 0,613$	
Nr. 9	0,103	0,089	$0,071 \leq p \leq 0,107$	$0,076 \leq p \leq 0,102$
Nr. 10	0,120	0,128	$0,107 \leq p \leq 0,149$	$0,112 \leq p \leq 0,144$

Strukturbereiche: Nr. 2/6: Dominanz baumförmig wachsender Arten in Baum- und Strauchschicht (Deckung < 35%, wenn fehlend Deckung > 35%);

Nr. 3/7: Dominanz strauchförmig wachsender Arten (Deckung > 35%), baumförmige in Baum- und Strauchschicht fehlend (max. 2,5% Deckung);

Nr. 4/8/10: Dominanz strauch- und baumförmiger in Strauch- und Krautschicht (Baumschicht fehlend oder max. 2,5% Deckung, Strauchschicht fehlend oder max.< 35% Deckung);

Nr. 5/9: ohne Verbuschung; vereinzeltes Vorkommen minus vitaler Latschen; nach PFADENHAUER 1991;

Formel : $P_{ob} - Z_{\alpha/2k} (P_{ob} (1 - P_{ob})/n)^{1/2} \leq p \leq P_{ob} + Z_{\alpha/2k} (P_{ob} (1 - P_{ob})/n)^{1/2}$

P_{ob} : beobachteter Wert = reale Nutzung
$Z_{\alpha/2k}$: z-Wert für einen Konfidenzbereich von 0,05;
α : Konfidenzbereich
k : Anzahl der Habitatkategorien
n : Anzahl der Ortungen

Zusammenfassung

Seit 1988 werden im Rahmen eines Forschungsprojektes ausgewilderte Birkhühner mit Hilfe der Telemetrie untersucht. Bislang ergaben sich keine Hinweise darauf, daß weder das Verhalten noch der Lebensraum allein ursächlich für die derzeitige unbefriedigende Bestandessituation sind. Prädatoren übten den größten Einfluß auf juvenile Tiere aus. Mehrjährige Tiere waren davon, mit Ausnahme der Brutzeit, nicht betroffen waren. Der geringe Bruterfolg und der Verlust brütender Hennen verhindern eine längerfristige Ansiedlung. In diesem Zusammenhang wird der Einfluß von Prädatoren auf Inselbiotope (Randeffekt) diskutiert.

Summary

Title of the paper: Telemetry studies in reintroduced black grouse *Tetrao tetrix* (L., 1758) in the Wurzacher Ried (Southern Germany)

Since 1988 reintroduced black grouse are studied as a part of a research projekt with the help of telemetry. Up to this time there were no hints that neither the behaviour nor the habitat alone are the reason for the recently bad population. Predators have a great influence on the population of juvenils birds. Adults were not influenced with the exception of the breeding time. The small breeding succes and the loss of breeding hens prohibitit a long-term settlement. In this context the influence of predators on island habitats are discussed.

Anschrift des Verfassers:
STEFAN HÖVEL, Sperberweg 4, 88410 Bad Wurzach

Bezug: In Ihrem Fachhandel oder beim DLV
Deutscher Landwirtschaftsverlag Berlin GmbH,
Grabbeallee 41, 13156 Berlin

Die Beiträge zur Jagd- und Wildforschung erscheinen im Auftrag der Gesellschaft für Wildtier- und Jagdforschung in Zusammenarbeit mit dem DLV Deutscher Landwirtschaftsverlag Berlin GmbH

Band 18   ISDN 3-331-00651-3   Preis **48,00 DM**
Band 19   ISDN 3-331-00685-8   Preis **25,00 DM**

Werner Tschirch, Lauta

Darstellung wenig bekannter Einflußfaktoren auf Rauhfußhühner-Populationen

Mit dem drastischen, z. T. weltweiten Rückgang der Populationen der meisten Arten der Rauhfußhühner stieg das Interesse an den Ursachen des Rückganges.

Eine Vielzahl von möglichen Einflußfaktoren konnte zwischenzeitlich ermittelt werden, wobei aus land- und forstwirtschaftlichen Einflüssen resultierende Biotopveränderungen mit nachfolgenden Änderungen des Nahrungsangebotes, aber auch Einflüsse durch Touristik, Jagd, Predatoren, Krankheiten, Umweltschadstoffe u. a. als z. T. gravierend ermittelt werden konnten (Tschirch, 1988; 1991). Im folgenden soll zu zwei Themenkomplexen im Gesamtgefüge der Einflußfaktoren Stellung genommen werden, die erst in neuerer Zeit untersucht werden konnten.

Die Auswirkung von Futterinhaltsstoffen

Besonders die rätselhaften Bestandsschwankungen der Moorschneehühner lösten umfangreiche Untersuchungen der Nahrungsquellen und Nahrungsgewohnheiten in den Vorkommensgebieten aus. Schwankungen werden in folgenden Abständen beobachtet:
- 4-5 Jahre beim Schottischen Moorschneehuhn
- 3-4 Jahre beim Moorschneehuhn in Skandinavien
- 5-6 Jahre beim Moorschneehuhn in Nordrußland
- 9-11 Jahre beim Moorschneehuhn in Sibirien, Neufundland, Nordamerika.

Dabei eignen sich extreme Vorkommensgebiete, wie hochalpine oder subarktische Regionen besonders gut für Ursachenforschungen, da die Auswirkungen einzelner Faktoren sehr deutlich hervortreten (Andreev, 1988).

Geringe Gelegeverlustraten und hohe Schlupfraten sind auch hier zu beobachten, aber die Verlustraten in den ersten 4 bis 5 Lebenswochen können 30-50 % betragen. Unterschiedliche Wachstumsraten innerhalb eines Geleges treten deutlicher hervor, so daß kräftigere und aktivere Küken schnellere Körpermasseentwicklungen und schnellere Erreichung von Thermoregulation und Flugfähigkeit aufweisen.

Für die zu beobachtenden Bestandsschwankungen ist das Verhältnis Erwachsener zu Jungvögeln im Spätsommer richtungsweisend, beträgt es doch in Jahren des Populationswachstums in Sibirien beispielsweise 1 : 4,0, in Jahren höchster Bestandsdichten jedoch nur noch 1 : 1,1. Anschließend erfolgt der Zusammenbruch der Population, da der Anteil unverpaarter oder nichtbrütender Vögel an der Gesamtpopulation bis zu 62 % betragen kann.

Auf der Suche nach der Ursache fand Andreev (1989) die Hauptnahrungsquelle in der Weidenart *Salix pulchra*, deren Knospen und Zweigendstücken im Winter bei hohem Tierbestand nahezu vollständig verzehrt werden.

Bis zu 5000 Knospen und Triebe werden täglich pro Vogel verzehrt. Davon werden

noch bis zu 15 % der aufgenommenen Energie zum Auftauen des Futters im Kropf benötigt und bei Mangel an Magensteinchen zum Wintersausgang werden überhaupt nur noch 5-10 % der Nahrung ausgenutzt.
Bei hinzukommendem Schneemangel entsteht zusätzlicher Wärmeverbrauch, sodaß nicht nur die Körperfettreserven abgebaut werden, sondern auch Muskelabbau zu hohem Körpermasseverlust führt.
Da keine Erholung des Körpers der weiblichen Vögel in kurzer Zeit möglich ist, resultiert daraus die hohe Zahl der Nichtbrüter. Bei doch noch erfolgender Spätbrut werden die Jungvögel nicht mehr groß.
Die Erholung der schwer geschädigten Weidenbestände in den Überwinterungsgebieten dauert ebenfalls längere Zeit (ANDREEV, 1989). Diese auf Protein- und Energiegehalt der Winter- und Frühlingsnahrung ausgerichteten Untersuchungen ANDREEVS an Moorschneehühnern und Haselhühnern der Kolyma-Gegend zeigen das ortsspezifische Zusammenwirken von Ursachen der Populationsschwankungen.
Daß die an einer Art in einer bestimmten Region erzielten Erkenntnisse nicht wahllos übertragbar sind, zeigen die Untersuchungen von NAYLOR und BENDELL (1989) an nordamerikanischen Fichtenhühnern. Auch bei ihnen bestimmt der Gehalt an Protein, Phosphor und Calcium in der Nahrung im Frühling die Gelegegrößen, es konnten aber keine Zusammenhänge zum Körpergewicht der Hennen oder zur Menge der endogenen Reserven nachgewiesen werden.
Da die lokalen Bedingungen im Untersuchungsgebiet nicht so extrem sind wie an der Kolyma, liefert das Frühlingsfutter der Fichtenhühner immerhin ungefähr 60 % des Proteins und 45 % des Calcium, das für die Gelegebildung benötigt wird.
Die Aufnahme bestimmter Elemente aus dem Futter ist von erheblicher Bedeutung, so daß HANNON (1979) sogar das Total-Plasma-Calcium als Indikator für den Reproduktionsstatus (Gewicht des Oviducts und Vorhandensein von Follikeln) von Hennen der Felsengebirgshühner benutzen konnte.
Rauhfußhühner besitzen die Gabe, Nadeln, Blätter, Knospen oder Triebe gezielt nach Gehalten an Eiweiß, Nitraten, Phosphor, Calcium, ätherischen Ölen, Gerbstoffen u. a. aufzunehmen, um sich mit lebensnotwendigen Stoffen zu versorgen.
Es ist bisher nicht bekannt, ob diese Fähigkeit angeboren ist oder vom führenden Muttertier in der Aufzucht- und Prägungsphase erlernt wird.
JAKUBAS und GULLION (1991) konnten an Kragenhühnern eine hohe Korrelation zwischen Gehalt an Coniferyl-Benzoat und Proteingehalt in den Aspenknospen des Winterfutters zu Populationsgröße und -zusammensetzung finden.
Über 11 Jahre Untersuchungszeitraum hinweg konnten signifikante Unterschiede der chemischen Zusammensetzung dieser Knospen mit ihrem signifikanten Einfluß auf die Population bewiesen werden.
KROTT (1976) konnte die Aufnahme antibakterieller Substanzen aus der Krähenbeere, in geringen Mengen auch aus Birken- und Weidenzweigen bei skandinavischen Schneehühnern nachweisen und ihre Ablagerung in Muskelfleisch und Eiern der Vögel.
Benzoesäure und ihre Derivate konnten erkannt werden. Sie stellen Vorstufen der Sulfonamide dar, die ihrerseits wieder Vorgänger der Antibiotika waren.
Beim Fehlen dieser Substanzen in der Nahrung erkranken Küken und Altvögel weitaus häufiger und gravierender, das Fleisch erlegter Tiere ist weit kürzer haltbar, als bei Tieren, die diese Stoffe mit der Nahrung aufnehmen konnten.
Diese Aussagen konnten ergänzt und erhärtet werden durch Aussagen von SCHALES (1992) und SCHALES (1992). Sie stellten in ihren Dissertationen fest, daß die autochthone Kot- oder Darmflora von Auerhühnern durch Futter und -inhaltsstoffe extrem beeinflußt wird.
Der Gehalt an ätherischen Ölen, Gerbstoffpolyphenolen und Vanillinpositiven Verbindungen in Nadeln bestimmen über ihre Aufnahme als Nahrung und daraus folgend über Gehalt und Zusammensetzung der Bakterienflora des Darmkanals.
An ätherischen Ölen und hydrophilen Inhaltsstoffen konnten im Kulturverfahren die

bakteriostatische bzw. bakterizide Wirkung nachgewiesen werden.
Da die arteigene Darmflora der Rauhfußhühner eminent wichtig für ihre Nahrungsausnutzung und damit für ihr Überleben ist, bestimmen die Nahrungsinhaltsstoffe des Vorkommensgebietes letztendlich über „Sein oder Nichtsein" einer Rauhfußhühnerpopulation.

Die Auswirkung bestimmter Hormonwerte im Vogelkörper auf die Populationsgröße

Bei der Messung von Blut-Hormonwerten an Auerhühnern stellten HISSA et al. (1983) und an Schneehühnern HANNON und WINGFIELD (1990) nicht nur Schwankungen der Werte an Testosteron, Estradiol, Corticosteron, FSH und LH mittels RIA im Blut während des Ablaufs der Brutperiode fest, sondern es konnten bestimmte Hormonwerte auch bestimmten Verhaltensweisen der männlichen oder weiblichen Tiere zugeordnet werden.
So waren Testosteron und LH beim männlichen Vogel hoch in der Phase der Errichtung des Brutterritoriums und während der Gelegeperiode, FSH und Estradiol beim weiblichen Vogel in der Eibildungs- und Legephase.
Corticosteron war bei beiden Geschlechtern hoch in der Phase der Territoriumsverteidigung, aber auch während der Jagdsaison („Streßphasen") auf diese Vögel.
Diese Aussagen waren zu erwarten und sind allein nicht so interessant, wie der Nachweis einer positiven Korrelation bei Weibchen zwischen hohem LH-Gehalt (Prolaktin) und hohem Aggressionsverhalten.
Da nach PAGE und BERGERUD der Bruterfolg der Rauhfußhühner jedoch von der Höhe der Aggressionsbereitschaft besonders der Weibchen abhängt, ist die Höhe des LH-Gehaltes im Blut der Weibchen letztendlich mitbestimmend für den Aufzuchterfolg. Die Höhe der Aggression und damit die Höhe des LH-Gehaltes im Körper sind jedoch genetisch bedingt und folgen den Mendelschen Regeln.
Damit hat der LH-Gehalt im Körper während der Brutzeit der Tiere einen entscheidenden Einfluß auf Größe und Zusammensetzung einer Population.
Diesen Erkenntnissen folgend setzte PEDERSEN (1989) exogenes Prolaktin an freilebenden Schneehühnern ein, um mittels implantierter Osmotikpumpe mit konstantem Fluß (1 µl/h) über 7 Tage den LH-Wert im Körper künstlich zu erhöhen.
Der normalerweise während der Inkubation des Geleges hohe Plasma-Prolactin-Spiegel fällt nach dem Schlupf in der ersten Woche schnell ab.
Bei künstlicher Aufrechterhaltung des hohen LH-Spiegels mittels kontinuierlicher Zuführung von außen über den Schlupftermin hinaus konnten bei weiblichen Schneehühnern in freier Wildbahn deutlich höhere Aggressivität, kürzere Fluchtdistanzen und längeres Verweilen bei den Küken im Vergleich zu unbehandelten Kontrolltieren im gleichen Gelände erzielt werden.
Der Erfolg dieser Maßnahme war, daß Hennen bei künstlicher LH-Zuführung eine Woche nach dem Schlupf im Durchschnitt mehr als das Doppelte an Küken im Gesperre führten als unbehandelte Kontrollhennen.
Bei Vergleichen mit Gefangenschaftstieren konnte man aber auch feststellen, daß in den ersten 10 Tagen nach dem Schlupf die Prolaktinkonzentration im Blut bei freilebenden Weibchen 10 mal so hoch ist, wie bei Gefangenschaftstieren – ein Hinweis auf die Ursache des oft geringeren Brut- und Aufzuchterfolges bei Naturbruten in Gefangenschaft.
Somit konnte experimentell der Nachweis des Einflusses vererbbarer Hormonspiegel-Höhen auf Populationsgröße und Populationszusammensetzung erbracht werden.
Ausgehend von der näheren Beleuchtung nur zweier Einflußfaktoren auf Rauhfußhühnerpopulationen ist ersichtlich, daß Populationen reguliert werden durch intraspezifisches Verhalten der Arten, das geeignet ist, vor der Erschöpfung der natürlichen Umwelt-Ressourcen für diese Art zu schützen (ZWIKKEL, 1983).

Literatur

ANDREEV, A. V. (1988): Winter und Sommer im Leben der nördlichen Vögel. – Die Voliere **11** (H. 9): 282-285.

ANDREEV, A. V. (1989): Das Moorschneehuhn – ein Tundrabewohner (*Lagopus lagopus* (Linné, 1758). – Die Voliere **12** (H. 2): 43-48

HANNON, SUSAN S. (1979): Plasma calcium as an indicator of reproductive condition in female blue grouse. – Can. J. Zool. **57**: 463 - 465.

HANNON, SUSAN S.; WINGFIELD, J. C. (1990): Endocrine correlates of territoriality, breeding stage and body molt in free-living willow ptarmigan of both sexes. – Can. J. Zool. **68**: 2130-2134.

HISSA, R.; SAARELA, S.; BALTHAZART, J.; ETCHES, R. J. (1983): Annual variation in the concentrations of circulating hormones in capercaillie (*Tetrao urogallus*). – Gen. Comp. Endocrinol. **51**: 183-190.

JAKUBAS, W. J. and G. W. GULLION (1991): Use of quaking aspen flower buds by ruffed grouse: its relationship to grouse densities and bud chemical compositon. – The condor **93**: 473-485.

KROTT, P. (1976): Die gesunden Schneehühner. – Wild und Hund H. 3, 1056.

NAYLOR, B. J.; BENDELL, J. F. (1989): Clutch size and egg size of spruce grouse in relation to spring diet, food supply and endogenous reserves, – Can. J. Zool. **67**; 969-980.

PAGE, R. E.; BERGERUD A. T. (1988): A genetic explanation for ten-year cycles of grouse. – In: A. T. Bergerud and M. W. Gratson (eds.) Adaptive strategies and population ecology of Northern Grouse. Vol. II. Theory and Synthesis: 423-438.

PEDERSEN, H. Ch. (1989): Effects of exogenous prolactin on parental behaviour in free-living female willow ptarmigan *Lagopus l. lagopus*. – Anim. Behav. **38** (6): 926 - 934.

SCHALES, Ch. (1992): Untersuchungen über die antibakterielle Wirkung ätherischer Öle und hydrophiler Inhaltsstoffe aus Koniferennadeln auf Bakterien aus dem Kot von in Gefangenschaft gehaltenen Auerhühnern (*Tetrao urogallus* L.; 1758) in vitro. Vet. Diss. München.

SCHALES, K. (1992): Untersuchungen über die aerobe Flora und Clostridium perfringens im Kot von freilebenden und in Gefangenschaft gehaltenen Auerhühnern (*Tetrao urogallus* L., 1758). – Vet. Diss. München

TSCHIRCH, W. (1988): Die Auswirkungen von Umweltschadstoffen auf Rauhfußhühnerpopulationen. – V. Wiss. Koll. „Wildbiologie und Wildbewirtschaftung" der KMU Leipzig 5./6. 4. 1988: 176 - 191.

TSCHIRCH, W. (1991): Die Problematik der Auswilderung volierengezogener Rauhfußhühner. – Beitr. Jagd- u. Wildforsch. **17**; 113 - 121.

ZWICKEL, F. C. (1983): Population regulation in blue grouse. – from: Bunnele, F. L., Eastman, D. S. and I. M. Peek Symp. on Nat. Regul. of Wildlife Populations Proc. No. 14: 225 ff.

Zusammenfassung

Anhand zweier Einflußfaktoren (Futterinhaltsstoffe und Hormonspiegelhöhen) wird versucht, neuere Erkenntnisse über Einflußfaktoren auf Rauhfußhühnerpopulation darzustellen.

Summary

Title of the paper: Presentation of less well known factors influencing tetraonid populations.

Two factors of influence (food constituents, hormone levels) are studied in an attempt to gain new insights into factors influencing tetraonid populations.

Anschrift des Verfassers:
VR Dr. W. TSCHIRCH
Weststraße 10
02991 Lauta

R. Samjaa, Ulan-Bator (Mongolei)
N. Dawaa, Ulan-Bator (Mongolei)
S. Amgalanbaatar, Ulan-Bator (Mongolei)

Die Wildtierressourcen der Mongolei und ihre Bewirtschaftung

Einleitung

Die Mongolei hat eine Fläche von 1,5 Millionen km². Verschiedene horizontale geographische Zonen, wie Taiga, Waldsteppe, Steppe, Halbwüste und Wüste, liegen gürtelartig nebeneinander von Norden nach Süden. Der größte Anteil der gesamten Fläche wird landschaftlich genutzt (Weideland für Viehwirtschaft und Ackerland). Alle Lebensräume, also praktisch das gesamte Territorium des Landes, werden gleichzeitig jagdwirtschaftlich genutzt. Die Jagd von Wildtieren spielt eine bedeutende Rolle in der Ökonomie des Landes.

Eine Übersicht über die Wildtierarten der Mongolei

Nach Angabe von Bannikov (1954), Sokolov & Orlov (1980), Stubbe & Chotolchu (1968) und Dulamceren & Cendžav (1989) wurden auf dem Territorium der Mongolei insgesamt 126 (127) Säugetierarten registriert. 52 (53) Arten davon haben mehr oder weniger jagdwirtschaftliche Bedeutung (Tab. 1).
Die Bedeutung der Wildtiere in der Bewirtschaftung ist unterschiedlich. Aus diesem Grund wurden die Wildtiere in vier verschiedene Kategorien eingeteilt:
1. Vom Aussterben bedrohte und sehr seltene Wildtierarten, die früher größere Jagdbedeutung hatten (16 Arten), z.B. Wildpferde, Wildesel, Kamel.
2. Seltene oder Lizenzarten, d.h. Arten, die nur mit Sondergenehmigung bejagt werden dürfen (7 Arten), z.B. Zobel, Maral, Wildschaf (Argali), Steinbock.
3. Jagdwirtschaftlich untergeordnete Wildtierarten, z.B. Streifenhörnchen, zwei Arten von Zieseln.
4. Hauptwildtierarten (23 Arten):
   – Pelztierarten: Murmeltier, Ziesel, Wolf, Rotfuchs, Korsak, Hase
   – Huftierarten: Wildschwein, Reh, Mongolische Gazelle

Für alle Tierarten, die unter die ersten zwei Kategorien fallen, besteht Jagdverbot. Das Verbreitungsareal und die Populationsdichte von 23 Wildtierarten wurden durch intensive Jagd und durch negative Einflüsse der Landwirtschaft in diesem Jahrhundert stark verringert. Das Aufkommen von Pelzen und Wildbret ging im gesamten Landesmaßstab stark zurück.

Tabelle 1 Übersicht über die jagdbaren Säugetierarten der Mongolei

Nr.	Ordnungen	Arten gesamt	jagdbare Arten
1.	Insectivora	11	1
2.	Chiroptera	11	-
3.	Lagomorpha	6 (7)	2 (3)
4.	Rodentia	61	12
5.	Carnivora	23	23
6.	Artiodactyla	12	12
7.	Perissodactyla	2	2
gesamt		126 (127)	52 (53)

In der Tabelle 2 wurde als Beispiel das Aufkommen an Pelzen von fünf Jagdtierarten in einem Intervall von 10 Jahren dargestellt.

Tabelle 2   Das Aufkommen an Pelzen

Tierarten	1960	1970	1980	1990
Murmeltier	1.155.900	1.222.600	846.220	927.900
Eichhörnchen	140.300	36.360	7.951	–
Wolf	3.469	4.487	3.671	4.489
Fuchs	34.300	42.086	–	5.097
Dzeren (in t)	547,4	300,4	18,4	–

Die Daten zeigen, daß das Aufkommen an Pelzen bei den meisten Arten stark zurückgegangen ist. Sie zeigen jedoch nur einen bestimmten Trend, da ein Teil der Jagdbeute von den Jägern nicht abgeliefert wurde.
Heute ist es wichtig, in den von Menschen dünn besiedelten Regionen mit genügenden Ressourcen an Wildtieren eine wissenschaftlich begründete Bewirtschaftung zu organisieren.Seit Mitte der 80er Jahre wurde eine Arbeitsgruppe für Jagdorganisation gegründet. Diese führt eine allgemeine Untersuchung der Jagdgebiete in Bezug auf Qualität (Einteilung des Jagdgebietes) und Ressourcen an jagdbaren Wildtieren in den verschiedenen Regionen des Landes durch. Wir stellen hier die Hauptergebnisse dieser Arbeit am Beispiel des Chentej-Aimaks (Nordost-Mongolei) Ende der 80er Jahre vor.

Das Jagdgebiet und die Ressourcen der Wildtiere des Chentej-Aimaks

Das Territorium des Chentej-Aimaks gehört verschiedenen pflanzengeographischen Regionen an. Im Norden ist Gebirgstaiga ausgebildet, daran anschließend Waldsteppe mit Übergang zur Steppe. Die Gebirgstaiga, Waldsteppe und Steppe sind realiv hochproduktive Jagdgebiete.
Um die Bedeutung der Jagdgebiete als Lebensräume für die Wildtiere abschätzen zu können, wurden folgende Kriterien ausgewählt.

a) Ökologische Bedingungen, darunter
 – klimatorische Bedingungen
 – Ernährungsbedingungen

b) Biologische und ökonomische Produktivität der Jagdgebiete.

Nach den o.g. Bedingungen wurde das Territorium des Chentej-Aimaks kategorisiert und nach der Qualität in vier Gruppen von Jagdgebieten eingeteilt. 93,8 % (83.049 km²) des Territoriums sind jagdwirtschaftlich genutzte Flächen.

Tabelle 3   Einteilung der Jagdgebiete

Kategorien	I	II	III	VI	gesamt
Jagdgebiet (km²)	6800	15000	17900	38200	77900

Bei der Kategorisierung der Gebiete nach ihrer Qualität wurde hauptsächlich die ökologische und Artenvielfältigkeit geschätzt. So beträgt die Dichte der Murmeltiere in Gebieten der Kategorie I weniger als zwanzig Tiere auf 100 ha und Kategorie VI über neun Tiere auf 100 ha (Tab. 4).

Tabelle 4   Die Populationsdichte der Murmeltiere

Kategorie	Dichte auf 1000 ha/Stück
I	weniger als 20
II	21 - 60
III	61 - 90
IV	mehr als 90

Bei der Einteilung der Jagdgebiete nach Qualität ist die Einschätzung der biologischen und ökonomischen Produktivität eine der wichtigsten Aufgaben der Arbeitsgruppe.
Als biologische Produktivität bezeichnet man die gesamten Ressourcen jeder Art. Unter ökonomischer Produktivität versteht man den bewirtschaftbaren Anteil der biologischen Ressourcen ohne Schädigung der Populationsentwicklung der Art (Tab. 5).
Zum Vergleich dazu wird in Tabelle 6 das Pelzaufkommen einiger Arten zwischen 1986 bis 1990 in Chentej-Aimak dargestellt. Der Vergleich zwischen Tab. 5 und 6 zeigt den unterschiedlichen Nutzungsgrad der einzelnen Arten. So werden Murmeltier, Wolf,

Tabelle 5   Ressourcen der Wildtiere des Chentej-Aimaks

Art	Besiedeltes Territorium (km²)	Anzahl/ 1000 ha	Bestand/ Tausend	Bewirtschaftbarer Anteil (%)
Schneehase (*L. timidus*)	9700	7-8	7-8	10
Steppenhase (*L. tolai*)	73300	2-3	18-19	10
Murmeltier (*M. sibirica*)	73300	100-110	780-790	15
Ziesel (*C. undulatus*)	73300	20-30	180-190	15
Eichhörnchen (*S. vulgaris*)	9700	10-14	11-12	10
Wolf (*C. lupus*)	83000	0,1	0,7-0,8	30
Rotfuchs (*V. vulpes*)	73300	0,3	1,8-1,9	-
Korsak (*V. corsac*)	73300	0,4-0,5	2,5-2,6	-
Dachs (*M. meles*)	73300	0,3	1,9-2,2	5
Manul (*F. manul*)	73300	0,1-0,2	0,9-1,0	5
Wildschwein (*S. scofa*)	9700	0,8-1,0	0,8-0,9	10
Maral (*C. elaphus*)	9700	6-7	6,0-6,2	-
Reh (*C. pygargus*)	9700	6-7	6,2-6,4	10
Elch (*A. alces*)	5600	0,8	0,4-0,5	-
Zobel (*M. zibellina*)	9700	4,0	3,8	-

Tabelle 6   Das Aufkommen an Bälgen in Chentej-Aimak von 1986 bis 1990

Art	1986	1987	1988	1989	1990
Murmeltier (*M. sibirica*)	123.100	98.900	120.000	114.000	101.400
Wolf (*C. lupus*)	328	323	376	463	301
Eichhörnchen (*S. vulgaris*)	2.030	2.000	477	349	-
Ziesel (*C. undulatus*)	2.471	2.541	2.897	4.091	1.607
Rotfuchs (*V. vulpes*)	300	229	261	269	-
Luchs (*F. lynx*)	47	39	37	52	34

Fuchs und Korsak stärker bejagt, als biologisch vertretbar ist. Demgegenüber wäre eine intensivere Bewirtschaftung des Ziesels in den Steppengebieten, Zobels und Marals in Taiga und Waldsteppe möglich und notwendig.

Die Überbewirtschaftung der o.g. Arten hat folgende Ursachen:
- unkontrollierte, meistens eigenmächtige Jagd auf Wildtiere, z.B. Wolf, Murmeltier
- fehlende Schutzmaßnahmen, z.B. Verbesserung der Lebensbedingungen und der Sicherung der natürlichen Reproduktionsmöglichkeiten der relativ leicht erreichbaren Wildtiere, z.B. Murmeltier, Fuchs, Korsak
- mangelnde Einhaltung des Jagdgesetzes
- traditionelle Bedeutung der Jagd in der Mongolei, sowohl zum Lebensunterhalt als auch als Freizeitbeschäftigung.

In den Gebirgstaiga- und Waldsteppenregionen muß eine kleinere und komplexe Jagdwirtschaft organisiert werden, um die Ressourcen der Wildtiere auf wissenschaftlicher Grundlage rationell zu bewirtschaften. In den mittleren und südlichen Regionen muß eine stärkere Einhaltung der Jagdgesetze erreicht werden, um den Bestandsrückgang bestimmter Arten (z.B. Murmeltier, Fuchs, Korsak) zu verhindern.

Literatur

Bannikov, A. G. (1954): Mlekopitajuščie Mongolskoj Narodnoj Respubliki. Moskva.

Dulamceren, S., Cendžav, D. (1989): Säugetiere der Mongolei. Ulan-Bator (mongolisch).

Sokolov, V. E., Orlov, V. N. (1980): Opredelitel mlekopitajuščich MNR. Moskva.

Stubbe, M., Chotolchu, N. (1968): Zur Säugetierfauna der Mongolei. – Mitt. Zool. Mus. Berlin **44**: 5-121.

Wissenschaftlicher Bericht der Arbeitsgruppe Jagdorganisation von 1985-1990. (1991). – Instiut für Forst- und Wildforschung. Ulan-Bator.

Zusammenfassung

Die Mongolei beherbergt eine große Anzahl jagdbarer Wildtiere, die einen unterschiedlichen Status besitzen. Neben den streng geschützten Arten gibt es Wildtiere, die im Rahmen der Lizenzjagd bewirtschaftet werden. Traditionell spielt die Pelztierjagd eine herausragende Rolle.

Am Beispiel des Chentej-Aimaks wird dargestellt, wie die Bewirtschaftung der Wildtiere auf eine wissenschaftliche Basis zu stellen ist.

Summary

Title of the paper: Game resources in Mongolia and their management.

Mongolia accomodates a large number of huntable wild species with different protection statuses. Besides strictly protected species there are those that may be hunted on licence. Fur hunting plays an outstanding role in the tradition. Taking the chentey aimak for an example, the article shows how game management can be set on a scientific basis.

Anschrift der Verfasser:
Prof. Dr. N. Dawaa, Dr. R. Samjaa
Institut für Biologie der Nationalen Universität Ulan-Bator – P.O. Box 1162
Ulan-Bator, MONGOLEI
S. Amgalanbaatar
Institut für Forst- und Wildforschung in Ulan-Bator
Ulan-Bator, MONGOLEI

Laudatio
zur Verleihung der Ehrenmitgliedschaft in der Gesellschaft für Wildtier- und Jagdforschung e.V. an Prof. Dr. Egon Wagenknecht

Lieber Herr Prof. Dr. Wagenknecht,

die Gesellschaft für Wildtier- und Jagdforschung e.V. verleiht Ihnen mit Wirkung vom 01. Januar 1993 die Ehrenmitgliedschaft. Es ist die erste seit der Gründung unserer noch jungen Gesellschaft, die jedoch in Fortsetzung einer über Jahrhunderte währenden Tradition deutscher Wildtier- und Jagdforschung sich dem verschrieben hat, was Ihnen stets Lebensinhalt war.

Unsere Gesellschaft würdigt Ihr ein langes Menschenleben überspannendes Eintreten für den Erhalt und den Fortbestand der Einheit von Wald, Wild und Jagd. Diese Einheit zu sichern, zu praktizieren und theoretisch zu untersetzen war Ihre stete Berufung und Verpflichtung zugleich.

Der Vorstand und alle Mitglieder gratulieren Ihnen zu der höchsten uns möglichen Auszeichnung sehr herzlich. Allen gereicht es zur Freude, daß Sie vor wenigen Tagen vital und bei bester Gesundheit mit klarem Blick und ruhiger Hand ganz nach Weidmanns Art Ihren 85. Geburtstag begehen konnten. Wir wünschen Ihnen auch weiterhin gute Gesundheit und Wohlergehen, einen sicheren windgeschützten und sonnendurchfluteten Einstand mit großer Ruhezone und bequemen Wechseln.

Sie erblickten, lieber Herr Wagenknecht, am 29.03.1908 in der Schorfheide als Sohn einer Försterfamilie das Licht der Welt. Es fällt heute nicht schwer, zu konstatieren, daß das Leben im Elternhaus für Flora und Fauna dieses märkischen Landteiles Ihre Persönlichkeit prägte. Reichtum des Wechsels von Moor und Sand, von Kiefernheide und knorrigen Eichen, von Seen und Gewässern, deren Ufer sich am Horizonte verbinden und die Unendlichkeit ahnen lassen, charakterisieren Ihr Heimatland. Von Kindheit an wurde Ihnen der Wald zum Zuhause, wurde das darin lebende Wild zum Zeitgefährten, waren Sie Teil einer Biozönose, in die auch Ihr berufliches Leben ein- und aufgehen sollte.

Dem Schulbesuch folgt das Studium der Forstwirtschaft, dem sich Praxis und wissenschaftliche Qualifizierung anschließen. Nach Höherem strebend, mit dem Ziel, für Wald und Wild ein maximales an Leistung zu erbringen, wenden Sie sich im besten Mannesalter stehend der Hochschullehre und Forschung zu.

Mit der Übernahme wissenschaftlicher Verantwortung für den Waldbau und in Parallelität hierzu für die studentische Ausbildung, fühlten Sie sich zugleich und immer zum Mittler zwischen Wissenschaft und Produktion berufen. In großem Maße haben Sie über nunmehr nahezu 50 Jahre im östlichen Deutschland die Wild- und Jagdforschung beeinflußt. Ihr unermüdliches Schaffen hat Anteil am international guten Stand wildbiologischer und jagdbezogener Forschung in Deutschland, beispielgebend und über Ländergrenzen hinweg. Anerkannt sind Ihre Arbeiten zur Populationsdynamik des Schalenwildes, dessen Reife-, Ziel- und

Erntealter und deren Wechselbeziehungen, zum Tierverhalten, den Lebensbedingungen und den Forstschäden sowie deren Minimierung gleichermaßen wie die Bewirtschaftung mehrerer Schalenwildarten in einem Biotop. Unter Ihrem maßgeblichen Einfluß konnten Wildforschungsgebiete zeitweilig zu echten und nahezu einmaligen Experimentierfeldern ökologisch orientierter Wildforschung entwickelt werden.

Aus Ihrer Feder ist, den großen Fundus an Wissen nutzend, eine Fülle wertvoller wildbiologischer und jagdkundlicher Schriften hervorgegangen. Standardwerke und der Aktualität gezollte Arbeiten charakterisieren die Breite Ihres Schaffens.

Für all das sei Ihnen, lieber Herr Prof. Wagenknecht, durch die Mitglieder unserer Gesellschaft mit Blick auf den bleibenden Wert Dank gesagt. Dank gesagt in Stellvertretung all jener, die heute und künftig an dem durch Ihr Wirken Geschaffenes partizipieren.

Sie, sehr verehrter Herr Professor, sind Mitbegründer unserer Gesellschaft. Wir sind stolz darauf, Sie zu uns zählen zu dürfen. Möge es auch künftighin so sein.

Prof. Dr. M. Stubbe
Prof. Dr. Dr. hc. H.-J. Schwark

Friedrichsbrunn, den 02.04.1993